개정2판

Hotel Management

호텔경영학의 전반적 기초이론을
확립한 실무 지침서

호텔경영론

권봉헌 저

백산출판사

머리말

본서는 호텔경영학을 연구하는 대학생들과 호텔실무자들을 위하여 호텔경영학 전반에 관한 기초적 이론을 바탕으로 실무적인 접근방법에 근거한 입문서로서 다양화되고, 경쟁화되고, 고급화되는 현대호텔경영에 있어 호텔기업과 호텔 서비스맨들이 배워야 할 기본 개념을 중심으로 각 부문별로 특성과 기능을 중심으로 집필한 교재이다.

본서의 구성은 총 9장으로 이루어져 있으며, 1장은 호텔에 대한 기본 개념을 중심으로 소개를 하였으며, 2장은 호텔의 경영조직·형태·특성에 대하여 경영학적 개념을 바탕으로 설명하였으며, 3장은 호텔기업의 환경으로서 호텔경영에 있어서 직·간접적인 환경을 설명하였다. 4장은 기존의 경영학 교재에서 중요하게 다루지 못한 부분을 중점적으로 다룬 것으로서 호텔의 로비에 대하여 구체적으로 설명하였다. 5장은 호텔객실의 개념과 객실의 기능, 요금, 환경을, 6장은 객실의 각 부서별 업무와 서비스를, 7장은 호텔 식음료부문에 대하여 전반적인 특성 및 서비스를, 8장은 식음료 부서별 업무에 대하여 설명하였다. 마지막 9장은 호텔의 관리부분인 인사·교육, 호텔안전관리 부문에 대하여 설명하였다.

본서를 저술하면서 한 권의 책이 나오기까지 많은 어려움과 노력이 절실히 필요함을 다시 한 번 느꼈으며, 본 저자의 학문적·경험적인 미약함을 자기발전의 기회로 삼을 수 있는 계기가 된 것에 위안을 두고자 한다.

본서를 출판하는 데 적극적으로 협력 해 주신 백산출판사 사장님과 진성원 실장님을 비롯하여 편집을 위해 노고를 아끼지 않으신 편집부 직원들에게 감사를 드리며, 본 교재를 완성하는 데 고생한 재연, 종훈님에게도 감사를 드립니다.

끝으로 본 교재를 완성하는 데 언제나 말없이 후원해 주신 사랑하는 가족과 어머님에게 본 교재를 바치고 싶습니다.

저 자

호텔경영론

CONTENTS

제1장 호텔의 개념과 현황

제8장 식음료 부서별 업무

제9장 호텔 인사 · 안전관리

✤ 참고문헌

HOTEL MANAGEMENT

고객만족경영을 이루려면 자신부터 변화시켜야 합니다.
고객님이 직접 느낄 수 있는 변화를 이루지 못하면
고객만족은 이룰 수 없습니다. 변화된 서비스 마인드로
서로가 서로에게 배려와 관심을 베풀어야 합니다.

제 1 장
호텔의 개념과 현황

사랑은 신비롭습니다.
사랑은 사람을 움직이고 세상을 바꿉니다.
사랑은 고갈되지 않으며, 소멸되지도 않습니다.
사랑은 퍼 올려도, 퍼 올려도
마르지 않는 샘물입니다.
사랑은 바닥이 나도록 다 주어도
줄지 않는 곡식 창고입니다.
사랑은 자연으로, 꽃으로, 향기로
거친 땅을 푸르고 윤택하게 만듭니다.
그것이 사랑의 법칙이요, 사랑의 신비이며,
진실한 사랑의 놀라운 힘입니다.

영원히 살 것처럼 꿈을 꾸고, 내일 죽을 것처럼 오늘을 살아라.
Dream as if you'll live forever. Live as if you'll die today.

제1장 호텔의 개념과 현황

제1절 호텔의 어원과 개념

1. 호텔의 어원

호텔의 어원은 라틴어의 Hospitale에서 찾을 수 있으며, 이 Hospitale에서 현재의 Hotel, Hospital, Hostel이라는 단어가 생겨났다고 한다.

호텔을 역사적으로 살펴보면 Hospitale에서 그 어원을 찾고 Hospital, Inn, Hotel의 순으로 발전되어 온 것으로 생각된다.

Hospital은 지금의 개념으로는 병원으로 사용되고 있으나, 옛날에는 여행하는 사람의 간이 숙박장소의 의미로, 그 기원은 Webster Dictionary에서 찾아볼 수 있는데, 여행객의 숙소와 휴식장소(a place of shelter and rest of travelers)로 설명된다. 그리고 이런 시설의 목적은 여행객의 자연적 또는 인위적인 위험으로부터 몸을 보호하고 또한 여행객의 피곤함을 풀어 주고 쉬게 하는 역할을 하였다. 결국 노인이나 병자, 고아 등을 수용하는 자선시설로서의 의미가 오늘날의 hospital, 병원으로 발전된 것으로 생각된다.

그리고 중세 프랑스에 있어서는 병원에 해당되는 말로써 Hotel Dieu라는 말이 있었는데 이 Hotel Dieu가 오늘날의 도립병원 혹은 시립병원의 역할을 담당했었다고 생각되며, 이 Hotel Dieu라는 어구(語句)에도 마찬가지로 Hotel이라는 단어가 포함되어 있어 호텔과 병원이 같은 어원에서 발전된 것으로 이해하지 않을 수 없다. 그것은 호텔과 병원의 구조를 보더라도 호텔의 구조와 병원의 구조가 비슷한 것을 많이 볼 수 있는데, 호텔의 로비와 병원의 현관, 호텔의 프런트데스크와 병원의 접수창구, 호텔의 객실과 병원의 객실, 호텔의 식음료와 병원음식, 의사, 간호사의 의료서비스와 호텔종사원의 서비스 등 매우 유사한 건물구조와 비슷한 시스템을 많이 찾아볼 수 있다. 이러한 어원을 보면 간이 숙소의 성격이 변화되어 오늘날 호텔이라는 용어로 사용되고 있는 것 같다.

Hostel은 오늘날에 학생들의 기숙사, 청소년 호텔(Youth Hostel)로서의 의미로 사용되고 있으나, 어원에서 본 바와 같이 Hospital에서 Hospital, Inn, Hotel로 발전하는 하나의 중요한 형태였다고 할 수 있다.

환대(hospitality)의 어원(語源)도 라틴어의 Hospitalis에서 유래되었다고 할 수 있다. 이 Hospitalis는 ① 손님과 주인 사이에 관계가 있다. ② 객실(guest chamber)은 물론 고객의 생명보호물(protector of guest)과 함께 친절함(friendly), 따뜻하게 대함(hospitable) 등의 의미가 포함되어 있다.

hospitale(호스피탈레 : 순례 또는 참배자, 나그네를 위한 숙소) → hospital → hostel → hotel로 발전하였다는 것을 알 수 있다.

호텔의 등장

17C, 영국, 페더즈 호텔(Feathers Hotel)에서 유래

표 1-1 호텔의 변천과정

변천과정	의 미	파생개념
라틴어 hospitale	순례자 · 나그네를 위한 숙소	hospital industry
hospital	현대의 병원을 의미하는 말	
hostel	중세 프랑스어 "대저택, 기숙사"	youth hostel
hotel	자음 's'가 탈락	

Hostel

현재의 학생 기숙사, 청소년 숙소(Youth Hostel)라는 의미로 쓰이고 있다.

1. (자전거도보 여행의 젊은층들이 이용) 숙박소, 유스호스텔(youth hostel) : (古)여인숙
2. (英) 대학의 기숙사(학생기숙사)
3. 새로운 이주자 숙박소 : (노인, 신체장애자 등의) 요양소

호텔과 병원은 모두 공공시설로서의 성격을 가지고 있었다는 것이다. 공공성격을 지닌 호텔은 시대가 지나도 어느 지역에서나 공공의 장소 내지는 민간주도로 쓰이며 타운 홀(town hall)처럼 쓰이기도 하며, 현재까지 그러한 호텔의 공공적 성격은 이어지고 있다.

2. 호텔의 개념 및 정의

호텔사업은 다른 사업과는 달리 친절하고 예의바른 종사원이 고객을 접대하고 물적 상품과 인적 서비스라는 상품을 동시에 제공하며 각종의 정보와 편의를 제공해야 되는 등 특수한 성격을 가진 사업이다.

오늘날 일반적으로 호텔이라고 하면 훌륭한 하나의 복합기업이며 단순하게 숙박과 음식만을 제공하는 시설로 정의해서는 안된다. 기업으로서의 호텔은 이익을 목적으로 객실과 음식물을 생산하여 판매하는 것으로서 사적 시설만이 아닌 사회공공에 기여하는 사회적 시설인 동시에 정해진 특정인들만을 고객으로 하는 것이 아닌 불특정 다수의 일반대중을 대상으로 하는 사업체인 것이다.

관리자의 경영능력과 자본 및 시설을 바탕으로 객실, 식음료, 서비스를 상품으로 하여 성장하는 기업으로 변모해 가고 있다. 이러한 호텔을 일반적으로 정의하면 호텔이란 "일정한 지급 능력이 있는 사람에게 객실과 식사를 제공할 수 있는 시설을 갖추고 잘 훈련되고 예절바른 종사원이 조직적으로 봉사하여 그 대가를 받는 기업"이라고 말할 수 있다.

따라서 호텔의 본질을 살펴보면,

첫째, 영리추구를 최우선의 목적으로 하며, 둘째, 지역사회에 기여하는 공익성을 가지며, 셋째, 숙박시설 및 기타 부대시설을 보유하고 있어야 하며, 넷째, 식사를 제공할 수 있는 시설을 갖추고 있어야 하며, 다섯째, 행사 및 사교, 오락장소로서의 시설을 보유하고 있어야 하며, 여섯째, 비즈니스 활동을 지원할 수 있는 시설이 구비되어야 하며, 일곱째, 잘 교육되고 매너 있는 종사원의 서비스가 수반되어야 한다.

오정환 교수의 『호텔경영학원론』에서 밝힌 호텔의 개념은 다음과 같다.

① 호텔기업은 그 운영에 있어서 도덕적으로 비난의 여지가 없는 숙박과 식사시설을 제공하여야 한다.
② 호텔기업은 숙박시설뿐 아니라 식사도 포함해야 한다.
③ 고객과 기업주와의 숙박계약은 단기적이어야 한다.
④ 호텔기업으로서의 명백한 기업분류와 식사업을 제기하여야 한다.
⑤ 호텔 부수사업은 숙박업인 호텔의 특성을 침해하여서는 안된다.
⑥ 건축물 등의 시설은 일반적인 요건과 일치되어야 한다.
⑦ 객실수, 고객공간 및 회의공간의 최소한 확보, 위생상의 내용으로 세면 및 욕실을 포함한 화장실의 확보, 각 객실의 침실 및 거실에 소속되는 시설물의 최소한 확보를 유

지하여야 한다.

⑧ 최소한의 고용인원, 접대인원, 기술자를 확보하여야 한다.

⑨ 식사업은 기본원칙 외에 영향적 측면에서의 필요조건을 지켜야 한다.

우리나라의 관광진흥법(2007년 7월 19일 최종 개정) 제3조에서는 관광사업의 종류를 ① 여행업, ② 관광숙박업, ③ 관광객이용시설업, ④ 국제회의업, ⑤ 카지노업, ⑥ 유원시설업, ⑦ 관광편의시설업으로 분류하고 있다. 현행 관광진흥법이 규정하고 있는 관광숙박업을 보면 호텔업과 휴양콘도미니엄업으로 구분하고, 이 중 호텔업을 "관광객의 숙박에 적합한 시설을 갖추어 이를 관광객에게 제공하거나 숙박에 부수되는 음식・운동・오락・휴양・공연 또는 연수에 적합한 시설 등을 함께 갖추어 이를 이용하게 하는 업"이라고 규정하고 있으며, 휴양콘도미니엄업은 "관광객의 숙박과 취사에 적합한 시설을 갖추어 이를 그 시설의 회원이나 공유자, 그 밖의 관광객에게 제공하거나 숙박에 딸리는 음식・오락・운동・휴양・공연 또는 연수에 적합한 시설 등을 함께 갖추어 이를 이용하게 하는 업"이라고 규정하고 있다.

또한 호텔업의 종류로는 ① 관광호텔업, ② 수상관광호텔업, ③ 한국전통호텔업, ④ 가족호텔업으로 분류하고 있다. 이들의 정의를 살펴보면 다음과 같다.

① 관광호텔업

관광객의 숙박에 적합한 시설을 갖추어 관광객에게 이용하게 하고 숙박에 딸린 음식・운동・오락・공연 또는 연수에 적합한 시설 등(이하 "부대시설"이라 한다)을 함께 갖추어 관광객에게 이용하게 하는 업

② 수상관광호텔업

수상에 구조물 또는 선박을 고정하거나 매어 놓고 관광객의 숙박에 적합한 시설을 갖추거나 부대시설을 함께 갖추어 관광객에게 이용하게 하는 업

③ 한국전통호텔업

한국전통의 건축물에 관광객의 숙박에 적합한 시설을 갖추거나 부대시설을 함께 갖추어 관광객에게 이용하게 하는 업

④ 가족호텔업

가족단위 관광객의 숙박에 적합한 숙박시설 및 취사도구를 갖추어 관광객에게 이용하게 하거나 숙박에 딸린 음식・운동・휴양 또는 연수에 적합한 시설을 함께 갖추어 관광객에게

이용하게 하는 업

⑤ 소형호텔업

관광객의 숙박에 적합한 시설을 소규모로 갖추고 숙박에 딸린 음식·운동·휴양 또는 연수에 적합한 시설을 함께 갖추어 관광객에게 이용하게 하는 업

⑥ 호스텔업

배낭여행객 등 개별 관광객의 숙박에 적합한 시설로서 샤워장, 취사장 등의 편의시설과 외국인 및 내국인 관광객을 위한 문화·정보 교류시설 등을 함께 갖추어 이용하게 하는 업

⑦ 의료관광호텔업

의료관광객의 숙박에 적합한 시설 및 취사도구를 갖추거나 숙박에 딸린 음식·운동 또는 휴양에 적합한 시설을 함께 갖추어 주로 외국인 관광객에게 이용하게 하는 업

대표적 학자들의 호텔정의를 살펴보면 다음과 같다.

표 1-2 대표적 학자들의 호텔의 정의

학 자	정 의
William Morris	숙박, 식사 및 기타 서비스를 제공하는 대중적인 장소
S. Medlick	여행자와 일시적 체류자에게 숙박, 식사와 간단한 음식을 제공하며, 다른 이용자에게는 음식과 다른 부대시설을 제공하고 그 서비스에 대한 요금을 받는 곳
Jack. P. Jeffenes	일반대중을 위하여 숙박과 식당의 설비와 비품을 갖추어 놓고 객실서비스 Bell service, Telephone service, Laundry service를 제공하는 건물
Ken Gale	일상 주거지로부터 멀리 떠난 사람에게 숙박과 음식, 음료를 제공하는 시설
김재민, 신현주	일정한 지급능력이 있는 사람에게 객실과 식음료를 제공할 수 있는 시설을 갖추고 잘 훈련되고 예절바른 종사원이 조직적으로 봉사하여 그 대가를 받는 기업
오정환	여행자를 위한 각종 편의를 제공하는 시설, 즉 객실, 식당, 주장 및 각종 위락시설을 갖추고 사회의 공공기업체로서의 사명을 다하는 서비스사업체이다.
김충호	일정한 지급능력이 있는 사람에게 격식과 식사를 제공할 수 있는 시설을 갖추고 잘 훈련되고 예절바른 종사원이 조직적으로 봉사하여 그 대가를 받는 기업
송성인	호텔사업은 경제적으로 지급능력이 있는 불특정 고객에게 영리를 목적으로 적합한 숙박과 식음료시설을 갖추고 무형의 인적 서비스상품을 바탕으로 공익개념의 휴식과 오락 등 여가를 즐길 수 있는 문화적 공간을 제공하는 기업

제2절 호텔의 발전사

1. 고대 · 중세의 숙박업

숙박시설의 태동은 인간의 이동과 관계가 있다. 즉 인간의 여행과 숙박은 상호 불가분의 관계를 갖고 있다.

고대 서양에서 인간의 이동은 생활을 영위하기 위한 물물교환과 종교 순례지의 방문 그리고 전쟁으로 인한 것이 대부분이었다. 특히 고대 이집트는 B.C. 5세기경 벌써 바빌로니아와 통상관계를 맺어 상인들의 왕래가 빈번하였으며 그리스인들은 에게해를 중심으로 해상으로 진출하여 식민지의 개척과 교역활동을 활발하게 하기 시작하였다. 또한 로마제국이 군사도로와 도시를 건설함으로써 인간의 이동은 급속히 성장하였으며, 특히 교통수단의 발달은 인간의 이동을 점차 멀리 그리고 오랫동안 하게 하였다.

이와 같이 인간의 이동이 점차 증가하면서 장기간 집을 떠난 사람들을 위한 숙소가 생기게 되었으며, 숙박시설이 본격적으로 영리를 추구하는 상업적 부문으로 등장하기 시작한 것은 15세기부터이며 16~18세기에는 상공업이 융성함에 따라 각지에 여인숙이 생기게 되었다.

2. 근대의 호텔업

1) 문예부흥(Renaissance) 이후

15~16세기 스페인, 포르투갈과 영국에 의해 주도된 대항해시대에는 지리상의 새로운 발견이 있었고, 1523년 마젤란의 함대가 귀국함으로써 최초로 세계 일주에 성공하게 되었다. 또 영국을 중심으로 청교도혁명과 시민혁명, 명예혁명이 성공하면서 시민계급이 주체가 되는 근대사회가 확립되어 근대관광은 근대 과학, 민주주의와 함께 시작을 알리고 있었다.

퀸 엘리자베스 1세 때 영국은 번성기를 맞이하여 교통수단과 온천휴양지가 발달되기 시작했다. 처음의 온천은 건강이 목적이었으나 점차 사교적인 장소가 되었는데, 이것이 오늘날 해변휴양지의 시초가 되었다. 그리고 그때까지 기호품으로 사용이 금지되었던 커피가 유입되면서 프랑스에서 Cafe가, 영국에서는 Coffee House가 생겨났는데, 이곳은 커피뿐만 아니라 사회적인 사교장소로도 많이 이용되었다.

① 호텔의 등장

영국에서는 17세기에 Feather Hotel이 생겨난 후 호텔이라는 용어가 소개되기 시작하였다. 런던, 글래스고, 에딘버러를 연결하는 도로가 만들어지고 이 도시들을 연결하는 교통수단으로 역마차와 우편마차가 등장하였다. 이 역마차에 의해 승객들을 위한 대규모의 고급숙소로서 Coaching House가 생겨나기 시작했다.

Coaching House를 이용하는 사람은 매우 부유했고 호화시설에 익숙한 귀족들이었기 때문에 시설도 호화롭고, 숙식뿐만 아니라 말(馬)을 위한 시설도 잘 갖추어져 당시의 숙박시설을 고급화하는 데 기여했다. 이 시설은 단순한 숙소의 기능을 넘어서 귀족이나 승려, 정치인들의 사교모임 장소로도 이용되었다. 숙소의 건축양식은 상당히 표준화되어 있었으며, 지방관청의 허가가 있어야 영업을 할 수 있었다. 이러한 사회적인 환경변화 속에서 영국의 귀족자제가 유럽대륙으로 학습여행을 다녀오는 풍조가 생겨났으며, 괴테, 셸리, 바이런 등 저명한 작가나 사상가들이 대륙을 여행한바, 그들의 작품을 통해 관광여행이 더욱 자극되어 교육관광의 시대를 열었으며, 이러한 문화의 전파로 프랑스에서도 호텔이 생겨나고, 호텔이라는 용어도 자연스럽게 전파되었다.

② 그랜드호텔 시대

19세기가 되면서 호화호텔 건설의 구체적인 형태가 나타나기 시작했는데, 이때 등장하기 시작한 호텔은 지난날 베르사유 궁전에서 펼쳐졌던 상류계급의 생활양식을 기초로 한 호화스러운 시설과 서비스가 주된 특징이었다. 오늘날의 호화스러운 건물의 외관과 내장, 사치스러운 프랑스요리와 기물, 기구, 종업원의 복장과 서비스는 당시의 호텔에서 채택하여 상업화했던 양식이 지금도 내려오고 있는 것이다.

1850년 파리에 그랜드호텔이 건설되어 지금도 이 호텔의 명칭이 고급호텔의 대명사로 쓰이고 있다. 1855년 나폴레옹 3세에 의하여 Hotel du Lourver가, 1874년에는 베를린에 Kaiser Hof가, 1876년에는 Frankfurter Hof가 개업하였다. 이러한 호화로운 호텔경영을 완성시킨 인물은 세자르 리츠(Cesar Ritz)였다. 그의 서비스맨으로서 탁월한 재능은 서양요리사상 가장 위대한 조리사인 조르주 에스코피에(George A. Escoffier)와의 결합에서 이루어졌으며, 두 사람은 유럽의 여러 고급호텔을 경영했는데, 1889년 The Savoy Hotel을 경영하면서 정장차림의 디너파티를 정착시켰고, 여성고객의 중요성을 부각시켰다.

1898년에는 Hotel Ritz를 개업하였고, 1899년에는 런던에서 최초로 전 객실에 욕실이 딸린 고급호텔인 The Carlton을 개업하였다. 그 후 Ritz Development Company가 설립되어 프랜차이즈에 의한 체인화를 추진하였으며 미국 등에서도 고급호텔로 영업을 하고 있다.

리츠는 “고객은 항상 옳다”는 경영이념을 갖고 고객이 요구하는 모든 것은 최고의 서비스로 제공한다는 호텔경영사상 최고의 위대한 호텔리어였다. 이 시대의 특색은 대부분의 고객이 특권적인 부유계층이었고, 투자가의 관심은 사회적 명예의 획득이었으며, 경영방침은 어떻게 하면 특권적 부유계층의 고객을 만족시킬 수 있는가에 있었다. 조직면에서는 독립적인 대규모 호텔을 운영하였다.

따라서 호텔을 건설하기 위하여 자금을 투자하는 사람은 귀족이나 부호였고, 고객 또한 그런 부류의 사람들이었다. 그러므로 고객의 수요 또한 왕족의 귀족으로 한정되어 있어 모든 계층의 사람들을 대상으로 한 공공성 있는 숙박기능을 제대로 수행하지 못했으며, 경영자와 자본주가 분리되어 있지 않아 경영의 전문성이 결여되어 있었다. 이 같은 문제점을 극복하면서 호텔산업의 비약적인 발전을 이룩한 곳은 미국이었다.

Hof
건물에 둘러싸인 장소 또는 웅장한 저택을 뜻하는 것으로서 Inn에서 Hotel로 발전하는 과정에서 과도기적인 명칭으로 쓰였던 것으로 추정됨

2) 영국 호텔의 역사

영국에서는 1760년대 산업혁명 이후 숙박업(innkeeping)에 대한 새로운 인식과 발전을 가져왔다. 호텔의 역사는 약 200년 정도이며 그 용어는 영국에서 17세기에 페더즈호텔(Feathers Hotel)이 생기면서 소개되기 시작했다.

18세기 초 영국에서는 데이비드 로(Dabid Low)라는 사람이 1774년 런던에 First Family Hotel을 개관하였다. 이는 현대 호텔의 초기적 형태로서 고객의 짐을 운반해 주는 포터(Poter)와 객실의 등록 담당직원 및 벨맨의 서비스를 받을 수 있는 호텔이었다. 1800년 초반기에는 조지라는 호텔이 포츠머스에 건립되어 운영되었다. 이 호텔은 당시 유명인사였던 넬슨제독과 나폴레옹, 웰링턴과 같은 사람들이 거쳐간 것으로 더욱 유명해졌다.

런던의 사보이호텔은 스위스의 사람인 세자르 리츠에 의해 설립되었다. 1889년 개업한 사보이호텔은 상류사회의 고급 사교장으로 객실 60개에 승강기와 화려한 전광 조명장치를 한 최고급 호텔로 인기가 높았다. 그 이후 1898년에 현재의 호텔 리츠를 개업하고 1899년에는 런던에 객실마다 욕실을 갖춘 칼튼을 개업하여 호텔 경영사상 최초로 프랜차이즈에 의한 체인화를 실시하여 오늘날까지도 고급호텔로서 손색 없이 유지경영하고 있다. 최근에는 미국

에서 가장 훌륭한 호텔로 정평을 받아 호텔로서는 최초로 최고의 서비스상을 받기도 했다.

3) 프랑스 호텔의 역사

프랑스에서는 16~18세기에 이르러 절대왕권제도하에서 황후나 귀족들을 대상으로 한 특권계층 전용의 호화스럽고 숙박과 식음료가 엄선된 사교장으로서의 호텔들이 생겨나기 시작하였다. 프랑스에서는 부유층이나 저명인사의 거주지나 공공건물을 호텔 드 빌(Hotel de Ville) 혹은 호텔 드 라 모네(Hotel de la Monnaie)라고 지칭하고 있었다.

프랑스혁명 이후 많은 사유물이 공유물로 전환되면서 자연히 그들의 집은 호텔이라 불리며 이용되었다. 1850년 파리에 건립된 그랜드호텔(Le Grand Hotel)은 회사경영 조직체로서 최초의 것이며, 1885년 나폴레옹 3세에 의해서 같은 파리에 호텔 드 루르(Hotel du Louyre)가 설립되었다. 이는 거대한 궁전형의 호텔로서 당시 귀족이나 부호들의 인기 있는 사교 중심지가 되었다.

1870년 세계에서 가장 호화롭다고 하는 호텔 "그랜드내셔널호텔(Grand National Hotel)"이 세워져 유럽 상류사회의 인기를 독차지하였다.

세계 호텔경영사상 고급호텔의 창시자로 불리는 리츠(1850~1918)는 1898년 파리에서 오늘날에도 유명한 호텔 리츠를 개업하여 대성공을 하고, 1899년 영국 런던에 호텔 칼튼을 개업하였다. 이 호텔은 유럽 각지에 18개 리츠계통의 호텔들을 출현시키면서 호텔산업에 큰 공헌을 하였다. 그의 경영철학인 "고객은 항상 정당하다(Guest is always right)"라는 표어는 현대 호텔산업의 경영방식에 많은 공헌을 한 미국의 스타틀러에게 지대한 영향을 주었다.

그 후 1912년에는 남부지방의 유명한 휴양지 호텔인 호텔 네그레스코(Hotel Negresco)를 건설하여 칼튼호텔과 더불어 특유의 개성을 보이는 호텔 휴양지(Resort Hotel)의 완성을 보여 주고 있다.

3. 미국의 호텔업

1) 미국 호텔의 변천사

미국에 있어서 최초의 호텔 출현은 1794년 뉴욕시에 건립된 시티호텔(City Hotel)이다.

이 호텔이 문을 열기 전까지는 여인숙 형태로 1642년 건립된 30실의 킹스암스(King's Arms)와 1700년에 건립된 비크맨 암스(Beekman Arms) 등이 여행자를 수용하는 숙박시설로 운영되었다. 그러나 이 시티호텔은 73실의 객실을 보유하여 당시 인구 3만 명의 뉴욕에서는 경이적인 시설로 사회적 사교중심지로서의 기능을 하였다.

1829년에는 보스턴에 근대호텔의 원조라고 할 수 있는 트레몬트 하우스(Tremont House)가 출현하였다. 즉 호텔산업의 원조라 불리는 객실 170개의 트레몬트 하우스가 종전과는 전혀 다른 경영형태와 고가의 건축비로서 호텔건축의 권위자인 로저스(Isaiah Rogers)에 의해 건립되었으며, 이는 이후 50여 년간 유럽 호텔 건축양식에 큰 영향을 미쳤다.

이 호텔은 그 규모나 비용 및 호화로움에 그치지 않고 호텔경영에 있어서도 단연 근대 호텔산업의 한 전기를 마련하였음은 주목할 만한 일이다.

종전의 전통적인 여인숙 형태의 숙박시설은 한 방에 큰 침대를 여러 개 놓고 최소한 두 사람 이상의 손님이 투숙해야 채산성이 맞는다고 생각하였다. 그러나 이 호텔은 경영방식을 바꾸어 오늘날의 호텔 객실처럼 고객의 프라이버시(privacy) 보호의 특성을 실현한 것으로 개인전용의 열쇠가 부착된 1인용 객실(single room)과 2인용 객실(double room)을 마련한 최초의 호텔로 다음과 같은 경영기법을 창안하였다.

① 모든 객실에 쟁반을 받친 물 주전자를 제공하였고, 세면용 용기(bowl)와 비누, 조간 신문을 무료로 제공하였다.
② 고객을 정중하게 접대할 수 있도록 종업원 교육을 강화하고 지배인(manager)제도가 생겨 자본(capital)과 경영(management)의 분리제도를 실시하였다.
③ 벨 보이(bell boy)와 페이지 보이(page boy)를 연결할 수 있는 호출기를 두어 호텔업계에서 최초로 객실전화 역할기능을 도입하였다.
④ 호텔업계에서 처음으로 잘 훈련된 서비스맨(service man)으로 하여금 최고급 프랑스 요리를 제공하였다.

20세기에 접어들면서 여행객이 증가함에 따라 상용고객(business man)들이 원하는 숙박시설의 형태, 서비스의 개발, 중산층과 일반대중에 적합한 숙박시설이 필요하게 되었다. 이러한 시기에 현대호텔의 혁명왕이라고 하는 스타틀러가 미국 호텔업계에서 가장 경이적인 발명이라 불리는 전혀 새로운 형태인 버펄로 스타틀러호텔(Buffalo Statler Hotel)을 1908년 개관하게 되어 미국 호텔산업의 신시대를 가져옴과 동시에 현대적 의미의 상용호텔(commercial hotel)의 탄생을 가져왔다. 경험을 바탕으로 한 기술(Know-how)과 서비스의 혁신을 가져다 준 공로자이다. 특히 일반 대중고객을 대상으로 스타틀러 호텔은 "1.5달러로 욕실(bathroom)이 있는 객실을 이용할 수 있다(A room and a Bath for a Dollar and a Half)"라는 슬로건을 창안함으로써 중산층과 일반 대중들에게 큰 호응을 얻어 호텔 업계에 크나큰 공헌을 하였다.

그의 호텔서비스 운영방식은 다음과 같다.

① 화재의 위험에서 벗어나기 위하여 계단에 방화 문(fire door)을 설치하였다.
② 어두운 곳에서도 쉽게 찾을 수 있는 객실열쇠(room key)를 만들었다.
③ "방해하지 마시오(Do not disturb)"라는 표식을 문고리에 매달아 사용하였다.
④ 어두운 곳에서도 쉽게 켤 수 있는 전등 스위치(light switch)를 객실 내에 설치하였다.
⑤ 객실 내부에 개인용 욕탕(private bathroom)을 설치하였다.
⑥ 전신 크기의 거울(mirror)을 설치하였다.
⑦ 객실 내에 얼음 물(ice water)을 제공하였다.
⑧ 객실에 조간신문(newspaper)을 무료로 배포하였다.

이상과 같은 새로운 운영 기법으로 호텔경영에 성공한 스타틀러는 이후 40여 년 근대 호텔의 모델(model)이 되고 안락한 서비스, 청결의 신조로 대단한 평을 받았다.

뉴욕의 펜실베이니아(Hotel Pennsylvania), 월도프 아스토리아(Waldorf Astoria) 및 피어스(Pierce) 등의 호화로운 호텔의 출현과 시카고에서 객실 3,000실을 가진 스티븐스호텔(the Stevens Hotel : 현재의 콘래드힐튼호텔) 등이 이 시기에 출현하였다.

1930년 미국의 대공황기에 휘말려 모든 분야가 하나도 성한 곳이 없이 도산과 혼란에 걷잡을 수 없을 때 호텔업계도 역사상 가장 심한 불행을 겪어야 했다. 호화롭게 장식한 넓은 홀(hall)과 객실(room), 식당(restaurant)에는 손님이 없어 적막을 유지했다. 이 공황(panic) 속에서 호텔업계는 경제전문가들이 재기 불가능이라는 낙인을 찍을 정도로 전체의 약 85%가 도산하고 말았다. 이 영향으로 말미암아 공황이 끝나고 새로이 안정을 회복한 뒤에도 투자가들은 호텔을 흰 코끼리(white elephant : 누구에게나 귀찮은 존재라는 뜻)로 생각하면서 투자를 기피하였다.

1940년 안정을 회복함과 더불어 1942년 제2차 세계대전의 거센 물결이 미국 전역에 대량 인구이동의 선풍을 불러일으켜 여행자들의 급격한 수요가 발생함으로써 호텔업계는 새로운 경기를 되찾았다. 이러한 요인이 1945년 종전 전과 더불어 미국에 있어서 전쟁경기로 부의 축적을 가져온 상태에서 왕성한 여행욕구 현상은 호텔업계를 다시 없는 호경기로 돌려놓았다. 당시 1947년까지 객실이용률(room occupancy)이 평균 90%선을 상회하였을 정도였다.

1952년 이전의 여러 발전과정에 추가하여 미국 호텔업계의 경이적 발전형태를 두 가지 관점에서 살펴볼 수 있다.

그 하나가 1952년 10월에 개관한 로스앤젤레스 스타틀러(The Los Angeles Statler)의 출현이다. 호텔의 한 동을 완전히 임대사무실(Rental office)로 내놓음으로써 호텔수입의 안정성을 추구하는 경영방식을 확립한 것이다. 이것은 공황기의 쓰라린 경험에 비추어, 그리고 계절적 영향을 가장 심하게 받는 호텔수입의 불안정성을 극복하고자 하는 노력의 결정이었다. 이후 많은 호텔에 영향을 미치고 전후 미국 호텔산업계의 새로운 이정표를 마련하였다.

또 다른 하나는 체인호텔제도(chain hotel system)의 발전이다. 오늘날 현대를 상징하는 여행의 대중화(mass tourism) 물결이 호텔업계의 발전과 더불어 새로운 경영형태인 체인호텔로 발전하게 된 것이다. 이의 최초의 출현이 노트 호텔체인(Knott Hotels Corporation)이다. 상승하는 원가와 보다 나은 서비스를 제공하면서 원가요율을 높이지 않기 위해서는 호텔의 대량생산을 촉구하기에 이르렀던 것이다.

이 호텔 가운데서도 그 규모나 명성으로 보아 가장 널리 알려진 체인그룹으로는 쉐라톤 체인(The Sheraton Corporation of America)과 힐튼 체인(The Hilton Hotels Corporation) 그룹이 있다.

4. 한국의 호텔업

1) 숙박시설의 역사

(1) 삼국 초기~고려시대

- 삼국사기 : 숙박시설에 관한 최초의 기록
- 신라, 소지왕 9년 '역관' : 관리들이 지방 순찰시 숙소로 이용
- 통일신라, 장보고 '신라방' : 당나라를 찾는 신라인의 숙소
- 고려시대 '역참제' : 역마를 두고 공무로 왕래하는 관리에게 교통 및 숙박의 편의제공

(2) 조선시대

- 고려시대의 역참제 지속 : 전국에 530여 개의 역
- 새로운 숙박시설인 '관' : 공무여행자, 관리를 위해 지방관위에 설치
- 하급숙박시설 '원' : 점차 제한되어 점(주막)이 발달

(3) 개항~1950년대

- 19세기 말, 서구문물 유입, 외국인 방문 → 전통적 숙박시설의 변화

2) 호텔의 역사

(1) 호텔의 등장

- 1889년 인천, '대불호텔' : 우리나라 최초의 호텔
- 1902년 서울 정동, '손탁호텔' : 최초의 근대적 호텔, 처음으로 프랑스 요리제공

(2) 철도호텔 등장

- 1912년 '부산철도호텔' : 최초의 철도호텔
- 1912년 신의주 철도호텔
- 1914년 '조선호텔' : 호텔이 처음으로 회의장소로 이용

(3) 상용호텔 등장

- 1936년 '반도호텔' : 최초의 상용호텔(이 시기는 우리 국민의 여행이 제한되어 일본인, 외국인을 위한 시설)

(4) 민영호텔 등장

- 1952년 '대원호텔' : 최초의 민영호텔
- 1955년 '금수장호텔' : 지금의 소피텔 엠버서더의 전신
- 1959년 M.O.T가 직영한 호텔 : 서울 반도, 조선, 지방의 8개 호텔 등 10개

(5) 1960년대의 호텔업

- 1961년 8월 관광사업진흥법 : 시설기준이 우수한 호텔을 관광호텔로 지정(메트로호텔, 아스토리아호텔, 뉴코리아호텔, 사보이호텔, 그랜드호텔)
- 1963년 '워커힐' : 최초의 휴양지 호텔
- 1965년 PATA 개최. 서울 : 호텔의 중요성 인식

(6) 1970년대의 호텔업

- 1970년 조선호텔 : 국내에서는 처음으로 자본과 경영을 분리경영
- 1970년 관광호텔 등급제도, 관광호텔 지배인자격시험제도 실시
- 1976년 서울 프라자호텔
- 1978년 Hyatt호텔, 부산조선비치호텔, 경주코롱호텔
- 1979년 호텔신라 개관을 시작으로 1979~1980년 사이에 호텔롯데, 경주조선호텔, 경주도큐호텔, 부산서라벌호텔, 서울가든호텔 등 대형호텔 개관

(7) 1980년 이후

- 1983년 Hilton호텔, 제53차 ASTA 개최
- 1986, 1988년 이후 외국 체인호텔 개관 : 스위스그랜드호텔, 인터컨티넨탈, 라마다호텔, 롯데월드호텔 등

(8) 1990년 이후

- 제주신라가 resort hotel로 개관
- 제주롯데 resort hotel로 개관
- 임피리얼 팰리스 특1급 승격
- W 서울 워커힐호텔 2004년 4월 개관

3) 일제침략하의 호텔

1910년 이전에 이미 인천 **대불호텔**과 스튜어드호텔이 영업을 하고 있었으며 서울에도 **손탁호텔**이 있었는데, 1910년 이후에는 더욱 많은 서양인의 내왕으로 구미인 상대의 호텔과 양식 여관이 많이 생기게 되었다. 그런데 이 당시에 세워진 호텔이나 양식 여관들은 많은 수가 철도국 직영의 호텔 여관이었다.

1910년 이후에 세워진 호텔들을 살펴보면 1912년 7월에 부산 철도호텔이 철도국 직영으로 개업을 하였으며, 1913년 4월에는 서울 철도호텔(조선호텔)이 착공되어 이듬해인 1914년 9월에 준공을 보아 동년 10월부터 영업을 개시하였다. 오랫동안 우리나라 호텔의 대명사처럼 불린 조선호텔은 처음에는 만철회사(滿鐵會社)가 건설하였으나 뒤에 철도국 직영이 되었다. 이 호텔은 대지 6,700평, 건평이 583평, 총실수가 69실, 여객수용수 106인, 공비

는 당시 화폐로 84만 원이 소요되었다. 이러한 규모는 당시로서는 동양일류의 호텔이라 할 만하였다. 이 호텔의 요리는 프랑스식을 주로 하였는데 재료의 정선과 요리법의 정묘함이 뛰어나므로 서양인들도 매우 찬탄하였고 이 호텔의 식당은 항상 붐볐다고 한다. 그리고 이 호텔의 뒤뜰에는 광무 원년(1897) 고종이 황제에 즉위할 때 천신지저에 고제(告祭)하기 위하여 건조한 원구단(圜丘壇)이 있다. 이 호텔에 대하여 한 가지 더 설명하면 1915년 4월 24일 전 조선기자 대회가 이곳에서 열렸는데 이 일은 호텔에서 큰 규모의 정식 회합을 갖게 된 시초였다. 1915년 8월 10일에는 금강산호텔이 영업을 개시하였으며, 1918년 7월 1일에는 금강산 장안사호텔이 문을 열었다. 이 뒤에도 계속하여 사람이 많이 내왕하는 교통요지, 휴양지에는 호텔이 들어서게 되었는데, 1929년 이전에 세워진 호텔들을 살펴보면 서울의 경성호텔, 광화문호텔, 중앙호텔 등이 있으며, 지방에는 부산의 동래호텔, 목포의 목포호텔, 신천온천의 온천호텔, 원산의 송도원호텔, 인천의 조양호텔, 월미도호텔 등이 있었다. 그리고 1938년에는 서울의 반도호텔이 준공을 보게 되었다. 또한 1939년에는 오늘날의 여관규모보다 약간 큰 철근 콘크리트 5층 건물의 본정호텔과 임옥호텔 등이 서울에서 영업을 하고 있었다.

당시 호텔의 설비를 알아보면 방에는 욕실이 있는 방과 없는 방의 구별은 있으나 거의 욕실은 갖추어져 있었으며, 객실마다 탁상전화, 세면소가 있었다. 또한 호텔에는 큰 식당과 사교실이 있어 오늘날의 호텔 커피숍(coffee shop) 구실을 했으며 옥상에는 관망대도 있었고 식당에는 양식 요리도 갖추고 있었다. 그리고 다른 시설로는 난방·방화·소화·급수시설과 자동차 주차장시설도 갖추고 있었다. 다음으로 당시 호텔의 숙박료에 대하여 살펴보면 지역과 등급, 실(室)의 구조, 장치에 따라 차이가 있었다. 1929년 조선호텔의 숙박료를 보면 구라파식(1실 1인)은 3원, 4원, 6원, 8원, 10원, 14원, 15원, 30원, 45원의 9등급의 차이를 보이고 있으며, 미국식(1실 1인)은 9원, 10원, 12원, 14원, 16원, 20원, 21원, 26원이었다. 1927년의 부산 동래호텔의 경우 1박 2식에 7원, 서울의 광화문호텔은 식사가 제공되지 않고 5원 60전, 경성호텔은 역시 식사 없이 5원 50전에서 8원 50전까지 실에 따라 다르게 받았다.

▲ 손탁호텔

▲ 대불호텔

▲ 반도호텔

대불호텔

대불(大佛)호텔에 대한 기사를 『개항과 양관역정(洋館歷程)』에서 살펴보면 벽돌 3층의 이 양관(洋館)은 일본인 호리 리기타로오(掘力太郞)가 1887년 건축에 착수하여 1888년에 낙성시킨 것인데 얼핏 보면 청관(淸國地界) 같으면서도 기실(其實) 일본지계(日本地界) 첫머리라는 데 또한 흥미가 있다. 일본지계 제일 첫 집이 호리 씨 자택이고 그 당시 가장 하이칼라로 지은 이 벽돌집이 둘째 번인데 외국인 특히 한국을 찾아드는 구라파인 혹은 미국인 상대의 양식호텔로 설계했다는 점이 특징이다. 대불호텔의 영업이 번창(繁昌)하게 되자 바로 길 건너의 청국인 이태(怡泰)라는 사람 역시 외국인 상대의 여관업을 시작하였는데 그는 아래층에서 양잡무상(洋雜貿商)을 하면서 2층에 '스튜어드호텔(Steward Hotel)'을 개업하였다.

손탁호텔

서울에서 제일 먼저 세워진 양식호텔은 1902년에 독일 여인 손탁이 정동에 세운 손탁호텔을 들 수 있다. 이 건물을 세운 미스 손탁(Miss Sontag)은 당시 주한 러시아공사 베베르(Weber)의 처형으로 1885년 10월 베베르가 공사로 부임할 때 같이 서울에 왔다. 그녀는 원래 알자스로렌 출신으로 머리가 뛰어난 여자였다. 한국에 온 지 얼마 안되어 베베르의 추천으로 궁정의 외인접대의 일을 맡게 되었는데, 아울러 고종 및 양반의 서양식기 · 서양식 실내장식품류의 구입에도 관여하였다. 그리고 가끔씩 왕비에게 초청되어 말 상대가 되어 주기도 하였는데 그녀는 영어 · 프랑스어 및 한국어에도 능통하여 왕비는 물론 고종에게까지 안내되기도 하였다.

손탁은 1895년에 고종으로부터 경운궁(慶運宮)에서 도로 하나 건너편에 있는 서쪽의 땅과 집을 하사받았다. 당시 그의 저택은 외국인들의 집회소 역할을 하였으며 청일전쟁 후에는 미국이 주축이 되어 조직한 정동구락부(貞洞俱樂部)로 이 집이 사용되어 외교의 중심가가 되었다. 그러다가 1902년 10월에는 옛집을 헐고 그 자리에 양관(洋館)을 지어 호텔로 경영하였는데, 위층에는 귀인들의 객실로 사용하였고 아래층은 보통 객실과 식당으로 사용하였다. 1904년 3월과 1905년 11월에는 일본의 이토 히로부미(伊藤博文)가 이 호텔에서 숙박을 했으며 또한 러 · 일전쟁시에는 후에 영국의 수상이 된 처칠(Churchill)이 이 호텔에서 하룻밤을 숙박하였다. 이 호텔은 1917년 이화학당에서 구입하여 대학과 교실, 기숙사로 사용하다가 1922년에는 이 건물을 헐고 3층건물로 교실, 기숙사, 실험실을 비롯한 각종 부속시설이 포함된 프라이 홀(Frey Hall)을 세웠다.

4) 한국 현대호텔의 등장과 발전과정

철도의 개통과 더불어 1929년에 일본항공의 항공노선이 개설되어 교통이 더욱 편리해지자 1936년에 일본인 노구치 씨에 의해서 국내 최초의 본격적 상용호텔(commercial hotel)인 반도호텔이 개관되었다. 반도호텔은 미국의 스타틀러호텔의 경영방식을 도입하였고, 일반대중을 상대로 영업을 한 당시 한국 최대의 시설 및 규모를 갖춘 호텔로 111개의 객실을 보유하였다. 그러나 이 시기에 일반인들의 여행이 극도로 제한적이었기 때문에 일본인과 외국인을 위한 시설이 되었고 호텔사업도 일본인들에 의해 독점되고 있었다. 1945년 8월

15일 해방 이후 호텔업은 한국인에 의한 본격적인 발전의 계기를 맞이했으나 해방 직후의 사회혼란과 남북분단, 6·25전쟁 등으로 인하여 사실상 1950년 초까지 호텔업은 정체기에 머무를 수밖에 없었다. 일제 말에 총독부와 개인이 운영했던 철도, 열차식당, 역구내식당과 조선호텔, 반도호텔, 부산철도호텔 등은 해방 후 미군정에 의해서 관리되다가 1948년 8월 15일 대한민국 정부수립과 더불어 교통부로 이관되었다.

1953년 7월 휴전이 성립되고 많은 미군들과 군속 그리고 전후 UN한국부흥단 의원들이 한국을 방문하게 되자 점차 관광사업의 필요성을 인식하기 시작하게 됐으며, 이에 따라 정부조직에 관광과가 설치되었고 여행사와 민영호텔들이 생겨나기 시작하였다. 1954년 교통부 육운국에 관광산업 촉진을 위한 관광과가 설치되었으며, 1957년 세계관광기구(WTO)의 전신인 국제관광기구에 정회원으로 가입하였으며, 1958년 3월에 중앙 및 지방관광위원회가 설립되어서 본격적인 호텔산업의 발전에 활력을 불어넣기 시작하였다. 한편, 국내 최초로 대한여행사가 개업하였고, 민영호텔로는 1952년 대원호텔, 1955년 현 소피텔 엠버서더 호텔의 전신인 금수장호텔, 1957년 해운대관광호텔, 사보이호텔 등이 각각 개관하였다.

1960년대에 들어서면서 관광사업은 정부의 정책적인 지원과 민간기업인들의 노력으로 외화획득 산업으로서 괄목할 만한 성장을 하게 되었다. 우리나라 최초의 관광법규인 「관광사업진흥법」이 1961년 8월 22일 제정되었고 다음해 제정된 시행령 및 시행규칙은 관광호텔들에게 획기적인 발전의 계기를 부여하였다. 특히 시설을 기준으로 우수한 호텔을 선정, 관광호텔로 분류하여 적극적인 행정지원을 하기 시작하였다. 당시 최초의 관광호텔로 선정된 호텔은 메트로호텔, 아스토리아호텔, 뉴코리아호텔, 사보이호텔, 그랜드호텔 등이었다.

1962년 6월 국제관광공사가 설립되면서 반도호텔, 조선호텔 그리고 지방 7개의 호텔들의 경영권을 인수하였다. 1963년 4월에 개관한 워커힐(Walker Hill)호텔은 한국 호텔산업에 있어 최초의 현대적인 호텔이라고 할 수 있다. 이 호텔은 254개의 객실을 보유한 당시 동양 굴지의 리조트호텔로서 한국관광공사에서 운영하였다. 1965년 3월 국무총리실 직속으로 관광정책심의위원회가 구성되고 4월에는 제14차 PATA총회를 서울에서 개최하여 호텔업의 역할을 재평가하게 되었다.

1970년 3월 한국관광공사와 미국의 아메리칸항공사(American Airlines)가 합작투자한 조선호텔이 개관되어 국내에서는 처음으로 자본과 경영이 분리되어 운영되는 호텔이 등장하게 되었다. 5월에는 관광호텔 등급화제도(특1급, 특2급, 1급, 2급, 3급)와 관광호텔 지배인자격시험제도를 실시하여 호텔의 질적 수준과 경영의 전문성을 도모하였고 호텔서비스를 국제적 수준으로 향상시키는 데 큰 공헌을 하게 되었다.

또한 정부에서는 관광호텔의 적극적인 개・보수를 촉진하기 위하여 개・보수에 소요되는 일부 자재에 대한 특별소비세를 면제해 주는 세제상의 지원과 관광진흥개발기금으로 소요자금의 일부를 융자해 주어 업자들의 투자부담을 덜어 주었다. 이러한 정부의 적극적인 지원정책으로 관광호텔의 질적 및 양적 수준이 향상되는 계기가 되었다.

1972년 하반기부터 국내기업의 경제활동 무대가 급속히 국제화되어 가는 가운데 외국인 관광객이 급격히 증가하게 되었다. 정부는 미국 보잉(Boeing)사에 용역을 의뢰하여 "한국관광종합개발 기본계획"을 수립하여 한국관광의 미래상을 제시하였고, 국제관광공사가 운영하던 워커힐호텔, 반도호텔, 대한항공사 등을 민영화하였다. 1980년대에 들어서면서 아시안게임, 88서울올림픽의 유치와 더불어 스위스 그랜드호텔, 인터컨티넨탈호텔, 라마다호텔, 롯데월드호텔 등이 개관되었다.

2000년대 들어서는 해외의 유명체인 브랜드가 본격적으로 우리나라에 들어서면서 호텔산업이 다양화가 이루어졌으며, 2015년 이후부터는 호텔산업에 4차 산업혁명의 물결에 따라 인공지능, 빅데이터, LOT(사물인터넷), 롯봇 등의 첨단기술을 받아들여 호텔산업의 경쟁력을 강화시키고 고객의 다양한 욕구를 받아들이려는 시도를 하고 있다.

호텔의 시대구분과 세계호텔업의 발전단계 요약

1. 여인숙 시대(여행현상의 발생과 함께 발달)
   - 종교적 · 경제적 · 군사적 동기에 의한 여행자
   - 독립적이며 소규모
   - 최저필요조건의 시설
   - 자연발생적
2. Grand Hotel 시대(19세기 후반)
   - 특권적 부유계급
   - 사회적 명예
   - 왕후 · 귀족 · 취미지향 · 부가가치의 증가
   - 독립적이며 중소규모로 발전
   - 호화시설(Delux)
   - Cesar Ritz
3. Commercial Hotel 시대(20세기 초반)
   - 상용목적의 여행자
   - 이윤추구(중소자본)
   - 비용지향형/ Chain화에 따른 이윤추구
   - 시설설비의 표준화 · 편리화 · 간소화 · 저비용화
   - E.M. Startler/ Conrad Hilton
4. 현대 Hotel시대(20세기 후반)
   - 상용여행자, 관광여행자, 현지주민
   - 다목적(대자본투자), 국민복지, 공공투자 증대
   - 마케팅지향형, 경영의 다각화
   - 체인조직과 독립시설의 공존
   - 시설의 보편화, 이벤트, 용도개발의 중시

5. 호텔산업에 공헌한 사람들과 세계적 호텔

1) 세자르 리츠(Cesar Ritz, 1850~1918)

1850년에 스위스의 니더발트(Niederwald)에서 출생한 세자르 리츠(Cesar Ritz)는 1878년 루체른에 있는 그랜드호텔의 매니저가 되었고, 1888년에 요리사 오귀스트 에스코피에(Auguste Escoffier)와 함께 바덴바덴(Baden-Baden)에 레스토랑을 열었다. 1889년부터 1897년까지는 영국 런던 사보이호텔의 매니저로 일하는 등 호텔업계에서 두각을 나타냈다.

세자르 리츠는 1896년에 프랑스 파리의 방돔광장(Place Vendome) 15번지에 있던 18세기에 지어진 맨션을 인수하여 1898년 6월 1일 그 자리에 초호화 호텔 '호텔 리츠(Hotel Ritz)'를 개관했다. 호텔 역사상 최초로 전기조명과 전화기를 설치했으며, 전등갓 커버, 욕

실 커튼, 욕실용품 등을 사람이 아름다워 보이는 복숭아 색깔로 통일했다. 1910년에 호텔을 뤼캄봉(Rue Cambon) 38번지와 방돔광장 17번지까지 확장했으며, 1912년에는 뤼캄봉과 방돔광장에 이르는 110m의 갤러리를 오픈했다. 세자르 리츠는 은퇴할 때까지 일했으며 1918년에 지병으로 사망했다. 제1차 세계대전 중에는 호텔의 일부가 부상병들을 수용하는 병원으로 사용되었고, 제2차 세계대전 중인 1940년부터 1944년까지는 독일군 고위관리들에게 점령당했다.

1979년 이집트 출신의 사업가 모하메드 알파예드(Mohamed Al Fayed)와 그 일가가 리츠 파리를 인수했다. 알파예드는 2억 5천만 달러를 투입, 1988년까지 9년에 걸쳐 대대적인 개보수 공사를 했으며, 이때 설치된 수영장은 현재 프랑스에서 가장 큰 실내 수영장으로 손꼽힌다. 에드워드 7세, 윈저공과 심프슨 부인, 찰리 채플린, 다이애나 왕세자비, 헤밍웨이, 소설가 마르셀 프루스트 등이 리츠 파리의 단골이었으며, 유명한 디자이너 코코 샤넬은 1937년부터 37년간 이 호텔에 장기투숙했다.

세자르 리츠는 1902년 영국 런던에 칼튼호텔(Carlton Hotel)을 개관했다. 1906년 5월 24일에는 런던의 피카딜리(Piccadilly) 150번지에 '리츠호텔 런던(Ritz Hotel London)'을 개관했다. 건축은 파리 리츠호텔을 디자인한 프랑스 건축가 샤를 뮤즈(Charles Mewes)와 런던 태생의 아서 데이비스(Arthur Davis), 스웨덴의 엔지니어 스펜 빌란더(Sven Bylander)가 공동으로 맡았다. 세자르 리츠는 에드워드 7세로부터 '왕들의 호텔리어, 호텔리어의 왕'이란 칭호를 얻었다. 한동안 브레이스웰-스미스(Bracewell-Smith) 일가가 런던 리츠호텔을 소유하고 있었으나 1970년대 초에 트라팔가 하우스(Trafalgar House)가 호텔을 인수했으며, 1995년 10월에는 엘러만 투자회사(Ellerman Investments)의 데이비드와 프레데릭 바클레이가 호텔을 인수했다. 그 후 런던 리츠호텔은 8년간의 리노베이션을 통해 원래의 웅장한 모습으로 복구되었다. 1910년에는 스페인의 마드리드에 '호텔 리츠 마드리드(Hotel Ritz Madrid)'를 세웠으며, 2003년에는 오리엔트 익스프레스 호텔스(Orient Express Hotels)가 호텔 리츠 마드리드를 인수했다.

미국인 앨버트 켈러가 리츠 이름 사용권을 획득하여 1927년에 보스턴에 리츠칼튼(Ritz Carlton)을 세웠으며, 1983년에 윌리엄 존슨이, 1998년에 메리어트(Marriot)가 보스턴 리츠칼튼을 인수했다. 현재 파리, 런던, 마드리드에 있는 호텔만 리츠란 이름을 사용할 수 있으며 그 외의 지역에서는 리츠칼튼을 사용하고 있다.

리츠칼튼의 연혁과 수상 내역

리츠칼튼호텔의 역사는 호텔의 아버지로서 최초의 최고급 호텔이란 개념을 도입한 세자르 리츠(1850~1918)가 1898년 파리에 호텔 리츠를 세움으로써 시작되었다. 그 후 100여 년이 지난 지금, 미국 조지아주 애틀랜타시에 본사를 두고 미국 내 주요 도시는 물론 유럽, 남미, 호주, 동남아 각지에 40여 개의 체인을 확보하고 있으며, 그 명예와 전통을 지켜 나가고 있다. 리츠칼튼은 18세기 베르사유 궁전의 생활양식을 응용하여 고풍스럽고 고급스러운 내부장식과 분위기를 현대감각에 맞춰 설계한 호텔로, 외관의 품격과 내부의 격조, 그리고 정중한 종업원들의 서비스정신을 바탕으로 최고의 품질을 추구하고 있다.

리츠칼튼호텔사는 미국 상공부가 1992년과 1999년 2회에 걸쳐 수여한 호텔업계에서는 최초이며 모든 기업이 갈망하는 최고 권위의 Malcolm Baldrige National Quality Award를 수상했으며, 1993년에는 호텔 및 리조트 전문조사기관인 Zagat U.S.사가 고객과 호텔 전문가를 대상으로 실시한 조사에서 전 세계 최우수 호텔 체인상을 수상하는 영예를 안았다. 또한 세계 각국의 체인은 그 나라에서 제정한 품질상을 수상하며 리츠칼튼의 품격을 높이고 있다.

리츠칼튼의 CI

리츠칼튼의 로고는 왕관과 사자상의 조합으로 표현된다. 왕관은 영국 왕실을 상징하며, 사자상은 프랑스 파리 리츠호텔의 개관에 재정지원을 제공한 금융사의 로고였다. 세자르 리츠는 이 두 가지를 합성, "기품과 부"를 상징하는 리츠칼튼의 로고를 만들었으며, 이는 칼튼의 품위이자 명예가 되었다.

골드 스탠더드의 유래

'사훈'과 '서비스의 3단계'는 1983년부터 2001년 2월까지 리츠칼튼호텔사(본사: 미국)의 사장을 역임한 슐츠(Horst Schulze)의 개인철학을 기초하여 만든 것이고, '리츠칼튼인의 신조'는 1983년 만들어진 리츠칼튼의 사명선언서를 축약하여 작성된 것이다. 이 세 가지에 '리츠칼튼인의 기본수칙 20가지'와 '직원에 대한 약속'이 추가되어 현재 전 세계 리츠칼튼인이 고객에게 보다 전문적이고 일관된 서비스를 제공하기 위하여 공유하고 있는 '골드 스탠더드'가 탄생한 것이다. '골드 스탠더드'는 다음의 다섯 가지로 이루어져 있다.

① 리츠칼튼인의 신조
② 사훈
③ 서비스의 3단계
④ 리츠칼튼인의 기본수칙
⑤ 직원에 대한 약속

리츠칼튼의 신조

리츠칼튼호텔은 고객의 편안함과 고객에 대한 정성어린 배려를 위하여 최선을 다하는 것을 가장 중요한 임무로 삼는 곳이다. 우리는 고객이 친절하고 품위있는 분위기를 느낄 수 있도록 최선의 개별 서비스와 시설을 제공할 것을 다짐한다.

리츠칼튼호텔에서 우리의 고객이 새로운 느낌과 만족감을 경험할 수 있도록 하며, 고객이 표현하지 않은 기대와 요구까지도 충족시켜 드린다.

사훈

우리는 신사 숙녀를 모시는 신사 숙녀이다.
(We Are Ladies and Gentlemen Serving Ladies and Gentlemen.)

서비스의 3단계

- 따뜻하고 진실된 마음으로 고객을 맞이하며, 되도록 고객의 성함을 사용한다.
- 고객이 원하는 바를 미리 예측하고 부응한다.
- 따뜻한 작별인사로 고객에게 감사를 드리며, 되도록 고객의 성함을 사용한다.

리츠칼튼인의 기본수칙

리츠칼튼인의 20가지 기본수칙에는 다음과 같은 내용이 포함되어 있다.

- 리츠칼튼 철학과 스탠더드
- 문제해결과정
- 품질향상과정
- 복장과 용모규정
- 전화예절
- 하우스키핑
- 안전, 자산보호, 환경보호

이 기본수칙은 전 세계 리츠칼튼호텔에서 고객들의 기대에 부응하는 일관된 서비스를 제공할 수 있도록 해준다.

직원에 대한 약속

- 리츠칼튼에서는 우리의 신사 숙녀들이 고객에 대한 서비스에서 가장 중요한 자원이다.
- 신뢰와 정직, 존중, 성실과 약속을 바탕으로 우리는 개인과 회사의 이익을 위해 그들의 재능을 발전시키고 최대화시킬 것이다.
- 리츠칼튼은 다양함이 존중받고, 삶의 질이 향상되며, 개인의 포부를 만족시키고, 리츠칼튼의 신비함이 강화되는 근무환경을 만들 것이다.

2) 리츠칼튼호텔의 호스트 슐츠(Horst Schulze) 전 회장

다음은 슐츠 전 회장의 말이다. "서비스는 배려입니다. 고객 만족의 가장 큰 요인이기도 하죠. 편안하고 싶다(feel at home)는 말이 곧 집에 있고 싶다(be at home)는 뜻은 아니죠. 무의식적으로 예전에 어머니가 모든 것을 돌봐주던 시절과 같은 편안함, 무슨 일이 일어났는지, 얼마나 돈을 썼는지 알 필요도 없이 그저 안전하고 좋은 기분만을 느끼는 그런 편안함을 말하는 것입니다. 여러분이 무슨 문제를 겪게 되면 어머니가 자식과 싸울 때 '매니저를 불러오마'라고 말하는 것 보셨나요? 그저 '내가 도와주마'라고 말하죠." 슐츠 전 회장은 고객에 대한 배려를 보여줄 수 있는 또 다른 두 가지 방법은 수준 높은 청결성과 고객의 편리성을 고려한 프로세스 디자인이라고 하였다. 다음은 슐츠 전 회장의 말이다.

"고객님이 계시는 곳, 고객님이 원하시는 곳이라면 어디든 달려가야 합니다. 아무리 좋은 객실, 아무리 맛있는 음식, 아무리 좋은 서비스라도 고객님이 안 계시면 아무 소용이 없습니다."

"따라 하기 쉬운 서비스 3단계는 첫째, 첫 접촉, 첫 인사, 첫 통화입니다. 전화벨이 울리면 3회 안에 받으세요. 그것이 좋은 인사입니다. 3회 안에 받지 못하면 30%의 신뢰는 날아갑니다. 당신은 이미 그 조직이 믿을 만한 회사가 아니라는 것을 말해 버린 셈입니다. 둘째, 고객이 요청하는 것에 순순히, 다정하게, 신속히 응대하세요. 직원들에게 문제를 해결하기 위해 권한이 이양되어 있어야 합니다. 직원 한 사람 한 사람이 고객 불만을 책임지고, 결정을 내려야 합니다. 절대로 단 한 명의 고객도 잃지 않도록 확실히 하세요. 셋째, 종료 인사를 해야 합니다. '도움이 되셨다니 감사합니다'라고 인사하세요."

"고객 만족 경영을 이루려면 자신부터 변화시켜야 합니다. 고객님이 직접 느낄 수 있는 변화를 이루지 못하면 고객 만족은 이룰 수 없습니다. 변화된 서비스 마인드로 서로가 서로에게 배려와 관심을 베풀어야 합니다."

"설득하려면 상대의 마음을 읽어라. 명분과 원칙보다 상황의 중요성을 강조하라. 신뢰가 쌓이면 설득도 이루어진다. 누군가를 집요하게 설득해 본 적이 있는 사람은 그 과정이 얼마나 힘든지 잘 안다. 특히 자신보다 높은 지위와 확실한 결정권을 가진 윗사람을 설득한다는 것은 쉬운 일이 아니다. 신하가 군주를 설득하는 것, 영업사원이 고객을 설득하는 것, 부하가 상사를 설득하는 것은 상황은 다르지만 고도의 논리와 기술, 감성이 있지 않고서는 불가능한 일이다."

3) 스타틀러(Ellsworth Milton Statler, 1863~1928)

스타틀러는 호텔맨 중의 호텔맨이란 칭호를 받고 있다. 그는 중산층들에게 합리적인 격으로 호화로운 호텔시설을 판매하여 성공한 최초의 인물이었다.

스타틀러는 미국의 버펄로(Buffalo)에서 1908년에는 300개의 객실과 욕실을 가진 거대한 스타틀러호텔을 탄생시킴으로써 미국 호텔산업의 새로운 역사를 전개하여, 그를 자동차의 혁명왕 포드(Henry Ford)에 비교하여 근대 호텔의 혁명왕으로 평가할 만큼 창안(invention)만으로 호텔경영기술의 근대화에 공헌하게 된 것이다.

1863년 독일계 이민으로 가난한 집에서 태어난 스타틀러는 9세 때 유리공장의 견습공에서 시작하여, 13세 때 호텔의 벨맨으로 종사하게 되었다. 그의 끝없는 야망과 호기심 그리고 열성 때문에 사람들은 그를 신임하게 되었다. 호텔주인 Harry McClure는 스타틀러가 15살 때 "너는 언젠가 세계에서 가장 큰 호텔을 경영할 것이다"라고 말하였는데 그는 이 말을 믿었던 것이다.

그 후 32세 때는 버펄로시로 건너가 식당을 개업하면서 식당의 서비스 능률을 올리기 위해 서비스 스탠드를 설치하여 주방에서 식당 홀까지의 노동거리를 단축시키고 있었다. 또한 그는 고객을 유치함에 있어 저렴한 객실가격과 과학적인 기술, 탁월한 창조력의 독특한 경영이념으로 당시의 호텔 운영개선을 위해 노력하였다. 1907년에는 식재료원가관리의 체계를 확립하여 1915년에 식품의 표준화를 위해 카네기 과학기술연구소의 경영학 교수인 스토너(C.B. Stoner)를 고용하기도 하였고, 최초로 여자를 고용하면서 유니폼을 입게 하였다.

따라서 그는 종업원에게 서비스 교육을 강화시켜, "Hotel Service is Hotel Statler Service"라는 표어를 내걸 정도로 고객에 대한 서비스는 그의 최상의 목적이었다.

스타틀러는 호텔경영의 이념을 테일러리즘과 포디즘의 응용에 두어, 호텔경영을 호화성과 고가성을 배제하면서 편리성, 쾌적성, 가격의 저렴성 등의 운영기술을 창안하여 능률주의의 기법으로 작업함은 물론, 상품을 단순화 및 표준화시켜 서비스의 질적 향상을 도모하기 위해 노력하고 있었다.

이와 같이 그는 객실을 "1.5불이면 욕실이 달린 객실을(A room and a Bath for a Dollar and a Half)", 식사는 "25센트면 무엇이든지 먹을 수 있다(All you can eat for 25 cents)"라는 표어로써 가격을 단일화시켜 이익을 증대하게 된 것이다.

스타틀러가 식당을 경영할 때는 6명의 식사를 4인분의 가격으로 할인 판매하면서 행운권을 발행하기도 하고, 매일의 물품구입은 염가 매입하면서 비싼 주방기구를 사용하고 있었다. 1901년에는 버펄로에서 전 미국 박람회의 방문객을 유치하기 위해 2,100개의 객실을 갖춘 Outside Inn이라는 현대식 규모의 호텔을 개업하고 있었지만, 박람회가 부진한 관계로 객실 고객 유치에는 실패하였으나 식당의 현금수입으로 빚을 지지 않은 불사조가 된 것이다.

3년 후 그는 St. Louis에서 만국박람회를 계기로 다시 호텔업에 열을 올려 Inside Inn을 2,257개의 객실로 개업하여 이 기간 동안 30만 불의 순익을 올리면서 대규모의 호텔사업에 더욱 매력을 느끼게 되었다. 1908년 그는 버펄로에 300개의 객실과 욕실을 갖춘 호텔을 오픈했다. 스타틀러는 여러 방면에 걸쳐 천재인 것처럼 보였고, 또한 여러 방면에 있어 천재성을 발휘했다. 그는 모든 객실에 냉수 공급장치를 갖추게 했다. (왜냐하면 스타틀러의 주장에 의하면 벨보이 콜의 약 90% 이상이 냉수요구였기 때문이라고 한다. 이미 객실에 냉수가 완비되어 있다면 호텔은 종업원수를 줄일 수 있다고 한다. 또한 투숙객들은 벨보이에 의한 방해를 싫어한다고 한다) 그는 고객의 요구사항을 먼저 인지하고 서비스에 임했으며 고객의 서비스는 곧 호텔의 추가인력과 연결된다는 사실을 깨닫고 가능한 추가인건비의 부담을 최소화시킬 수 있는 방안을 연구하였다.

그리고 객실마다 전화설치는 물론, 독립조명시설을 갖추어 자유자재로 독특한 분위기를 즐길 수 있게 하였다. 각 객실의 욕실 거울 옆에는 타월걸이를 설치하여 손님들이 타월 사용 후 바닥에 버리지 않고 걸어두었다가 다시 사용토록 하여 리넨과 세탁경비를 절감토록 유도하면서, 개업 첫해는 무려 이익이 35만 불에 달해 경이적인 기록을 남기게 되었다. 객실에는 신문을 무료로 배부토록 하고, 객실문틈으로 1인치 정도 나오게끔 밀어넣어 방문을 밀치고 나가면 그것을 보게끔 하고 있었다. 또한 주방에서는 식비 조정 시스템을 단순화시켜 원가를 절감하고 모든 식당의 종류, 즉 커피숍, 카페, 빵, 만찬식당 등의 설비는 조리부와 가장 인접한 장소로 모아 설계하여 공간의 활용, 노동시간의 절약, 집기의 공동이용, 인건비의 절감, 창고의 공동이용 등으로 비용을 절대 감소시키는 과학적 관리의 경영기법을 최대한으로 응용한 인물이기도 하다.

스타틀러는 종업원의 복지향상에도 관심을 크게 갖고 있었다.

즉 그는 단체의 생명보험을 위해 연간 봉사료의 형태로 대불해 주었고, 이익배당의 계획을 세워 많은 종업원들이 지주제를 채택하게 하여 퇴직 후의 생활안정을 도와주었다.

그는 항상 "인생은 서비스이다"라고 하면서 "어느 누구에게나 보기 좋고 충분한 서비스를 주어야 한다"라는 그의 경영철학은 지금도 호텔업계의 모범이 되고 있으며 그의 명성은 아직도 끊이지 않고 있다.

그리하여 "The Statler Service Code"가 그의 회사경영 정책이념으로 정착되고 있었다.

그는 1920년대에 코넬대학(Cornell Univ.)의 호텔경영학과를 방문하면서 Statler재단을 설립한 후 코넬 호텔경영학과에 Statler Hall 및 Statler Inn과 같은 교육시설과 장학금, 교수의 급료 및 연구비로 천만 달러 이상의 재정지원을 하였다.

4) 콘래드 N. 힐튼(Conrad N. Hilton)

1919년 콘래드 N. 힐튼(Conrad N. Hilton)이 텍사스주(州) 시스코에서 매입한 모블리호텔(Mobley Hotel)로부터 발전하여 1929년 지금의 이름으로 법인이 되었다.

경제공황으로 1931년 파산지경에 이르렀으나 윌리엄 L. 무디 2세(William L. Moody,

Jr.)를 비롯한 여러 투자자들의 도움으로 회복하였다. 그 후 무디 형제들의 사업체와 합병하여 내셔널호텔(National Hotel Company)을 설립하였다. 이 회사는 1964년 주식 재분배로 별개 회사로 분리되었다가 1967년 트랜스월드항공(Trans World Airlines, Inc.)의 계열사가 되었다. 힐튼은 1934년 5개 호텔로 다시 독립하였고 1938년에는 샌프란시스코의 서프랜시스드레이크호텔(Sir Francis Drake Hotel)을 인수하였다. 1942년 베벌리힐스에 본사를 세웠고, 1946년에는 법인이 되었다. 그 후 멕시코를 비롯하여 해외로 확장하였으며 1948년에는 계열사로 힐튼호텔스인터내셔널(Hilton Hotels International)을 설립하였다. 1949년에는 푸에르토리코 산후안에 카지노를 개발함으로써 도박업에도 진출하였다.

1980년대 말에는 미국 내 270개 이상의 호텔이나 여관이 힐튼의 이름으로 운영되었으며 꾸준히 확장을 거듭하였다. 1991년에는 미국 전역에 걸쳐 리조트를 개발하여 분양하는 힐튼그랜드버케이션스(Hilton Grand Vacations Company)를 설립하였고, 오헤어국제공항에 있는 오헤어힐튼(O'Hare Hilton)을 인수하였다. 1993년에는 시저스월드(Caesars World), 서커스엔터프라이지스(Circus Enterprises)와 동업으로 캐나다에 윈저카지노를 개발하였다. 2001년 현재 힐튼과 콘래드라는 브랜드 이름 아래 미국 41개 주와 7개국에서 약 7만 명의 직원을 고용하고 있다.

콘래드의 성공 포인트 "신뢰는 나의 생명이다."

"신뢰를 잃는 것은 신앙을 버리고 희망을 잃는 것과 같다. 만일 그것을 잃는다면 나는 이미 죽은 거나 마찬가지다."

4만 달러짜리 작은 호텔로 사업을 시작해, 탁월한 경영능력으로 사업을 확장시키던 콘래드 힐튼은 엄습해온 세계 대공황과 함께 파산의 위기를 겪게 된다. 부채가 100만 달러를 넘은 상황에서, 모두가 파산선고 신청을 권했지만, 그는 포기할 수 없었다.

"신용은 나의 생명입니다. 파산할 수 없습니다. 신뢰를 버리면 희망을 잃는 것입니다. 이것들을 잃으면 나는 죽은 거나 마찬가지예요."

그는 파산을 개인적인 치욕의 낙인이며 패배를 인정하는 것으로 여겼으며, 자신을 믿고 따르는 이들에 대한 배신이라고 생각했다. 지금이야말로 반격의 시기라 여긴 그는 빚을 내면서까지 호텔을 매입하기 시작했고, 수많은 호텔을 손에 거머쥐며 미국 호텔업계 최정상의 자리에 오른다.

5) J.W. Marriott Jr. Marriott International, Inc. "성공은 결코 끝이 없다"

(1) 성공요인

J.W. Bill Marriott, Jr.는 Marriott International 경영의 최고 책임자이며 대표이사이

다. Marriott International 회장이며 운영의 최고 책임자인 Bill Shaw에 의하면 Bill Marriott는 호텔산업에 있어 호텔리어로서는 최고의 지식을 갖고 있다고 한다. 그의 고객의 욕구와 필요를 이해하는 열정과 해박한 지식이 Marriott International이 최고의 호텔로 성장하는 가이드가 되었다. Marriott International은 미국 내 50개 주와 53개 국가에서 경영을 하고 있다. Marriott International은 1998년 기준, 계열사 전체 매출은 160억 달러에 달하고, 직원은 약 133,000명에 이른다. 1998년 기준, 세계적으로 325,000개의 방을 소유하고 있는 1,600개의 호텔과 3,900개의 빌라가 있는 37개의 리조트를 운영 및 franchise하고 있다.

(2) 성공의 해법

① 고객우선주의

Marriott International의 가장 중요한 자산은 고객우선주의이다. 이것이 바로 타 호텔과의 차이점이다. Shaw에 의하면 Marriott International 내에서 고객의 욕구와 고객을 만족시키는 데 필요한 것이 무엇인지를 가장 잘 아는 사람은 바로 Bill Marriott이라고 한다. 1957년 Marriott는 최초의 호텔인 The Twin Bridge Motor Hotel을 미국 Virginia주 Arlington에 설립했다. 이때부터 Bill Marriott는 최고의 서비스를 위하여 스스로 경영에 참여하고 지속적으로 참여해 오고 있다. 그는 고객들의 옹호자로서 매일매일 경영에 있어서 지속적으로 세 가지를 강조한다. 첫째, 향상에 대한 지속적인 요구(항상 최고가 되려는 노력)가 그것이다. 그가 말하듯이 성공은 결코 끝이 없다. 둘째, 성공경영 사례를 서로 다른 브랜드 안에서 공유하는 것(호텔의 한 부서에 있는 사람에 의해 개발된 성공사례들은 호텔의 모든 사람들과 공유되어야 한다). 마지막으로 항상 다른 아이디어를 생각(고객의 욕구는 달라지고 경쟁 호텔들은 발전한다. 최근의 성공에 눈이 멀면 당신은 내일 함정에 빠질 것이다).

② 직원우선주의

Marriott International의 두 번째 자산은 바로 직원들이다. 그는 동기부여된 직원들이 중요하다는 것을 Marriott의 창시자인 아버지로부터 배웠다. 직원들이 바로 고객과 처음 대면하는 사람들이기 때문이다. 그의 아버지는 그에게 올바른 태도를 가진 사람을 고용할 것을 가르쳤다. 올바른 태도란 마음이 따뜻하고, 친절하며 서비스정신을 갖고 있는 사람을 의미한다. 그리고 대화하고 들어 주며 또 그들의 성공을 같이 기뻐해 주는 것이다. 이것이 그가 가슴으로 받아들인 교훈이다. 그의 잦은 호텔 방문시에는 항상 총지배인과 호텔 전체를 둘러본다. 그의 관심사는 총지배인이 모든 사항에 참여하고 있는지, 직원들의 이름을 알고 있는지이다. 만약 대답이 긍정적이라면 그는 그의 고객들이 잘 배려되고 있다고 평가한다. 소유주, 개발자, franchise와의 탁월한 관계, 선호도 높은 숙박경영 기업이 되려면 경영주, 개발자, franchise 파트너들의 첫 번째 선택이 되어야 한다. 이들은 Marriott International의 또 다른 고객군이다. Bill Marriott는 Marriott International호텔이 이들 그룹의 욕구를 이해하고 만족시키는 것을 확실히 하고자 한다.

③ 경영 스타일

회사 내의 동료들에 의하면 Bill Marriott는 많은 일에 동참하는 것으로 잘 알려져 있다. 40년 이상의 호텔사업을 바탕으로 그는 많은 것을 보았고, 회사에 비전을 제공하는 것뿐만 아니라 사업구상에 세세하게 참여한다. 그는 보는 것과 보여지는 것을 믿는다. 그는 회사를 돌아보면서 활동적으로 경영에 참여한다. 그는 만나기 쉽고, 접근하기 쉬운 사람이다. 그는 올바른 사람이 호텔을 경영하는 것을 원한다. 올바른 사람이란 활기 있는 팀원으로서 참여정신이 강하고, 사람들을 진심으로 대하는 사람을 말한다. 매니저들은 적극적이고 결단력이 있어야 한다. Bill Marriott는 그들의 성공을 축하하는 한편, 지속적으로 독려하는 것으로 그들에게 주의를 기울인다. 성공은 결코 끝이 없다.

④ 미래에 대한 비전

Bill Marriott가 생각하는 미래의 목적은 호텔산업 세계 1위를 계속 유지하는 것이다. 당연히 최우선 목표는 고충성도 고객을 계속 늘려 가는 것이다. 두 번째로는 운영에 있어서 완벽을 추구하는 것이다. 이를 위해서는 기술, 즉 정보기술을 이용하는 것이다. 고객에 대한 정보를 수집하고, 용이하게 사용하여 고객의 만족을 증진시키는 것을 말한다. 마지막으로 서비스 개발과 호텔 내 일관성 있는 양질의 서비스를 제공하여 경쟁 호텔 그룹을 이기는 것이다.

Bill Marriott 관련 Shaw의 마지막 이야기이다. “그는 모든 사람에게 흥미를 유발시키는 특이한 능력이 있다. 그는 다른 사람이 하는 모든 것을 감사하게 생각하며, 감사를 표현한다.” Bill Marriott는 항상 “우리도 잘 합시다”, “성공은 결코 끝이 없다”라고 말한다.

6) Four Seasons Hotel New York '세계에서 가장 아름다운 무대'

(1) 성공 요인

John Portman으로부터 이어져 온 호텔의 시각적으로 아름다운 건물은 호텔에 대한 고객들의 인지에 차이를 가져올 수 있고, 실제적으로 호텔의 수익을 늘리는 데 공헌을 한다. 뉴욕시에 있는 Four Seasons호텔은 이 점을 중점적으로 다룬 사례로 Four Seasons라는 브랜드의 이미지에 적합한 아름다운 호텔이다. 내부 디자인도 매우 인상적이며 독특하다. 디자인의 철학은 '아름다움'과 '단지 편리함'을 결합시킨 것이다.

(2) 성공의 해법

① 설계자의 비전

공간의 시각적 활용으로 Four Seasons호텔의 건물에 들어오는 사람들은 경탄과 경이로움을 느끼게 된다. 전망은 깨끗하고, 기능적이고, 미래지향적이며, 모든 윤곽과 각도가 높고 넓다. 동시에 공간과 보는 사람의 상호작용을 조화시켜 보는 사람의 마음이 편안해지고 부드러워진다. 그 각도와 윤곽은 부드러운 일격을 가하는 것 같은 느낌이 들고 사람의 마음을 편안하게 한다. 공공장소와 객실의 창문은 훌륭한 전망을 위해 크다. 건물의 인테리어 디자인은 완벽하고 객실은 넓다. 색조는 부드럽고, 가구는 밝은 색깔이다. 욕조, 샤워실, 탈의실이 구분되어 있다. 고객들은 편안하게 느낀다. 공공장소는 아름답지만 기능적으로 되어 있다. 복도가 없어 어디를 가든지, 무엇을 하든지 어렵게 찾는 것이 없다. 당황하는 것이 없다. 서비스 절차에 따라 배치되어 있는 가구는 좋은 전망에 적합하게 되어 있고, 고객의 편안함과 편리함을 위해 만들어져 있다. 고객은 매우 편안하고 잘 배려받고 있다고 느낀다. 고객은 종종 그런 구조에 대해 인식하지 못하지만 그것에 대해 반응은 한다. 그것이 좋은 디자인의 정의가 아닌가?

② 디자인이 고객에게 미치는 영향

Four Seasons호텔의 고객들은 디자인이 '살아 있다'고 말한다. 그들은 자신의 생활주기, 주거공간에 퍼져 있는 패션의 다양한 방법을 통해 인식하고 있다. 약간의 앉을 공간이 있는 '호텔 로비 광경'은 '사람을 지켜보기'에 완벽하다. 이 호텔의 고객들은 호텔에서 매일 완성되는 드라마의 부분으로 그 디자인의 일부분이 되기를 원하고, 구체적으로 그렇게 되기를 원한다. 고객들의 50% 이상이 단골 고객이다.

③ 디자인이 직원에게 미치는 영향

또한 좋은 디자인은 직원에게도 매우 긍정적인 영향을 미친다. 그들은 그런 환경에서 일하는 것에 대해 매우 호의적이다. Four Seasons New York에서 일한다는 것 자체가 인정받는 것이다. 직원들은 고객들이 그들이 일하는 것을 배울 때 바로 존경심이 든다고 말한다. 그들이 고객으로부터 즉각적인 반응을 받을 때 디자인의 중요성을 인식한다. 그것은 호텔의 디자인처럼 고객의 요구를 잘 맞추는 Four Seasons의 서비스 철학과도 정확하게 일치한다. 이러한 환경에서 직원들은 좋은 서비스를 하고, 고객들의 요구를 예측할 수 있다. 이 호텔의 디자인은 "전에는 이루지 못하였던 가장 훌륭한 장소이며 대단하게 생각하고 있다"고 총지배인인 Herbert Pliessnig는 말한다.

④ 재무성과

Pliessnig는 아름다움이 재산이라고 확신한다. 이 호텔은 뉴욕시에서 가장 높은 평균 객실점유율을 갖고 있으며, 그중 10~20%가 '아름다움' 때문이다. 높은 객실점유율로 인해 야기되는 문제점으로 고객을 실망시키지 않는다. 경쟁적 전략으로 디자인을 광범위하게 사용하는 데 걸림돌이 되는 것은 무엇인가? 우리는 왜 호텔산업의 더 나은 디자인을 얻으려고 하지 않는가? Pliessnig는 두 가지 이유를 제시한다. 첫 번째는 돈이다. 좋은 디자인은 많은 돈이 든다. 게다가 생각, 노력, 창조성 그리고 시간을 필요로 한다. 이 모든 요인들은 돈과 결부되어 있다. 두 번째 이유는 안목이다. 좋은 디자인을 만들 수 있는 사람을 찾는 것은 어렵다. 예술과 같은 디자인은 고객으로부터 반응을 불러일으킨다. 어떤 사람들은 긍정적으로 반응할 것이고, 어떤 사람은 부정적으로 반응할 것이다. 그러나 많은 사람들은 새로운 레스토랑의 개념인 '균형을 이루는 균형'이라고 말한 유명 레스토랑 콘셉트 디자이너인 Joe Baum의 말처럼 균형 안에서 머무르는 것이 안전하다는 것을 발견할 것이다.

Pliessnig는 비싸고 좋은 디자인은 그만한 가치가 있다고 믿는다. 좋은 디자인은 시대를 넘어 오래도록 유지된다. 고객들은 좋은 디자인에 대해 반응하고 그것에 대해 분간할 수 있다. 그러나 디자인은 기능적으로 움직일 수 있어야 한다. 고객들이 무엇을 편안하게 느끼고, 어떻게 해야 최고의 서비스를 할 수 있는 환경이 되는지 알아야 한다. 그것은 건축가와 호텔 경영진에 의해 독립적으로 수행되는 두 개의 각기 다른 기능을 만드는 것이 목적이 아니다. 그것은 고객들의 요구를 안전하게 혼합할 수 있는 동반자 관계이다. "만약 우리가 고객을 위해 이러한 모든 것을 행할 수 없다면, 누구를 위한 것입니까?" 마지막으로 Pliessnig는 말한다.

7) 에스코피에(George Auguste Escoffier, 1846~1935)와 리츠(Caesar Ritz, 1850~1918)

에스코피에는 '프랑스요리의 왕'으로 불리며, 캬렘의 업적을 이어받아 프랑스요리를 발전시킨 개척자로 왕실과 사회적으로 명성 있는 사람들을 위해 일을 했던 조리사였다. 그의 조리에 대한 재능과 자질은 매우 뛰어나 영국뿐만 아니라 전 유럽의 호텔과 클럽의 조리사들로부터 존경을 받았다. 프랑스요리를 현대과학의 발전에 맞게 조리의 체계를 분류・간소화하였고, 주방에 근무하는 조리사들의 조직과 직무에 대한 세세한 분류도 처음으로 시도한 사람이었다. 주방에서 잡담을 하지 못하게 하였고, 조리사로서의 품위를 지키도록 복장은 항상 깨끗하고 단정하게 입도록 하는 등 엄격한 규칙을 정하여 지키도록 하였으며, 위생관리에 관한 지침도 만들었다. 오늘날 우리가 사용하고 있는 기본적인 주방시스템의 창시자도 바로 그였다. 그는 음식에 관한 많은 글과 책을 남겼는데, 그가 쓴 요리책 *Le Guide Culinaire*(조리가이드)는 조리사들의 바이블로 오늘날에도 전 세계의 가정과 레스토랑에서 널리 사용되고 있다.

에스코피에는 유럽에서 가장 고급호텔로 손꼽히는 리츠호텔의 리츠와 같이 일하였다. 리츠가 호텔의 전반적 운영을 책임지고, 에스코피에는 주방을 맡아서 일하게 되었는데, 바로 이 두 사람이 조리역사에서 조리의 질을 높이는 데 커다란 공헌을 하였다. 오늘날 '호화로운, 사치스러운'의 뜻인 'Ritz'라는 단어는 'Ritz'라는 이름에서 유래되었다고 한다. 영국 빅토리아시대의 바람둥이로 소문이 자자했던 웨일스의 왕자로 훗날 왕위에 오른 에드워드 7세(Edward Ⅶ, 1841~1910)는 "Mr. Ritz가 가는 곳에 곧 나도 간다"라고 표현할 정도로 리츠의 명성은 곧 프랑스문화를 대표하는 것이기도 하였다. 이 당시 두 사람은 프랑스의 문화・사회・정치・예술의 선도자로 손꼽혔다. 리츠와 에스코피에가 죽은 후에 그들의 시대도 막을 내리게 되었는데, 이로써 프랑스의 음식문화는 상류계층을 상대로 하는 흐름이 사라지고 대중들을 위한 새로운 시대가 도래하게 되었다.

8) 마리 앙트완느 캬렘(Marie Antoine Careme, 1783~1833)

캬렘은 외무대신 딸레랑(Talleyrand), 알렉산더(Czar Alexander) 1세, 유럽의 최고 갑부인 로쉴드(Rathschild) 남작의 조리사로 근무하였다. 캬렘은 조리를 미학의 입장에서 생각하고 조리를 예술적인 작업으로 표현하였으며, 조리이론에 관한 많은 업적을 남긴 사람이다. 그는 오늘날의 식사코스 개념을 도입하였으며, 수프를 디너코스(dinner course)의 첫 번째로 제공하는 것을 최초로 시작한 사람이었다. 오늘날 대표적인 수프로 즐겨 먹는 콩소메(consommé)를 개발하였다. 그가 만찬의 첫 번째 코스로 콩소메를 소개하였을 때, 그리몽 드 라 레니에르(Grimond de la Reyniere)는 "식사의 첫 번째 코스로써 제공된 수프는 오페라의 서곡이나 집의 대문과 같은 것이다. 그것은 다음에 제공될 음식에 대한 적당한 소개가 되어야 한다"라는 뜻을 표했다고 한다. 캬렘은 여러 훌륭한 음식과 소스를 만들었을 뿐만 아니라 얼음조각물과 양초조각품 등과 같이 음식의 분위기를 돋보이게 하는 여러 가지 기술도 개발하였다. 그러나 그가 누구보다 유명했던 것은 클럽·호텔·레스토랑에서 일하고 있는 수많은 조리사들을 배출하였던 사람으로 조리에 관한 많은 글도 남겼으며, 오늘날에도 조리에 관한 그의 풍부했던 지식을 많은 조리사들이 유산으로 간직하고 있다. 그의 업적을 기려 현재 프랑스에서는 훌륭한 조리사에게 캬렘상이 주어지고 있다.

제3절 호텔의 분류

호텔은 건물이 자리잡은 장소, 경영의 형태 및 일반적으로 이용되는 특성 등 여러 가지 주어진 조건에 따라 각기 상이한 명칭이 부여된다.

호텔의 종류는 다음과 같이 분류할 수 있다.

1. 규모를 기준으로 한 분류

호텔이 여행자에게 제공할 수 있는 객실수 즉 호텔의 규모를 기준으로 하여 나눌 수 있는데 일반적으로 다음과 같다.

1) 소형호텔(small hotel)

객실수가 50실 미만인 호텔을 말한다.

2) 중형호텔(average hotel)

객실수가 50실 이상 150실 미만의 호텔을 말한다.

3) 중형 이상의 호텔(above average hotel)

객실수가 150실 이상 300실 미만을 말한다.

4) 대형호텔(large hotel)

객실수가 300실 이상 500실 미만의 호텔을 말한다.

5) 초대형호텔(extra large hotel)

객실수가 500실 이상의 호텔을 말한다.

2. 장소(위치)에 의한 분류

1) 메트로폴리탄 호텔(Metropolitan Hotel)

대도시에 위치하면서 수천 개의 객실을 보유하고 있는 맘모스호텔의 무리를 말한다. 이 호텔은 동시에 많은 숙박객을 수용할 수 있고, 대연회장과 전시장 그리고 주차장 등을 모두 갖춘 컨벤셔널호텔(conventional hotel)이라고 칭할 수 있는 것이다. 그러므로 이 호텔은 회의와 비즈니스에 필요한 시설 및 서비스가 철저히 구비되어 있어야 한다.

미국의 뉴욕에 위치한 객실 2,000개를 보유한 아메리카나호텔과 2,150실에 5,000명을 수용할 수 있는 회의실을 갖춘 뉴욕의 힐튼호텔 등이 있다.

2) 시티호텔(City Hotel)

휴양지 호텔(resort hotel)과 대조적으로 불리는 호텔로서 도시 중심지의 호텔들을 총칭한다. 역시 대도시의 맘모스호텔 등과 같은 부류에 속하면서 비슷한 경영방식으로 운영되고 있는 호텔이다.

3) 다운타운호텔(Down Town Hotel)

이 호텔은 도시의 비즈니스센터와 쇼핑센터 등의 중심가에 존재하는 호텔로 교통의 편리와 손님의 왕래가 불편하지 않아야 하겠지만, 지금에 와서는 도시중심으로 인한 교통의 불편과 공해, 지가의 앙등과 주차장의 문제 등으로 이런 호텔들의 발전에 많은 장애요소가 되고 있다. 그러나 갖가지 서비스의 제한에도 불구하고 도시의 사교 중심지로서 각종의 연회, 집회, 회의, 결혼식, 전시, 발표회 및 쇼핑 등의 이용으로 많은 사랑을 받고 있다. 서울의 중심지에 있는 조선호텔, 리츠 칼튼호텔, 롯데호텔, 프라자호텔, 로얄호텔 등의 무리를 예로 보면 되겠다.

4) 서버반(교외)호텔(Surburban Hotel)

이것은 도시를 벗어나 한산한 교외에 건립된 호텔이다. 시티호텔과 다운타운호텔은 자동차의 공해와 주차장의 문제 등으로 많은 어려움이 존재하지만 자동차 여행자들이 급격히 증가하고 있는 요즈음은 공기 좋고 주차가 편리한 교외 호텔의 가족단위 이용도가 많아지고 있다. 이 호텔은 도심지보다 지가가 저렴해서 건축비가 적게 들고 주차가 무료인데다가 전원의 분위기를 만끽할 수 있어서 호평받고 있다.

5) 컨트리 호텔(Country Hotel)

이 호텔은 교외라기보다 산간에 세워지는 호텔로 마운틴 호텔(mountain hotel)이라고 부를 수 있는 시티호텔과 반대되는 개념의 호텔이다. 특히 골프, 스키, 등산 등의 레크리에이션 기능을 다할 수 있는 호텔을 말할 수 있으나, 일반적으로 해안에 있는 호텔은 이에 속하지 않는다. 우리나라의 설악산, 내장산, 속리산 호텔 등이 이에 속한다고 할 수 있다.

6) 에어포트(공항) 호텔(AirPort Hotel)

공항 근처에 위치하면서 비행기 사정으로 출발 및 도착이 지연되어 탑승을 기다리는 손님과 승무원들이 이용하기에 편리한 호텔을 말한다. 최근에는 이를 에어텔(airtel)이라는 약칭으로 부르기도 한다. 미국 뉴욕의 아일드 위트 공항 부근에 힐튼 에어포트 인(hilton airport inn) 등이 그 전형적인 호텔로 등장하여 요즈음에는 세계적인 공항호텔로 발전하고 있다. 이 공항호텔의 발전요소는 무엇보다도 여객기의 증대에 따른 승객과 승무원의 증가에서 오는 결과일 것이다. 종래의 시중호텔은 교통의 불편과 왕복의 시간, 소비 혹은 비행기 사고로 인한 숙박의 연장, 출발의 지연, 한밤중의 도착, 환송객 등의 숙박으로 그 이용도가 확대되어 가고 있는 실정이다.

7) 시포트 호텔(Sea Port Hotel)

공항호텔과는 달리 그리 성행되지 않고 있지만 항구 부근에 위치하고 있으면서 여객선의 출입으로 인해 승객과 선원들이 이용하기에 편리한 호텔이다. 지금은 교통이 편리하여 항구에 하선하는 사람은 곧 여행목적지로 급행하게 되지만 배로 여행하는 1등 선객은 오히려 비행기의 일반객보다 더 부유하여 항구마다 시포트 호텔을 찾는 사람의 수요가 많아지고 있다.

8) 터미널 호텔(Terminal Hotel)

철도역이나 공항터미널 또는 버스터미널 근처에 위치하는 호텔을 말한다. 유럽에서는 국제철도(Eurail Pass)가 운용되고 있어 각국의 주요 도시역마다 이 호텔들이 애용되고 있음을 볼 수 있다. 미국에서도 뉴욕의 펜실베이니아 스테이션과 지하도로 연결되는 곳에 뉴욕 힐튼호텔이라는 웅장한 터미널호텔을 볼 수 있다.

9) 하이웨이 호텔(Highway Hotel)

이것은 고속도로변에 세워진 호텔을 말한다. 자동차로 여행하는 사람을 위한 시설로 모텔과 유사한 호텔이라고 말할 수 있다.

3. 체재기간에 의한 분류

1) 단기체류형 호텔(Transient Hotel)

교통이 편리한 장소에 위치하고 보통 1~2일간의 단기 숙박객이 많이 이용한다. 그리고 교통이 매우 편리한 곳에 위치해야 됨이 강하게 요구되며 음식가격도 비교적 싸며 숙박객 이외의 외래객을 위한 커피숍이나 카페테리아 같은 부대시설도 갖추고 있다.

2) 장기체류형 호텔(Residential Hotel)

이 호텔은 주로 미국에서 발전한 호텔로 미국인의 전통과 생활양식, 즉 호텔 습관에 기인하여 발전한 형태이다. 이 호텔은 장기투숙객이나 가족투숙객(family guest)에게 호텔식 서비스나 편의를 제공하면서 장기간 동안 가정의 역할을 해주는 호텔을 말한다. 그러므로 이 호텔의 특성은 경영면에 있어서 객실수입을 위주로 영업을 하는 데 있다. 물론 식음료 수입도 있지만 이것은 어디까지나 투숙객의 편의를 위하는 데 불과한 것이다.

이 호텔의 이용객은 주로 산업도시에 파견되는 기술자 가족 등이 일시 주택으로 사용할 목적으로 또는 신임 외교관 등이 관사가 마련될 때까지 사용하기도 한다.

3) 퍼머넌트 호텔(Permanent Hotel)

레지덴셜 호텔과 같은 부류에 속하지만 정확히 구분하면 아파트식의 장기 체재객을 전문으로 하는 호텔이라 할 수 있다. 그러나 최소한의 식음료 서브시설이 있는 것이 보통이다. 이 호텔이 단순히 아파트와 다른 것은 메이드 서비스가 제공되는 것이다.

4. 요금지급방식에 의한 분류

1) 미국식 요금제도(American Plan) : A.P.

미국의 서부개척시대에 숙박과 식사 또는 음료를 제공해 주는 장소가 없었기 때문에 생겨난 제도로서 호텔요금의 계산시 투숙객의 객실요금에 식사(조, 중, 석식)를 포함하여 총 숙박요금으로 계산하는 방법을 사용하는데, 이는 일명 Full Plan, Full Pension, Full Board라고도 불린다. 객실료에 2식대(조식과 석식)를 포함시키는 변형된 방식을 Half-Pension이라 부르기도 하고, 이를 흔히 Modified American Plan이라고 한다. 주로 휴양지호텔(resort hotel) 등 호텔의 지역적인 입지조건상 다른 일반호텔의 식당시설이 없는 경우와는 달리 호텔 주변지역에 식당시설이 없는 경우에 이 방식을 채택한다. American Plan의 장점과 단점은 다음과 같다.

(1) 고객입장에서의 장점

① 식사를 모두 호텔에서 해결할 수 있어 식사를 위해 별도로 외출할 필요가 없다.
② 정해진 식사시간에 규칙적으로 식사를 하므로 건강에 좋다.

(2) 호텔입장에서의 장점

① 메뉴가 한정되므로 해당 메뉴의 식재료의 대량구매에 의한 원가절감이 가능하다.
② 예상식사 인원에 대한 수요예측이 가능하므로 원가절감을 가져올 수 있다.
③ 식사시간이 정해져 있으므로 충분한 준비시간 및 정리시간이 생긴다.

④ 예산을 쉽게 수립할 수 있고 회계절차가 간단하다.

(3) 고객입장에서의 단점

① 제한된 메뉴가 제공되므로 선택의 폭이 좁다.
② 식사시간이 제한되어 있어 시간을 놓치기 쉽다.
③ 일반호텔의 식당을 이용하는 경우에 비해 획일적이고 소홀한 식사서비스를 받기 쉽다.

(4) 호텔입장에서의 단점

① 투숙객에게 제한된 시간 내에 식사를 제공해야 하므로 충분한 공간확보 및 서비스인력이 필요하다.
② 고객의 취향에 맞지 않는 메뉴를 제공했을 때 남겨진 음식이 많이 생겨 낭비의 요인이 되기 쉽다.

2) 유럽식 요금제도(European Plan) : E.P.

대부분의 많은 호텔들은 객실요금과 식사요금을 분리하여 별도로 계산하고 있는데 이 경우를 소위 European Plan(E.P.)이라 한다. 국내 대부분의 호텔들도 이 방식을 이용하고 있다. 특히 도심지에 위치한 City hotel이나 Downtown hotel 그리고 Business hotel 등에 투숙하는 고객들은 바삐 활동하는 사업가나 회사원들이므로 이 경우 European Plan이 적합하다고 볼 수 있다. European Plan의 장점을 열거하면 다음과 같다.

① 자유로운 식사시간을 가질 수 있다.
② 식성 및 취향에 따라 식당을 골라 마음에 맞는 식사를 할 수 있다.
③ 식사요금이 객실요금과 분리되어 계산되므로 경비를 절약할 수 있다.
④ 취향에 맞는 식당에서 충분한 시간을 갖고 종업원의 훌륭한 서비스를 받으며 식사를 할 수 있다.

3) 혼합식 요금제도(Dual Plan) : D.P.

한 호텔에서 미국식과 유럽식의 두 가지 요금제도를 다 적용하는 호텔로서 미국 및 유럽식 요금제도를 혼용해서 운영하며 고객의 희망에 따라 요금을 선택하게 하는 제도를 말한다.

- AP and EP 혼합 채택 경영

- 고객이 원하는 대로

4) 대륙식 요금제도(Continental Plan) : C.P.

객실요금에 아침식사(Continental Breakfast)를 포함시키는 것으로 유럽에서는 일반적인 요금제도이다. 여기에 제공되는 아침식사란 주스류 및 커피, 홍차, 코코아 중 한 가지 음료와 빵, 버터, 잼 등이 제공되는 간단한 식사이다.

- 객실에 아침식사(Continental Breakfast) 포함
- 조식은 계란요리, Oatmeal, Cornflakes 없이 Rollbread, Toast, 커피, 홍차, 우유 제공
- Room서비스 제공하기도 함

5) 버뮤다 요금제도(Bermuda Plan) : B.P.

객실요금에 미국식 아침식사(American breakfast)와 석식을 포함하여 요금을 계산하는 제도로 아침식사는 커피, 주스 등의 음료와 달걀요리, 토스트 등을 제공한다.

5. 숙박시설에 의한 분류

1) 모텔(Motel)

MOTOR+HOTEL의 합성어로서 자동차 이용객을 위한 숙박시설이다.

여행의 다양화에서 오는 도로의 발달과 자동차 여행의 급격한 증가로 자동차와 함께 쉬고 숙박할 수 있는 모텔이 미국을 비롯하여 세계적으로 호텔 못지않게 등장하고 있다. 모텔(Motel)이란 글자 그대로 자동차 여행자를 위한 모터호텔(Motor Hotel)인 것이다.

모텔(Motel)

미국에서 모텔은 20세기에 자동차의 대중화와 사용증가에 직접적으로 관련된 여행자들의 욕구에 따라 발전하였다. 현대모텔의 초기 형태는 작은 투어리스트 캐빈(tourist cabin)으로, 일반적으로 10개 이내로 모여 있었고 도로변에 농부에 의해서 대개 욕실 없이 세워졌었다. 그것들은 통행하는 여행자를 위해 단지 침대와 밤 동안의 피난처만을 제공했다.
미국의 자동차 붐으로 인하여 자동차 교통량이 증가함에 따라서 투어리스트 캐빈은 시설이 증가하였에어컨 등을 갖추고 있고, 이런 개선된 점들이 투어리스트 코트로 계속해서 분류되는 것을 어렵게 만든다. 투어리스트 코트들은 건물의 디자인면을 제외하고는 현대의 모텔들과 다르지 않다.

처음 모텔로 불린 것은 노변 혹은 고속도로 모텔이었다. 처음에 이러한 모텔들은 넓은 면적에 걸친 단층 건물들로 지어졌고 건물의 한쪽 혹은 양쪽 측면에 중앙사무실과 연결 객실(connecting room) 등을 가지고 있었다. 더 많은 객실들이 필요하고 지가가 더욱 비싸게 됨에 따라 이러한 모텔들은 2층과 3층 건물로 되었으며, 1940년대 후반과 1950년대 초반에 모텔은 수적으로 많은 증가가 있었다.

세 가지 유형 즉 투어리스트 캐빈, 투어리스트 코트 및 모텔은 한 가지 공통점을 가지고 있었는데, 그것은 비록 서비스가 있었다 하더라도 거의 없었다는 것이다. 고객들은 등록카드에 기재를 하고 객실의 열쇠를 받아서 자신들이 물건을 직접 들고 객실로 갔다. 그들은 자신들의 객실 앞에 자동차를 주차시켰고 직접 가방을 들고 퇴숙시간이나 다음날 퇴숙시간 전에 마음대로 떠났다. 이러한 숙박시설들은 자동차 여행자들이 여정에서 편리하고 경제적으로 여행하도록 조정되었다. 객실을 이용하면서 여전히 그들이 원하는 대로 왕래했으며, 모텔들은 고객들이 셀프서비스로 이용할 수 있는 가벼운 음료와 얼음 조제기구를 제공했다.

이러한 점에서 볼 때, 모텔과 호텔 간의 주요한 차이점은 서비스였다. 즉 일부 호텔에서는 종업원이 고객의 자동차를 주차시키고 주차장에 대한 별도의 요금을 받는다. 또 다른 호텔에서는 호텔 종사원이 고객을 객실까지 안내한다. 따라서 호텔고객은 모텔고객이 가지고 있는 이동의 자유, 특히 자동차를 마음대로 움직이는 자유가 제한되고 얼음과 음료가 룸서비스로만 이용할 수 있다.

그러나 1960년대 초에 모텔에서 새로운 추세가 나타나기 시작했다. 모텔들은 규모가 더 커졌고 더 정교한 서비스를 제공하게 되었으며 마침내 대도시의 시내지역으로 진출했다. 그곳에서의 지가는 비싸서 새로운 모텔들은 객실수를 늘리기 위해 10층 심지어 15층까지도 높게 세워졌다. 이제 더 이상 고객들은 객실 근처에 주차공간을 가질 수 없었고 등록절차도 호텔에서와 거의 같게 되었다. 호텔에서 제공되는 모든 시설들, 즉 전화, 텔레비전, 에어컨, 룸서비스, 커피숍, 레스토랑, 개인서비스, 세탁소 및 모든 종류의 매점들이 모텔에서도 제공되었다. 단지 다른 점은 모텔이 주차장을 가지고 있고, 주차비는 객실요금에 포함되어 있어 무료이며 대부분이 수영장을 갖추어서 옛날 양식을 유지하고 있고 얼음과 청량음료기구가 각 층에 있었다는 점이다. 큰 모텔들은 실제로 호텔에 가까웠으므로 모터호텔(motor hotel)로 알려지게 되었다. 사실 모텔들은 본래 자동차 여행자에게 만족을 주기 위해 세워졌으나, 많은 수의 침실, 레스토랑, 연회 및 회의실을 갖추면서 직접적으로 호텔과 경쟁관계에 있다.

1970년대 중반까지 모텔은 작은 투어리스트 캐빈으로부터 휴양지, 도시, 교외에 있는 호화스러운 모터호텔까지 변화를 거듭하였다. 그러나 이러한 시설과 서비스의 빠른 고급화에로의 연속적 변동에서 조그마한 틈새(niche)가 나타났다. 캘리포니아주에서 작은 체인모텔이 완전히 새로운 개념으로 태어났다. 그 개념은 세계에서 가장 크고 호화스러운 모텔 체인의 하나인 홀리데이 인(Holiday inns)에 의해서 최초로 시도되었다. 홀리데이 인의 원래 특성은 중저가 모텔의 하나인 것으로 인식되었으나 규모와 인기면에서 성장함에 따라, 레스토랑, 회의 및 컨벤션 실(convention room), 로비, 레크리에이션 시설을 첨가했고 객실에 가구와 설비를 개선시켰으며 결과적으로 원래의 개념을 완전히 포기하게 되었다.

1980년대 중반부터 2000년대의 현재까지 버짓 모텔들은 과거에 누렸던 인기를 다시 얻고 있다. 즉 미국에서는 호경기가 계속되었고 실업률도 계속 낮았으나 여행대중의 큰 비중을 차지하고 있는 중산층은 아주 높은 객실요금, 특히 대도시와 주변지역의 호텔들이 부과하는 높은 객실요금을 부담할 능력이 없거나 혹은 이것에 대해 반감을 가지고 있다.

호텔경영자는 이러한 태도상의 변화에 빠르게 반응하여 새로운 유형의 버짓 호텔들이 세워지기 시작했다. 그것에 대한 이름은 적절한 것이 없어서 '호화성의 경제적 호텔(luxury economy hotel)'이라 부르기도 한다(=William S. Gray and Salvatore C. Liguori, Hotel and Motel Management and Operations, Prentice-Hall, 1990, p. 19). '호화성의 경제적 호텔'들은 여행자들을 위해 세워졌으므로 객실 내에 전화와 컬러TV를 가지고 있고 매력적인 가구시설을 갖춘 큰 침실을 공통적으로 가지고 있었으나, 큰 회의 및 연회실, 큰 레스토랑, 호화장식의 로비, 벨 서비스 등과 같은 시설은 갖추고 있지 않았다. 그중 많은 경우 작은 회의실과 레스토랑 혹은 커피숍, 수영장을 가지고 있다. 위치에 따라 다르지만 모두 중간 정도의 가격을 부과하고 있고 많은 경우 주요 호텔체인에 의하여 설립된다.

2) 보텔(Botel)

보트(boat)에 의해서 여행하는 사람들이 이용하는 호텔로서 마이애미나 하와이 해변에 이러한 호텔이 혹 있지만 아직 일반화되지는 못하고 있다. 이것은 모터보트(motor boat)를 조종하면서 해상을 주름잡으며 즐거움을 찾는 고객들이 이용한다. 자동차에 의해 여행자들이 이용하는 모텔의 수와는 비교가 되지 않지만 미국에서는 레저 붐을 타고 발전하고 있다.

3) 요텔(Yachtel)

요텔은 호반이나 해변, 강변에 위치하면서 요트시설을 즐기는 여행자를 위해 만들어진 호텔을 말한다.

4) 펜션(Pension)

프랑스에서 발전하여 프랑스어로 펜션이라고도 한다. 중세유럽에 퇴직한 노년층이 전원생활을 하면서 수익을 얻기 위하여 소규모의 숙박시설을 갖춘 주택에서 시작된 것으로서 여인숙 같은 숙박시설로 대개의 경우 부대시설이 매우 단조롭고 숙박요금이 호텔에 비하여 훨씬 싼 것이 특징이다. 단기 체재객보다도 장기 체재객에게는 할인요금으로 봉사하며 객실요금제도에도 1박 3식 제도(pension plan)나 1박 2식 제도(semi pension ; demi pension ; half pension)가 있다. 국내에서는 2002년 제주도 개발특별법상 현지농어민을 제한한 숙박시설로 나타났으며, 2003년 8월 「관광진흥법 시행령」 개정시 펜션업이 관광편의시설업의 일종으로 인정되어 관광숙박시설의 한 형태로 자리잡고 있다.

본래의 펜션은 규모가 적고 불결한 듯하나 가족적인 분위기로서의 사명을 다하면서 저렴한 가격으로 고객을 유치하므로 요즈음에는 펜션의 명칭으로 호텔과 다름없는 시설로 이용되고 있는 곳도 있다.

5) 콘도미니엄(Condominium)

콘도미니엄의 개념은 남부 유럽과 미주대륙, 푸에르토리코에서 시작되었다고 말할 수 있으며, 1958년에 푸에르토리코의 정부는 콘도미니엄 소유권을 인정했다.

미국에서의 콘도미니엄 개념은 플로리다 · 하와이 · 캘리포니아 · 콜로라도 등에서 처음으로 전개되었으며, 1973년에 미국은 500개 이상의 콘도미니엄이 완성되었고, 지금은 미국의 여러 주와 카브리해 지역으로 확산되고 있다.

콘도미니엄의 문자상의 의의는 종합소유권(joint dominion)을 뜻한다. 이것은 공동주택이나 개인주택으로 개인에 의해 소유되고 있으나 경영관리와 서비스의 단위는 공동의 한 부분으로 제공된다.

근년에 이르러 미국인의 여행습관은 자동차여행을 많이 하고 있으며 트레일러(trailer) 등을 자동차 뒤에 끌고 해변, 캠핑장(camping ground), 관광지를 찾고 있는 것이다. 이러한 미국인들의 새로운 여행형태와 추세에 따라서 미국의 관광사업은 콘도미니엄 리조트(condominium resort)를 개발하였다. 콘도미니엄 리조트는 숙박시설인 호텔 이외에 온천장과 레크리에이션 센터를 공동 소유・관리하고 있으며 트레일러 파크(trailer park)를 포함하고 있다. 또한 트레일러 여행자들이 누구나 좋아하고 있는 오버 나이트 플랜(over night plan)의 드라이브 캠프를 운영하고 있다.

6) 유스호스텔(Youth Hostel)

유스호스텔 운동이 최초로 시작된 것은 1909년 독일의 알테나(Altena)읍의 한 초등학교 교사인 리하르트 쉬르만(Richard Schirrmann) 씨가 도시의 학생들에게 소음과 매연의 거리에서 벗어나 대자연 속으로 들어가서 깨끗한 공기를 호흡하고 휴식과 건강을 위하여 방학 중에 있는 학교를 숙사로 차용하여 이용한 것이 시초이다.

유스호스텔은 청소년을 위한 숙박시설로서 젊은이의 집을 뜻하는 것이다. 이것은 영리를 추구하는 일반 기업과는 달라서 청소년들에게 여행을 장려하는 동시에, 이들에게 저렴한 가격으로 숙박시설을 제공하는 목적으로 설치된 일종의 사회복지시설이다.

유스호스텔 운동은 청소년들의 여행욕구를 충족시키고, 심신을 단련할 뿐만 아니라, 여행을 통하여 국내외의 지리, 역사, 문화, 풍물, 산업 등의 지식을 넓히게 하며, 단체활동의 좋은 습관을 체득케 하고 봉사와 협동정신을 길러 청소년들로 하여금 건전한 신체와 정신을 고양시키려는 데 그 목적이 있는 것이다.

유스호스텔의 특성

1. 공공시설(식당, 집회실, 도서실, 음악감상실, 운동장 등)을 갖추고 있어 남녀가 공동으로 이용할 수 있으나 객실은 엄격히 구별되어 있다.
2. 식당에서는 셀프 서비스가 원칙이며, 자기가 원하는 사람은 자취할 수 있도록 되어 있다.
3. 각종 등산기구와 운동장비가 준비되어 있다.

유스호스텔은 간소, 청결, 저렴한 것이 특징이며, 오늘날 세계 각국에서 고조되어 가는 소셜 투어리즘(social tourism)의 영향을 받아서 현저하게 보급되고 있다.

유스호스텔은 숙박시에 지켜야 할 규칙이 있으며 투숙객은 이 규칙을 준수해야 한다. 예를 들어 보면 담배는 지정된 장소에서 피워야 하며, 밤 10시에 전등을 끄고 취침하여 아침 일찍 기상하여야 하며, 침구 정리와 청소는 스스로 한다. 또한 각 유스호스텔마다 제2의 부모 역할을 하는 페어런트(parents)가 있어 투숙하는 청소년 여행자를 위해 건전한 교육프로그램을 제공하고 지도한다. 유스호스텔 운동은 대부분 정부나 공공단체가 그 주체가 되며, 민간인이 운영할 경우에도 전술한 유스호스텔 운동의 목적에 부합하는 공익적 사명을 더 큰 목표로 하고 있는 것이다. 우리나라에서도 서울, 경주, 설악산 등에서 운영되고 있다.

6. 관광진흥법에 의한 분류

1) 관광호텔업

(1) 욕실이나 샤워시설을 갖춘 객실을 30실 이상 갖추고 있을 것
(2) 외국인에게 서비스를 제공할 수 있는 체제를 갖추고 있을 것
(3) 대지 및 건물의 소유권 또는 사용권을 확보하고 있을 것. 다만, 회원을 모집하는 경우에는 소유권을 확보하여야 한다.

2) 전통호텔업

(1) 건축물의 외관은 전통가옥의 형태를 갖추고 있을 것
(2) 이용자의 불편이 없도록 욕실이나 샤워시설을 갖추고 있을 것
(3) 외국인에게 서비스를 제공할 수 있는 체제를 갖추고 있을 것
(4) 대지 및 건물의 소유권 또는 사용권을 확보하고 있을 것. 다만, 회원을 모집하는 경우에는 소유권을 확보하여야 한다.

3) 소형호텔업

(1) 욕실이나 샤워시설을 갖춘 객실을 20실 이상 30실 미만으로 갖추고 있을 것

(2) 부대시설의 면적 합계가 건축 연면적의 50퍼센트 이하일 것

(3) 두 종류 이상의 부대시설을 갖출 것. 다만, 「식품위생법 시행령」 제21조제8호다목에 따른 단란주점영업, 같은 호 라목에 따른 유흥주점영업 및 「사행행위 등 규제 및 처벌 특례법」 제2조제1호에 따른 사행행위를 위한 시설은 둘 수 없다.

(4) 조식 제공, 외국어 구사인력 고용 등 외국인에게 서비스를 제공할 수 있는 체제를 갖추고 있을 것

(5) 대지 및 건물의 소유권 또는 사용권을 확보하고 있을 것. 다만, 회원을 모집하는 경우에는 소유권을 확보하여야 한다.

4) 의료관광호텔업

(1) 의료관광객이 이용할 수 있는 취사시설이 객실별로 설치되어 있거나 층별로 공동취사장이 설치되어 있을 것

(2) 욕실이나 샤워시설을 갖춘 객실이 20실 이상일 것

(3) 객실별 면적이 19제곱미터 이상일 것

(4) 「학교보건법」 제6조제1항제12호, 제15호, 제19호 및 같은 법 시행령 제6조제1호에 따른 영업이 이루어지는 시설을 부대시설로 두지 아니할 것

(5) 의료관광객의 출입이 편리한 체계를 갖추고 있을 것

(6) 외국어 구사인력 고용 등 외국인에게 서비스를 제공할 수 있는 체제를 갖추고 있을 것

(7) 의료관광호텔 시설(의료관광호텔의 부대시설로 「의료법」 제3조제1항에 따른 의료기관을 설치할 경우에는 그 의료기관을 제외한 시설을 말한다)은 의료기관 시설과 분리될 것. 이 경우 분리에 관하여 필요한 사항은 문화체육관광부장관이 정하여 고시한다.

(8) 대지 및 건물의 소유권 또는 사용권을 확보하고 있을 것

(9) 의료관광호텔업을 등록하려는 자가 다음의 구분에 따른 요건을 충족하는 외국인환자 유치 의료기관의 개설자 또는 유치업자일 것

5) 수상관광호텔업

(1) 수상관광호텔이 위치하는 수면은 「공유수면 관리 및 매립에 관한 법률」 또는 「하천법」에 따라 관리청으로부터 점용허가를 받을 것

(2) 욕실이나 샤워시설을 갖춘 객실이 30실 이상일 것

(3) 외국인에게 서비스를 제공할 수 있는 체제를 갖추고 있을 것

(4) 수상오염을 방지하기 위한 오수 저장·처리시설과 폐기물처리시설을 갖추고 있을 것

(5) 구조물 및 선박의 소유권 또는 사용권을 확보하고 있을 것. 다만, 회원을 모집하는 경우에는 소유권을 확보하여야 한다.

6) 가족호텔업

(1) 가족단위 관광객이 이용할 수 있는 취사시설이 객실별로 설치되어 있거나 층별로 공동취사장이 설치되어 있을 것

(2) 욕실이나 샤워시설을 갖춘 객실이 30실 이상일 것

(3) 객실별 면적이 19제곱미터 이상일 것

(4) 외국인에게 서비스를 제공할 수 있는 체제를 갖추고 있을 것

(5) 구조물 및 선박의 소유권 또는 사용권을 확보하고 있을 것. 다만, 회원을 모집하는 경우에는 소유권을 확보하여야 한다.

7) 호스텔업

(1) 배낭여행객 등 개별 관광객의 숙박에 적합한 객실을 갖추고 있을 것

(2) 이용자의 불편이 없도록 화장실, 샤워장, 취사장 등의 편의시설을 갖추고 있을 것. 다만, 이러한 편의시설은 공동으로 이용하게 할 수 있다.

(3) 외국인 및 내국인 관광객에게 서비스를 제공할 수 있는 문화·정보 교류시설을 갖추고 있 을 것

(4) 대지 및 건물의 소유권 또는 사용권을 확보하고 있을 것

7. 경영방식에 의한 분류

1) 체인경영 호텔(Chain Hotel)

호텔의 체인화 경향은 세계적인 추세로 발전되고 있다. 그 원인은 경영상의 장점이 많고 고객의 요구에 의한 당연한 현상이 아닌가 생각한다. 현대 호텔고객의 요구에 의한 당연한 현상이 아닌가 생각한다. 현대의 호텔고객이 원하는 것은 컨벤션 호텔이나 호화스런 연회를 유치할 수 있는 맘모스호텔, 또는 레저로서 값싼 모텔식의 간이숙박시설로 양극화되어 있기 때문에 중간형의 호텔은 소외당하고 있는 실정이다. 이러한 추세에 따라 보다 호화롭고 보다 대형화된 호텔이 발전할 수밖에 없는 것이다.

이러한 호텔의 건설은 대자본이 필요하기 때문에 이 대자본의 조달방식에 있어서 연쇄적인 경영을 합리화하지 않으면 안된다. 대량생산(mass production), 대량판매(mass sales), 대량봉사(mass service) 등과 같은 대량수법의 전략으로 고객으로부터 얻어지는 신뢰감과 안전감으로 통일화시켜 충족할 수 있는 경영의 효과가 요구되고 있는 것이다.

체인경영 호텔의 장점을 다음의 5가지로 말할 수 있겠다.

① 대량구입으로 인한 원가절감(cost down)
② 전문가(specialist)의 활용
③ 광범위한 공동선전의 전개
④ 예약시스템의 효과적인 활용
⑤ 계수관리(係數管理)의 적정화

2) 단독경영 호텔(Independent Hotel)

20세기 초의 스타틀러호텔 탄생까지는 적어도 모든 호텔들이 한 개인의 소유로 운영되는 개별경영 형태의 호텔이었다. 현대의 기업경영은 주식회사 조직으로 경영과 자본이 분리돼야 하는데, 아직도 우리나라는 동족경영(partnership) 내지 개인소유(individual proprietors) 경영의 형태를 벗어나지 못하고 있는 실정이다. 호텔사업도 현대에 편승하여 전문조직으로 경영되지 않으면 안된다. 그리하여 경영의 과학화와 전문화로 유도하기 위해서는 호텔도 경영과 자본의 분리경영이 하루 속히 이루어져야 하겠다. 지금의 호텔은 체인화 조직으로 부상하고 있기 때문에 단독경영형식의 호텔경영은 이제 많이 위축되지 않을 수 없을 것이다.

체인경영의 형태와 독립경영의 형태는 제2장에서 자세히 살펴보기로 한다.

제4절 호텔업의 등급결정

1. 국제 표준에 맞는 호텔 등급의 표준화 '별등급'

1971년 이후 지난 40여 년간 '무궁화' 등급이 사용되어 왔으나, 한국을 방문하는 외국인 관광객이 급증함에 따라 2014년 말에 외국인 관광객이 알아보기 쉽도록 국제적으로 통용되는 '별등급(Star Rating)' 체계로 변경되었다.

2. 등급평가 구분

호텔업 등급결정업무 위탁 및 등급결정에 관한 요령, 제8조제2항

- 현장평가 : 등급평가위원이 사업자가 제출한 자율평가결과와 증빙자료를 참고하여 사업자에 사전통지 후 조사
- 불시평가 : 등급평가위원이 당해 호텔에 사전통지 없이 방문하여 당일로 조사
- 암행평가 : 등급평가위원이 당해 호텔에 사전통지 없이 암행으로 1박을 하며 조사

3. 등급평가단의 구성

호텔업 등급결정업무 위탁 및 등급결정에 관한 요령, 제12조제1항 【별표4】

구분	현장평가 (당일)	불시평가 (당일)	암행평가 (1박 2일)
1~3성	전문가 2인	전문가 1인, 소비자 1인	–
4~5성	전문가 3인	–	전문가 1인, 소비자 1인

(1) 현장평가위원은 시행규칙 제72조 제1호 내지 제2호의 요건을 충족시키는 자로 하고,

불시평가위원 또는 암행평가위원은 해당 호텔의 현장평가위원이었던 자를 제외한 자로 하되 그 중 1인은 시행규칙 제72조제3호의 요건을 충족시키는 자로 함

(2) 현장평가와 암행평가/불시평가는 각기 다른 날짜에 실시

(3) 암행평가 시 각 요원은 각기 다른 일자에 평가하여야 하며, 불시평가는 불시평가요원 2인이 동행하여 평가

4. 등급결정 기준

호텔업 등급결정업무 위탁 및 등급결정에 관한 요령, 제7조제1항 【별표1】

1) 관광호텔업

구분		1성	2성	3성	4성	5성
등급평가기준	현장평가	400점	400점	500점	585점	700점
	불시평가	200점	200점	200점	-	-
	암행평가	-	-	-	265점	300점
	총 배점	600점	600점	700점	850점	1,000점
결정기준	등급별 기준	평가점수가 총 배점의 50% 이상	평가점수가 총 배점의 60% 이상	평가점수가 총 배점의 70% 이상	평가점수가 총 배점의 80% 이상	평가점수가 총 배점의 90% 이상
	공통 기준	1. 호텔업 등급평가기준에 따른 등급별 등급평가기준 상의 필수 항목을 충족할 것 2. 제11조(안전 관련 법규 준수여부 확인) 제1항에 따른 점검 또는 검사가 유효할 것				

- 1·2성은 통합 신청 및 접수방식으로 진행하며, 1·2성 등급평가기준 공통 적용
- 1·2성은 총 배점의 60% 이상 득점 시 2성을 부여하고, 50% 이상 60% 미만 득점 시 1성을 부여

2) 한국전통호텔업, 소형호텔업

구분		1성	2성	3성	4성	5성
등급 평가 기준	현장평가	400점	400점	400점	400점	400점
	불시평가	200점	200점	200점	200점	200점
	총 배점	600점	600점	600점	600점	600점
결정 기준	등급별 기준	평가점수가 총 배점의 50% 이상	평가점수가 총 배점의 60% 이상	평가점수가 총 배점의 70% 이상	평가점수가 총 배점의 80% 이상	평가점수가 총 배점의 90% 이상
	공통 기준	1. 호텔업 등급평가기준에 따른 등급별 등급평가기준 상의 필수 항목을 충족할 것 2. 제11조(안전 관련 법규 준수여부 확인) 제1항에 따른 점검 또는 검사가 유효할 것				

호텔업의 등급결정 기준(제7조제1항 관련)

구분		5성	4성	3성	2성	1성
등급 평가 기준	현장평가	700점	585점	500점	400점	400점
	암행평가/불시평가	300점	265점	200점	200점	200점
	총 배점	1,000점	850점	700점	600점	600점
결정 기준	공통 기준	1. 별표 2에 따른 등급별 등급평가기준 상의 필수항목을 충족할 것 2. 제11조제1항에 따른 점검 또는 검사가 유효할 것				
	등급별 기준	평가점수가 총 배점의 90% 이상	평가점수가 총 배점의 80% 이상	평가점수가 총 배점의 70% 이상	평가점수가 총 배점의 60% 이상	평가점수가 총 배점의 50% 이상

- 1·2성급은 통합 신청 및 접수방식으로 진행하며 1·2성급 평가표를 공통 적용한다.
- 1·2성급은 총 배점의 60% 이상 득점 시 2성급 등급을 부여하고, 50% 이상 60% 미만 득점시 1성급 등급을 부여한다.
- 한국전통호텔업 및 소형호텔업의 등급평가기준은 등급에 상관없이 현장평가 400점 및 불시평가 200점을 합산하여 총 배점을 600점으로 하되, 상기 표의 결정기준에 따라 등

급을 부여한다.

5. 등급결정 의무화

관광진흥법 개정에 따라 2014년 9월 12일부터 "관광호텔업, 한국전통호텔업, 소형호텔업, 수상관광호텔업, 의료관광호텔업"은 3년마다 등급 평가를 의무적으로 받아야 한다.

6. 등급결정사업의 객관성·공정성·전문성 강화

호텔업 등급결정업무는 1999년 이전 정부(문화체육관광부 및 지방자치단체)에서 직접 수행하였으나, 1999년 민간위탁 정책에 따라 2개의 사업자단체(한국관광협회중앙회, 한국호텔업협회)로 위탁되어 왔다.

사업자단체가 등급을 결정함에 따라 업계의 자발적인 등급제 준수 및 호텔 서비스 제고를 유도할 수 있다는 장점도 있었으나 이원화에 따라 등급결정의 일관성이 확보되지 못한 점이 있어 이에 대한 제도 개선이 꾸준히 제기되어 왔다.

이에 따라 문화체육관광부는 2015년 1월 1일부터 호텔 등급의 공정성과 신뢰도 향상을 위해 공공기관인 '한국관광공사'에 등급결정업무를 위탁하고 있다.

1) 객관성 및 공정성 확보

- 공공기관의 평가제도 운영을 통한 공신력 확보
- 신뢰성 있는 제도 마련을 통한 평가의 객관성 및 공정성 지향
- 체계적 인력 POOL과 교육을 통한 엄정한 평가제도 운영

2) 호텔산업 질적 성장의 토대 마련

- 호텔업 경쟁력 강화 및 소비자 만족 지향
- 국제적 기준에 부합하는 호텔 서비스 표준화
- 평가 및 호텔운영 관련 컨설팅 서비스 제공을 통한 호텔 운영 선진화 유도

7. 호텔업 등록 기준

관광진흥법 시행령, 제5조(등록기준)

1) 관광호텔업

(1) 욕실이나 샤워시설을 갖춘 객실을 30실 이상 갖추고 있을 것
(2) 외국인에게 서비스를 제공할 수 있는 체제를 갖추고 있을 것
(3) 대지 및 건물의 소유권 또는 사용권을 확보하고 있을 것. 다만, 회원을 모집하는 경우에는 소유권을 확보하여야 한다.

2) 한국전통호텔업

(1) 건축물의 외관은 전통가옥의 형태를 갖추고 있을 것
(2) 이용자의 불편이 없도록 욕실이나 샤워시설을 갖추고 있을 것
(3) 외국인에게 서비스를 제공할 수 있는 체제를 갖추고 있을 것
(4) 대지 및 건물의 소유권 또는 사용권을 확보하고 있을 것. 다만, 회원을 모집하는 경우에는 소유권을 확보하여야 한다.

3) 소형호텔업

(1) 욕실이나 샤워시설을 갖춘 객실을 20실 이상 30실 미만으로 갖추고 있을 것
(2) 부대시설의 면적 합계가 건축 연면적의 50퍼센트 이하일 것
(3) 두 종류 이상의 부대시설을 갖출 것. 다만, 「식품위생법 시행령」 제21조제8호다목에 따른 단란주점영업, 같은 호 라목에 따른 유흥주점영업 및 「사행행위 등 규제 및 처벌 특례법」 제2조제1호에 따른 사행행위를 위한 시설은 둘 수 없다.
(4) 조식 제공, 외국어 구사인력 고용 등 외국인에게 서비스를 제공할 수 있는 체제를 갖추고 있을 것
(5) 대지 및 건물의 소유권 또는 사용권을 확보하고 있을 것. 다만, 회원을 모집하는 경우에는 소유권을 확보하여야 한다.

4) 의료관광호텔업

(1) 의료관광객이 이용할 수 있는 취사시설이 객실별로 설치되어 있거나 층별로 공동취사장이 설치되어 있을 것
(2) 욕실이나 샤워시설을 갖춘 객실이 20실 이상일 것
(3) 두 객실별 면적이 19제곱미터 이상일 것
(4) 「학교보건법」 제6조제1항제12호, 제15호, 제19호 및 같은 법 시행령 제6조제1호에 따른 영업이 이루어지는 시설을 부대시설로 두지 아니할 것
(5) 의료관광객의 출입이 편리한 체계를 갖추고 있을 것
(6) 외국어 구사인력 고용 등 외국인에게 서비스를 제공할 수 있는 체제를 갖추고 있을 것
(7) 의료관광호텔 시설(의료관광호텔의 부대시설로 「의료법」 제3조제1항에 따른 의료기관을 설치할 경우에는 그 의료기관을 제외한 시설을 말한다)은 의료기관 시설과 분리될 것. 이 경우 분리에 관하여 필요한 사항은 문화체육관광부장관이 정하여 고시한다.
(8) 대지 및 건물의 소유권 또는 사용권을 확보하고 있을 것
(9) 의료관광호텔업을 등록하려는 자가 다음의 구분에 따른 요건을 충족하는 외국인환자 유치 의료기관의 개설자 또는 유치업자일 것

5) 수상관광호텔업

(1) 수상관광호텔이 위치하는 수면은 「공유수면 관리 및 매립에 관한 법률」 또는 「하천법」에 따라 관리청으로부터 점용허가를 받을 것
(2) 욕실이나 샤워시설을 갖춘 객실이 30실 이상일 것
(3) 외국인에게 서비스를 제공할 수 있는 체제를 갖추고 있을 것
(4) 수상오염을 방지하기 위한 오수 저장·처리시설과 폐기물처리시설을 갖추고 있을 것
(5) 구조물 및 선박의 소유권 또는 사용권을 확보하고 있을 것. 다만, 회원을 모집하는 경우에는 소유권을 확보하여야 한다.

6) 가족호텔업

(1) 가족단위 관광객이 이용할 수 있는 취사시설이 객실별로 설치되어 있거나 층별로 공동취사장이 설치되어 있을 것

(2) 욕실이나 샤워시설을 갖춘 객실이 30실 이상일 것
(3) 객실별 면적이 19제곱미터 이상일 것
(4) 외국인에게 서비스를 제공할 수 있는 체제를 갖추고 있을 것
(5) 대지 및 건물의 소유권 또는 사용권을 확보하고 있을 것. 다만, 회원을 모집하는 경우에는 소유권을 확보하여야 한다.

7) 호스텔업

(1) 배낭여행객 등 개별 관광객의 숙박에 적합한 객실을 갖추고 있을 것
(2) 이용자의 불편이 없도록 화장실, 샤워장, 취사장 등의 편의시설을 갖추고 있을 것. 다만, 이러한 편의시설은 공동으로 이용하게 할 수 있다.
(3) 외국인 및 내국인 관광객에게 서비스를 제공할 수 있는 문화·정보 교류시설을 갖추고 있을 것
(4) 대지 및 건물의 소유권 또는 사용권을 확보하고 있을 것

8. 호텔업 등급결정 대상

관광진흥법 시행령, 제22조(호텔업의 등급결정)
등급결정 대상 : 관광호텔업, 한국전통호텔업, 소형호텔업, 의료관광호텔업, 수상관광호텔업
등급결정 비대상 : 가족호텔업, 호스텔업

9. 호텔업 등급결정 기관

(1) 한국관광공사 : 제주특별자치도를 제외한 전국의 호텔을 결정
(2) 제주특별자치도관광협회 : 제주특별자치도 소재의 호텔을 결정

10. 호텔등급 샘플

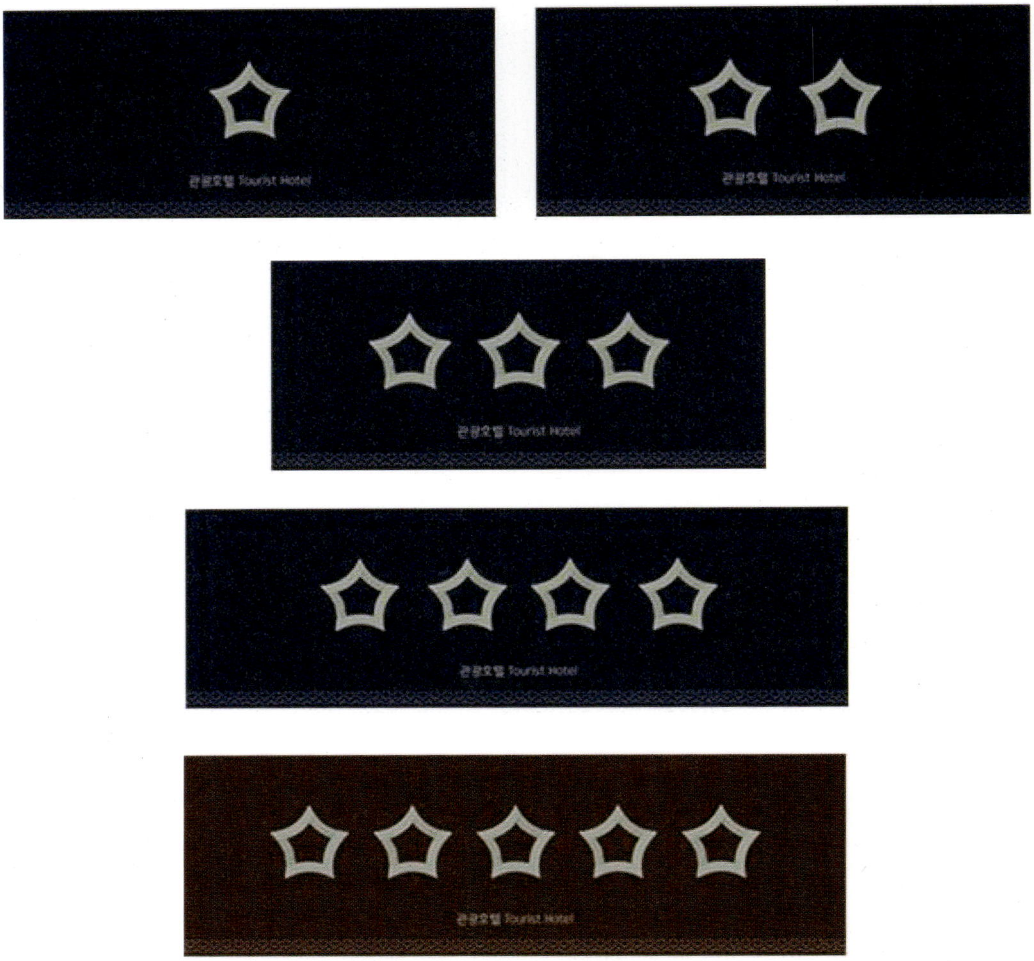

제 2 장

호텔의 경영조직 · 형태 · 특성

미소는 최고의 화장이다.
얼굴이 꽃이라면 미소는 향기와 같은 것이다.
미소는 상대방의 가치를 높이면서
동시에 자신의 가치를 높이는 효과가 있다.
미소짓지 못할 만큼 가난한 사람은 없으며
미소짓지 않아도 될 만큼 부자는 없다.
표정은 연습으로도 충분히 달라질 수 있다.
아침에 거울을 보면서 웃는 연습을 해 보자.
첫날은 어색해 보일지 모르지만 곧 익숙해질 것이며
익숙해질수록 표정은 달라질 것이다.

호텔경영론

향아리 속에 든 한 개의 동전은 시끄럽게 소리를 내나,
동전이 가득 찬 향아리는 조용하다.
- 탈무드 -

제2장 호텔의 경영조직 · 형태 · 특성

제1절 경영조직의 이해

1. 조직의 개념

1) 조직의 개념

인간이 조직을 필요로 하든지 혹은 조직 속에서 살 수밖에 없는 이유는 '인간은 사회적 동물'이라는 말에서 찾아볼 수 있다. 이 말의 뜻은 인간은 원래 혼자서 살아가기에는 부적절하게 태어났으므로 그들의 제한적인 힘을 합쳐 공동체를 만들고, 그 공동체를 통하여 공통된 목표를 추구한다는 것이다. 여기에서 공동체란 바로 사회를 지칭하며, 사회라는 개념은 다시 광의의 조직개념과 유사하다고 할 수 있다. 환언하면 인간은 속성상 조직과 불가분의 관계에 있다는 것이다. 결국 조직은 인간에 의해 구성되고 운영되지만, 인간은 여러 이유에 의해 조직을 필요로 하며, 또 조직에 귀속될 수밖에 없다는 것이다.

한편, 조직을 환경의 하위 시스템(sub-system)으로 파악하려는 입장도 있다. 이때 경영조직의 전체 시스템은 개방시스템(open system)으로서 조직을 둘러싸고 있는 환경(environment)과 끊임없는 상호작용을 하게 된다. 즉 조직은 환경으로부터 투입된 자원들을 조직 내의 여러 과정들을 거쳐 산출하여 다시 환경으로 내보내는 하나의 변환과정(transformation process)으로 이해되는 것이다. 시스템론적 입장에서 보면 조직은 목표, 구조, 기능 등의 하위 시스템이 전체 조직시스템을 구성하고 있는 실체이다.

첫째, 조직은 목표(objective)를 갖고 있다. 조직의 목표란 일반적으로 조직이 실현하고자 하는 과업의 바람직한 상태로 정의된다. 조직은 어떤 목표달성을 위해 인간에 의해 인위적으로 조직된 것이므로 목표 없는 조직이란 있을 수 없다. 조직의 목표에 따라 조직활동의 범위와 방향이 설정되며, 조직 내의 질서가 유지되며, 또 구성원들의 행동이 규제된다.

둘째, 조직은 구조(structure)를 가지고 있다. 구조란 조직의 목표를 달성하는 데 필요한 전문화된 활동들을 결정하고 이 활동들을 어떤 논리적인 유형에 따라 집단화시키고, 이런 집단화된 활동을 어떤 직위나 개인의 책임하에 할당시키는 것을 포함하는 개념으로서 조직 구성원 행위의 유형화된 상호작용(patterned interaction)을 포함한다. 즉 조직은 조직목표를 효율적으로 달성하기 위해 조직구성원들의 행위를 어느 정도 유형화시키게 된다.

셋째, 조직은 기능(function)을 한다. 여기서 조직의 기능적 측면은 조직 내에서 구성원들의 행위를 조정하고 통합하는 관리적 혹은 조직과정적 측면을 나타낸다. 즉 조직은 조직목표를 달성하기 위해 어떤 유형화된 구조의 틀 속에서 조직구성원들의 행위를 효과적으로 계획·조정·통제하는 관리적 과정, 즉 기능적 활동과정하에 존재하게 되는 것이다.

따라서 조직을 간략히 정의하면 '조직은 개인이 그들의 목적달성을 위해 상호작용을 전개하는 구조적 과정' 또는 '조직은 다수의 인간들이 공통된 목적을 달성하기 위하여 상호작용을 하고 조정을 행하는 유기적인 행동의 집합체'라고 할 수 있다.

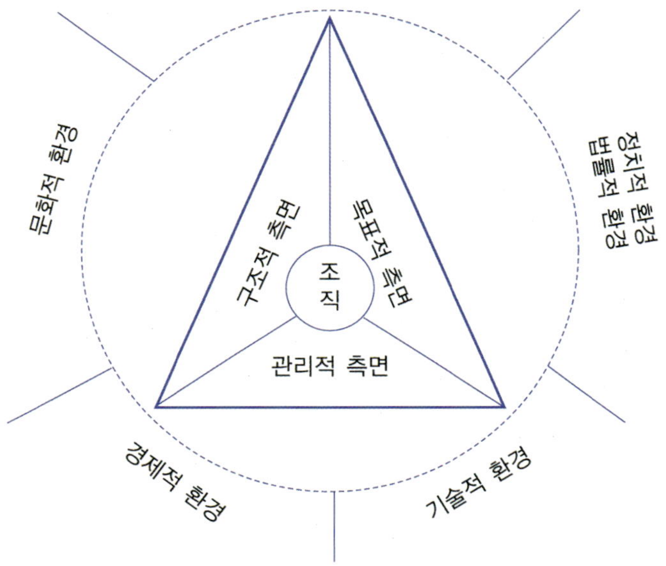

[그림 2-1] 조직과 환경의 여러 가지 측면

2) 경영조직

경영목적을 달성하기 위하여 질서가 유지된 인간활동의 결합을 경영조직(business organization)이라고 말할 수 있다. 다시 말하면 조직이란 각 담당자가 수행할 직무 및 각 직무 상호 간의 관계를 규정한 것이라 하겠다. 따라서 경영조직의 핵심은 경영목적을 달성하기 위하여 작업과 인간관계를 합리적으로 결합시켜 이를 편성하여 운영해 가는 것이기 때문에 조직에 관한 문제는 기본적으로 다음과 같은 세 가지 문제로 대별할 수 있다.

(1) 조직구조의 문제

이것은 직무의 규정과 그 수행에 필요한 직무권한의 할당에 관한 직위의 문제, 각 직무의 상호관계, 즉 톱 매니지먼트(top management)의 편성 등 조직의 일반적인 구조에 관한 문제이다.

(2) 조직운영의 문제

이것은 일정한 조직구조하에서 전개되는 작업의 흐름과 작업의 상호교섭의 문제, 절차의 체계화라고 하는 협의의 시스템구성에 관한 것이다.

(3) 인간관계의 문제

조직이 인간에 의하여 형성되는 것인 이상 인간관계가 문제시되는 것은 당연하다.

이상과 같은 여러 가지 문제점들을 고려할 때 경영조직의 본질은 다음과 같은 두 가지로 집약된다.

① 경영목적의 달성에 필요한 각 구성원의 직무를 확정하는 것이다.
② 일정한 권한과 책임을 각 구성원에게 배합함으로써 각 직무의 상호관계를 합리적으로 편성하는 것이다.

그리고 오늘날의 새로운 경영조직은 민주적인 인간관계하에서 형성될 합리적·기능적인 업무본위의 질서를 의미한다. 이와 같은 조직의 형성에 의하여 조직은 그 질서가 확립된다고 할 수 있다. 그렇다면 이러한 조직은 어떻게 하면 보다 더 능률적으로 조직에 참가한 사람들의 욕구를 충족하여 줄 수 있는 것일까? 그것은 곧 분업, 즉 전문화에서 이익이 생기므로 자기 스스로 어떤 목표의 달성을 위해 노력하기보다는 더욱더 능률적으로 그들이 가지고 있는 목표가 달성될 수 있기 때문이다. 이와 같이 보다 능률적인 욕구의 충족가능성은 바로 그들의 협동적 의욕(willingness to cooperate)을 생기게 하여 주는 유인(inducement)이 되는 것이다. 이러한 유인으로 버나드(C.I. Barnard)는 경제적 측면의 유인과 비경제적 측면에서의 유인으로 대별된다고 설명하고 있다.

이러한 두 가지의 유인을 좀 더 세분화하면 ① 물질적 유인, ② 개인적·비물질적 유인, ③ 작업조건, ④ 이상의 충족, ⑤ 사회적 동질성, ⑥ 습관적 작업조건이나 관습, ⑦ 참가의식, ⑧ 집단사회적 단결의 상태 등으로 구분지을 수 있다.

인간은 조직을 떠나서는 어떠한 생활도 영위해 나갈 수 없다. 다시 말하면 인간은 조직화된 사회 속에서 생활해 나가야 한다. 조직은 단순한 재화나 서비스만을 제공하는 기능적인 문제에 그치는 것이 아니라 그 이상의 것이다.

우리는 조직에 의해 영향받아 왔으며, 앞으로도 그것에 의존하게 될 것이다. 그런 가운데 조직은 과학적·기술적 업적을 쌓아 올리고 사회적·경제적 발전과 우리의 풍요를 가져다 주는 원동력이 될 것이다.

한편, 최근 조직의 경향은 조직개발·조직행동·조직환경·조직문화의 범주까지, 그 과거의 범주를 초월해 가면서까지 급속히 변화되어 가고 있는 실정이다.

3) 조직의 필요성

조직의 필요성에 관한 견해는 다양하다. 아지리스(C. Argyris)에 의하면 조직은 개인에게 정서적·지적·경제적인 욕구를 충족시켜 줄 뿐만 아니라, 협력을 통하여 개인의 목표를 보다 잘 성취시켜 주기 때문에 필요하다고 한다. 버나드(C. Barnard)는 개인의 노력으로는 수행이 불가능한 목표가 그룹에 의한 조직적이고 집합적인 노력의 전개를 통해 보다 용이하게 달성될 수 있기 때문이라는 것이다. 조직의 존재 필요성에 관한 다소간의 견해차에도 불구하고 조직은 다음과 같은 이유 때문에 필요하다고 할 수 있다.

첫째, 사회적 이유 때문이다. 이는 '인간은 사회적 동물'이라는 것과 관련된 것으로, 개인은 집단에 소속되며 그 집단에 소속된 타인들과 여러 목적에서 인간관계를 유지하는 것을 선호한다는 것이다. 타인과의 만남을 통하여 자신의 실체를 재확인하고 정서를 함양하기 위한 조직인 각종의 취미모임이나 사교클럽, 동창회, 종친회 등과 같은 비공식조직이 주종을 이룬다. 그리고 그들의 자긍심을 충족시키려는 사회적 욕구 때문에 조직에 속하는 것이다.

둘째, 학습적 이유 때문이다. 이는 사람은 조직을 통하여 그들의 제한적인 지식이나 정보·기술 등을 신장시킴으로써 보다 어려운 일을 성취하려는 동기를 가진다는 뜻이다. 인간은 전지전능한 존재가 아니기 때문에 개인이 행할 수 있는 일에는 능력의 한계가 있게 마련이다. 이때 개인은 조직에 소속되어 조직을 통해 어려운 지식이나 정보 또는 기술을 전수받음으로써 개인적 숙련도를 높이는 것은 물론, 조직 역시 개인의 다양한 전문지식을 집합적으로 활용함으로써 어려운 과업을 수행할 수가 있다.

셋째, 경제적 이유 때문이다 개인은 조직에 종사함으로써 노력제공에 대한 대가로서 급료 등을 지급받는다. 즉 조직은 개인이 생계를 유지할 수 있도록 주요한 수입을 제공한다. 고대의 경제체제는 개인이 생활에 필요한 물품을 생산하여 자급한 후 그 나머지를 필요에 따라 교환하였던 물물교환 경제체제였다. 반면 오늘날의 경제체제는 각 경제단위의 조직이 생산한 각종 생산품이 화폐로 표시된 가격기능에 의해 가치가 측정되고 유통되는 시장경제체제이다. 이러한 시장경제체제하에 개인은 물품을 구입하는 데 필요한 재원(財源)을 조직을 통하여 조달하게 된다.

넷째, 심리적 이유 때문이다. 이는 개인이 조직 속에서 활동을 함으로써 소속감을 느낄 수 있으며, 자신이 하는 일에 긍지를 갖게 되고, 사회적인 지위도 인정받을 수 있는 심리적 안정을 갖는다는 뜻이다. 흔히 대학을 졸업하는 대학생들이 사회에 진출할 때 독자적인 사업을 시도하기보다는 유명 기업체에 취직하기를 선호하는 사회적 지위확보와 신분의 안전유지라는 심리적 요인이 크게 작용하기 때문이다.

2. 경영조직의 형태

1) 조직의 기본형태

경영조직에는 여러 형태가 있으나, 그 기본형태는 직계식 조직, 기능식 조직이라는 두 가지 형태가 대표적이다. 그러나 이 두 가지 조직 형태의 단점들을 보완해 주기 위해 직계참모조직, 직계기능참모조직 등이 생겼다. 오늘날 기업의 대표적인 조직형태로는 직계식 조직, 기능식 조직, 직계 · 참모식 조직이 많이 활용되고 있으며, 이를 '경영조직의 기본 3형태'라고도 한다. 다음은 이들 조직의 특징 및 장단점에 대해 간략히 설명하기로 한다.

(1) 직계식 조직

일명 라인조직, 군대식 조직이라고도 불리는 직계조직(line organization)은 가장 단순한 원시적인 형태로서 아직 스태프(staff)가 성립되지 않은 단계의 조직이다. 즉 최고경영자의 의사결정이나 명령이 상부에서 하부로 직선적으로 전달되는 조직형태이다. 부하들은 오로지 한 사람의 직근상사로부터만 명령을 받아야 한다는 것이다.

이 조직의 장점은 ① 명령계통이 단순하고(관리비용이 적게 든다), ② 조직원의 권한·책임·의무(3면등가의 원칙)의 귀속이 명확하며, ③ 통솔력이 강하고(명령이 단일, 명백하므로 상의하달이 수직적으로 직결된다), ④ 결정이 신속하다(임기응변의 조치가 가능하다), ⑤ 조직성원의 훈련이 용이하고(즉 직근상위자의 개인적 지도를 받을 수 있기 때문에), ⑥ 조직이 안정되고 규율을 지키기 쉽다는 점이다.

그 단점은 ① 직장의 직무가 너무나 광범하여 그 실행이 어려운 경우가 많고, ② 하의상달(下意上達)이 곤란하며, ③ 각 부문의 독립성이 너무 강하기 때문에 각 부분의 유기적 조정이 곤란하고, ④ 직공장 양성이 어려우며, ⑤ 상위자의 독단적 처사에 대한 폐해를 면치 못한다(관료적이고 독선적인 폐해가 많다)는 점이다.

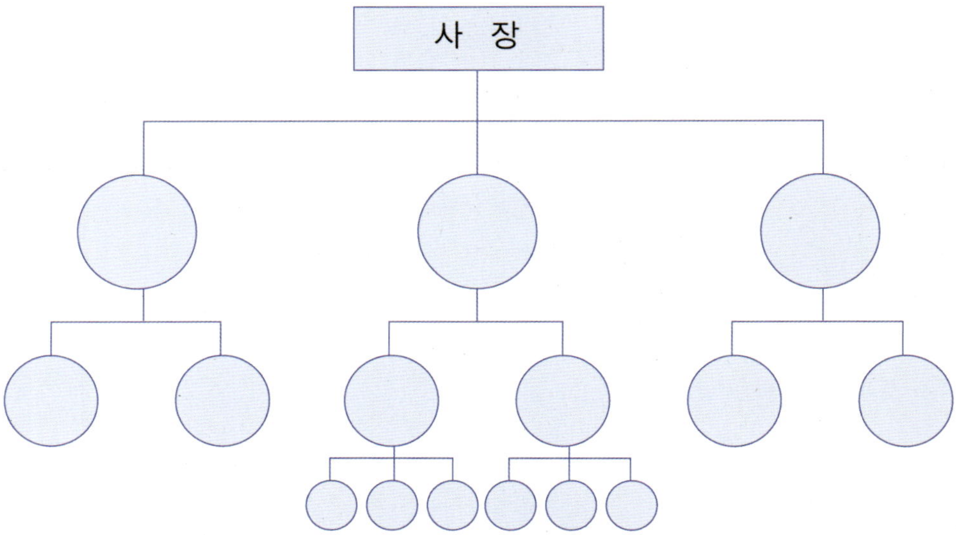

[그림 2-2] 직계식 조직

(2) 기능식 조직

이는 테일러(F.W. Taylor)가 그의 과학적 관리법을 실천하기 위해 직계식 조직의 결함을 시정하고 과학적 관리법을 실천하기 위하여 제창한 것이다. 일명 직능(식)조직이라고도 일컬어지는 기능조직(functional organization)은 이러한 직계조직상의 약점을 보완하기 위해 생겨나게 된 경영조직의 두 번째 기본적 구조이며, 포괄적인 책임과 권한이 기능적으로 분해되어 책임과 권한이 각 기능마다 행사되는 조직형태이다. 즉 이는 앞서의 직계조직에 있어서는 하위자에 대해 지휘 · 명령하는 상위자가 단수인 데 비해, 복수인 점에 그 특색이 있다. 다시 말해서 기능조직은 직계조직에서의 결함인 상위자에게 있어서의 질적인 부담이 행해지지 않음으로써 받게 되는 부담의 과중을 덜기 위해 관리기능을 여러 가지 면에서 전문적으로 분화(질적인 분담)시킴으로써 상위자의 부담경감을 꾀하고자 한 것이다.

이 조직은 관리자의 일을 부문마다 전문화하고 여러 명의 기능적 직장(職長, functional foreman)으로 하여금 관리시키는 것으로(기능적 전문화의 원칙), 각 전문가는 그가 담당하는 전문영역에 대해서 모든 부하에게 명령을 할 권한을 가진다. 테일러는 기획기능과 집행기능으로 나누어 전 기능을 유기적인 연락에 의하여 능률증진을 꾀하였다.

그 장점은 ① 직장 양성의 기간이 단축되며, ② 각 직장에 정확한 과업을 할당시킬 수 있고(즉 분업이 보다 계획적이다), ③ 일의 성과에 따라 정확한 보수를 가감할 수 있으며, ④ 감독의 전문화는 능률적이고, ⑤ 각자의 높은 기능적 능률이 유지되며, ⑥ 육체적 노동과 정신적 노동이 분리된다는 것이다.

그 단점은 ① 명령이 통일되지 않아 전체의 질서가 문란해지는 경우가 있고, ② 각 관리자가 담당하는 전문적 기능에 대한 합리적 분할이 사실상 용이하지 않으며, ③ 책임의 소재가 불명확하고 조직의 무질서는 사기를 떨어뜨리고, ④ 각자가 차지하는 기능이 지나치게 전문화되어 그 수가 많아지면 간접적으로 관리자가 증가되며, ⑤ 조직이 상대적으로 안전성을 잃게 되고, ⑥ 상위자들 간의 마찰이 일어나기 쉽다는 것이다.

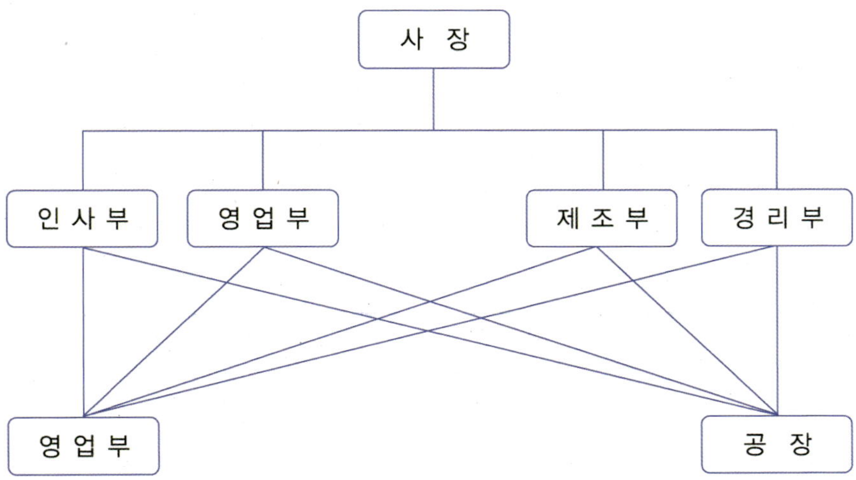

[그림 2-3] 기능식 조직

(3) 직계 · 참모식 조직

직계 · 참모식 조직(Line and staff organization)은 에머슨(H. Emerson)에 의해서 제창된 조직인데, 특징은 직계식 조직의 지휘명령의 통일성을 살리는 동시에 그의 단점을 보충하기 위해서 참모제도를 병설시킨 조직이다(명령통일의 원칙과 기능화 원칙의 조화). 즉 모든 명령과 감독은 라인의 장을 통해서 행해지며, 스태프인 전문가는 직접 명령이나 결정을 할 권한이 없고, 단지 라인의 장에 대한 조언자(advisor)로서의 역할을 하게 된다.

최근 경영이 대규모화되고 조직활동의 내용이 복잡해지면서 최고경영자와 말단직원 간에 단순히 중간경영층이 끼어드는 것만으로는 경영관리기능이 능률적으로 수행되기가 어려워졌다. 때문에 본래 경영관리기능의 부분내용을 형성하는 것을 독립기능으로 해서 특정한 분야 또는 사항에 대해서 경영관리기능을 협조 · 촉진하는 일이 필요해진다. 이러한 원조 · 촉진기능을 스태프(staff)기능이라 하며, 이때 원조 · 촉진하게 되는 부문을 스태프부문이라 하게 된다. 따라서 스태프부문은 각 층의 관리자를 보좌하기 위한 기간으로서 설치되며, 스태프진은 각 활동영역의 전문가로서 구성되는 한편, 경영관리에 관한 전문적 사항 내지 분야에 대해 전문가의 입장에서 특정한 관리자에게 조력이나 조언(원조 · 촉진)을 하게 되는 일을 원래의 임무로 삼게 되는 것이다. 때문에 스태프부문은 단순한 조언(조력)기관이며, 결코 집행기관은 아니다. 즉 스태프진에는 어떠한 종류의 지휘 · 명령의 권한도 주어지지 않으며, 이러한 조언(조력)기관을 집행기관으로서의 직계조직에 대해 스태프조직이라 일컫게 된다.

직계 · 참모식 조직의 장점은 ① 일상업무의 능률을 올릴 수 있고(라인부문은 일상업무에 전념하고, 이외의 사항은 스태프의 조언을 얻을 수 있으므로), ② 소수의 강력한 상위자의 능력에 의존하는 위험이 경감되고 조직이 안정되며, ③ 조직을 관리 · 통제하고 방침을 일관성 있게 추진하기가 매우 용이하다.

단점은 ① 명령체계와 조언, 권고적 참여가 혼동되기 쉽고, ② 라인부문이 스태프부문에 자료를 신속 · 충분하게 제공하지 않으면 스태프부문의 기능은 잘 발휘되지 못하며, ③ 라인부문의 종업원과 스태프부문의 종업원 간에 불화를 가져올 우려가 있고, ④ 스태프는 '탁상공론가의 일군(一群)'이 되기 쉽다. ⑤ 라인의 창의성 발휘를 저해하기 쉽다.

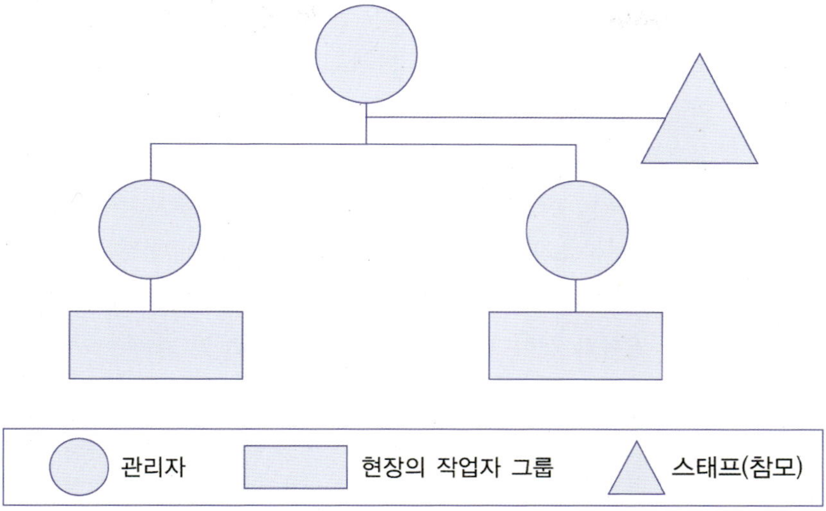

[그림 2-4] 직계 · 참모식 조직

표 2-1 직계 · 기능 · 참모식 조직의 장단점

조직 형태	장 점	단 점
직계식 조직	• 조직의 단순성 유지 • 권한의 명확한 구분 • 신속한 행동의 추진	• 계획작성과정에서 전문가 무시 • 중요한 지위의 사람들만 혹사 • 소수의 중요인물에 의존
기능식 조직	• 라인관리자를 전문적인 결정업무에서 해방시킴 • 경험적 지식의 활용을 위한 기반 제공 • 다재다능한 간부의 수적 확보 필요성이 줄어듦	• 직위 간의 관계가 더욱 복잡화됨 • 어려운 조정문제 탓으로 전문가의 권한에 제약이 생김 • 조직의 중앙집권화를 촉진
참모식 조직	• 전문가의 훌륭한 조언을 활용 • 상세한 분석업무에서 라인관리자를 해방시킴 • 젊은 전문가에게 '훈련의 기회' 제공	• 역할이 명확지 못할 때 조직이 혼란에 빠짐 • 숙련자의 실천력이 약화됨 • 조직의 중앙집권화가 촉진됨

조직이란 "기업의 목적을 달성하기 위한 도구"이다. 조직은 2명 이상의 인간이 공동목적을 향해 협동할 때 작동한다. 조직은 사람이 있음으로써 성립된다. 인간이 없는 조직은 아무리 훌륭한 조직구성원이나 규정이 있더라도 의미가 없다고 할 수 있다. 2명 이상이 공동목표를 향해 각자의 역할을 결정, 서로 협력할 때 조직은 움직인다. 조직의 주역은 인간이다.

기업을 경영해 나가는 데는 여러 가지의 경영활동이 필요하다. 이러한 경영활동을 합리적으로 수행하기 위해서는 이들 여러 활동을 그 성질에 따라 정리하고, 일정한 기준에 의하여 분류함으로써 각 담당자가 분담할 직무를 명확하게 하고, 이들 각 직무 간의 관계를 뚜렷이 하지 않으면 안된다. 조직이란 이러한 각 담당자가 수행할 직무 및 각 직무 상호 간의 관계를 규정한 것이라 하겠다. 조직이란 보는 관점에 따라 상이하게 정의를 하고 있다. 경영관리적인 측면에서 조직은 일반적으로 전체 조직 내의 업무를 수행하는 기능에 따라 직무 상호 간의 규정뿐만 아니라 계획에 대한 목표지향적 협동수단이라고 할 수 있다.

쿤츠는 "조직은 계획과 같이 각 계층에 있어서 경영자의 기능"이라고 정의하고 있다. 기업을 운영하는 데 있어서도 경영자는 물론 여러 가지 기능을 수행하는 종업원 등이 참가하고 있고, 또한 그들의 협동에 의해 사업활동이 수행됨으로써 기업체가 존속·유지될 수 있다고 본다. 그렇다면 이들 인간이 사업목적과 관련하여 구체적으로 아무런 역할도 맡지 않고 저마다 제멋대로 행동을 한다면 어떻게 될 것인가? 만약 그렇다면 그것은 오합지졸이 우연하게 하나의 집단을 이룬 것에 불과한 것으로서 그것을 통해서는 사업목적이 달성될 수도 없으며, 더구나 보다 합리적인 목적달성이란 기대하기 어려운 것이다.

그러므로 기업의 구성요소로서의 인간은 마땅히 사업목적의 합리적인 달성을 위해 구체적으로 기업 내에서 수행되는 일(job) 또는 직무를 체계적으로 분담하지 않으면 안된다. 이처럼 기업에 참가하고 있는 여러 사람들이 저마다 그들이 맡아서 수행하여만 할 일, 즉 직무를 체계적으로 또한 질서정연하게 분담함으로써 그들의 협동을 통해 상승적인 효과인 시너지효과(synergy effect)가 생기게끔 이들 인간이 결합되어 있는 형태를 가리켜 조직(organization)이라 한다.

3. 조직화와 기본원칙

1) 조직화의 단계

(1) 조직목적의 설정

조직목적(organization objective)은 호텔조직 성원의 객관적 공통의 목표로서 조직의 의사결정을 인도하는 지표이며, 또한 합리성을 평가하는 지침 또는 기준이다.

(2) 직무분석

직무분석(job analysis)은 기능분석(function analysis)이라고도 하며, 조직목적을 달성하기 위해 '해야 할 일(the work to be done)'을 찾아내는 동시에, 호텔기업의 각 직무담당자에게 요구되는 능력, 지식, 책임 등을 결정하는 단계이다.

(3) 직위설정

직무분석을 통해 찾아낸 각종 기능의 양과 질을 감안하여 '일'의 단위로서의 직무(job)와 직위(position)를 설정하는 단계이다.

(4) 직무형태의 결정

이는 각 직위 간에 체계적인 관계를 설정하는 것이다. 그 단계의 기본적 요소가 되는 것은 권한(authority), 책임(responsibility), 기타 제 관계(relationship)이며, 이들은 실질적인 상호관계를 이루고, 호텔의 각종 규정 · 절차 · 제조 · 조직도에 의해 규정된다. 이 경우 각 직위 간 상호관계의 기본적 유형을 나타내는 것이 각종의 조직형태이다.

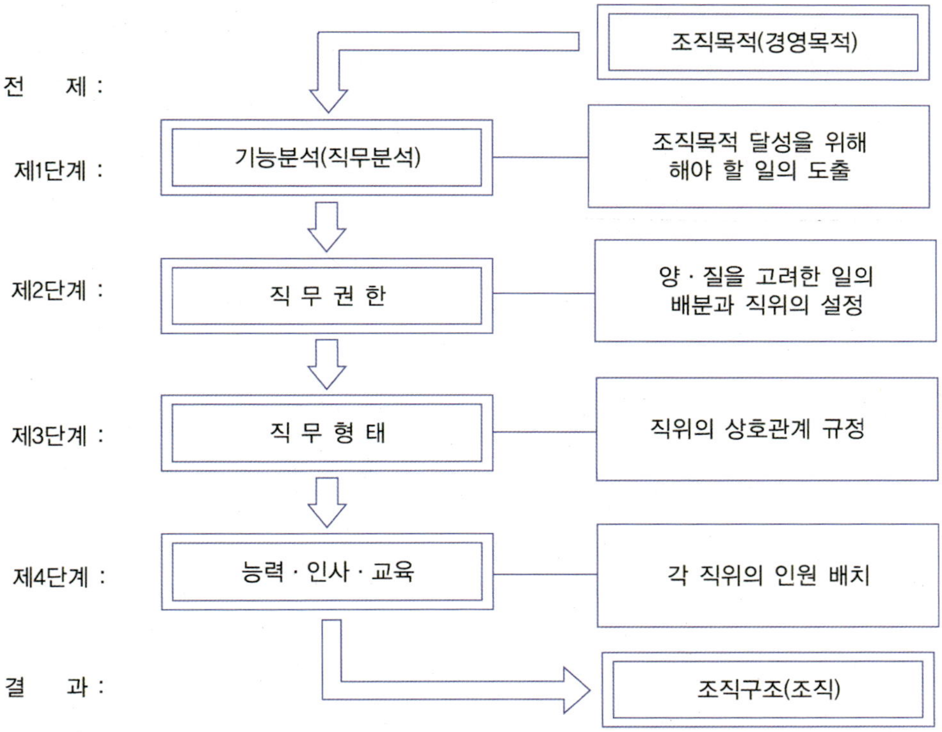

[그림 2-5] 조직화의 단계

(5) 요원배치

요원배치(staff)의 단계는 각 직위에 대해 특정의 개인을 배치하는 것인데, 인사관계가 주대상이 된다. 경영조직이란 직무분석에서 요구되는 자질을 구비한 인간을 충원·배치하는 것을 뜻한다.

이상과 같은 동태적인 여러 단계를 거쳐 '호텔경영조직'이라는 정태적 조직구조가 다듬어진다.

2) 조직화의 원칙

(1) 기능화의 원칙

한 사람이 여러 가지의 이질적인 기능을 종합적으로 담당하는 것보다 각자가 한 가지 또는 가급적 소수의 기능에 전문화시킴으로써 조직능률을 높인다는 전통적인 조직원리를 기능화의 원칙(principle of functionalization)이라 하며, 이를 전문화의 원칙(principle specialization)이라고도 한다. 이 원리는 일찍이 애덤 스미스(Adam Smith)의 분업의 원리나 테일러(F.W. Taylor)의 과학적 관리법에 있어서 기능적 직장제에 기인하는 원칙으로서, 경영조직에 있어서 기능의 체계를 기초로 한 '사람중심'이 아닌 '일중심'의 사고방식에서 나온 기본원칙 중의 하나이다.

(2) 책임과 권한의 원칙

책임과 권한의 원칙(principle of responsibility and authority)은 직무·권한의 원칙(principle of job and authority)이라고도 한다. 권한과 책임을 명확히 하여야 한다는 의미에서 권한·책임명확화의 원칙이라고도 하며, 각 직위의 내용·직무·권한과 책임을 문서화하여 명확히 규정하고, 관계자에게 공포하여야 한다. 책임을 수행하는 데 필요한 권한을 부여하지 않고 일정한 행동에 대하여 개인에게 책임을 전가시키는 것은 불공평한 일이다.

따라서 누군가가 직무를 수행하고자 할 때 권한과 책임이 필연적으로 뒤따르게 된다. 이때 권한과 책임이 부여된 담당자는 당연히 그 활동결과에 대한 보고의무(accountability)를 지게 된다는 의미에서 권한과 책임 그리고 보고의무 역시 삼위일체가 되고 있다고 할 수 있다. 따라서 직무를 둘러싼 이들 권한과 책임 및 의무는 서로 밀접하게 대응해야 한다는 점에서 이를 삼면등가의 원칙이라고도 한다.

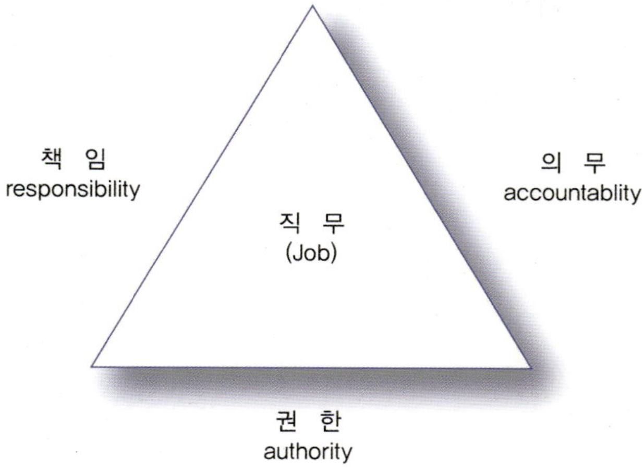

[그림 2-6] 삼면등가의 원칙

(3) 권한위양의 원칙

단순히 위양의 원칙(principle of delegation)이라고도 일컬어지는데, 조직 내의 하위자가 매번 상위자의 지시나 명령을 받음 없이 자기의 독자적인 판단으로 직무를 수행할 수 있도록 상위자가 지니는 직무수행의 권한을 하위자에게 위양함을 의미한다. 특히 기업규모가 커질수록 종래 한 사람이 담당하던 권한은 그 직무의 자연적인 폭주로 하위자에게 어쩔 수 없이 위양될 수밖에 없다.

그런데 적당한 직무를 적당한 하위자에게 위양하게 됨으로써 추구하는 이득은 무엇보다도 추구하는 직무가 상위자에게만 집중되는 것을 방지할 수 있다는 점이다. 또한 하위자의 창의력을 발휘시키며, 문제가 생긴 장소에서 바로 결정해서 해결할 수 있으며, 보다 실정에 맞는 합리적인 판단을 신속하게 행하게 된다는 점도 있다.

(4) 명령통일의 원칙

명령통일의 원칙(principle of command)은 명령일원성의 원칙이라고도 하는데, 어떠한 행위에 대해서 한 사람의 하위자는 두 사람 이상의 상사로부터 명령을 받아서는 안된다는 원칙이다. 만일 두 사람의 상사가 한 사람 또는 한 부문에 대한 명령권을 행사한다면 그 명령권은 혼동을 가져와 규율은 위태롭게 되고 질서는 문란해지며, 나아가 조직의 안정을 잃게 된다.

(5) 관리한계의 원칙

관리한계의 원칙(principle of span of control)은 감동의 한계(span of supervision), 혹은 관리범위 적정화 등으로 통칭되는 원칙으로서, 한 사람의 상사가 지휘나 감독을 할 수 있는 부하의 수에는 한계가 있다는 것이다. 많은 부하를 가지면 불충분한 감독이 되고, 또 반대로 적은 부하를 갖게 되면 지나친 감독으로 부하의 창의성과 자주성의 발휘에 방해가 되기 때문이다. 적정한 부하의 수는 감독자의 능력과 부하의 능력, 또 작업의 성질에 따라 다르다. 일반적으로 육체적인 작업은 8~15명, 두뇌적 또는 사무적인 작업은 5~8명 정도가 적정 규모이다. 그러나 이 수는 반드시 고정된 것은 아니다.

(6) 계층단축화의 원칙

관리한계의 원칙에 의하면 기업규모가 커지고 종업원수가 늘어남에 따라 부·과·계 등과 같은 조직계층이 길어지게 된다. 조직계층이 길게 될수록 커뮤니케이션이 어렵고 명령하달도 늦어지게 되며, 인건비도 증가하므로 조직계층을 적정하게 단축해야 한다는 원칙이 계층단축화의 원칙(principle of scalarship or hierarchy)이다.

(7) 조정의 원칙

조직의 공통목적을 달성하기 위하여 각 부문이나 각 구성원의 갈등 또는 충돌을 해소하는 조직의 제 활동의 내적 균형을 꾀하고, 조직이완(organization slack)을 조절하려는 원칙을 조정의 원칙(principle of coordination)이라 한다.

이상과 같은 조직화의 제 원칙은 기업규모나 인적 요건에 관계없이 지켜져야 하는 기본원칙이기는 하나, 실제에 있어서 원칙 상호 간에 모순 내지 중복된 원칙이 있을 수 있으며, 또 경영관리의 일부 원칙으로 적용되는 원칙이 있음을 주의할 필요가 있다. 또 이와 같은 원칙만으로 경영조직이 힘을 발휘할 수 있는 것이 아니라 ① 조직목적(공통목적), ② 공헌의욕(협동의욕), ③ 의사소통이라는 조직의 3대 요소에 부문화, 직무화, 권한의 할당, 책임 및 직위의 확립 등의 여러 전제가 필요한데, 예를 들면 조직구성원 사기를 드높이기 위한 상위자의 지휘통솔력(leadership)이 수반되어야 하며, 불확실한 변화에 따라 재빨리 적응할 수 있는 개방체계(open system)의 동태적 조직풍토가 뒷받침되어야 한다.

4. 기업조직의 특징

1) 조직규모의 변화

현대조직은 과거조직에 비교해 볼 때 인력 · 예산 · 기구 면에 있어 규모가 점진적으로 성장 · 발전해 왔다. 이와 같이 조직이 성장 · 발전하는 원인은 다음과 같다.

첫째, 인간(고객)의 자기생활 수준향상을 위한 욕구를 들 수 있다. 고객은 언제나 현재보다 나은 생활을 영위하려 하고 있다. 즉 고객은 높은 수준의 서비스를 요구하고 있는 것이다.

둘째, 커뮤니케이션의 발달을 들 수 있다. 교통 · 통신수단의 발달은 장거리의 커뮤니케이션에 필요한 시간을 극도로 단축시켰다. 이러한 통신 · 정보수단의 발달은 호텔조직의 관리기술을 변화시켜 왔으며, 조직의 팽창을 가져올 것이다.

2) 조직의 복잡화 · 다양화

현대 조직은 과거 조직에 비하여 더욱 복잡한 것 또한 특징이다. 과거의 조직은 그 구성이라든지 조직운영이 단순하였다. 조직계층에 있어서도 그 수가 적었으며, 구성원은 단순 권한관계에 있었다. 그리고 소유주의 절대적 권한 속에서 총지배인을 포함한 전문경영인의 역할은 미미하였다. 그러나 현대조직은 그 구성이나 내부 또는 외부에서 작용하는 모든 요소에 있어 아래와 같이 극히 복잡화되어 가고 있다.

첫째, 조직이 수행하는 직능이 더욱 전문화되어 가고 있다.

둘째, 목표의 다원화가 불가피하게 되었다.

셋째, 종업원의 권익을 옹호하기 위하여 단결할 수 있는 인격을 갖춘 인간으로 대우받기를 원하고 있다.

넷째, 서비스 상품에 대한 인식이 변화되어 가고 있다.

3) 조직의 전문화

현대사회는 사회구조의 기능적 분화와 더불어 조직에 있어서도 기능의 전문화 내지 분화현상이 광범위하게 나타나고 있다. 업무를 수행할 때 이와 같은 제반현상은 부분적 기계화와 과학적 관리를 요구하며, 전문인의 채용도 필요로 하게 된다. 따라서 호텔을 운영하는데 제기되는 문제는 전문화 및 기술화에 비례하여 조직 내의 인간(종업원)을 조직의 효과적인 목표달성을 위해서 어떻게 잘 조화되게 통합시킬 것인가다.

4) 조직의 통합성과 계층성

조직의 하나의 목적을 추구하기 위해서는 그 구성요소에 있어 분화되어야 한다. 즉 조직 단위, 서비스, 권한과 책임 등이 조직의 목표달성에 이바지할 수 있도록 분화되어야 한다. 그러나 조직 내의 참모들은 권한을 통하여 분화된 업무를 조정·통제함으로써 목적에 기여하도록 통합활동이 뒤따라야 한다. 이와 같이 현대사회의 날로 변모해 가는 호텔 인력수요에 대응하기 위해서 호텔조직은 전체구조가 통일적으로 피라미드형을 구성하면서 그 속에 계층을 이루고, 지휘·감독 등의 제반 수단과 방법에 의하여 기업목적을 통일적으로 실현해 나갈 수 있도록 해야 할 것이다.

5. 경영자의 역할

1) 경영자의 역할과 구분

조직의 특성에 따라 요구되는 경영활동이 달라지는 것과 마찬가지로, 조직의 성장과 발달에 따라 요구되는 경영자(manager)의 역할은 달라질 수밖에 없다.

우선 기업 내의 소유권과 경영권의 집중 정도에 따라 나누어 보면, 소유경영자, 고용경영자, 전문경영자의 개념이 등장하게 된다. 기업의 규모가 방대해지면 자연스럽게, 소유권이 주식의 형태로 분산되고, 거대한 기업을 운영하는 전문적 능력이 필요하게 되므로, 아래 그림처럼 소유경영자보다는 전문경영자의 형태가 각광받게 되는 것이다. 반면, 경영관리의 기능을 수행하는 계층에 따라 나누게 되면 최고경영층, 중간관리층, 하위관리층의 개념이 필요하다.

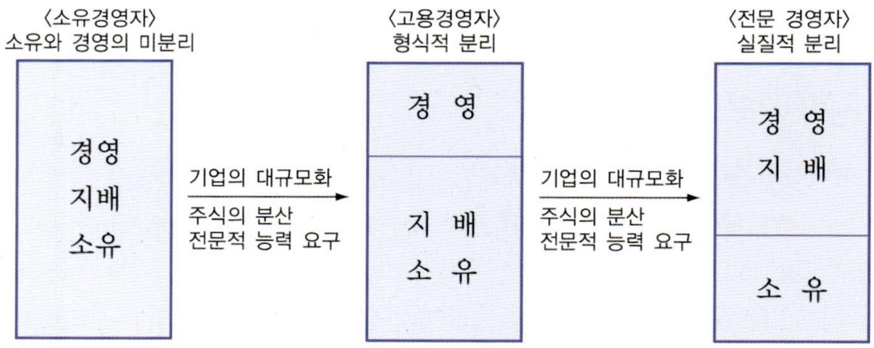

[그림 2-7] 소유와 경영의 분리와 경영자

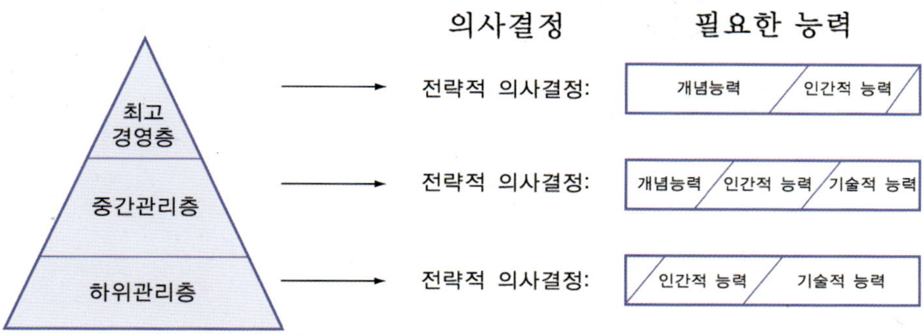

[그림 2-8] 계층에 따른 경영자의 구분

(1) 최고경영층

전략적 의사결정자로 불리는 최고경영층(top management)은 조직의 전반적인 방향과 운영에 대한 권한과 책임을 가지고 있으므로, 주로 계획수립에 많은 시간을 보내게 된다. 최고경영층은 맡고 있는 기능이나 역할에 따라 다시 수탁경영층, 전반경영층, 사업부문 책임자 등으로 구분되기도 한다.

수탁경영층은 주주로부터 경영을 위탁받아 조직을 운영하고 그 결과 주주에게 보고하는 역할을 담당하는데, 주로 이사회(board of directors)로 불린다.

전반경영층은 이사회가 정한 경영활동의 기본방침을 준수하면서 경영활동을 계획 · 실행 · 통제하게 되는데, 사장 또는 최고경영자(CEO : chief executive officer), 부사장 · 전무 · 상무 등이 이에 해당된다. 사업부문 책임자는 기업 내 특정사업부를 맡아 기업의 기본방침을 준수하면서 독자적인 경영활동을 수행하는데, 본부장 등으로 불린다.

(2) 중간관리층

전술적 경영자로 불리는 중간관리층(middle management)은 최고경영층과 하위관리층의 중간에서 이들을 연결해 주는 연결핀(linking pin)의 역할과 최고경영층의 경영정책에 따라 하위부문을 관리하는 역할을 담당한다. 중간관리층은 주로 구매, 생산, 재무, 인사, 마케팅 활동들을 관리하게 되므로 전문성이 많이 요구된다.

(3) 하위관리층

하위관리층은 생산현장 등에서 근무하는 일선 종업원들을 지휘 · 감독하는 역할을 맡게 된다.

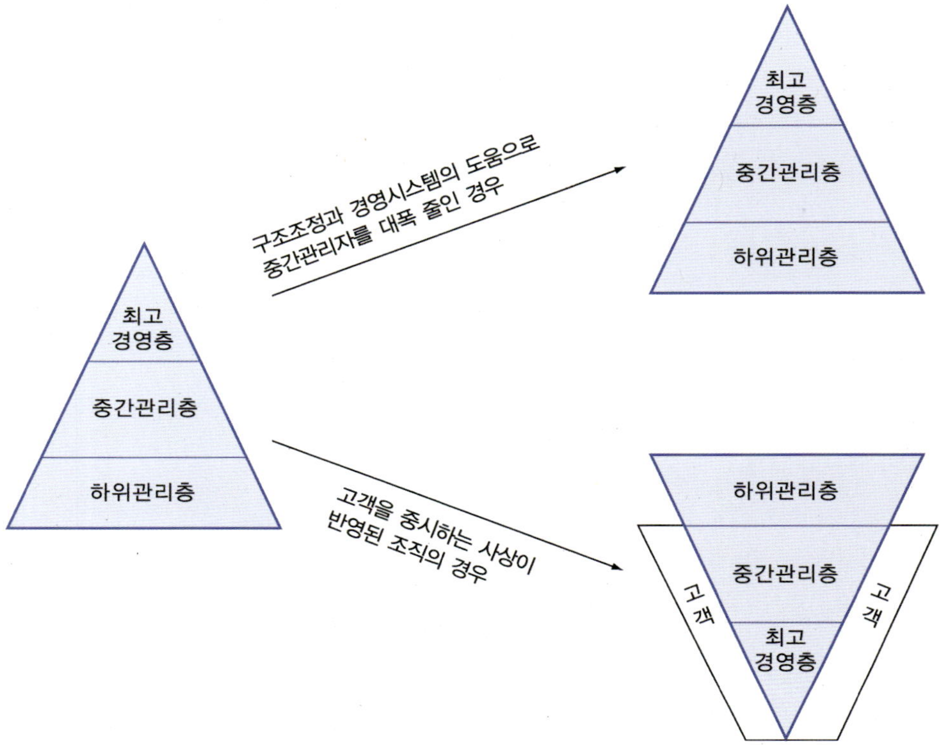

[그림 2-9] 경영자 계층의 변화

2) 경영자에게 요구되는 가장 중요한 능력

드러커라는 학자는 성실성, 도덕성, 원만한 인격, 창의성, 리더십, 솔선수범성, 포용성, 설득력 등을 들고 있으며, 버나드는 도덕성, 책임감, 용기, 결단력, 인내력, 지구력 그리고 지식과 설득력 등을 들고 있다.

(1) 혁신성(Innovator role)

일찍이 경제학자 슘페터(Schumpeter)는 기업의 발전을 위한 혁신성에 초점을 맞춘 기업가정신(Enterpreneurship)을 강조하였다. 즉 창조적 파괴과정을 두려워하지 않고 추진하여 신제품개발, 신시장개척 등을 이루어 내는 역할이야말로 경영자로서 가장 필요한 능력이라고 보았다.

(2) 대인관계능력, 정보관리능력, 의사결정능력

민츠버그(Mintzberg)는 경영자에게 요구되는 중요한 역할로 대인관계능력, 정보의 탐색과 보급능력, 의사결정능력 등을 들고 있다.

첫째, 대인관계능력으로는 종업원에 대한 동기부여 역할(리더역할)이나 대표자로서의 역할 등을 들 수 있다. 종업원의 결혼식에 주례를 선다든지, 거래처에 축하편지나 화환을 보내는 행위는 조직의 이미지와 성공에 필요한 대표자로서의 역할을 담당한 것으로 볼 수 있다.

둘째, 유능한 경영자는 다양한 정보원천을 보유하고 있으므로 중요 정보에 빨리 접근할 수 있을 것이다. 이러한 정보를 필요한 종업원에게 잘 분배하여 시의적절하게 전해 줄 수 있다면, 조직의 활동은 매우 효율적일 것이다(정보관리능력).

마지막으로 수집된 정보를 이용하여 의사결정을 하는 경우에도 경영자는 기업가 역할, 혼란조정자의 역할, 자원분배역할, 외부와의 교섭담당자로서의 역할을 담당하게 되는데, 이러한 역할수행이 잘 되느냐 여부에 따라 조직의 성과는 많이 달라질 것이다.

이 중 혼란조정자의 역할은 노조파업이나, 주요 공급업자의 파산, 고객의 계약파기 등 직접적인 통제 밖의 문제와 변화를 다룰 때 나타난다.

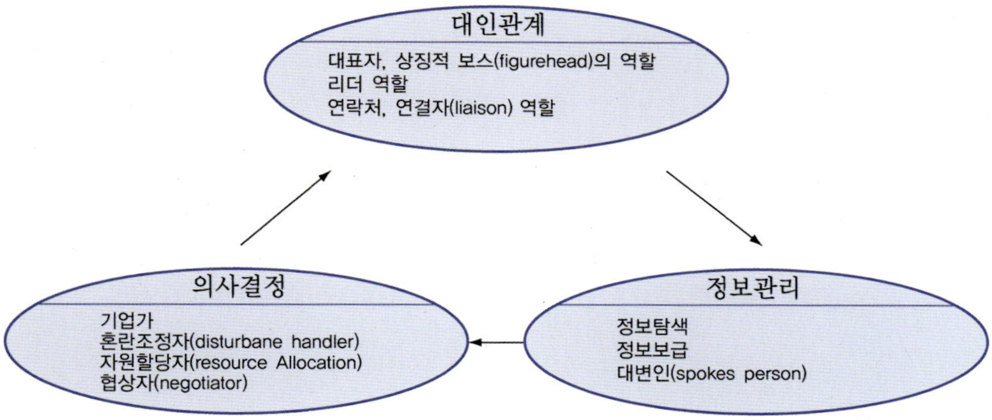

[그림 2-10] 민츠버그의 연구에 의한 경영자의 역할

(3) 의사소통능력

경영자가 다른 사람과 의견을 교환하고, 정보를 주고받을 때 다른 사람에게 영향력을 미치기 위해서는 의사소통(communication)능력이 필요할 것이다. 즉 마음속의 생각이나 감정을 효과적으로 표현할 수 있는 능력, 회의시간에 조리 있게 표현하여 좋은 인상을 줄 수

있는 능력 등이 필요하다.

(4) 기 타

위의 능력 이외에도 경영자에게는 글로벌 시대에 필요한 외국어 구사능력, 요즈음 새로운 의사소통수단으로 중요성이 한층 부각된 컴퓨터 활용능력 등이 요구될 것이다.

제2절 호텔의 경영조직

1. 호텔조직의 이해

1) 호텔조직의 형태

제1절의 경영학적인 개념을 바탕으로 서비스산업인 호텔이라는 특수성을 감안해서 호텔의 조직형태가 만들어진다. 호텔산업이 어떠한 조직의 형태를 많이 띠고 있는지 살펴보면, 일반적으로 직계식 조직과, 직계・참모식 조직의 형태를 가지고 있다고 볼 수 있다. 조직화의 원칙에서는 책임과 권한의 원칙, 권한위양의 원칙이 호텔산업에서는 중요하게 나타날 수 있다. 그 이유는 고객중심의 서비스산업이기 때문에 각자 종사원의 책임과 전문화를 통해 고객만족을 향상시킬 수 있으며, 고객의 컴플레인 발생시 즉각적인 반응과 불만을 해소시켜 줄 수 있는 권한이 중요하기 때문이다. 그러나 호텔조직으로서의 정확한 모델이 존재할 수는 없다. 왜냐하면 호텔은 다음과 같은 특성으로 말미암아 다소의 차이를 나타내고 있기 때문이다.

① 경영주의 이념, 방침
② 호텔의 장소적 조건
③ 제고되는 서비스상품의 유형
④ 호텔의 구조적 형태
⑤ 경영진(지배인)의 배경과 훈련
⑥ 호텔의 소유형태
⑦ 부대시설의 유무

상기와 같은 특성에도 불구하고 과거 호텔의 조직형태는 ① 객실부문(front of the house), ② 식음료부문(back of the house), ③ 관리부문(management and executive department controller)의 3개 부문으로 구분되어 전통적인 기본구조를 가지고 발전하여 왔다.

객실부문은 객실의 판매 · 서비스 · 유지관리의 전반적인 기본직무가 부여되고, 식음료부문은 식당 · 라운지 · 커피숍 등 식음료 판매의 주기능과 조달의 역할을 수행한다.

로비와 객실부문이 이 호텔조직의 얼굴역할을, 식음료부문이 호텔의 심장기능을 보인다고 할 수 있고, 호텔의 두뇌역할을 하고 있는 곳이 곧 관리부문이라 할 수 있겠다. 관리부문은 호텔운영의 기획, 영업의 통제 및 조정, 자금운용, 인사관리 등 모든 경영을 수행하는 기능을 담당한 곳이다.

이를 다시 세분하면 다음과 같이 10개의 부문으로 분류할 수 있다.

① 현관부문(front office department)
② 현관서비스부문(front service department)
③ 객실정비부문(housekeeping department)
④ 식음료부문(food and beverage department)
⑤ 주장부문(bar department)
⑥ 연회부문(party department or catering department)
⑦ 주방부문(kitchen department)
⑧ 회계부문(uniformed accounting department)
⑨ 기술부문(engineering department)
⑩ 관리부문(management and executive department)

2) 호텔의 부문별 직무내용

호텔마다 다르게 나타나지만, 위에서 열거한 각 부문을 기초로 하여 일반적 모형의 호텔 조직도에서 각 부문의 업무를 살펴보면 다음과 같다.

(1) 총지배인(General Manager : GM)

- 영의 최고책임자, 경영 전반의 지휘, 통제
- 종업원에게 동기부여하여 생계 유지
- 주주에게는 투자에 대한 이익 확보

(2) 부총지배인(Executive Assistant Manager)

- 총지배인 보좌 및 대행, 영업이사가 겸직

(3) 당직지배인(Duty Manager)

- 총지배인 직속으로 총지배인을 대신하여 고객을 접대하고 대내적으로 순찰업무

(4) 기획심사부(Department of Planning and Audit)

- 총지배인 또는 대표이사의 직속 별도 부서
- 기획과와 심사과로 구분
- 영업기획과 경영기획
- 심사과는 영업 전반 심사

(5) 객실부(Room Divison)

- 객실영업과(front office) : front desk, 현관서비스, 예약실, 교환실, 비즈니스센터
- 객실정비과(housekeeping) : room maid(객실정비), Linen(리넨실), 세탁실, 사우나, 수영장 등을 관리하는 Fitness Center로 구성

(6) 식음료부(Department of Food and Beverage)

- 식당과 – 음료과 – 연회과

(7) 조리부(Department of Food Production)

- Main Kitchen
- Cold Kitchen
- Hot Kitchen
- Outlet Kitchen
- Butcher Kitchen – Steward

(8) 판촉부(Department of Sales and Marketing)

- 객실판촉 – 연회 판촉 – 홍보과 – 마케팅실

(9) 인사/총무부(Department of Human Resources/General Affairs)

- 인사과 : 직원 채용, 배치, 관리, 교육
- 총무과 : 경비(안전관리, 옥외관리, 주차장 관리), 후생복지
- 전산실 : 전산업무

(10) 경리부(Department of Accounting)

- 경리과 : 회계, 수납, 출납, 여신업무, 영업회계 검사, 자금, 결산

(11) 시설부(Department of Engineering)

- 기계과 : 기계, 냉동, 열관리
- 전기과 : 전기와 음향, 조명
- 영선과 : 목공, 도장, 미장

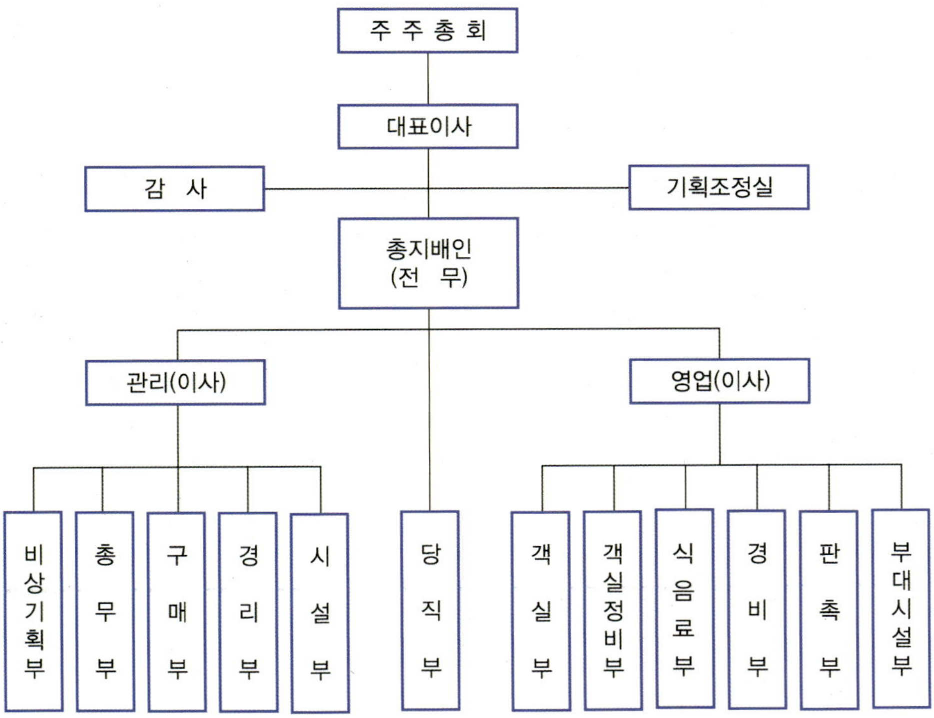

[그림 2-11] 호텔부문별 조직도의 사례

(12) 구매부

- 식음료 자재, 객실, 영선자재 구입, 영선용역 계약, 창고관리

(13) 부대시설부

- 점포임대계약 및 청구서 발송, 헬스클럽, 수영장, 테니스장, 실내체육장, 사우나 등의 부대시설 업무의 관리

3) 조직편성상의 유의점

① 호텔이 갖는 기능구성과 규모, 경영방침에 따라 다르다.

② 노동집약형의 호텔에서는 계층을 중시하는 조직(중간관리자가 다수 존재하는 조직)보다도 중간관리층이 적은 조직이 바람직하다.

③ 분업 · 전문화를 촉진하는 편이 바람직한가, 겸무 · 다직능편이 나은가를 잘 판단해서 결정한다.

④ 근무시간이 긴 접객 서비스관계의 부서에서는 시간대별의 작업집중도를 고려해야 한다. 그러나 적은 인원으로 서비스를 하려면 처리할 수 있는 기준 작업량을 검토해서 결정해야 한다.

4) 호텔기업의 효율적 편성

호텔기업 경영의 이념과 정신을 고취시키면서 경영효율을 제고하기 위해서는 보다 활성적이고 능률적인 조직이 편성되어야 한다. 이와 관련하여 니키겐지(二木建次)는 다음과 같은 조직의 양부(良否)를 판단할 수 있는 체크리스트를 제시하고 있다.

① 호텔 전 직원이 자신의 호텔을 발전성이나 성장성이 좋은 호텔로 만들려는 의욕을 보이고 있는가?

② 그렇게 하기 위해서 어떻게 하는 것이 좋을까라고 늘 진지하게 생각하고 있는가?

③ 매일, 매월, 매년의 구체적인 목표가 명확하게 설정되어 있는가?

④ 그 목표를 실현하기 위해 사람, 물자, 자본, 설비가 무리 없이 효율적으로 편성되어 있는가?

⑤ 호텔직원, 각 부문이 상호 관련하여 전체의 목적을 위하여 균형있게 움직이고 있는가?

⑥ 호텔 하위직원에서 최고경영자에 이르기까지 직원의 역할과 직무요건이 명확하게 설정되어 있는가?

⑦ 자신의 역할과 직무요건을 전원이 잘 이해하고 있는가?
⑧ 업무의 이상 유무나 진행상황이 신속 · 정확하게 보고되고 있는가?
⑨ 최고경영자는 늘 중요한 문제의 핵심을 파악하고 있는가?
⑩ 업무지시자의 의사에 따라 호텔 전체가 신속히 행동하려는 분위기가 가능한가?

지식보다는 상상력이 더욱 중요하다.
Imagination is more important than knowledge.
- 알버트 아인슈타인 -

2. 대규모호텔의 경영조직

〈외국호텔의 조직도〉

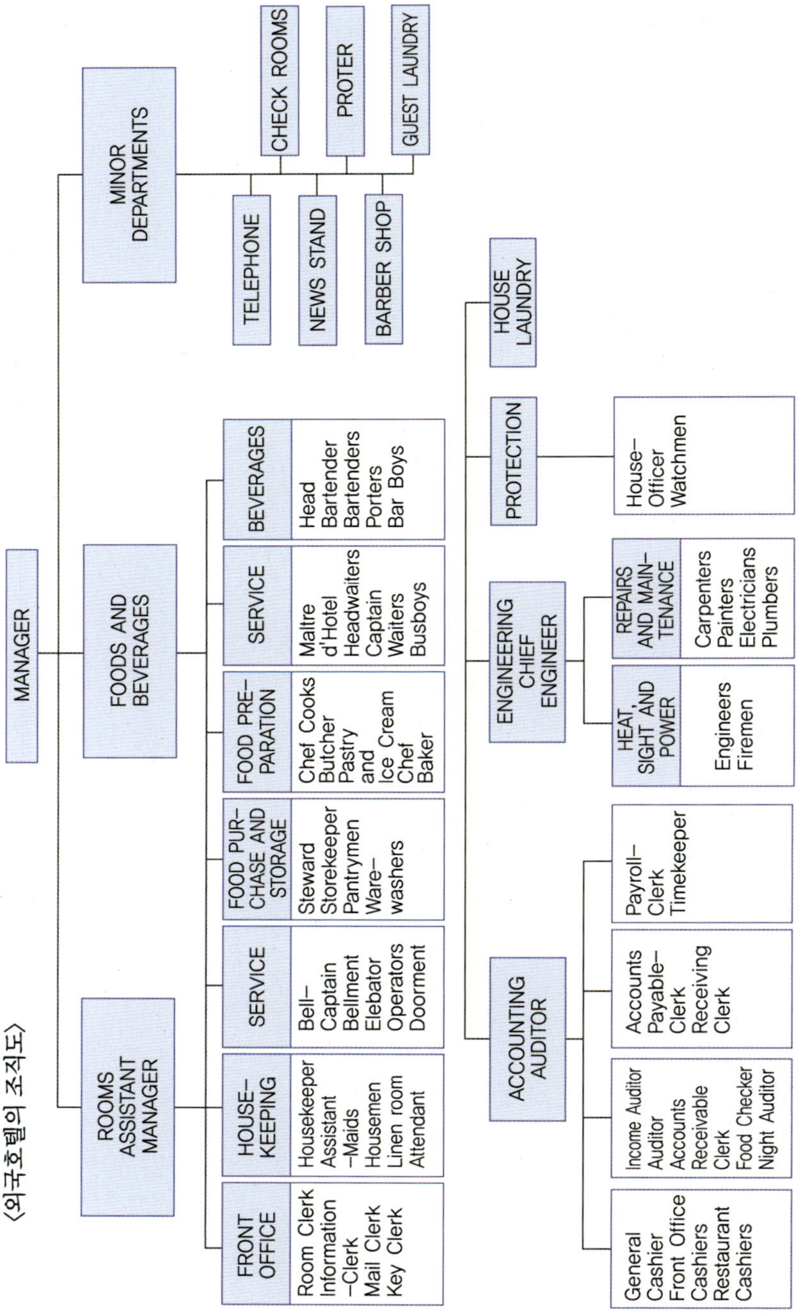

자료 : Enesr B., Horwath and Louis Toth, *Hotel Accounting*, rev. ed.(New York : The Ronald Press Company).

[그림 2-12] 대규모호텔의 경영조직 사례

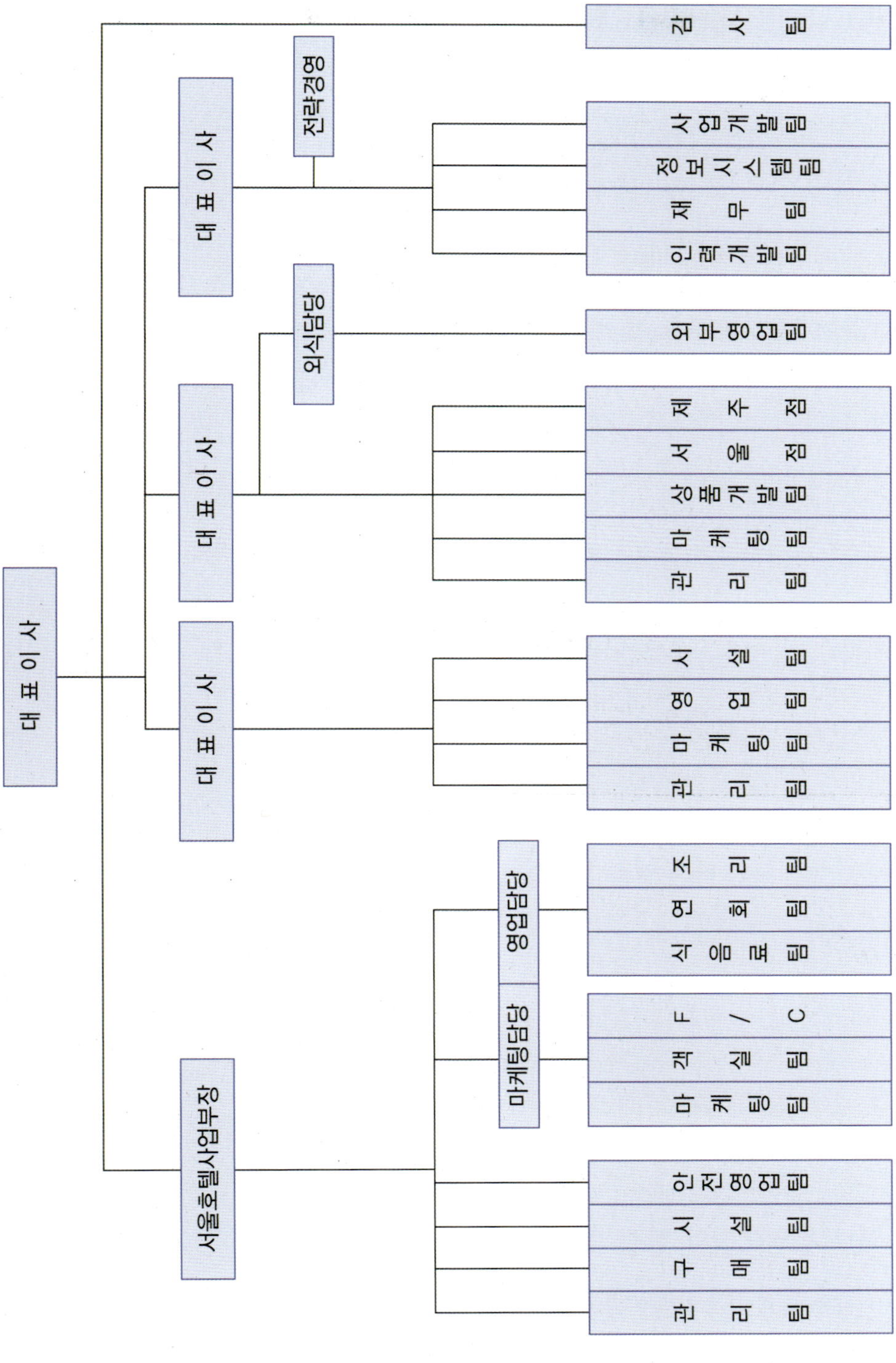

[그림 2-13] 대규모호텔의 경영조직 사례

제3절 호텔경영의 형태

1. 독립경영호텔(independent operation hotel)

1) 독립경영호텔의 개념

독립경영호텔(independent operation hotel)이란 개인이 호텔 하나만을 운영하는 경우와 회사의 경우 호텔업에 투자를 하여 전문경영인으로 하여금 단독경영을 하게 하는 형태를 말한다. 즉 독자적 경영형태로 체인(chain)에 가입하는 것도 아니고 경영위탁을 하는 것도 아니므로 호텔소유주(owner)는 일반적으로 전문지식을 가진 직원과 총지배인(general manager)을 고용한다.

오늘날에는 독립경영호텔이라 할지라도 개인이 소유하는 것이 아니라 주식형태로 여러 사람이 공유하는 것과 합작형태(partnership)로 몇 사람이 공유하는 형태로 호텔이 생기게 되었다. 단독경영 호텔은 체인호텔과 같이 경영기술 및 상호의 일치성이 없어 독자적인 기법으로 호텔을 운영해야 한다. 이 경우 호텔시장의 확대 및 경영기술 개발에 노력해야 하고 해외선전비의 단독부담으로 많은 경비가 지출되나, 경영계약 비용 또는 체인본부에서 부과하는 비용을 지급할 필요가 없어 비용절감의 이점이 있고, 고유의 경영기법을 개발할 수 있어 독창성을 개발할 수 있다. 그러나 체인호텔의 특성과 대자본의 필요, 공동선전과 상호 고객 송객 등에 대한 문제의 제기로 독립경영호텔은 체인경영호텔의 전면적인 도전을 받고 있는 실정이다.

그리하여 독립경영호텔이 상호 간의 편익을 위해 공동으로 광고선전을 하는 리퍼럴그룹(referral group)을 형성하기도 하고 체인에 가입하여 체인의 일부가 되기도 한다.

우리나라의 경우 독립경영호텔의 대표적인 호텔은 롯데호텔로 호텔 스스로가 시장확대 및 경영기술 개발을 위해 노력해야 하며 해외선전비의 단독부담으로 많은 경비가 지출되나 체인화에 따른 계약비용 등 비용절감을 하기도 한다.

2) 단독경영호텔의 장점 및 단점

이와 같이 단독경영호텔은 경영기술 및 상호에 대한 체인본부의 제약이 없으므로 고유의 경영기법을 개발할 수 있고 시장의 상황에 따라 전략을 변화시켜 그에 대응할 수 있다. 그러므로 단독경영호텔은 시장변화에 신속한 대응을 할 수 있다는 장점을 지니고 있다. 또한 고유의 경영기법 이외에 국가의 문화적인 측면에서 서비스와 제품에 이를 반영할 수 있다는 이점이 있다. 체인의 경우에는 본부에서 부과되는 피계약자의 의무가 존재하므로 독창적인 환경변화에 신속히 대응하기는 어려우나 단독경영에서는 그러한 측면에서 가능하다. 체인호텔과 비교하면 해외선전비의 단독부담, 국제적 정보의 부족, 소비시장에 대한 지명도 부족 등이 단독호텔이 극복해야 할 과제이며, 반면에 장점은 계약에 드는 제 비용이 불필요하고, 경영의 독자성을 유지할 수 있다는 점이다.

(1) 장 점

- 경영정책과 노하우로 운영하므로 자유로운 경영
- 자주성이 보장
- 경영간섭 없음, 의사결정 신속 처리
- 위탁경영비, 상표사용 등의 수수료 부담 없음

(2) 단 점

- 위험부담 높음
- 호텔건설 및 경영노하우의 부족
- 해외 마케팅 한계

2. 체인경영

1) 체인호텔의 개념

체인호텔이란 동일한 기업에 의해 소유되거나 운영되는 2개 이상의 호텔 혹은 호텔의 건설에서부터 운영까지 위탁경영되는 호텔을 말한다.

국제경영에서 기술이전이 되는 경로는 6가지로 분류되는데, 그중에서 호텔체인의 기술이전은 경영위탁 계약에 의한 이전에 해당된다. 해외시장 진출개입에 활용할 수 있는 기본적 전략대안에는 여러 가지 방법이 있으나, 호텔체인에서는 경영관리계약(management contract), 리스(lease), 프랜차이즈(franchise)가 가장 많이 이용되고 있는 형태이다.

2) 체인호텔의 생성과 발전

호텔산업에 있어서 체인화 현상이 시작된 것은 1907년 리츠개발주식회사(Ritz Development Company)가 'Ritz Carlton'이라는 상호로 호텔을 franchise한 것이 처음이다. 그 후로 1930년대 대공황의 전후 별다른 진전을 보지 못하다가 제2차 세계대전 이후로 호텔업계는 새로운 전환기를 맞이하였다. 1930년대까지는 스타틀러호텔이 체인의 주도적인 역할을 하였으나 전쟁이 끝날 무렵에는 Hilton, Sheraton Hotel이 주를 이루었다.

제2차 세계대전 이후에는 단독경영호텔이 기존의 그룹으로 합병 또는 수평적 통합과 항공사, 증기선회사 등이 호텔을 매입하거나 신축을 하는 수직적 통합을 통해 체인화의 지역적 분포가 활발히 이루어졌다. 그러나 체인호텔 운영의 진정한 성장은 1950년대이다. 유럽에서도 제2차 세계대전까지 호텔산업은 대규모의 단독경영에 의해 우세하게 지배되어 왔고, 그랜드 메트로폴리탄(Grand Metropolitan), 트러스트 하우스(Trust Houses) 같은 대규모 호텔그룹이 나타난 것은 제2차 세계대전 이후였다.

호텔체인의 발전과정을 보면 시대적 특징이 있다. 초창기에는 주요 호텔체인들이 자체 소유의 호텔들을 건설하여 운영하였으며 주로 도시를 중심으로 성장했다. 이후 많은 자본이 소요되는 호텔을 소유하여 운영하는 것보다 전문 경영조직에 운영을 위탁하는 것이 안전하고 이익이라는 생각에서 1950년에 프랜차이징(franchising) 운영이 우세한 계약형태로 등장하였다. 그리고 1960년대는 경영관리계약(management contract)을 선호하였다. 이후 국제호텔업은 미국인이 경영하는 4대 기업(Hilton International Hotel, InterContinental Hotel, Holiday Inns, Western International Hotel)에 의해 지배되어 왔다. 이들 호텔 중 아시아에 처음으로 진출한 것이 1960년대에 힐튼 인터내셔널이며 도쿄와 홍콩에 호텔을 건설하였다. 이후 많은 국제호텔체인(hotel chain)이 아시아로 진출하였으나, 유럽에서 선호되는 프랜차이즈보다는 경영관리계약이 많이 선호되었다.

3) 체인호텔의 종류

(1) 일반 체인(Regular Chain)

체인의 모회사가 소유권에 대한 지분(equity)을 보유하거나 혹은 주주로부터 호텔경영에 대해 위임을 받아 운영하며 체인본부는 경영만 책임진다. 체인본부는 산하 각 호텔에 체인본부 고유의 동일성(상호, 상표, 표준화된 건축양식, 인테리어 등)을 의무적으로 적용하게 하여 경영에 반영시킨다. 경영상 모회사는 경영기업에 대한 지원, 현지 경영의 자문을 해

준다. 체인의 규모가 클수록 시장개척을 하는 데 유리하다. 그러나 독립적인 독창성이나 고유성이 없고 경영에 대한 전반적인 제약을 받게 된다.

(2) 위탁경영(Management Contract Chain)

위탁경영이란 두 소유주 간의 계약경영으로서, 투자를 하여 소유권을 갖고 있는 기업이 타 기업에게 경영을 의뢰하여 계약이 성립되는 것이다. 경영협약에 의해 호텔의 모든 경영을 책임지는 것으로 계약자는 호텔의 경영을 감독하고 실제로 운영하게 되어 있으나, 경영회사는 자본 또는 운영자본까지는 투자하지 않으며 위험이나 손실에 대해서도 책임을 지지 않는다. 그 효시는 1946년 InterContinental 호텔이며, 이후 1969년 Hyatt International 호텔이 800객실의 홍콩의 호텔과 계약한 것이 국제적 위탁경영의 시초로 알려져 있다. 1970년대부터 활성화되어 현재에 이르기까지 위탁경영은 체인을 제외한 가장 이상적인 경영형태로 인정받고 있다. 국내에서는 1969년 웨스틴조선호텔, 1970년 Sheraton Walker Hill호텔이 효시로 알려져 있다. 체인의 경영방식과 비교할 때, 위탁경영은 경영을 담당한 호텔측에서 ① 자산에 대한 법적 클레임이 없다는 점과, ② 재무적 책임이 제한되어 있다는 점에서 경영통제 및 책임이 약할 수밖에 없다. 일반적으로 호텔 간의 위탁경영은 20~30년간의 오랜 기간 동안, 레스토랑의 경우에 짧게는 1년에서 수년의 기간 동안 경영계약이 체결된다. 위탁경영은 크게 재무, 회계, 마케팅, 영업, 관리 등의 모든 영역으로 나누어지는데, 소유 기업의 회계(controller)와 인사부문에 대한 개입으로 위탁경영 기업과 많은 마찰을 빚게 된다. 경영을 위탁받은 호텔은 경영의 대가로 수수료(management fee, royalty)를 요구하게 되는데, 경영수수료는 ① 고정수수료(straight management fee), ② 고정수수료+이익에 대한 비율, ③ 고정수수료와 이익에 대한 % 중 많은 것 선택, ④ 손익에만 근거한 수수료(pure profit and loss basis) 등 네 형태로 대분된다. 그 기준은 대다수 경우에 있어서 총 영업이익(GOP : gross operation profit)이 되는데, 그 이유는 경영을 위탁받은 호텔이 경영에 대해서 전반적인 책임을 지고 있으므로, 단순한 매출액보다는 GOP가 보다 합리적 기준이 되기 때문이다. 가장 보편적인 형태는 고정수수료+이익에 대한 비율이다. 이것은 호텔소유주측이 호텔경영을 전문적으로 하는 체인회사에 의해 호텔의 이미지(image)를 고양시키기 위한 것이며 또한 호텔의 전문적 경영을 의뢰함으로써 일정한 대가를 지급하는 소유주와 계약된 회사 간의 경영계약이다.

계약조건에 의하여 본사는 체인 고유의 시스템을 통해 전문화된 경영기법 및 판촉의 전문적 패턴을 사용하여 계약된 호텔을 효과적으로 운영하여 이윤을 얻도록 하고 일정 조건, 목표를 달성했을 때 일정 이익에 대해 지분을 받는다. 지분을 소유한 본사는 이윤의 달성조건에 의해 이윤 배당액과 수수료를 받음으로써 호텔을 위한 마케팅의 노력은 소유자측의 마케팅 노력의 중요성과 같다. 이런 점에서 단독경영호텔보다 비용 및 경영기법에서 효과적이다.

- 장점
  - 회사 : 자본지출이 필요 없고 위험부담도 적다. 품질관리가 가능하다.
  - 소유주 : 선진 경영기법 획득/품질관리를 통한 사업 성공
- 단점
  - 회사 : 호텔가치가 상승해도 보상을 받을 수 없다./소유주의 재정적 문제로 인해 계약이 파기되는 경우도 회사의 수입에 영향이 따른다.
  - 소유주 : 계약기간 동안은 경영권이 완전히 배제된다./경영회사의 운영결과 생긴 손실을 부담해야 한다(성과급제도를 도입해야 한다).

표 2-2 서울지역 특 1급 호텔의 위탁경영 현황

호 텔	계약 본사	기 간	계약 내용	경영 수수료
Inter-continental	INTER-CONTINENTAL HOTELS CORPORATIONS	1997~2010	• IHC는 호텔 영업을 전담 • 호텔 브랜드 사용 • IHC의 판매 예약망 사용	• 상표 및 시스템 용역 대가 : 총매출액 대비(Grand : 2.75%, COEX : 1.5%) • 관리운영용역대가 : 조정 후 고정비 전 영업 이익의 2.5~7%)
Grand Hyatt	Hyatt International의 자회사인 Hyatt Technical(Hong Kong)	1993~2012	• 관리용역 • 고객관리/ 예약망 판촉프로그램 사용 • 차장급 이상 한국인 직원의 인사는 합의	• 경영관리 수수료 : G.O.P.의 14% • 로고 및 시스템 사용료 : G.O.P의 1%
Millennium Hilton	Hilton International Co.(USA)	1983~2002	• 관리용역 • 한국인 직원의 인사는 소유주와 협의 • Hilton의 호텔 운영에 대한 자율성 인정	• GOP의 15% • 그룹서비스 수수료 : 245,000불(연간) • 예약수수료 : 55,000불(연간)
Ritz-Carlton	Ritz-Carlton International(USA)	1983~2006	• Ritz는 영업 • 소유주는 호텔 운영 총괄 • 인사는 소유주의 승인을 얻음 • 판촉/예약망 사용	• 경영관리비 : 총매출의 2.5% • 수수료 : 총매출의 1%
Renaissance	미국 Ramada Inc. 자회사인 Ramada Pacific Ltd.	1999~2005	• 경영관리 용역 및 독점적인 지배권 보장 • 마케팅 및 예약 지원 • 광고/판촉활동	• 199.1.1~2000.12.31 경영수수료 : GOP의 14%, 객실매출 2% • 2001.1.1~2005.12.31 경영수수료 : GOP의 15%, 객실 매출의 2.25%

Westin Chosun	Westin Hotel Company (USA)	1996~2006	• 영업부문을 총괄하되, 소유주의 사전 승인을 얻음	• 마케팅수수료 : 조정 후 매출액의 1.9% • 경영지원 수수료 : 조정 후 매출액의 1.3%
Grand Hilton	Swiss Hotel Ltd. (Swiss)	1987~2003	• 관리계약 • 노무 정책은 소유주의 사전협의 및 승인 • 월 1회 1사 소유주와 회합	• 개업준비금 : 220,000불 • 수수료 : 총매출의 3% + 엽업이익의 9%

3. 프랜차이즈 경영

1) 프랜차이즈의 개념

모회사(franchisor)가 자회사(franchisee)에게 일정 기간, 특정 장소에 모회사의 상호와 trade mark, 제품, 마케팅기법, 인테리어 디자인, 영업시스템, 지역적 권리(zoning, area right) 등을 이용하여 사업을 영위할 수 있도록 허용해 주는 계약 혹은 특허를 의미한다.

프랜차이징이란 특정 지역에서 일정 기간 동안 규정된 계약에 의해 사업을 할 수 있도록 권리 또는 특허권을 인정하는 마케팅 또는 유통의 한 형태이다. 이때 모회사를 프랜차이저(franchisor), 특권의 인수자를 프랜차이지(franchisee), 권리 또는 특권 그 자체를 프랜차이즈(franchise)라고 한다. 즉 프랜차이즈 방식이란 유형 또는 무형의 상품을 가진 회사가 그들의 상품을 일반 대중이나 시장에 공급하는 여러 경로를 갖고 있는데 그 방법 중의 하나가 프랜차이즈이다.

Franchise 계약은 일반적으로 다음과 같은 네 형태로 이루어진다.

① **제조상과 소매상** : G.M, Ford, Chrysler와 같은 자동차산업 ; Texaco, Exxon, Mobile과 같은 석유산업 등 소매상이 많지 않은 경우

② **제조상과 도매상** : Coca-Cola, Pepsi Cola 등 소매상이 매우 많은 산업

③ **도매상과 소매상** : 제약, 잡화, 스포츠, 계절 용구 등이 많은 산업

④ **licensor와 소매상** : 호텔, 레스토랑, 자동차, 임대업과 같이 도매 등 중계기관이 없고 모회사가 제조상의 개념이 아닌 경우. 즉 호텔과 레스토랑의 모회사는 licensor에 해당되며 자회사는 소매상의 개념에 해당됨

장점

사업 진출 용이, 인지도 높은 브랜드 사용으로 초기에 신뢰성 및 영업력 확보, 체인 예약망을 통한 객실판매 증대, 공동광고 효과, 대량구매에 의한 원가절감, 금융권으로부터 자금조달 용이

단점

과다한 로열티 지급, 브랜드가 약해지거나 부정적 이미지로 변하면 영업력 하락, 지역특성을 고려한 독자상품 개발 및 판매의 제한, 동일지역 가맹점 남발 우려, 본사의 지나친 통제, 계약 종료 후 이미지 저하

2) 프랜차이즈 가맹의 선택

프랜차이즈(franchise)의 선택에 있어서는 호텔서비스 상품을 공급할 시장을 알아야 하는데, 이 점에 있어서 프랜차이즈는 세분화된 목표시장(target market)으로 수요를 유인하는데 동기를 주게 된 시장의 수요에 맞추어 각각의 독특한 이미지를 개발하여야 하며, 통상적으로 새로운 체인일수록 보다 나은 수요에서 인지도(identity)를 제공한다. 프랜차이즈의 가맹에 대한 고려사항은 7가지로 구분할 수 있다.

(1) 실적(track record)

프랜차이즈(franchise)의 전략계약서 및 성장계획과 회계에 관련된 서류는 그 회사 재무적인 안정상태를 결정할 수 있는 수단이 될 수 있으며, 세부적으로는 각각의 체인이 어떠한 일을 했으며 영업예산 규모, 전문가의 자질, 체인소유 영업장소, 성장률 비교, 경영전략은 무엇인지 등을 파악해서 선택하여야 한다.

(2) 수수료 및 계약기간(fee & agreement terms)

프랜차이즈(franchise)에 가입하기에 앞서 가입자는 비용과 이익이 얼마나 될 것인가에 대해 여러 프랜차이즈(franchise)회사의 가격을 비교하게 되는데, 일반적으로 프랜차이즈(franchise)의 경륜이 오래된 호텔일수록 고객이 많으며 요금 또한 비싼 편인데, 이것은 제공되는 서비스가 광범위하기 때문이다.

일반적으로 프랜차이즈(franchise)에 가입할 때 들어가는 수수료(fee)는 다음과 같다.

① 이니셜 라이선싱비는 초기 가입비용으로 100실 기준으로 객실 1실당 $250~$300

② 로열티는 연간 총수입금액의 1~5.75%

③ 광고비는 연간 총수입금액의 1~3.5%
④ 예약수수료는 예약 1건당 $1~$3.75

이외에도 간판, 객실에 들어가는 비품, 공공지역에서의 로고(logo) 비용도 포함된다.

이러한 수수료와 계약조건에 대해서도 호텔을 매각할 때 계약이 새 소유주에게 이전되는지 여부, 계약갱신 절차, 수수료의 증가 및 그 원인, 계약내용이 이해하기 쉬운지도 살펴보아야 한다.

(3) 예약시스템(reservation system)

체인에 가입하다는 것은 국제적이고 전국적인 예약체계를 통해 예약을 증가시킨다는 것을 의미한다. 이 예약체계는 객실이용률을 높임으로써 이익을 증대시킬 가능성을 부여하기 때문에 프랜차이저(franchisor)가 제공하는 가장 중요한 서비스 중 하나이며 보통 영업이익(GOP)이 최소 30%에서 40% 이상을 창출해 낸다.

(4) 마케팅과 광고(marketing & advertising)

체인에 가입하면 마케팅과 광고에 대한 예산을 줄일 수 있게 되는데, 지역마케팅 비용과 체인에 제공하는 비용은 연간 수입의 3%로 동등하며, 이에 대한 대가로 본사의 우산 마케팅(umbrella marketing) 즉 본사의 총체적인 촉진활동과 관계된 현지의 촉진활동을 병행할 수 있는 기회를 제공받게 된다.

그리고 체인의 광고는 체인의 운영체계, 운영방식 및 경영철학을 제공하는 서비스이며 특별한 이벤트 행사에 대한 아이디어를 제공하기도 한다.

(5) 경영지원(operational assistant)

영업상에 있어서 체인의 협조는 영업의 모든 부분에 걸쳐 이루어지는데, 이는 주로 일괄구매로 인한 비용의 절감과 개관 전 서비스, 경영기법, 다른 업체의 경영정보 등으로 비교할 수 있는 결과의 수치 제공, 모든 인사에 있어서의 교육훈련, 각 부서의 문제점 개선을 위한 협조 등에 관한 것이다.

(6) 영업기준 점검(inspection standard)

체인의 모든 협조에 대한 대가로 본사에서는 호텔이 계약에 의한 그들의 영업기준(operation standard)을 지키도록 요구하는데, 이는 호텔의 고객을 가장하여 정기적 또는 부정기적으로 불시에 방문함으로써 검열과 감독이 이루어진다는 것을 의미한다. 이는 체인 본부가 가맹 호텔에 대한 통제수단으로 활용하는 것이다.

(7) 의사소통(communication)

대부분의 프랜차이즈(franchise)호텔업자들은 체인이 그들의 의견을 잘 반영시켜 주기를 원하기 때문에 프랜차이즈위원회(franchise committee)를 조직하고 있다. 비인간적인 서로 간의 논쟁은 호텔의 수익과 관련된 기회를 상실하기 때문에 양자의 좋은 인간관계가 형성되어야 한다.

3) 프랜차이즈 서비스

프랜차이징(franchising)은 본사와 회사 간의 상호작용으로 보아야 한다. 그러므로 양쪽 모두의 시각에서 프랜차이징을 보아야 할 것이다. 프랜차이징 서비스(franchising service)는 크게 세 가지로 나누어 볼 수 있는데 경영기법, 기술적 지원, 마케팅이다.

(1) 경영기법(management know-how)

본사에서는 회원사가 이용할 수 있는 성공적으로 검증된 운영절차를 확립하여야 한다. 이러한 절차는 각 운영방법을 다룬 운영안내 책자의 형식으로 회원사에게 제공된다. 안내책자는 본사가 절차를 수정하고 발전시키는 것으로 지속적으로 제공된다. 새로운 운영의 시각에 있어서 가장 중요한 문제는 항상 제한된 직원의 이용성이다.

개업에 있어서 직원의 훈련은 가장 중요한 부분이며 본사는 이러한 목적을 위해 교육프로그램을 제공한다. 이러한 프로그램은 호텔운영에 있어서 교육기간에 쓰이기 위한 특정수의 회원사직원을 필요로 한다. 그 기간을 통해 회원사는 체인에 의해 사용되는 운영절차를 익히게 된다. 보통 본사는 지역지배인(area manager)이나 감독관(inspector)을 따로 두고 각 가맹회사에 정기적인 감독을 한다. 이들의 방문으로 직원들은 업무를 재검토하고 추천을 통한 식음료 구입, 운영, 공급과 시설 운영비를 감소시킬 수 있게 된다.

(2) 기술적 지원(technical assistance)

대부분의 본사들은 추가 로열티의 지불로 인해 다양한 형태의 기술적 지원을 제공하기도 한다. 추가 로열티(additional royalty)의 금액이 많을수록 더 많은 기술적 지원을 받는 것이 당연할 것이다. 특정 체인은 가능성 있는 지역의 조사와 결과 선택에 도움을 줄 것이다.

또 회원사에게 자금의 대출을 알선해 주거나 자금에 대한 여러 가지 서비스를 제공해 주기도 한다. 회원사에게 자본투자를 소개해 주기도 하고 대출에 의한 자금 운영방법도 알려준다. 건축서비스도 본사에 의해 제공된다. 예를 들면 홀리데이 인(Holiday inn)은 자체 건설회사를 가지고 있다. 홀리데이 인은 호텔 또는 모텔의 완벽한 건축설계를 위해 많은 서비스를 해주기도 한다.

인테리어 디자인(interior design service), 호텔 프로젝트 관리(project management)와 건설감독은 본사로부터 받을 수 있다. 이런 서비스는 본사에 의해 일반적으로 제공되는 기술적 지원(technical assistance) 등 여러 형태이다. 이러한 서비스는 새로운 가구와 비품을 구입해야 하는 회사에게는 비품(리넨, 도기제품, 유리제품, 은기제품)과 운영 소모품 분야에서 더 일반적으로 사용된다. 구입 서비스에 의한 비용은 다양한 형태로 지급된다. 어떤 체인의 이름을 명시한 동일품목과 같은 것은 독점상품으로 되어 회원사로 하여금 본사에 의해 대량 구입하도록 하고 비용을 절감해 물품을 구입할 수 있다는 장점이 있다.

(3) 마케팅(marketing)

모든 프랜차이즈(franchise)계약에서 가장 중요한 요소는 마케팅이다. 본사에 의해 시도되고 입증된 마케팅기술은 회원사의 이익증진을 위해 이용되어야 한다. 물론 회사의 이름(naming)과 로고(logo) 자체가 마케팅의 중요한 요소인 것이다. 이것은 간판, 메뉴, 유리제품, 냅킨 등 많은 장소에서 볼 수가 있다. 그러나 이름의 지속적인 마케팅이 가장 중요하다.

모든 호텔체인의 마케팅 프로그램 등에서 예약시스템이 가장 중요시되고 있다. 체인의 각 구성원은 다른 호텔과의 예약시스템을 이용한 예약망(reservation network)을 통해 연계된다. 소비자가 체인의 상호를 지속적으로 보게 하는 것은 광고 문안이다. 이것을 보통 '공동광고'라고 한다. 왜냐하면 이것은 하나의 호텔을 위한 것이라고 보기보다는 체인을 위해서 촉진되기 때문이다. 프랜차이저(franchisor)는 호텔마케팅에서 광고, 판매 그리고 예약의 3요소를 프랜차이지(franchisee)에게 제공한다.

4) 프랜차이즈의 의무

프랜차이지(franchisee)는 본사와 회원사 간의 상호작용으로 보아야 한다. 따라서 회원사는 본사의 명성과 이름에 손상이 가지 않게 체인의 기준에 맞추어야 한다.

이러한 보편적 결정기준은 다음과 관계가 있다.

객실의 크기, 영업시간, 식음료 판매시설, 가구의 가격, 침대의 크기, 주차장시설, 수영장,

청결함, 직원의 예의, 서비스의 질, 가격, 체크아웃 시간, 리넨의 교환, 동일한 상품의 이용

5) 프랜차이즈와 로열티

대부분의 본사는 회원사에게 가입비를 요구한다. 이 가입비는 회원사의 약속 불이행으로 계약이 파기되면 반환되지 않는다. 원칙적으로 기준의 준수에 동의한 회원사가 이러한 손해를 보전하는 것은 당연하다. 로열티를 계산하기 위한 여러 가지 방법이 있는데 다음의 것이 일반적이다.

① 고정월정요금
② 고정월정요금에 예약시스템으로부터 발생한 예약비율을 감안한 것
③ 객실판매기준에 따른 요금산출방법
④ 이용가능한 객실에 대한 고정비의 비중에 따른 방법
⑤ 총판매비율에 따른 요금산출방법
⑥ 판매객실에 대한 고정비의 비중에 따른 방법

서로의 계약에 의해 이러한 항목을 두세 가지 혼합하기도 한다.

표 2-3 세계유명 호텔의 Franchise계약 내용

호텔 체인명	기본수수료	운영수수료	광고 · 마케팅 수수료	예약수수료
Ramada	객실당 350불 (3만 5천 불이 최저)	객실매출의 4%	객실매출의 4.5%	
Days Inn of America	객실당 350불 (3만 5천 불이 최저)	객실매출의 6.5%	객실매출의 2.3%+기본수수료 객실당 100불 혹은 만 불	
Holiday Inn Worldwide (현재 IHG)	객실 100실당 3만 불, Crowne Plaza는 7만 5천 불	총매출의 5%	총매출의 1.5%, Crowne Plaza는 2%	총매출의 1%
Best Western International	객실 100실당 2만 5천 불	객실 100실당 2만 2천 불	객실 100실당 3,000불	객실당 하루 5센트(첫해) + 전년 실적에 의해 다시 조정
Chioce Hotels International	객실당 300불 (4만 불이 최저. suite의 경우 5만 불이 최저)	객실매출의 5%	객실매출의 1.3% + 객실당 하루 28센트	객실매출의 1% + 예약된 객실당 1불

Embassy Suites	suite룸(Room) 1실당 500불(10만 불이 최저)	객실매출의 4%	없음	없음
Fairfield Inns By Marriott	객실당 375불+증축시 증축 객실당 200불 추가	객실매출의 4%	객실매출의 2.5%	객실매출의 1% + 예약된 객실당 2불

4. 리퍼럴(Referral) 경영

체인 및 프랜차이즈 그룹의 발전과 인기가 점점 높아짐에 따라 단독경영 형태의 호텔과 대항하려면 재정적 측면에서 제반 경비의 과다한 지출이 발생하기 때문에 경쟁에 위협을 느끼게 되었다.

독립경영의 호텔들은 단일성 혹은 경영의 독립성과 소유권을 유지하였으나 체인호텔들의 성장으로 고객을 잃게 되고 그들의 전문화된 시장개척 및 예약제도 때문에 점차 불리한 입장에 놓이게 되는 것이다.

재정적 측면에서 볼 때 단독경영 호텔들은 해외선전과 광고비용에 대한 부담이 커지게 되었다. 이러한 이유로 단독경영 호텔소유자는 유사그룹의 호텔들과 상호 협력하여 공동선전, 판매정책 및 예약서비스 등의 획일화를 위한 조직을 형성하였다. 그리하여 각 호텔은 유사그룹의 호텔들과 상호 협조하에 공동선전 및 공동의 기금을 창출하여 각각의 독립적 판매, 즉 독립경영을 유지하며 동시에 새로운 정보를 교환하게 되었다.

리퍼럴(referral)에 의한 호텔경영에 있어서는 단독경영의 호텔과 마찬가지로 각각 호텔의 독립적 경영이 완전히 보장되며 체인이나 프랜차이즈 등의 계약경영형태에서 파생되는 장점도 가질 수 있다. 이러한 리퍼럴그룹(referral group)의 형태로 성공한 그룹으로는 HRI, SRS, Prerred Hotel, JAL Hotel 등이 있다. SRS(steigenberger reservation service)시스템의 경우 강력한 공동예약망(reservation network)을 형성하기 위해 공동기금으로 해외 예약사무소를 운영하고 있다.

5. 업무제휴 호텔(Affiliation Hotel)

단독경영호텔 간의 업무제휴를 통하여 서로의 경영노하우를 공유하는 형태로서 우리나라에서는 신라호텔과 일본 오쿠라호텔이 대표적 사례이다.

6. 버짓호텔(Burget Hotel)

버짓호텔(Burget Hotel)은 저렴한 여행경비에 민감하게 반응하는 여행시장계층을 겨냥한 신상품으로 저품질(low qulity)의 상품을 판매하는 저급호텔의 가격정책과는 구분이 되어야 한다. 저렴한 가격(low price)이란 호텔의 개발이나 운영에 있어서 고도의 표준화를 기함으로써 실현가능한 비용이나 원가절감에 의해 만들어질 수 있다. 다시 말하자면, 시설수준은 중급호텔 수준으로 고급화하면서도 시설의 종류나 서비스의 수준면에서는 극도로 단순화하는 것이다.

시설투자를 숙박기능 수행에만 필수적인 시설로 제한시킴으로써 비용이나 원가발생 요인을 통제하는 것이다. 객실규모의 축소와 표준화된 설비, 규격화 등은 건축비 절감과 공사기간을 단축할 수 있다. 이 결과 공용면적(public space)이 축소되고 호텔시설에서 숙박기능 이외의 다양한 기능적 측면(functional aspect)들이 제외된다. 따라서 버짓호텔을 외형(exterior)상 기존 호텔들의 호화롭고 장식적인 요소를 배제한다는 것이다. 이와 같이 사전에 낭비요인의 제거가 가능하므로 버짓호텔은 동일지역에 있는 중급호텔 객실요금의 약 30% 정도 저렴한 가격으로 영업할 수 있기 때문에 여행자에게 차별화된 객실상품으로서 시장진입을 할 수 있는 것이다.

버짓호텔은 1970년대 에너지 위기로 미국의 호텔들은 에너지 관련 비용과 인건비의 상승, 인플레이션 등으로 호텔경영이 어렵게 되었다. 이런 여건에서 대형 호텔들은 새로운 시장에 알맞은 규모와 입지·가격의 호텔개발에 고민하였고, 그 결과 이전까지의 호텔 규모나 투자형태와는 다른 방식으로 고속도로 주변의 소규모 호텔들을 건설하였다.

또 다른 발전배경은 국내관광(domestic tour)과 국제관광(inbound tour)이 내용이나 질적 수준면에서 차이점이 모호해지고 있다는 사실이다.

숙박시설에 대한 내국인의 수요가 고급화하는 반면, 외국인 관광객 중에는 숙박기능만 고급화된 가운데 가격이 저렴한 버짓호텔 종류의 수요가 적지 않다는 점이다.

다음과 같은 이유로 1970년대 이후 세계 호텔산업에 버짓호텔이 나타나게 되었다.

① 국내외 관광에 대한 구분의 모호성
 ㉠ 저렴한 숙박시설을 선호하는 외국관광객
 ㉡ 고급화되고 현대화된 시설을 원하는 내국인 관광객

② 호텔시장의 세분화에 따른 새로운 상품 개발
 동일 호텔그룹 내에서도 다양한 상품을 구비하고 상호(brand)도 다양하게 개발

③ 호텔의 계층화와 상품의 다양성

㉠ 종래의 만능적 최고급호텔(deluxe hotel) : 크라운 프라자, 하얏트 리젠시, 소피텔 등

㉡ 완전 스위트호텔(all suite hotel) : 엠마시 스위트

㉢ 중상급 호텔 : 홀리데이 인, 하얏트, 노보텔 등

㉣ 버짓호텔, 이코노미호텔(economic hotel) : 햄톤 인, 이비, 트래블롯지 등

㉤ 복합형 호텔(two in one hotel) : 호텔 건물이 공용 혹은 별동으로 동일 호텔 내에 만능적인 호텔과 버짓호텔을 함께 운영하고 있는 호텔로 프랑스 파리의 라데팡스는 노보텔과 이비가 공동운영하고 있다.

④ 소규모 호텔(small hotel)의 급속한 확산

⑤ 합병 등의 방법으로 호텔의 대규모화

기존의 단독 숙박업체들을 매입하는 방식이나 새로운 호텔들이 일시에 개발하는 식의 신규투자에 의한 방식을 말한다.

7. 새로운 형태의 호텔경영방식

여행객은 순수 비즈니스 목적을 띤 고객과는 달리 숙박비가 저렴하면서도 시설이 깨끗한 소위 말하는 중 · 저가의 호텔을 선호한다.

고령화로 인한 노년층의 증가는 건강센터의 역할을 하면서 동시에 숙박의 기능도 갖춘 복합시설물을 선호한다. 우리나라의 경우 물 좋고 한적한 전원지에 노인을 위한 복지타운 건설이 붐을 맞고 모든 객실이 초호화로 꾸며져 있을 뿐만 아니라 부대시설이 최고급으로 지어진 올 스위트호텔이 있다.

1) 중 · 저가 호텔

중 · 저가호텔은 Bed & Breakfast Inns라고 일컫는데 영국 아일랜드지역에서 매우 인기가 있으며, 고객의 대부분은 순수여행객이며, 1인당 여행지출비용이 많지 않은 여행객이다.

객실구조도 일률적으로 똑같은 것이 아니라 여행객들의 규모에 따라 객실구조도 달리하여 단체고객인 경우, 즉 가족단위의 고객이 많은 경우에는 객실구조가 상당히 넓다.

2) 노인치료 및 요양센터

현직에서 은퇴한 많은 사람들은 자신의 건강을 정기적으로 검사하면서 놀이 시설을 갖춘

복지시설을 상당히 선호한다. 많은 호텔들이 서비스가 뛰어나고 객실의 인테리어가 호화스러운 호텔을 추구하기보다는 노인층을 위한 호텔들이 들어서면서 이는 새로운 마케팅의 기회로 부각되고 있다.

이런 형태의 숙박시설에 바(bar)·헬스클럽·은행·도서관 등의 시설을 완비하고 투숙하는 동안 자신의 건강을 수시로 체크할 수 있도록 건강검진센터를 별도로 운영한다.

3) 초호화 호텔(All-suite Hotel)

호텔객실요금이 비싸고 부대시설 이용요금도 비싼 호텔로서, 고객층이 순수관광목적이라기보다는 비즈니스나 여행을 자주 떠나는 비교적 소득이 높은 고객층을 겨냥해서 지어진 호텔이다. 객실 내에는 비즈니스 여행객을 위한 인터넷 서비스가 이루어지며, 각 객실에는 첨단장비가 갖추어져 있어 그 누구든 모든 시설을 이용할 수 있도록 하였다. 포시즌호텔이 대표적인 예라 할 수 있다.

8. 호텔 산업에 적용되는 4차 산업 기술들

4차 산업 기술들 중 호텔 산업에 적용 가능한 기술에는 여러 가지가 있을 수 있으나 본 내용에서는 빅데이터, IoT, AI, VR/AR에 대한 이해를 돕고자 한다.

1) 빅데이터(Big Data)

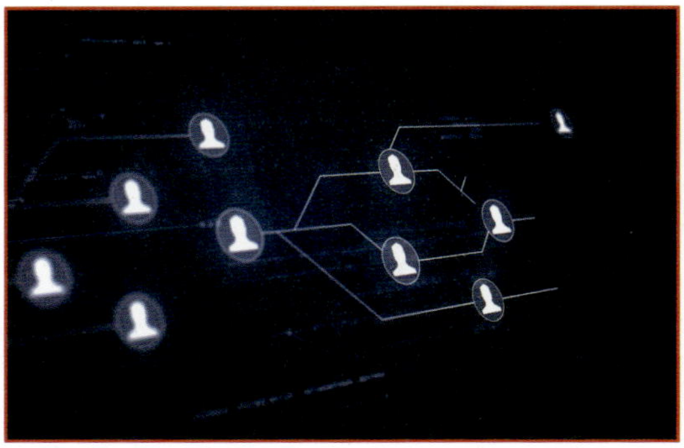

사용자의 데이터를 수집해 클라우드에서 저장 및 분석을 통해 사용자의 패턴을 예측하고 맞춤형 서비스를 제공하는 기술이다. 적용된 사례를 살펴보면 라스베이거스에 위치한 카지노 리조트 Harrahs는 고객 행동 패턴 분석을 통해 주 고객층이 외부 관광객이 아닌 지역주민이 더 많이 이용하는 것을 확인하고, 지역주민을 위한 마케팅을 활성화시켜서 매출을 급신장시키는 결과를 낳았다.

2) IoT(Internet of Things)

인터넷을 중심으로 스마트 기기들이 다 연결되는 기술을 뜻하고 호텔 산업에 적극적으로 즉, 전원 소켓 및 조명 등에 센서를 장착해 전력 사용량을 조정하는 등 에너지 유지, 보수, 관리 작업이 효율적으로 이뤄질 수 있다. Environmental Monitoring 같은 경우는 사람이 원하는 환경을 자동으로 조성해주면서 불필요한 에너지를 줄일 수 있다.

Building Automation & Monitoring은 엘리베이터나 공기정화와 같은 건물 내 시스템을 IoT를 통해 관찰하고 오류를 미리 파악해 피해 없이 신속히 처리가 가능하게 한다.

3) AI(Artificial Intelligence)

인공지능으로 사람이 문제를 인식하고 해결하는 것을 컴퓨터가 구현한 기술이다. 특정 문제를 해결하는 Weak AI, 문제의 범위를 지정하지 않고 스스로 해결하는 Strong AI로 나눌 수 있다. 호텔에서 가장 많이 쓰이는 대표적인 Weak AI 사례로는 챗봇(Chatbot)이 있다. 사람이 채팅하듯 질문을 입력하면 AI가 빅데이터 분석을 바탕으로 대화 및 해답을 주는 대형 메신저이다. 스마트폰의 어플과 SMS를 이용할 수 있고 Apple 사의 Siri, Amozon의 Alexa와 같은 음성 서비스 등을 통해서도 구현할 수 있다.

4) 가상현실을 구현하는 VR(Virtual Reality), 현실세계를 기반으로 가상세계를 접목한 AR(Augumented Reality) 증강현실

인간과 컴퓨터 사이의 인터페이스 기술을 활용해 컴퓨터에서나 가능한 상황을 현실적으로 만들어줌으로써 다양한 정보를 실감나게 체험할 수 있어 고객의 경험을 다양화시킬 수 있는 기술이다.

해외호텔들의 구체적인 적용 사례

대표적인 4차 산업혁명의 기술인 빅데이터, AI, IoT, VR/AR와 관련해 호텔들의 시대별 적용 사례를 알아보자.

1. 2012년 호텔그룹 Starwood
   - 센서와 컨트롤러가 내장된 스마트 LED 전구를 사용
   - 실내 유입 광량을 센서로 감지하고, 조명의 밝기를 자동으로 조정 → 불필요한 에너지를 줄이고 쾌적한 실내 환경을 조성한다.
   - 2015년 친환경 건축물 인증 제도인 LEED의 가장 높은 등급인 Platinum으로 인정받으며 지속 가능한 환경과 에너지 절약 기업으로서 자리를 잡게 됐다.

2. 2014년 미국 캘리포니아에 위치한 aLoft hotel
   - 로비 데스크에서 객실까지 운송서비스를 위한 로봇 'BotIr'를 개발
   - 인공지능이 아닌 IoT 수준의 로봇으로 스마트폰을 이용해 제어하고 물품을 가지고 객실에 도착하면 객실로 전화를 해 도착을 알린다.
   - 로봇에게 Tip 대신 스크린 화면을 통해 Review를 받고 그것들을 분석해 더 나은 서비스를 제공할 수 있다.

3. 2014년 Hilton
   - IoT 기술을 활용한 독자적인 APP 개발
   - 700여 개의 호텔에서 객실 예약부터 객실 선택, 체크인, Mobile Key 등 APP을 통해 서비스를 제공하기 시작
   - Keyless System은 블루투스 또는 GPS를 이용한 모바일 플랫폼으로 프론트 데스크에서 소비하는 시간을 줄여서 고객 만족도를 높이고 인력 비용을 낮출 수 있는 장점이 있다.

4. 2014년 4D VR 여행 프로젝트 'Marriott Teleporter'
   뉴욕, 보스턴, 워싱턴 등의 7개 도시에서 잠재적 고객들에게 다양한 목적지를 가상으로 경험할 수 있는 기회를 제공했다. 그 다음해 2015년 뉴욕과 런던에서 2주 동안 호텔 룸에서 가상 여행을 경험하는 'Vroom Service'를 선보였다.
   호텔이 가지는 시간적, 공간적 제약에 맞서는 프로젝트로 기술적 혁신과 함께 여행의 영역을 확장하며 관광 산업의 새로운 좌표를 제시했다고 평가받는다. 또한 이러한 체험적 서비스는 풍부한 경험을 줄 수 있어 고객들에게 강한 인상을 남길 수 있다.
   2015년 Marriott는 세계 최초 Mobile Requests 서비스를 제공했다. 'Mobile Requests 서비스'라는 자체 App을 기반으로 체크인 72시간 전부터 Chatbot 서비스를 활용할 수 있고, 사용자의 54%가 체크인 전에 이용하는 것으로 나타났다. 직원과의 대면 없이 빠르고 쉽게 고객 맞춤형 서비스를 제공할 수 있게 된 것이다.

5. 2015년 일본은 나가사키에 위치한 Henna 호텔을 시작으로 본격적으로 AI 인공지능을 호텔 서비스에 활용하기 시작했다. AI가 탑재된 로봇 컨시어지를 개발해 세계 최초 로봇 호텔로 기네스북에 등재됐다. 144실을 15명의 종업원과 140대의 로봇이 운영하고 로봇들은 체크인, 길 안내, 룸서비스 등 실질적인 서비스를 제공한다.

6. 2016년 Hilton도 IT기업 IBM의 인공지능 컴퓨터 Watson이 장착된 로봇 컨시어지 Connie 호텔들이 점차적으로 IT기업과 결부가 된 서비스를 제공해주기 시작한 것이다. Connie는 스스로 고객들의 데이터를 축적해 고객 맞춤형으로 대응할 수 있다.
   고객 맞춤형 서비스는 더 나아가 '객실 환경' 맞춤형으로 진화했다. 2016년 IT기업인 삼성 아메리칸과 환경 매니지먼트 기업인 Telkonet이 합동으로 개발해 Hyper-Personalization이 가능한 스마트 TV를 내놓게 된다. 빅데이터와 IoT 기술을 사용한 것으로 고객이 선호하는 조명, 음영, 온도 등의 데이터를 수집해 고객이 재방문할 시 자동으로 맞춤형 환경을 제공해 줄 수 있다. 또한 데이터를 통해 어떤 성향을 가지고 있는 사람인지 체크해 그들이 원하는 정보를 TV를 통해 보여줄 수 있다.

7. 2017년에는 라스베이거스 Wynn이 4,000여 개의 객실에 Amazon의 스마트홈 기기인 Echo음성인식 비서인 Alexa를 통해 조명, 온도, 블라인드, TV 등을 제어함으로써 빠르고 간편하게 자신에게 맞는 환경을 설정할 수 있다.

국내 호텔들의 구체적 적용 사례

국내의 사례를 살펴보면 2016년부터 점차 4차 산업 기술들이 호텔산업에 적용되기 시작했다.

1. 2016년 신라스테이는 IoT 개념의 Keyless 시스템을 삼성 SDS와 협력해 만들었다. 자체 APP을 제작해 객실 예약 및 체크인, Mobile Key 등의 서비스를 제공한다.

2. 강릉에 위치한 씨마크 호텔에서는 홈페이지를 통해 전 객실 및 부대시설, 주변 경관까지 360도 파노라마로 미리 경험할 수 있는 VR 서비스를 제공해주기 시작했다. '2016, Oracle Hospitality의 Hotel 2025 보고서' 에 따르면 '예약 중 VR로 호텔을 확인하는 것이 가능하다면' 호텔에 대한 경험을 강화한다고 대답한 사람이 66%, 방문 빈도를 높여줄 것이라고 대답한 사람이 45%다. 즉 VR을 통한 체험적 서비스가 고객들에게 긍정적인 반응을 이끌어 낼 수 있다는 것이다.

3. 2016년 그랜드 앰배서더는 IoT를 활용해 객실 자동화를 실행했다. 특별한 다운로드 없이 스마트폰으로 QR코드를 스캔하면 스크린에서 바로 제어가 가능하다.

4. 2017년 워커힐 비스타도 'VR ZONE LOUNGE' 를 만들어 영화제작자와 협력해 스토리 기반의 VR 콘텐츠를 제작했다. 단순한 숙박 개념의 호텔을 넘어 체험형 미래지향 공간으로 바꾸기 위함이다. 또한 워커힐 비스타는 라스베이거스 윈처럼 NUGU라는 인공지능 스피커를 두게 된다. SK 텔레콤과 협력해 국내 최초 객실 AI 서비스를 도입했다. 음악 감상, 날씨, 알람, 개인 일정 등을 알려주는 서비스 이외에도 객실 내 In-room Order의 기능도 가능하다.

호텔 IT와 만나다

1. 생존 위한 호텔의 변화, 선택 아닌 필수
   차별화만이 살 길이다. 신생 호텔들은 고객의 취향을 고려해 파티룸을 만들거나, 여성고객, 아이를 동반한 고객을 위한 특화된 객실로써 차별화를 꾀한다. 하지만 호텔업계의 장기 침체가 지속되는 상황에서 기존 호텔들은 시설투자에 막대한 돈을 지출하는 것에 부담을 느낄 수밖에 없다. 하지만 최근에는 호텔을 차별화하기 위해 상대적으로 적은 비용에 효과를 극대화 할 수 있는 IoT 서비스를 선택하고 있다. 투자 대비 공사기간이 짧고 투자대비 효율이 높을 뿐 아니라 직원의 업무 집중도를 덜어 고객에게 집중할 수 있는 서비스에 더 다가갈 수 있다는 점도 매력적이다. 하지만 보수적인 호텔업계의 특성상 변화를 시도하는 것을 부담스러워 하는 경향이 있다. 현재 호텔 산업에서 IT분야에 투자하는 비용은 5~7% 정도에 불과한데, 이마저도 고객이 아닌 오퍼레이션에 필요한 IT, 즉 PMS(Property Management System) 객실관리시스템, Wifi, 스마트폰 등에 불과하다. 최근에는 와이파이 OTA, 다이렉트 부킹은 고객에게 있어 필수 불가결한 요소가 되면서 고객을 향한 IT기술은 예약률을 높일 수 있는 수단이 되고 있다. IoT 서비스는 그 다음 버전에 해당한다. 이제 자원관리시스템에 대한 투자는 한계에 도달했다. 효율성을 고려할 때 고객과의 신속한 커뮤니케이션이 필요한 시점이다.

2. 호텔의 IT, 하이터치가 아닌 감성터치에 집중도 높아져

세계적인 트렌드에 비추어 점차 호텔 산업에서 IT의 비중은 커질 것으로 전망되는 가운데, 호텔에서 인공지능 로봇의 등장이 관심사가 되고 있으며, 국내에서도 비즈니스 호텔을 중심으로 키오스크(KIOSK: 그래픽, 통신카드 등 첨단 멀티미디어 기기를 활용하여 음성서비스, 동영상 구현 등 이용자에게 효율적인 정보를 제공하는 무인 종합정보안내시스템)가 확대되는 한편 국내 IT업체들도 많이 참여하고 있다. 미국 호스피텔리티 산업지인 호스피탈리티 테크놀로지(Hospitality Technology)를 인용 발표한 내용에 따르면 호텔이 과연 어디에 돈을 쓰는가에 대한 답이 IT 분야에 힘을 실어준다. 그 첫 번째가 경쟁의 필수요소인 와이파이며, 두 번째가 에너지 절감을 위한 효율적인 객실 관리, 세 번째가 고객 경험을 강화할 수 있는 이슈가 되는 테크놀로지다. IT를 호텔 안으로 도입해 인원의 효율성을 제고하는 객실 관리 비중이 늘고 컨시어지에 대한 일정 기능을 커버할 수 있게 되면 기술에 의존하는 하이터치가 아닌 고객에게 더욱 집중할 수 있는 휴먼터치가 더욱 용이하게 된다. 즉, 운영의 효율화로 비용을 줄이면 접객에 더 많은 힘을 실을 수 있어 선순환 효과가 발생하는 것이다.

3. 해외를 뜨겁게 달구는 호텔 속 AI

외국의 호텔을 이용하면서 한 번쯤은 경험해 봤을 신기한 경험 중 하나가 바로 로봇이다. 엘리베이터에 오르면 로봇이 고객에게 인사하고 객실을 안내하며 필요한 물건을 가져다주기도 한다. 짐을 운반하고 청소도 한다. 이미 외국의 호텔에서는 인공지능을 통한 서비스가 현실화되고 있다. 홍콩이나 싱가폴, 마닐라 등을 중심으로 4성급 이상 많은 호텔에서 IoT를 도입해 서비스를 제공하고 있으며 유럽이나 미국에서는 짐을 보관하고 찾는 데 사람을 대신해 AI를 탑재한 로봇이 자리를 지키고 있다. 또한 일본에서는 호텔의 유니폼을 입은 로봇이 고객을 응대하며 짐을 운반하고 음료를 서빙한다.

4. 알로프트 호텔의 로봇 집사, 알로(ALO)

메리어트 인터내셔널의 셀렉트 브랜드 중 하나인 알로프트는 2014년 호텔에서 로봇 집사 ALO는 엘리베이터를 자유롭게 이용하고 고객에게 내비게이션 역할을 한다. 또한 고객의 요청에 따라 amenity를 고객의 객실로 배달하기 때문에 고객은 사생활을 보다 존중받는다는 느낌을 얻을 수 있다. 만약 고객이 타월, 칫솔 등을 추가로 요청하면 호텔 직원은 알로 뚜껑을 열어 물품을 넣고 객실 번호를 입력해 배달을 보낸다. 알로와 엘리베이터의 소프트웨어는 센서와 와이파이 및 4G 데이터로 연결돼 있으며 ROS 기반으로 작동해 호텔을 손상시키거나 고객과 부딪치지 않고 객실을 오고 갈 수 있다. 로봇이 객실에 오면 고객은 터치스크린으로 서비스 만족 점수를 입력하거나 혹은 트위터에 MeetBotlr라는 해시태그를 올리는 식으로 팁을 줄 수 있다. 알로는 미국의 알로프트 호텔에서만 시범 운영했으며, 곧 고객이 직접 로봇에게 문자를 보내 서비스를 요청할 수 있는 챗바틀러(ChatBotlr)를 선보이고 있다.

5. '최초' 의 서비스 개시, 국내 특급호텔에 부는 IT 바람

국내 특급호텔을 중심으로 IT를 향한 신선한 바람이 불고 있다. IoT 서비스에 최초를 내건 선두 호텔들을 시작으로 앞으로 호텔에서의 IoT 보급이 확산될 전망이다. 서울 웨스틴조선호텔에 이어 더 플라자에서도 핸디 서비스를 도입했으며 롯데호텔은 해외 호텔의 IT 벤치마킹을 하고 있을 정도로 반응이 뜨겁다. 뿐만 아니라 관련 업계에 사물인터넷을 활용한 객실 서비스에 대한 문의가 끊이지 않고 있어 호텔 안의 IT 전망이 밝다.

6. 워커힐, 캡슐호텔 '다락 휴(休)' 의 IoT 룸 & 음성인식 디바이스 '누구(NUGU)'

그랜드 워커힐 서울에서는 인천국제공항 내 국내 최초의 캡슐호텔 '다락 휴(休)' 를 오픈하고 IoT에 접목한 '키리스(keyless) 시스템' 을 도입했다. 고객이 필요한 시간에 맞춰 예약과 정산을 할 수 있고 체크 인/아웃을 위해 프론트를 거치지 않아도 돼 고객들은 비행기 이륙 시간을 앞두고 더 이상 시간을 낭비할 필요가 없게 됐다. 뿐만 아니라 객실의 조명, 알람, 음악을 제어하는데 스마트폰만으로도 손쉽게 사용할 수 있도록 했다.

호텔 최초로 음성인식 디바이스 '누구(NUGU)' 를 도입한 비스타 워커힐 서울은 누구 스피커에 블루투스, 음성인식 기능을 더해 다양한 서비스를 제공하고 있다. 뿐만 아니라 모든 객실에서는 아이패드나 스마트폰 앱으로 인 룸 오더(In-room order)가 가능하다. 로비에는 가상현실 체험 공간이 마련되어 있으며 매일 다르게 구현되는 디지털 월(인공지능 거울)을 통해 호텔 내에 IT 기술을 실현시켰다.

7. 그랜드 앰배서더 서울 스마트룸 'iStay'

그랜드 앰배서더 서울은 호텔의 이그제큐티브 플로어인 16층 전 객실에 IoT 스마트 룸, 'iStay' 를 도입했다. 호텔 사용자의 편의를 돕기 위한 기술에 초점을 맞춘 IoT 룸은 투숙객의 스마트폰만으로 손쉽게 이용이 가능하다. 벽에 부착된 QR코드를 개인 스마트기기로 스캔하면 객실 서비스 메뉴판과 같은 화면이 인터넷 창에 뜬다. 별도의 어플리케이션 다운로드나 회원가입 없이도 이용할 수 있어 편리하다. 인터넷 페이지에는 조명, 커튼, 객실 온도 등을 조정할 수 있는 메뉴는 물론 청소 요청, 방해금지와 같은 버튼도 있어 호텔에 머무는 동안 어디에서든 편하게 스마트폰으로 객실 상태를 제어할 수 있다. 이 밖에도 스마트폰으로 호텔 amenity를 추가 요청할 수 있으며 TV 채널 변경도 가능하다. 조명의 경우 온오프 기능뿐 아니라 다양한 색깔의 조명이 투숙객의 취향에 따라 바뀔 수 있도록 했다. 비즈니스 때문에 호텔을 방문한 경우에는 밝은 조도로 업무의 효율을 높일 수 있고, 긴 비행으로 숙면이 필요한 경우에는 숙면 테마를 이용한 조명 세팅으로 수면 환경을 조성할 수 있다.

8. 서울 웨스틴조선호텔의 '핸디'
서울 웨스틴조선호텔은 스마트폰 형태의 '핸디(Handy)'를 국내 최초 도입했다. 핸디 기기는 호텔 내 전 객실에 배치돼 무료로 이용 가능하며 호텔 외부에서도 사용할 수 있다. 고객은 핸디로 국내외 전화를 무료로 이용할 수 있고 무제한 LTE 인터넷 데이터로 언제 어디서나 웹 서핑이 가능하다. 따라서 해외에서 한국을 방문하는 고객들은 로밍을 하거나, 인터넷을 쓰기 위해 와이파이를 찾는 불편함을 겪지 않아도 된다. 또한 근처 관광지, 레스토랑 등 다양한 도시 관광 가이드 정보가 탑재되어 있으며, 공연 티켓도 핸디에서 구매할 수 있다. 여기에 더해 인 룸 다이닝 오더와 슬리퍼, 수건, 욕실용품 등 호텔 amenity 주문 및 객실 정비 요청 서비스까지 원격으로 가능하다. 특히 핸디를 통한 amenity 원격 주문 기능은 전 세계에서 서울 웨스틴조선호텔이 최초로 선보이는 서비스인데, 호텔 외부에서 업무를 보다가도 간단한 입력으로 호텔에 도착하는 시간에 맞춰 서비스를 받을 수 있다.

제4절 호텔경영의 특성

1. 서비스상의 특성

1) 인적 서비스에 의존성

호텔종사원의 서비스가 호텔사업의 성과에 중요한 영향을 미친다는 의미로서, 고객이 어떠한 제품을 구입할 때, 제조업 분야에서는 제품의 물적(유형적) 품질인 기능, 디자인 등에 크게 영향을 미치지만, 호텔의 고객은 호텔제품의 물적 품질인 시설, 음식 등의 만족에만 미치지 않고 반드시 친절한 종사원의 인적(무형적) 서비스가 수반되어야만 제품을 구매하는 데 영향을 미친다는 것이다. 즉 종사원의 서비스는 고객에게 매너, 행복, 즐거움, 추억 등의 무형적인 상품을 판매하는 역할을 하게 되기 때문에 타 산업에 비해서 호텔산업에서의 종사원의 역할은 매우 중요하다고 볼 수 있다. 그러므로 종사원의 외모, 복장, 미소 등의 요소들이 중요하며, 서비스 마인드를 철저하게 강화하여야 한다.

일반 제조업의 상품은 주로 유형적인 상품으로 우선 상품의 제조과정에서 고도의 기술과 품질 좋은 재료로 만들어진다. 그러나 호텔상품은 무형의 서비스와 유형의 서비스가 복합되어 판매되는 것으로서 환대산업의 독특한 성질을 가지고 있다. 호텔상품이란 환경과 시설, 식음료, 서비스 등을 뜻하며 유형적인 것에 무형적인 것이 추가되며, 상품을 이동 · 저장하여 판매할 수가 없으며, 이 상품은 공익성과 수익성이 동시에 창조되어야 한다. 이와 같이 호텔상품은 유형, 무형의 것이 창조되어 하나의 가치를 이루게 된다.

'호텔은 단 한 가지 판매할 것이 있으니 그것은 바로 서비스이다. 보잘것없는 서비스를 판매하는 호텔은 보잘것없는 호텔이며, 훌륭한 서비스를 판매하는 호텔은 훌륭한 호텔이다. 이 세계에서 가장 나은 서비스를 고객에게 판매하고자 함이 곧 스타틀러호텔의 궁극 목표다.'

-스타틀러호텔 서비스 규약-

'A hotel has just one thing to sell. That one thing is service. The hotel that sellers poor service is poor hotel. The hotel that sells good service is good hotel. It is the object of the Hotel Startler to sell its guest the very best service in the world.'

-Startler Hotel Service Code-

2) 다양한 고객욕구에 따른 서비스의 다양성

과거 호텔의 기능은 숙박과 음식만을 제공하는 단순한 기능이었지만, 다양한 고객층과 이에 따른 고객의 다양한 욕구에 따라서 서비스의 현대적 기능은 숙박과 음식을 제공하는 핵심적 서비스 기능 이외에 제2의 가정(home away home)의 역할, 준가이드의 역할과 함께 호텔의 청결, 위생과 안락을 위한 최상의 시설 제공과 동시에 비숙박객에게도 개방되는 준공공장소(quasi public area)로서 레저와 문화의 중심 기능이 추가되었다.

특히 호텔서비스 중에서 매출액의 90% 이상을 차지하는 객실과 식음료서비스의 소비자 유형을 보면 특급호텔 객실이용객의 상당수가 외국인으로서 이에 따른 각 국가의 민족성, 국민성, 호텔이용목적에 따른 서비스가 다양하게 이루어져야 한다. 이에 반하여 식음료산업은 내국인 이용객이 주를 이루고 있으므로 고객의 성향 및 이용목적에 따라서 서비스가 수행되어야 한다.

3) 짧은 서비스 접촉시간

교육서비스, 투자자문서비스 및 은행서비스 등은 소비자와 수주, 수개월 혹은 수년에 걸쳐 충분한 시간을 가지고 소비자에게 제공되지만, 호텔서비스는 객실서비스의 경우 2, 3일 동안 제공되고 있어서 고객에게 충분한 호텔서비스를 인식시킬 수 없는 점이 있다. 식음료 서비스의 경우 수 시간에 지나지 않기 때문에 서비스를 제공하는 시간적 접촉면에서는 더욱 제약을 받을 수 있다. 이러한 점을 극복하기 위해서도 앞에서 제시한 잘 교육되고 친절한 서비스 마인드를 가진 종업원의 인적 서비스가 중요하다고 볼 수 있다.

2. 제품상의 특성

호텔기업은 객실, 식음료, 인적 서비스, 기타 부대시설 서비스 등 유·무형적 서비스를 통칭하여 호텔제품이라 부르고 있다. 이러한 유·무형재의 제품이 갖는 특성을 살펴보면 다음과 같다.

1) 무형성

호텔의 인적 서비스는 그 자체로는 무형재로서 일반제품과 같이 윤곽이 뚜렷하지 않기 때문에 경영자의 주관이나 서비스 제공자의 융통성이 개입될 가능성이 많다. 호텔의 인적 서비스에 대한 고객의 평가는 종사원이 고객을 영접할 때부터 환송할 때까지의 전체 과정에서 이루어지므로 서비스 제공자나 서비스 기관의 명성이 고객의 서비스지각에 큰 영향을 미칠 수 있다. 종사원의 매너, 친절 등은 만질 수도 없고 서비스를 제공받는 그 시간에만 느낄 수 있는 것이기 때문에 무형성을 지닌 인적 서비스는 상품의 가치를 결정짓는 데 가장 중요한 역할을 한다.

2) 비저장성(부패성)

객실상품의 경우 24시간밖에 저장할 수 없는 제약을 가지고 있으며, 식음료(특히 식료부문)상품의 경우 고객의 주문에 의하여 생산되고 미리 음식을 만들어 판매할 수 없다는 특성을 가지고 있다. 이러한 비저장성이라는 특성은 저장이 가능한 일반제조업에 비하여 약점으로 작용한다. 이를 극복하기 위해서는 사전 예약제도에 만전을 기하여 비저장성의 한계를 극복해야 한다(규모가 큰 호텔의 경우는 객실, 식음료 예약부서가 따로 있으며, 예약부서의 역할이 중요시된다).

판매기간 및 공간이 제한되고 무형성이라는 본질적 특성 때문에 당일에 판매되지 못한 상품은 일반상품과 같은 재고상품으로서의 저장이 불가능하다.

3) 생산과 소비의 동시성

호텔서비스는 생산과 소비의 동시발생으로 서비스 제공자와 고객이 서비스 과정에 함께 참여하는 상호작용에 의하여 서비스 생산과 소비가 이루어진다. 즉 일반제조업의 유형적 상품은 미리 만들어진 상태에서 고객의 취향에 맞는 몇 가지 제품 중에서 선택할 수 있고,

구매한 제품을 어느 장소에서든 사용 가능하지만, 호텔식료의 경우 미리 만들어 놓을 수가 없기 때문에(부패성) 고객의 주문에 의해서만 생산이 가능하고, 소비 또한 그 장소에서만 이루어질 수밖에 없다. 그러므로 생산과 소비가 동시에 일어난다는 특성을 가지고 있다. 따라서 고객의 제품에 대한 평가도 제조업의 유형적 상품은 오랜 시간 그 제품이 수명을 다할 때까지 사용하고 난 후에 제품을 평가하지만, 호텔 식료상품은 그 자리에서 바로 평가되기 때문에 철저한 준비와 서비스가 요구되는 특성을 가지고 있다.

결과적으로 호텔서비스는 주문상품이 제공될 때까지의 소요시간이 적절하고 일관성 있게 유지・관리되어야 한다. 만약 고객 자신이 정서적・주관적 판단의 기준에 따라 지각하는 시간 이상을 경과하여 서비스가 제공되면 호텔서비스는 불만족스러운 것으로 인식될 수 있다.

고객이 서비스과정에 참여하며 만족을 갖도록 하기 위해서는 서비스 제공자, 상품, 시설, 시간, 공간 내의 다른 고객 등과 같은 제반 환경이 고객지향적 관점에서 관리・운영되어야 한다.

4) 노동집약적 산업

인적 서비스 의존성과 연관되어 있는 의미로서 일반제조업의 경우에는 기계화, 자동화로 인하여 노동력의 필요성이 점차적으로 줄어들고 있지만, 호텔산업의 경우 종사원의 서비스가 호텔산업에 중요한 역할을 담당하기 때문에 아무리 과학이 발전하여도 기계에만 전적으로 의존할 수 없으며, 종사원의 노동력이 반드시 필요하기 때문에 타 산업에 비하여 노동집약적인 특성을 가지고 있다. 이러한 성격은 특히 호텔의 식음료부서에서 높게 나타나는데, 그 이유는 식당의 경우에는 음식을 만드는 주방과 서비스를 담당하는 종사원이 필요하기 때문에 특히 높게 나타난다. 그러므로 호텔서비스는 인적 서비스 의존도가 높은 노동집약적인 서비스산업의 하나로 서비스 품질은 서비스 제공자에 의하여 크게 좌우되며, 생산과정에 잠재적 변동성이 많아 서비스 생산의 일관성 유지가 어려우며 동일한 서비스 품질의 유지가 곤란하다. 즉 호텔서비스는 호텔의 입지조건, 등급, 시설, 경영형태와 성격, 소유형태, 서비스 제공자의 서비스 제공능력 등에 따라 각기 다른 형태로 고객에게 지각될 수 있기 때문에 호텔서비스는 일반제품 생산과 같이 규격화, 표준화, 단순화하는 데 한계가 있다는 점이다.

5) 품질에 대해 다르게 나타나는 고객만족도

제조업의 제품은 그 제품의 성능, 디자인 등에 따라서 일반적으로 고객의 만족도가 비슷하게 나타나지만, 호텔서비스는 서비스 무형적 측면에서는 유형적 재화보다 상대적으로 그 품질을 측정하기가 매우 곤란하다. 또한 동일한 서비스제공자에 의해 생산되는 서비스 내용도 품질표준의 일관성이 유지되기 어렵고 동일한 고객에게 똑같은 내용의 서비스가 제공된다고 할지라도 제공시점에 따라 고객은 자신의 주관적인 기준에 따라 서비스를 지각하기 때문에 서비스의 평가는 다르게 나타날 수 있다. 따라서 호텔서비스를 계량적으로 측정한다는 것은 매우 어려운 일이다.

6) 비이동성

호텔이 제공하는 주된 상품인 객실, 식음료, 그 밖에 시설을 통한 서비스는 고객이 반드시 호텔이 있는 곳으로 이동해 올 때만 거래가 성립된다. 즉 일반 제조업의 유형적 상품은 고객이 있는 곳으로 찾아가서 제품을 판매할 수 있지만, 호텔상품은 고객이 직접방문하지 않으면 판매를 할 수 없다는 특성을 가지고 있다. 이러한 제약 때문에 호텔의 초기건설시 위치를 신중하게 결정하여 고객이 쉽게 방문할 수 있도록 하여야 하며, 호텔산업은 30년 이상 한자리에서 비즈니스를 하여야 하는 장기계획을 가지는 사업이고 시간의 흐름에도 영향을 덜 받을 수 있는 상권 위치를 확보하여야 하기 때문에 이러한 점을 고려하여 건설하여야 한다.

호텔사업은 호텔이라고 하는 가치재(인적 · 물적 서비스)를 고객이 상품을 생산하는 장소인 호텔에 가서 직접 구매하여야 한다. 아무리 타 장소가 시장성이 좋다 하여도 이동하면서 전매할 수가 없다. 따라서 입지와 환경에 근거하여 판매하지 않을 수가 없으며 이를 식물성형 상품이라 한다.

이와 같은 호텔상품은 인적 서비스, 물적 서비스, 시스템적 서비스, 정보적 서비스, 금융적 서비스 등 다양한 요인과 결합되어 판매되므로 이를 다요인성 상품이라고도 한다.

7) 계절, 요일, 시간별 변동이 큰 수요

리조트호텔은 순수관광 고객이 주류를 이루고 있기 때문에 계절별 · 요일별 수요의 변동폭이 크게 나타나고 있다. 이로 인하여 성수기와 비수기의 매출액이 크게 차이를 보이고 있으며, 경영자의 경영상에 어려움으로 나타나고 있다. 특히 종사원의 활용도면에서 성수기에는 충분한 종사원의 활용되지만, 비수기에는 종사원의 활용도가 낮은 것이 문제점으로 나타나고 있으며, 따라서 비정규직과 아르바이트의 활용으로 인건비의 부담을 줄이는 경영이 이루어지고 있다. 이는 경영자의 입장에서 다음과 같은 딜레마에 빠지게 되는데, 비수기를 대비하여 정규직을 줄이고 비정규직과 아르바이트를 많이 쓰면 인건비는 줄일 수 있지만 대고객서비스면에서는 주인의식과 서비스정신이 정규직에 비하여 떨어지므로, 서비스를 지향하는 호텔의 입장에서는 대고객서비스가 문제되며, 이와 반대로 정규직을 충분히 확보하면 서비스의 질은 상승하지만 인건비의 부담이 문제되는 딜레마에 빠져 호텔경영에 있어서 해결책을 강구해야 하는 것이 문제이다.

또한 일반제조업의 상품은 시간대별 구매의 변동폭이 크게 다르지 않지만, 호텔의 매출은 식음료의 경우 식사시간(아침 · 점심 · 저녁)을 중심으로 구매가 이루어지고 저녁(오후 6~10시)을 중심으로 주로 이루어지는 것이 특징이다.

한국은 사계절이 뚜렷하게 구별되는 특성으로 인하여 호텔산업의 판매성향은 성수기와 비수기가 명확하게 구분된다. 즉 호텔서비스는 계절, 요일, 하루 중의 시간에 따라 수요의 변화가 크기 때문에 성수기와 비수기에 따라 수요를 평준화하고 촉진시키는 방법으로 차등요금을 적용시키거나 동시에 마케팅을 적용해야 한다.

3. 재무비용상의 특성

호텔기업은 하나의 독립된 건물 안에 일반사회의 축소판과 같은 제반시설을 갖추어 놓고 종업원들의 인적 서비스를 통하여 고객의 욕구를 충족시켜 주고 있다. 이러한 역할은 일반제조기업과는 다른 것으로 그에 따른 재무, 회계 측면에서 관찰할 수 있는 재무비용상의 특성을 살펴보면 다음과 같다.

1) 고정자산의 투자비율(초기투자비율)이 높고 자본회전율이 낮다

호텔시설 자체가 하나의 상품이기 때문에 다른 산업과 같이 부분적 · 연차적으로 투자가 어렵고, 호텔의 시설은 건물을 세우고 내부시설과 비품 · 집기 등의 모든 시설을 갖추고 있어야만 호텔의 물적 상품으로서의 기능을 할 수 있기 때문에 초기의 투자가 타 산업에 비하여 높다.

일반적으로 기업은 건물이나 시설과 고정자산보다는 상품이나 현금과 같은 유동자산의 비중이 크지만, 호텔은 건물이나 시설의 비중이 총투자액의 80~95%가 되므로 고정자산의 투자가 높아서 유동자산의 활용도가 낮아 자본의 회전속도에 대한 이익률이 낮다.

자본회전율 = (매출액 / 자본) × 100

그러므로 호텔산업에 투자하고자 하는 기업은 장기적인 계획을 가지고 자금조달계획에 차질이 없도록 하여야 한다.

2) 높은 고정비의 지출

기업의 비용은 고정비와 변동비로 구분된다. 기업에 있어서 고정비의 지출은 운영상황에 따라 움직일 수 없는 항목이나, 변동비는 신축성 있는 항목으로 그 폭을 상황에 따라 조절할 수 있다. 따라서 감가상각비, 수도광열비, 노무비, 일반관리비, 보험료, 수선비 등 고정비의 지출과다로 경영상에 어려움으로 나타날 수 있다. 특히 인건비의 상승으로 인한 부담이 커지면 호텔들은 대고객 서비스에 크게 문제가 없는 부분에서는 인건비를 줄이기 위해 아웃소싱을 하는 호텔들이 많이 나타난다.

호텔상품의 특성상 수백 개의 객실에 단 한 사람의 고객이 투숙해도 전기, 수도, 난방을 가동시켜야 하며, 서비스요원, 안전요원 등이 모두 근무해야 한다. 따라서 이에 따른 고정비적 성격의 비용지출이 일반기업에 비하여 상대적으로 높아 수익성과 비용이 일치하는 손익분기점이 높게 나타난다.

3) 종사원에 대한 의존도가 높아 노무비의 비중이 크다

호텔은 인적 서비스의 역할을 기계화할 수 없는 어려움으로 다른 일반 생산시설에서는 기계화 및 자동화로 원가절감을 통한 수익향상이 가능하지만, 호텔은 고객이 질적인 만족을 원할수록 고급인력을 증원하여야 하기 때문에 노무비의 부담은 앞으로도 호텔경영에 있어서 계속되는 문제점으로 나타날 것이다.

4) 시설의 조기 진부화 및 노후화

호텔시설의 조기 노후화는 두 가지 측면에서 볼 수 있다. 첫째, 호텔시설이 타 산업의 시설과 비교하여 빨리 노후화된다는 개념으로서 이는 호텔의 시설을 이용하는 고객들의 주인의식 결여와 시설을 사용하는 다양한 고객들의 습관의 차이(렌터카를 생각하면 이해가 쉬울 것 같음)로 인하여 빨리 마모된다는 의미이다. 둘째, 진정한 의미는 호텔 간의 경쟁과 고객의 눈높이, 현대호텔의 유행(시설의 호화로움, 대형화)을 따라가야만 하기 때문에 아직 쓸 수 있는 시설이라도 과학기술의 진보로 인하여 새로운 시설이 나타났을 때 그 시설을 설치하지 않으면 현대호텔경영에 있어서 경쟁력의 저하로 나타나기 때문이다.

호텔의 시설은 고객의 이용 여부에 상관없이 계속 훼손·마모됨으로써 결과적으로 경제적 가치 내지 상품으로서의 효용가치의 상실에 따른 수익성 저하를 예방하기 위한 주기적 개·보수가 요구되고 있다. 따라서 시설 개·보수비용 적립금의 규모와 개·보수를 위한 필요기간의 산정이 수익성에 영향을 줄 수 있다.

5) 비생산적인 공공장소의 필연성

수익창출면에서 비생산적 공간인 로비(Lobby)나 조경 등은 비싼 지대 및 건축설비를 감안했을 때 만들 필요가 없으나, 호텔시설 자체가 상품의 역할을 하는 특성을 가지므로 더 좋은 상품으로 포장하기 위해 필수불가결한 것으로 그만큼 수익창출면적이 줄어들게 되어 수익성을 감소시키는 요인이 되고 있다.

특히 로비는 호텔의 이미지를 결정짓는 시설상의 요소 중 중요한 부분을 차지하고 있고, 호텔의 모든 방문객들은 반드시 호텔로비를 통할 수밖에 없으므로 로비의 중요성 때문에 호텔건축시 상당한 비용을 투자하고 호텔의 예술적·미적 감각을 고려하여 건설한다.

4. 경영상의 특성

1) 24시간 연중무휴로 운영

호텔은 개업해서 폐업할 때까지 단 1분 1초도 쉬지 않는다는 특성을 가지고 있다. 이는 타 산업에 비하여 아주 독특한 특성 중 하나이다. 그러므로 현관부서나 특정부서는 3교대를 하고 있으며, 이는 호텔경영상에 있어 종사원들 간의 업무협조가 중요하다는 것을 의미한다. 똑같은 업무를 3명의 종사원이 3교대로 수행해야 하기 때문에 업무의 인수인계와 종사원들 간의 신뢰와 협조가 무엇보다도 중요하다.

호텔은 시설 및 인적 서비스를 복합한 상품을 연중무휴로 찾아오는 고객에게 판매하는 기업이다. 호텔의 이용객은 자기 집을 떠나거나 즐기고자 하는 사람들로서 낮에는 고객에게 각자 취미를 만족하게 즐길 수 있도록 서비스를 제공하여야 하며, 밤에는 고객의 생명과 재물을 보호하는 등 하루 24시간 무휴의 영업을 한다. 이러한 고객의 특성으로 말미암아 남이 놀 때에는 한층 더 바빠지고 남이 잠을 잘 때에도 계속 근무를 하며 단 한순간도 쉴 수 없는 연중무휴의 운영을 계속하는 특성을 가지고 있다. 따라서 종업원의 서비스에 대한 의존도가 큰 기업이다.

2) 기계화의 한계성

아무리 과학문명이 발달하고 기계가 발전한다 해도 호텔산업에 있어서는 모든 것을 기계로만 고객에게 만족시킬 수 없다는 것이 특성이고, 호텔산업이 최고로 추구하는 서비스를 기계가 전부 담당할 수는 없다. 그 이유는 인간의 섬세함, 친절, 미소, 감정적 부분에 대해서는 기계가 할 수 없고 오직 인간만이 할 수 있는 것이기 때문이다. 호텔기업은 인적 서비스의 판매가 커다란 하나의 제품으로 간주되고 있는 특수성을 가지고 있다. 오늘날 고액의 인건비 지출을 억제하고 많은 분야의 업무과학화를 위하여 호텔기능을 기계화한다. 그러나 인간의 정성스러운 서비스 분야나 세심한 고객관리는 기계화가 불가능한 것이다.

3) 비탄력적(수용규모의 한계성) 상품

호텔제품은 양적 · 시간적 제약을 많이 받는데, 객실수에 의해서 투숙객을 수용하여야만 한다. 제조업 분야의 유형적 상품은 고객의 수요가 증가하면 공장라인을 늘리거나, 연장근무를 통하여 제품의 공급량을 고객의 수요에 맞게 늘릴 수 있는 탄력성을 가지고 있지만, 호텔의 객실은 단기간 내에 이를 공급할 수 없으며, 일반적으로 초기 호텔시설의 규모에서 객실공급시설을 크게 늘릴 수 없다는 제약을 받는다. 그러나 식음료 판매량에는 약간의 신축성이 있으나, 시간과 장소의 제약을 많이 받아 다른 기업과는 달리 공급적인 면에서 한계를 보이기 때문에 매출확대의 제약을 받는다.

4) 사회적 환경요인에 대한 민감성

호텔산업은 호텔 자체의 상품경쟁력에 고객이 민감하게 반응하기도 하지만, 상품의 경쟁력이 아무리 좋다 해도 국내·외적 환경변화에 민감하여 호텔영업에 큰 영향을 끼친다. 특히 국내·외의 정치·경제·전쟁 및 질병에 따른 국제·국내 간의 왕래는 현저하게 감소되는 것을 볼 수가 있다. 즉 정치·경제·전쟁과 질병 또는 테러 그리고 데모 및 자연재해와 같은 사회적인 불안요인은 곧 사회적 혼란으로 관광객의 신상을 불안하게 하여 관광객이 감소하게 되는 현상을 초래한다. 따라서 호텔산업은 타산업보다 사회적 환경요인에 민감한 영향을 받는다고 할 수 있다. 우리들은 과거 미국의 9·11테러, 사스와 같은 조류독감 등의 질병, 동남아의 지진해일(쓰나미) 등과 같은 사회적 혼란으로 세계관광시장의 위축을 초래한 바 있다.

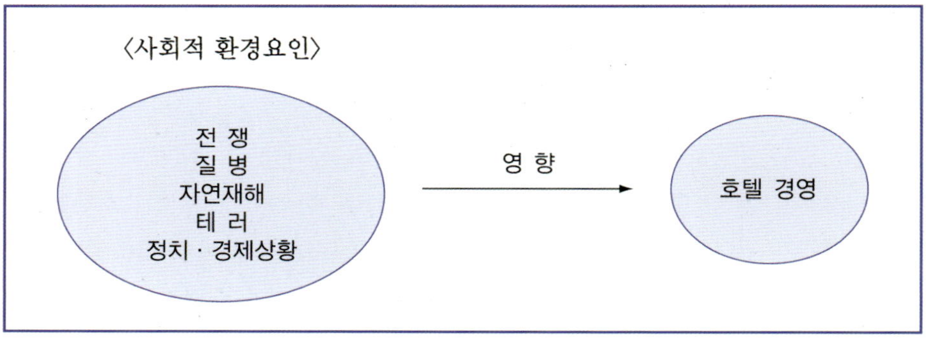

[그림 2-14] 호텔의 사회적 환경요인

5) 부서 간의 업무협조

호텔은 최상의 상품을 만들기 위해 각 부서 간의 상이한 업무에 서로 역량을 발휘함으로써 고객에게 최고의 상품을 제공하여야 한다. 한 명의 고객에게 최상의 서비스를 제공하기 위해서는 각자가 담당하고 있는 업무를 충실히 수행하여야 하며, 부서 간의 긴밀한 업무협조체계가 이루어져야만 고객이 만족할 만한 서비스가 이루어질 수 있다. 즉 객실부서는 고객에게 청결하고 안락한 객실상품을 제공하기 위해 하우스키핑(housekeeping)부서에서는 객실 정비를 철저히 준비하고, 준비된 상품은 프런트데스크에서 고객이 원하는 객실을 인적 서비스와 함께 제공해야 하며, 도어맨은 고객의 도착과 출발에 있어서 영접을 담당하여야 하며, 제공된 객실은 벨맨의 친절한 안내와 호텔 내·외적인 정보를 제공하여야 하는 것이다.

또한 식음료부서에서는 고객에게 제공할 음식을 준비하기 위해 관리부서인 구매부서는 식자재 구매 · 검수 · 관리를, 조리부서는 준비된 식자재를 이용하여 음식을 조리하며, 식음료부서는 잘 훈련된 종사원으로부터 고객에게 서빙하게 되는 것이다. 다시 말해 고객이 호텔에서 체재하는 동안 호텔 내의 인적 · 물적 · 시스템적 서비스 이용 중 어느 한 부분이라도 고객이 불편을 느끼게 된다면 호텔의 서비스는 실패하게 되는 것이다. 그렇기 때문에 고객만족을 위해서는 호텔 내 모든 부서 간의 유기적인 협력체제를 구축하여야 한다.

결론적으로 한 명의 고객에게 서비스하기 위해서 다양한 직업군이 모여서 각자의 역량을 발휘하고 서로 협조하여야만 최상의 서비스를 제공할 수 있다는 것이다(고객에게는 부서가 중요한 것이 아니라 최고의 서비스가 중요한 것이다).

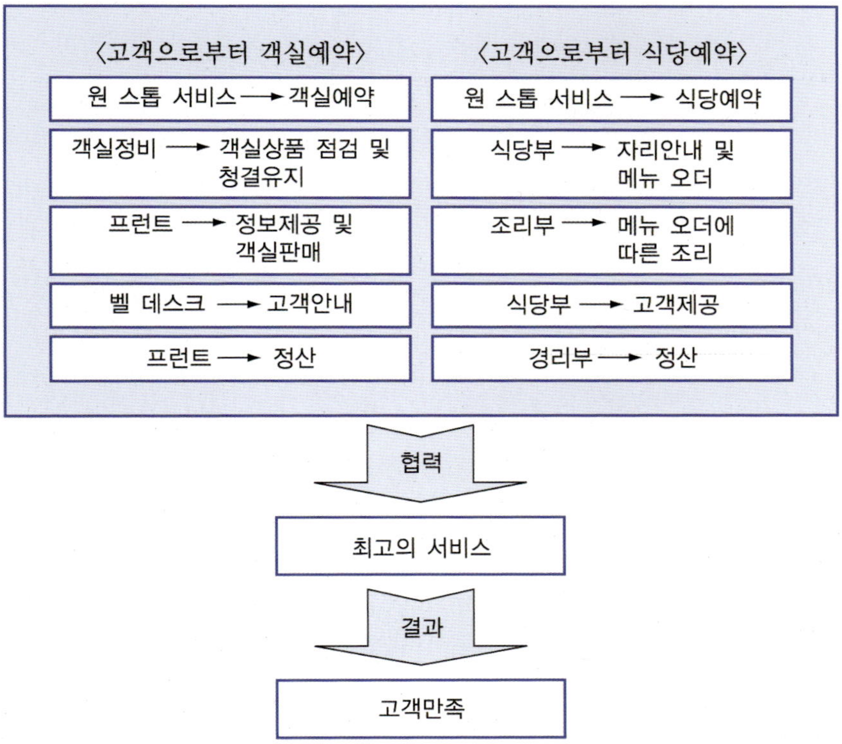

[그림 2-15] 부서 간의 협력업무체계

6) 공공성

호텔종업원들은 국제신사로 자부하고 민간외교관으로서의 긍지와 그들의 기본적 사명감 및 인간의 도의와 양심을 강조하는 관광호텔의 공공성을 깊이 인식한 서비스맨이 되어야만 한다. 호텔은 다양한 국가의 다양한 분야의 사람들이 찾아오는 곳이다. 이러한 다양성을 지닌 고객들에게 최상의 서비스를 제공하고 우리나라를 제대로 알릴 수 있는 역할을 하는 호텔종사원으로서 국가적 사명감을 가지고 있어야 한다는 것이다.

"길손을 사랑하라"는 예수의 말씀과, "사람에게는 사람을 두고 참을 수 없는 심정이 있다"라는 맹자의 말씀은 다 같이 우리 인간은 집 없는 사람이나 자기 집을 떠나서 타향이나 타국의 여행길에 있는 나그네를 접할 때에는 이를 동정하는 마음이 생겨난다는 뜻으로 해석해도 좋을 것이다.

그리고 호텔의 기본정신을 논함에 있어서는 우리 조상들의 아름답고 숭고한 인도적 정신을 상기할 필요가 있는데, 옛날의 우리 조상들은 사랑방이란 별실을 만들어 놓고 그 집을 찾아오는 손님은 물론 그 지역을 지나가다 날이 저물어 더 가지 못하고 그 마을에서 유숙해야 하는 식객을 무료로 재워 주던 미풍이 곧 그것이다.

주인(host)으로서 고객(guest)을 맞이하는 그 기본정신은 역시 우리 조상들이 무료로 식객을 사랑방에서 재워 주던 인류애 내지는 인도적 정신, 즉 현대용어로 표현한다면 공공성을 가진 서비스정신이어야 할 것이다.

오늘날 호텔에 대한 일반적 통념은 타국으로부터 온 여행자뿐만 아니라 그 호텔을 이용하는 모든 공중에 대하여 '광의의 대중에 봉사'한다는 의미에서 호텔맨의 긍지와 자각이 강조되지 않을 수 없다. 20세기의 호텔 왕이라 불리는 스타틀러(E.M. Statler)는 "인생이란 서비스이다. 호텔이란 오직 서비스를 파는 곳이다"라고 말했으며, 호텔을 통하여 일반대중, 즉 공공을 위한 서비스에 그의 일생을 바친 것이다. 그의 이러한 서비스정신은 호텔경영을 통하여 공공에 대한 서비스를 강조하고 있다.

친절이란 귀먹은 사람이 들을 수 있고 눈먼 사람이 볼 수 있는 언어

- 마크 트웨인 -

제 3 장

호텔기업의 환경

설득하려면 상대의 마음을 읽어라.
명분과 원칙보다 상황의 중요성을 강조하라.
신뢰가 쌓이면 설득도 이루어진다.
누군가를 집요하게 설득해 본 적이 있는 사람은
그 과정이 얼마나 힘든지 잘 안다.
특히 자신보다 높은 지위와 확실한 결정권을 가진
윗사람을 설득한다는 것은 쉬운 일이 아니다.
신하가 군주를 설득하는 것, 영업사원이 고객을 설득하는 것,
부하가 상사를 설득하는 것은 상황은 다르지만
고도의 논리와 기술, 감성이 있지 않고는 불가능한 일이다.

고객에게 감사의 깊이를 전할 수 있는 말과 행동을 보여 주어라.

- 버드 바게트(전문 세일즈맨) -

제3장

호텔기업의 환경

제1절 호텔기업의 직접환경

1. 고객(customer, 소비자)

오늘날 호텔기업 환경의 이해집단으로서 가장 큰 영향을 미치는 요인은 고객(customer, 소비자)이라는 견해가 지배적이다. 기업의 모든 의사결정은 고객에서 출발하여 고객으로 끝나는 이른바 고객만족(customer satisfaction)을 지향하고 있다.

어떤 기업이든 생산된 제품이나 서비스는 판매를 전제로 하고 있다. 더욱이 대략생산이 가능해지고 경쟁기업의 수가 늘어남에 따라 공급이 수요를 초과하게 되어 제품이나 서비스의 판매는 기업경영의 중요한 부문으로 인식되고 있다. 이 제품이나 서비스의 구매자를 고객 또는 소비자라 할 수 있다. 여러 개의 호텔기업환경 가운데서 고객창조(customer creation), 시장창조(market creation), 수요창조(demand creation)라는 기업의 궁극적인 목적과 연결되는 직접적이며 혁신적인 집단이 바로 고객인 것이다. 따라서 호텔기업이 성장・발전하기 위해서는 고객들이 원하는 제품과 서비스를 제공하고 그로부터 적절한 이윤을 획득할 수 있어야 한다.

고객(customer)과 소비자(consumer)를 구분한다면, 고객이란 '현재의 시장을 구성하는 사람들'이며, 소비자란 '장래 그것을 구성하게 되는 사람들'이다. 다시 말해서 고객과 소비자를 총괄해서 보통 '일반소비자'라고 광의로 해석하지만, 기업환경으로서의 1차적이며 직접적 환경은 고객이고, 2차적이며 일반환경이 소비자라 할 수 있다. 따라서 고객이나 소비자가 다 같이 기업환경으로서의 이해집단으로서 의사결정에 영향을 미치게 되지만, 그 핵심은 1차적・직접적 환경으로서의 고객에게 있게 됨은 물론이다.

호텔기업은 과거와는 달리 불특정 다수의 고객들을 대상으로 경영활동을 전개해 나가고 있으므로 고객의 욕구를 파악, 그에 적합한 인적·물적 서비스를 제공해야 한다. 그러나 호텔기업의 입장에서 다양한 고객들의 욕구를 각각 만족시키는 데에는 많은 어려움이 따른다.

그러므로 호텔의 마케팅 담당자는 고객의 욕구를 효과적으로 파악하기 위한 시장조사와 고객집단을 구별하기 위한 시장세분화 등의 과학적이고 체계적인 방법을 사용하여야 한다. 그 가운데서도 소비자행동(customer behavior)에 초점을 맞추는 것은 매우 중요한 과정이다. 왜냐하면 소비자행동에 대한 분석 없이는 고객지향적인 의사결정이 결코 내려질 수 없기 때문이다. 특히 호텔기업은 인적·물적 서비스의 생산과 판매를 주로 하는 서비스업으로서 사람산업(people industry)이라고 불리는 만큼 고객관리는 무엇보다도 중요한 환경요인인 것이다.

2. 종업원(employee)

기업환경으로서의 노동조합이나 종업원(employee)은 대외적 환경이 아니라 기업조직의 직접적인 구성원이며, 대내적 환경이라는 점에서 기타의 이해자집단들과는 그 질적인 면에서 차이가 난다.

전통적으로 기업조직 내에서는 경영자들이 힘의 우위를 지키고 있고, 지금까지도 그러한 상황이기는 하지만, 근래에 와서 노동자들의 노동조합(labour union) 활동이 활발해져서 그들의 단결된 힘은 기업의 성패에까지 영향을 미칠 수 있게 되었다. 그들은 법에 의하여 보장된 여러 가지 권리를 바탕으로 단체로서 경영자와 대항할 수 있게 된 것이다.

일반적으로 노사관계의 문제는 단체교섭과 노사협조(partnership)라는 두 가지 국면에서 다루어지고 있는 것이 현대기업들의 추세이지만, 대부분의 경우 그러한 단체교섭이나 노사협조를 통해야 비로소 의사결정이 행해질 수 있게 된다.

오늘날과 같은 기업사회에 있어서 종업원이나 노동조합이 기업환경적인 이해집단으로서 미치게 되는 영향이 크다고 할 수 있다. 물론 넓은 의미에서 단체교섭은 종업원이 단결해서 경영층에 대항하는 일체의 행위를 뜻하지만, 여기서 말하는 단체교섭이란 좁은 의미에서 주로 임금, 노동시간, 기타의 노동조건 등에 대해서 경영층과 종업원이나 이해의 대표자인 노동조합이 교섭하는 것을 뜻하며, 어느 나라에서든 경영자측은 정당한 이유 없이 단체교섭을 거부할 수는 없게 되어 있다.

그러므로 기업이 성공적인 노사관계를 유지하기 위해서는 노사 쌍방 간의 우호적인 대화

체제 구축이 꼭 필요하다. 특히 호텔기업은 종업원들의 서비스가 바로 상품의 일부가 되는 서비스업이기 때문에 인적 자원에 의존하는 바가 그 어느 기업보다도 크다. 다시 말해 노동조합의 일원으로서뿐만 아니라, 개인종업원으로서도 호텔기업에 직접적인 영향을 미치는 요소인 것이다. 따라서 직접적으로 생산을 담당하는 종업원과의 이해관계를 원만하게 유지하기 위해서는 그들을 자발적으로 생산활동에 참여시키는 것이 중요하다. 그들을 자발적으로 참여시키기 위해서는 고용의 안정, 임금, 노동시간 및 기타 노동조건을 향상시키고 그들을 인간적으로 대우하는 것이 필수적이다.

3. 정부(governments)

정부가 기업에 미치는 영향력은 그 나라의 경제발전 양상과 유사하다. 선진경제제도하에서는 정부의 영향력이 비교적 적지만 후진국이나 개발도상국의 경제제도하에서는 정부가 기업경영에 지대한 영향력을 행사한다. 이 경우 정부는 주로 기업의 제도와 규제, 나아가 산업구조조정 등의 통제적 역할을 수행하게 된다.

고든(R.A. Gordon)에 의하면 정부는 기업의 의사결정에 대한 영향의 원천으로서 보통 다음과 같은 세 가지 형태로 작용하게 된다고 한다.

① 기업의 의사결정을 용이하게 하며 조성시킨다.
② 기업의 의사결정 자유를 구속한다. 그러나 그 의사결정을 정부의 그것에 의해 대치시키고자 하는 의도는 없다.
③ 기업의 의사결정을 공무원의 그것에 의해 대치시킨다. 극단적인 경우에는 공기업이 생기게 된다.

위의 세 가지 형태는 달리 표현하면 ① 기업에 대한 직접적 통제와 간접적 통제, ② 기업에 대한 직접적 및 간접적인 보호육성, ③ 기업이 활약하는 기반의 정비와 강화라고도 할 수 있다. 그러나 무엇보다도 정부가 올바른 기업풍토를 조성해서 그것에 의해 기업활동을 촉진케 하는 것이 정부의 역할이라고 할 수 있다. 이를테면 재산 및 계약에 관한 법률, 상법・파산법・회사갱생법 등의 제정, 법률시행기구의 정비 등을 그 예로 들 수 있다. 나아가서 정부는 기업에 대한 조성 내지 보호의 시책을 밀고 나간다.

우리나라의 경우 호텔기업의 활동과 관련하여 정부의 개입은 크게 두 가지 형태로 나누어 볼 수 있다.

하나는 대개 호텔기업에 대한 기대로부터 출발하는 것으로 관광기업 활동에 지원적 입장을 취하는 경우이다. 이러한 정부의 지원적 입장을 뒷받침하는 가장 우선적인 이유가 외화획득에 대한 기대이다. 이에 따라 정부는 호텔기업에 대하여 일반수출산업과 마찬가지의 각종 지원책을 제공한다. 또한 정부는 호텔기업으로부터 국제교류의 증진을 기대하며, 국민 여가수요의 해결을 기대하기도 한다. 이러한 호텔기업에 대한 정부의 기대는 정부의 지원적 개입을 유도해 왔다고 할 수 있다.

다른 하나는 호텔기업에 대한 정부의 규제적 개입이다. 이는 최근 한국 호텔기업들이 직접 경험했던 '소비성 서비스업'으로의 규정과 같은 경우이다. 이외에도 환경공해문제라든지, 소비자보호문제와 같은 사회문제들이 호텔기업 활동에 대한 정부의 규제적 개입을 정당화해 준다. 이에 따라 호텔기업들은 정부와 바람직한 관계를 유지하기 위한 보다 적극적인 대응전략을 수립해야 할 것이다. 정부의 정책과정에 적극 참여해야 하는 것은 물론, 사회와의 공존적 존재로서 새로운 이미지를 창출해야 한다.

4. 경쟁기업(competitory enterprises)

이해집단으로서의 경쟁기업(competitory enterprises)이 의사결정에 미치는 영향도 크다. 특히 경쟁이 심한 제품(또는 서비스)을 생산·판매하는 업종일수록 경쟁기업이 매우 비중이 높은 기업환경으로 등장하게 마련이다. 그것은 어떠한 의사결정으로 경쟁기업에 대응해야 할 것인가가 정해지지 않고서는 경쟁에서 패퇴할 수밖에 없기 때문이다.

경쟁은 다수의 기업들이 제한된 시장에서 유리한 위치를 차지하기 위한 경영활동을 전개할 때 야기되는 것이다. 따라서 한 기업의 경쟁적 조치는 다른 기업들에게 심각한 영향을 미치기 때문에 자연히 보복적인 조치나 대응조치를 불러일으키게 된다. 이때 경쟁기업의 규모, 수, 전략내용 등은 어느 특정기업의 경영성과에 직접적인 영향을 미치게 된다.

예컨대, 경쟁관계에 있는 대규모의 특급호텔들이 객실요금 인하정책을 채택할 때 호텔은 가격인하여건이 성숙되어 있지 않음에도 불구하고 현존 시장점유율의 유지를 위하여 가격인하를 단행하지 않을 수 없는 경우이다.

경쟁기업의 존재가 비교우위의 측면에서는 분명히 위협적인 존재이며 부담으로 작용하지만, 올바른 경쟁자가 존재함으로써 호텔의 경쟁우위를 지속적으로 증가시켜 주고 호텔이 속한 산업의 구조를 개선시키는 데 도움을 줄 수 있다.

'해로운' 경쟁자에게는 공격을 가하는 반면, '이로운' 경쟁자와는 서로의 시장지위를 유지하도록 노력해야 한다. 기업에 있어 경쟁자가 있다는 것은 경쟁에 유익할 뿐 아니라 일반적으로 알고 있는 것보다도 훨씬 더 그 기업에 유리하게 작용할 수 있다.

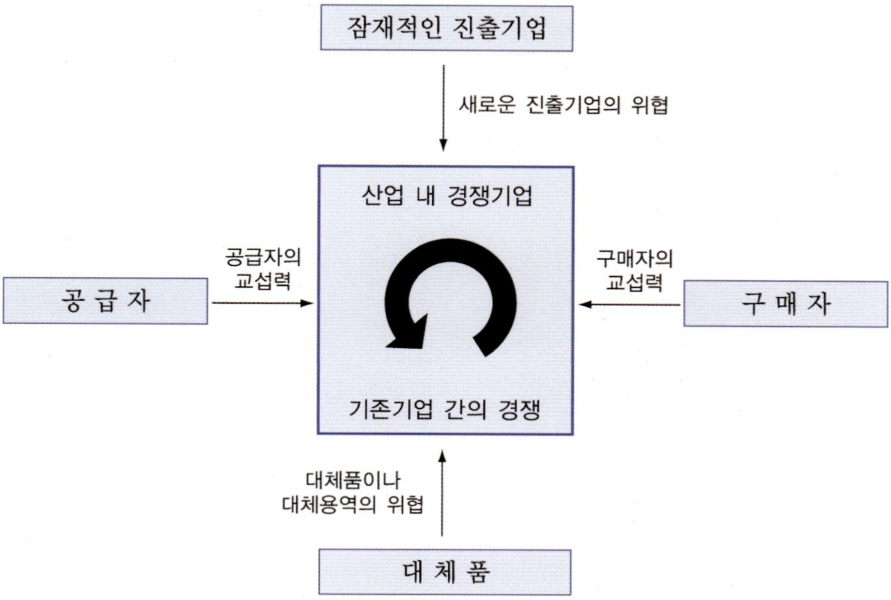

[그림 3-1] 산업경쟁을 유발시키는 요인

5. 지역사회(community)

호텔기업의 직접환경으로서 지역사회(community)는 경우에 따라 협력관계 또는 적대관계로 변할 수 있는 양면성을 지닌 이해집단이다.

호텔과 지역사회가 원만한 협조체계를 유지할 수 있는 것은 지역사회가 호텔을 자기지역에 유치함으로써 지역주민의 고용과 소득증대를 이룩하여 지역경제 발전의 기반으로 삼고자 할 경우이다. 이 경우 지역사회는 우수 호텔기업을 유인하기 위하여 각종 세제혜택, 저렴한 호텔부지 제공, 저렴한 산업용 물 및 전력공급 등의 각종 유인책을 사용하게 된다.

호텔기업 또한 지역사회의 발전에 일익을 담당한다는 긍지와 소명감을 갖고 동일지역주민의 우선적 채용, 지역주민의 호텔 초정 및 간담회, 양질의 제품 서비스를 지역주민에게 우선적으로 제공하는 등의 노력을 경주하면 지역사회와 기업은 상호 신뢰하는 분위기를 조성할 수 있으며, 호텔기업 홍보에도 좋은 효과를 거둘 수 있다.

그러나 기업이 지역사회의 요구와 희망을 무시하여 지나치게 영리만을 추구하는 등 지역의 문화적·교육적 여건에 역행하거나 장기간 세금을 체납함으로써 지방정부의 수입확보에 지장을 초래하는 등의 몰염치한 행위는 기업발전에 위협요인이 된다. 즉 지역주민들이 농성 등의 집단행동을 취한다거나 법정에 제소하여 보상금을 요구하면 영업활동의 중지나 막대한 금액의 보상금을 지급함으로써 회사의 재정상태가 치명적으로 악화되는 상황을 감수해야 한다. 최근 지방자치단체와의 대립으로 건설 자체가 취소 또는 중단되는 경우가 그 사례라고 볼 수 있다.

6. 언론매체(mass media)

오늘날과 같은 정보화시대에서는 개인이나 조직 모두가 신속하고 정확한 정보를 필요로 하며, 또한 자사의 정보를 고객이나 기타 이해집단들에게 알려 줄 필요가 있다. 이러한 역할을 전문적으로 하는 조직을 언론매체라 할 수 있다. 즉 언론매체(mass media)란 전문적인 정보전달의 매개체이다.

언론매체가 호텔기업에 갖는 중요성은 크게 두 가지로 정리된다.

하나는 언론매체를 통해 관광기업은 새로운 이미지를 창출할 수 있다는 점이다. 언론의 호텔기업에 대한 태도는 균형적일 수 있으며, 한쪽으로는 편향되거나 왜곡된 보도를 방지할 수 있다. 이로써 호텔기업은 기업 본래의 모습을 여러 사람들에게 전달할 수 있으며, 기대하는 이미지도 창출할 수 있다. 다른 하나는 호텔기업은 언론매체를 통해 호텔기업의 사회적 위상을 파악할 수 있다는 점이다. 호텔기업은 스스로 가지고 있는 의도와는 전혀 다른 모습으로 사회에서 인식되는 경우가 많다. 이러한 잘못된 인식은 호텔기업 경영에 커다란 위험이 된다. 언론에 보도된 내용을 통해 호텔기업은 자신의 사회적 위상을 파악할 수 있으며, 그로부터 문제점을 찾아낼 수 있다.

따라서 호텔기업은 언론매체와의 관계를 새롭게 인식함은 물론 호텔기업의 입장을 언론에 바르게 전달할 수 있는 전략이 필요한 것이다.

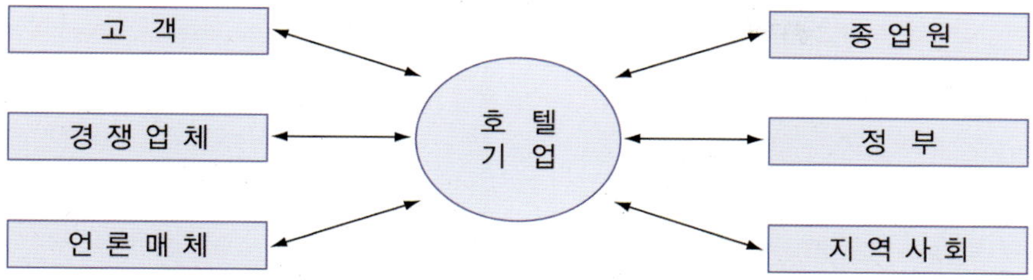

[그림 3-2] 호텔기업의 직접적 환경요인

제2절 호텔기업의 거시환경(Macro Environment)

1. 경제적 환경(economical environment)

경제호황기(prosperity), 침체기(recession), 회복기(recovery) 등의 경제주기(economy cycle)와 인플레이션(inflation), 스태그플레이션(stagflation), 디플레이션(deflation) 등의 경제현상 및 GNP, 소비자 물가지수, 환율, 주식 시세 등 기타 경제지표의 변화에 대해 환대산업은 밀접한 영향을 받게 된다. 예를 들어 환율의 10% 절상은 객실점유율 1.1%의 하락을 초래한다는 미국의 조사결과가 있었다.

경제적 환경(economical environment)이란 기업의 모든 활동과 간접적으로 연결되어 있는 모든 경제적 시스템을 일컫는다. 기업이란 세계, 국가, 가계 등을 비롯한 경제단위들과 전체 경제시스템의 틀 안에서 밀접한 관계를 지속적으로 유지하면서, 주주의 부(富)의 극대화 등의 개념으로 지칭되는 경영목표를 독자적으로 수행하여야 하는 특수성을 가진 경제단위이다. 그런데 이들 인접경제 시스템들이 행하는 각종의 경제적 의사결정의 결과인 경제적 현상은 기업의 경제적 환경이 되며, 이들 경제적 환경은 기업에게 유리한 것과 불리한 것이 있다. 경제적 요인의 종류는 경제체제, 산업구조, 정부의 재정 및 금융정책, 인플레이션, 경제성장의 속도 및 소비성향의 변화, 수출입동향 등 무수한 것들이 있다.

Marriott그룹은 55불의 rack rate로 Courtyard by Marriott 브랜드 시장에 진입시켰으며, 이후에 더욱 염가인 Fairifield Inns 및 1990년대 노인시장을 대비한 Residence Inns 브랜드를 개발하여, 특급 호텔시장뿐 아니라 중저가시장에서도 시장선도자의 역할을 하게 되었다.

인플레이션

화폐가치가 하락하여 물가가 전반적 · 지속적으로 상승하는 경제현상을 말한다.

스태그플레이션

기업 외부적으로는 인플레이션 현상이 만연되며, 기업 내부적으로는 재고가 쌓이고 판매가 저조한 2중고 현상을 의미함. 즉 고물가, 저성장으로 상징되는 등 경제 위축현상을 의미한다. 역사적으로 세 차례에 걸쳐 세계의 경제를 크게 위축시킨 바 있음. 현 시점에서도 세계의 경제침체, 미국 금리인하로 인한 물가불안, 국제유가의 상승으로 인한 물가불안 등으로 인해 그 징조가 나타나고 있다.

디플레이션

통화량의 축소에 의하여 물가가 하락하고 경제활동이 침체되는 현상을 말한다.

1) 경제체제

경제체제란 한 나라의 경제체제가 소유의 자유, 재정운영방식, 분배의 대상 등을 어떻게 규정하느냐에 의해 결정된다. 자본주의 경제하에서는 자본을 출자한 사람에 의해 기업이 자유로 소유되며, 경영목표를 달성하기 위한 자율적 경영방식을 채택할 수 있으며, 생산품의 분배는 시장에서 형성된 가격대를 통하여 필요한 사람들에게 합리적으로 배분된다. 즉 자본주의 경제체제는 재산의 사적 소유뿐만 아니라 기업경영활동의 자유가 강조되며, 생산자와 소비자 간의 분배는 가격기구에 의해 자율적으로 조성되는 경제체제인 것이다. 자본주의 경제체제하에서 정부의 기능은 최소한의 간섭을 원칙으로 한다. 즉 기업의 경영활동에 대한 정부의 간섭은 기업이 자유를 남용함으로써 국민의 권익이 침해당하지 않도록 보호하는 범위에 국한한다.

2) 산업구조

산업구조는 한 나라의 경제가 어떤 종류의 산업들로 구성되어 있으며, 그 구성비중은 어떠한지를 나타내는 것이다. 특정산업에 속한 여러 기업들은 유사한 제품을 생산하고 비슷한 기업활동을 수행하는데, 특정산업의 성장전망이 밝으면 그 산업 내의 모든 기업은 성장전망이 흐린 산업에 속한 기업들보다 높은 성공의 확률을 갖고 있다고 할 수 있다. 산업을 분류하는 기준은 제품군이나 기업활동의 내용인데, 이들에 의해 산업은 좁게 혹은 넓게 분류된다. 농 · 수산업 등의 1차산업, 광 · 공 · 건설업 등의 2차산업, 운수 · 통신 산업과 서비스업의 3차산업은 가장 기초적인 산업분류방법이다.

그러므로 산업구조가 경제환경으로서 중요한 의의를 갖는 것은 한 나라의 경제를 주도하는 산업이 어떤 것인가에 따라 그 산업에 소속된 기업들의 경영활동과 경영전략이 직접적인 영향을 받기 때문이다. 최근 21세기를 겨냥한 여가·관광사업, 정보·통신 산업 등은 기업의 입장에서 적극적인 투자가치가 있는 매력적인 산업들이다.

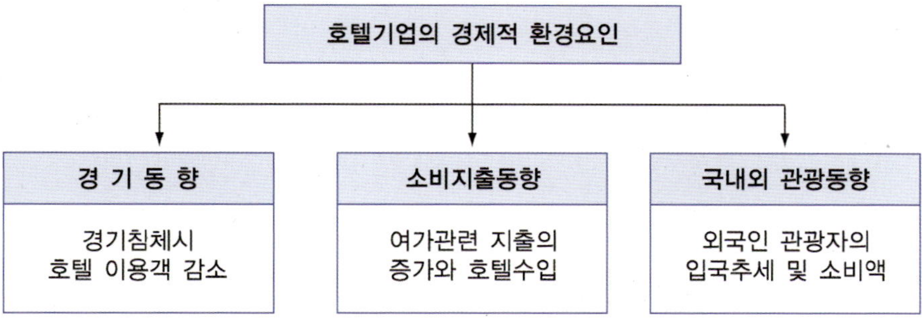

[그림 3-3] 호텔기업의 경제적 환경요인

3) 재정·금융정책

정부의 재정·금융정책 역시 중요한 경제환경이다.

경제의 불황상태가 지속되면 경쟁력이나 자본구조가 취약한 기업들이 도산하게 되고, 기업은 살아남기 위해 피나는 노력을 강구해야 한다. 불황의 늪에 빠진 경제를 구하기 위하여 정부는 경기부양책도 사용하게 되는데, 이것은 정부 재정지출의 확대, 세금경감, 통화공급 확대 및 금리의 하향조정 등으로 나타난다.

경기가 회복되면 기업의 자금순환이 원활해지고, 투자가 용이해지며, 시장이 확대되어 제품의 매출이 증가한다. 이와 같이 정부의 재정·금융정책은 경제상태를 좌우하게 되고, 기업의 성장과 위축도 이런 경기변동에 따라 결정되는 경향이 있으므로 기업은 경기의 변동에 미리 대처해야 할 필요가 있다.

호텔기업에 있어서 경제적 환경은 제반 환경요인 중 가장 많은 영향력을 행사하므로, 호텔경영자는 다음과 같은 환경요인에 보다 관심을 기울여야 할 것이다.

첫째, 경기동향에 관한 내용으로 경기변동의 단계는 불황 → 침체 → 회복 → 호황의 4국면으로 나누어진다. 호텔기업은 국내 경기뿐만 아니라 국제경기의 영향도 많이 받는 업종이다. 특히 선진국들의 경기침체는 관광시장에서 가장 민감한 반응을 보이게 되는데, 경기부진, 관광 수요 감소(여행횟수, 소비액), 여행목적지 변경(대체효과) 등으로 나타나게 된다.

둘째, 소비지출동향으로 소득이 변화함에 따라 이에 상응하는 제품, 서비스에 대한 수요에 큰 영향을 미친다.

셋째, 국내외의 관광동향으로 최근 관광의 특징은 대량화, 다양화, 개성화, 삶의 질 추구 등으로 나타나고 있는데, 이는 소득수준의 향상과 여가시간의 증대 그리고 교통수단의 발전이 관광산업에 큰 영향을 미쳤다.

2. 사회 · 문화적 환경(social and cultural environment)

기업의 사회 · 문화적 환경(social and cultural environment)이란 기업의 경영활동에 간접적인 영향을 미치는 문화나 가치관, 생활양식, 전통 또는 관습 등의 사회적 제도나 태도 등을 말한다. 이런 요인은 기업의 경영자나 종업원의 행동은 물론이거니와 소비패턴에도 중요한 영향을 미치게 된다. 즉 사회의 가치관이나 관습 등은 기업경영의 작업기준이 되기도 한다. 그리고 사회 · 문화적 요인은 간접적 경영환경인 정치적 · 법적 · 경제적 · 기술적 요인의 변화와 동반되어 나타나는 경우가 일반적이다. 예컨대, 국민의 경제수준이 향상되면 소비가 늘게 되고, 중산층계급이 확대되어 소비패턴도 점차 고급화 · 대량화되는 경우가 많다.

우리나라에서도 경제발전의 가속화에 따라 자가용 및 고급 생활용품에 대한 수요가 급격히 신장됨은 물론 삶의 질을 추구하고자 하는 가치관의 변화와 근로시간의 단축에 따라 여가활동에 대한 관심이 고조되고 있는 것이다. 인구구조의 변화, 즉 노년층의 증가나 핵가족화 등도 실버산업(silver industry)이나 외식산업과 같은 관련업체의 출현을 야기하기도 한다.

에니스(Ben M. Enis) 교수는 경제발전단계와 사회 · 문화적 특성을 경제발전의 단계에 따라 전산업화단계 → 개발도상단계 → 산업화단계 → 후산업화단계를 거쳐 오면서 사회 · 문화적 특성도 각각, 인습지향사회 → 미래지향사회 → 경쟁 · 소비지향사회 → 미(美)지향사회로 변화한다는 것이다. 특히 후기산업화단계(post industrial era)의 가치관은 휴머니즘과 개인존중이며, 사회구조도 개방적 사회를 지향한다고 하였다.

사회의 가치관이나 관습 혹은 문화도 사회 · 문화적 요인이라고 할 수 있다. 우리나라 사람들이 가지고 있었던 전통적인 가치관은 혈연주의, 연고주의, 학벌주의, 관료중시주의 및 권위주의, 집단주의, 인정주의와 같은 것이었으나 경제가 급속도로 발달하고 사회구조가 고도화됨에 따라 개인주의, 물질주의, 능력주의, 소비강조, 아동중심가정, 성의 개방화 등

서구사회에서 볼 수 있는 변화된 가치관으로 변모되어 가고 있다.

환대산업의 기업들은 사회가 아날로그 시대에서 디지털 혁명으로 변화됨에 따라 다음과 같은 유형으로 대처해 나가고 있다.

① **외부 자원의 내부 자원화** : 국내 서울 신라호텔을 비롯한 많은 호텔들이 시설, 하우스키핑 등의 많은 부서를 outsourcing을 통해 운영하고 있다. 현대는 소유가치보다 사용가치를 중요시하는 시대이다. 원룸, 렌터카 등이 사용가치를 대표하고 있는 예이며, 인텔리전트 빌딩(컴퓨터와 통신설비를 갖추고 냉난방, 공기정화, 조명조절, 출입자/주차관리 등 종합적 서비스가 가능한 빌딩으로서 각종 통신, 컴퓨터 장비까지 임대 가능한 빌딩) 또한 점차 상업화되고 있다.

② **패러다임, 경영관리방식, 마케팅방식의 변천** : 고객 위주의 새로운 팀조직 및 정보 관리 벤치마킹에 의한 서비스 혁신, 일선 직원 위주의 청년중역회의(Junior board of director) 운영, 고객과 일선 직원에게 최대한 공개 경영(transparent management)을 하는 등이 그 대표적 사례이다.

③ **디지털 마인드의 소유자화** : 대표적 디지털 마인드는 e-mail로서 하향식, 상향식 커뮤니케이션의 장벽을 없애고 나아가 고객의 소리를 최대한 청취하고 처리할 수 있는 컴퓨팅과 커뮤니케이팅의 혼합 병행 마인드를 가져야 한다. 즉 B to C(business to customer)전략의 강화를 의미한다.

④ **세계화와 지역화의 병행화** : 국내 선두 호텔들이 세계 유명 체인호텔임을 감안하여 국내 시장 환경을 최대한 반영할 수 있는 glocalization(globalization＋localization)이 필요하다. 실제로 많은 다국적 환대산업의 기업들은 최고경영자를 비롯한 핵심 간부직에 현지인을 고용하며 모든 측면에서 그 지역의 문화를 배려하고 있다.

⑤ **협력과 경쟁의 병행화** : 국내 선두 호텔들이 최근 식음료부문에 도입하고 있는 브랜드 제휴(co-branding)가 대표적 예로써 제휴(affilation, alliance) 및 joint marketing을 통한 coopetition(cooperation＋competition)이 필요하다.

3. 정치적 · 법적 환경(political · legal environment)

정치체제란 한 나라가 통치되는 규칙과 제도를 총칭하는 광의의 용어로서, 이는 사회의 개인은 물론 기업을 포함하는 모든 조직체의 행위(conduct)에 영향을 미침과 아울러 제약을 가하는 일체의 상호작용을 하는 법률, 정부기관 및 압력단체(pressure group)로 구성된다. 따라서 기업의 정치적 환경요인(political environment)이란 기업의 경영활동에 간접적으로 영향을 미치는 정책·법률 등이라 할 수 있으며, 흔히 법률적 환경, 정부환경 또는 행정적 환경(government environment)이라고도 한다. 정치적 환경은 국가적 목표의 달성을 위해서는 지원적 성격을 가질 수도 있으나, 이에 부합되지 않을 경우는 강력한 규제적 성격을 띠게 된다.

정부의 규제나 간섭이 기업에 미치는 영향은 후진국일수록 실로 막대하나 경제의 규모가 커지고 국제화의 분위기가 성숙해지면 그 정도는 점차 감퇴하는 것이 일반적이다. 정부규제의 강화경향은 소비자를 보호하며, 환경을 보존하고, 고용·교육 및 주택의 계층 간 격차를 해소하고자 하는 국민의 욕구가 강할 때 한층 심화되기도 한다.

이러한 정치적인 환경은 기업의 경영활동을 수행하는 데 있어 큰 영향을 미치는데, 이 중 정부는 경영활동에 직접적인 영향을 미치는 제약적 환경요인이 되는 것이다. 이러한 정치적 환경의 주요 동향으로는 다음과 같은 것이 있다.

첫째, 기업규제입법이 점차 증대되는 경향이 있는데, 이는 기술과 기업활동이 점차 복잡화되었기 때문이다. 이러한 기업규제입법의 목적은 다음과 같은 세 가지가 있다.

① **기업 상호 간에 보호를 위해서이다** : 사실상 기업의 경영자는 모두 추상적으로는 경쟁을 찬양하면서도 실제상으로는 이를 방어하려고 노력한다. 그리하여 경쟁적 위협을 받으면 노골적으로 가격인하나 담합 등 불공정거래행위를 하게 된다. 이때 정부가 나서서 규제조치를 취하게 되는데, 이러한 규제는 경쟁기업 간 힘의 낭비를 덜어 주거나 일방적인 피해를 방지하는 데 필요한 것이다.

② **정부규제는 기업으로부터 소비자를 보호하기 위해 수행된다** : 기업에 따라서는 제품을 위조하거나 광고를 통해 오도하거나 포장으로 속이거나 미끼가격을 통해 유인하는 경우도 많다. 따라서 불공정 소비자행위(unfair consumer practices)는 당연히 규제되어야만 하고, 이를 주관할 기관의 설치가 필요하다.

③ **자의적(unbridled)인 기업행동으로부터 사회의 보다 큰 이익(interest)을 보호하기 위하여 정부규제가 수행된다** : 국민총생산은 증대되어도 오히려 생활의 질(quality of life)은 파괴될 수도 있다. 대다수의 기업은 그들의 생산이나 제품과 관련한 사회 코스트(social costs)를 부담하지 않는다. 이 경우 정부가 개입하여 환경보존과 사회 코스트를 부담하게 하지만, 환경파괴가 심해지면 더욱 많은 새로운 공해규제입법이 제정·집행될 것이다.

둘째, 공해규제집단이 크게 성장하였다. 정치적 동향 가운데 큰 영향을 미치는 요인은 공공이해집단(public interest group)인데, 이는 소비자보호와 기업규제의 확대를 위해 시민운동을 벌이는 단체이다. 최근 우리나라에서도 소비자보호와 환경보전을 위해 자생적인 여러 단체들이 활발히 움직이고 있다.

그러나 대부분의 사람들은 법률이나 규제기관에 의해 기업에 가해지는 제약의 폐해만을 강조하지만, 규제로 인한 혜택은 흔히 간과하기 쉽다. 예컨대, 공해방지법이 강화되면 공해방지산업의 주가가 상승하게 되고, 노동부에 의한 차별고용의 금지가 강화됨에 따라 기존직원을 훈련시키고 자문시키는 서비스를 제공하는 회사가 성황을 이루는 것은 규제강화로 인하여 사회 전체의 부(wealth)가 상승된 경우로 볼 수 있을 것이다.

88서울올림픽 이후 관광산업의 중요성이 부각되기 시작하였고, 1994년 '한국방문의 해'를 계기로 관광산업은 최우선 육성산업 분야의 하나로 지목되어 산업적 발전이 가시화되기 시작하였다. 이와 병행하여 문화체육부에서 문화관광부로 정부기관의 명칭도 바뀌게 되었고, 2002년 월드컵 행사 지원의 일환으로 특별지원법안(관광호텔 세금부담을 25~30% 완화, 외국 관광객 부가세 영세율 적용, 등급외 호텔기준 설정으로 인한 일반 숙박업의 관광호텔화, 호텔 건설시 규제의 대폭 완화 등 다양한 측면에 있어서 개정을 한시적으로 하였음)이 발표되는 등 국내 관광산업은 매우 고무적인 환경을 맞이하게 되었다. 그중 최근에 변화된 대표적인 법적 환경의 변화를 살펴보면, 규제완화 및 지원 확대를 골자로 하는 「관광진흥법 시행령」의 개정, 특1등급 호텔의 예식행사 유치와 관련된 가정의례법의 개정, 중저가 관광숙박업 활성화 대책, 호텔객실을 콘도 형식으로 운영할 수 있게 하는 회원제 호텔제도 등을 들 수 있다.

4. 기술적 환경(technical environment)

기업의 기술적 환경은 조직·생산·재무 등 기업의 제 활동에 간접적인 변화를 초래하는 여러 종류의 기술적 변혁 및 발명(technical innovation)을 의미한다.

기술의 현황이나 발전전망은 제품이나 서비스의 종류를 규정하기도 하고, 제조시설과 설비 및 작업내용에 영향을 미치기도 한다. 예컨대 끊임없는 기업의 발전은 공장의 자동화 및 기계화, 업무의 정보화의 간소화, 신소재의 채택 등을 통하여 새로운 제품이나 서비스의 개발을 가능하게 하고, 원가를 절감하게 하여 소비자에게 실질적인 혜택이 제공되도록 한다.

그러나 신기술은 기업의 잠재적인 성장의 원천이 되기도 하지만, 기업의 성장을 저해하거나 쇠퇴시키기도 한다. 예컨대, 트랜지스터는 진공관산업을, TV는 영화산업을 쇠퇴시켰으며, 자동차는 도로를 상하게 하고 있다. 슘페터(J.A. Schumpeter)는 기술을 '창조적 파괴(creative destruction)'의 영향요인으로 보았다. 따라서 모든 기업은 환경에서 무엇이 새로운 것인지 파악하지 않으면 안되는데, 왜냐하면 궁극적으로 기술은 그 기업을 파괴할 수도 있기 때문이다.

오늘날의 기술적 변화는 수송, 정보, 통신, 소재개발, 유통, 의료, 생명공학, 컴퓨터화 등 모든 분야에 걸쳐 전개되고 있다. 특히 수송수단의 발달과 도로망의 확충 등은 관광산업의 발전에 결정적으로 기여하게 되었고, 이에 따른 관광량의 증가로 관련산업의 성장은 물론 미래사회의 선도산업으로 각광받고 있는 것이다. 또한 정보통신의 발달로 호텔경영의 기계화·자동화를 추진함으로써 효율성을 증진시킬 수도 있었다. 그러나 수송수단의 발달로 인한 숙박일수의 감소 내지 불필요성이라든지 통신수단의 발달로 화상회의(tele conference)가 보편화되면 호텔산업에 많은 영향을 미치게 된다는 점도 간과해서는 안될 것이다.

기술적 진보를 고객관리에 가장 잘 이용하고 있는 호텔은 Ritz-Carlton이다. Ritz-Carlton 호텔에서는 24만 명의 단골고객에 대한 정보를 컴퓨터에 저장하고, 고객관계 증진을 위해 최대한으로 이용하고 있다. 단골고객에게 특별 체크인 시스템인 CLASS(customer loyalty anticipation satisfaction system)를 1998년 3월부터 활용하고 있다. 고객이 호텔에 도착하기 전에 객실배정이 완료되어 있는 것은 물론이고, 도착 즉시 현관 앞에서 벨맨, 도어맨이 이름을 부르며 환대하고 룸키와 함께 Fax, 우편물 등이 전해진다. 객실에 들어서면 과일, 샴페인 등 VIP 패키지가 놓여 있다.

미국 Boston Fairmont Copley Plaza호텔에서도 고객이 선호하는 신문, 조·중식 메뉴, 세탁주기, wake-up call 등의 정보를 미리 숙지하여 고객이 요청하기 전에 미리 문의 확인함으로써 고객의 만족을 극대화시키고 있다.

5. 생태적 환경(ecological environment)

생태적 환경(ecological environment)이란 자연자원 및 에너지의 공급과 그 코스트의 동향, 공해나 환경오염 및 공해규제 등의 요인을 포함하는 환경인데, 종래에는 실체적 환경(physical environment) 또는 자연적 환경(natural environment)으로 불렸다.

환경친화적(eco-friendly) 자연보호 및 절약과 관련된 그린(green)마케팅은 생태적 환경의 핵심 부문이 되고 있다. 천연기념물, 동물, 지역 등 세계적으로 그린마케팅의 적용범위는 모든 환경부문으로 확대되고 있으며, 호텔산업에서도 그린마케팅을 실천하는 기업들이 급속도로 증가하고 있다.

Boston Park Plaza호텔은 환경보호를 주도하여 비누 디스펜서 등 65부문을 개발하여 모범이 되고 있다.

미국 Miami에 있는 Inter-Continental호텔은 세탁에 사용된 물의 화학적 처리 후 정원에 사용, 백열전등을 형광등으로 교체, 에어컨디션을 자동온도조절 시스템으로 전환, 모든 회의실에 동작감응센서 등을 장착함으로써 그린마케팅을 실천하고 있다.

국내 호텔 중 제주신라호텔은 고객이 직접 참여할 수 있는 그린카드제를 통해 환경친화운동을 전개하고 있다. 침대시트와 여러 형태의 수건(hand, wash, bath)이 비치되어 매일 교체되는데, 미사용 물품은 고객이 표시하여 대폭적 비용절감과 불필요한 오염물을 줄이고 있다.

볼딩(K. Boulding)은 지구가 만약 그 물자를 재활용(recycling)하지 못하면 마치 연료를 다 써 버린 우주선과 같아질 것이라고 지적하였고, 메도우즈(D.H. Meadows) 등은 경제성장을 지적하는 데 쓰일 미래의 자연자원의 충분성에 대한 관심을 불러일으켰고, 카슨(R. Carson)은 특정업종의 산업활동에 의한 수질, 토양 및 대기오염을 지적하고 있다. 이에 따라 여러 환경단체가 형성되고, 자연현상에 미치는 산업활동의 영향을 규제하기 위한 여러 가지 방안들이 제시되고 있는 것이다. 이처럼 생태적 환경요인은 기업활동에 큰 영향을 미치고 있는데, 생태적 환경의 개선에 대한 동향을 살펴보면 다음과 같다.

첫째, 공해 내지 환경파괴에 대한 사회적 관심이 급속히 고조됨과 동시에 환경개선의식도 점차 고조되고 있는 것을 볼 수 있다. 다시 말해서 공해발생기업의 고발, 주거지에의 기업유치 거부, 공해방지설비의 설치요구, 지역주민의 주주총회에의 참가운동 등 사회적 행동이 다양한 기업에 대해 중대한 도전이 되고 있다.

둘째, 공해 내지 환경파괴에 대한 규제의 필요성이 여론형성이나 사회적 문제의 단계를 이미 넘어서고 있다. 미국에서는 대학에서 공해규제를 전문적으로 하는 대학원이 설치되어 관련학문과의 연구가 진행되고 있다. 이러한 포괄적인 연구에 의하여 국가·지방단체가 보다 전문적인 관점에서 공해문제에 대한 보다 강력한 환경규제를 하게 될 것은 당연하다.

셋째, 제도적으로 여러 가지 공해입법의 추진이 예상되고 있어 앞으로 정부와 지방자치단체에서도 법률, 조례, 기타 환경기준의 형식으로 공해규제조치를 정비하여 확충할 것으로 보여진다.

6. 인구통계적(demographical)인 환경

2001년 일본 Kayoko Ikeda의 저서 *If World were a Village of 100 People*에 의하면 세계는 100명 중 동성애 10명, 유색인종 70명, 아시아인이 61명, 중국어 사용 17명(영어 9명, 인도어 8명, 스페인어 6명)이며 6명이 모든 부의 59%를 갖고 있다고 한다. 또한 자동차 보유 7명, 대학 교육 1명, 문맹 14명이며 매년 1명이 죽고 2명이 탄생하여 매년 1명의 인구가 증가된다고 한다. 이러한 것이 인구통계적 환경이다.

일반적으로 거시환경에서 하나의 분야로 대분되고 있는 인구통계적 환경은 사회문화적 환경의 일부분에 속한다. 인종(race), 직업, 연령 구조, 성별 분포, 인구의 분화 및 이동 등 인구와 관련된 모든 사항이 여기에 속하며, 나아가 가족 생활주기(family life cycle)까지도 이 범주 내에 포함될 수 있다.

최근 인간의 수명이 연장되고 여성의 사회참여가 점차 확대되며, 인구와 관련된 여러 각도에서 변화가 이루어지고 있다. 과거에는 50대 이상을 장노년 시장(senior citizen)으로 분류하였으나(미국 등 많은 국가에서 55세 이상을 senior citizen으로 분류하고 있음), 최근에는 그 연령의 개념이 무색하게 되었고, 이미 오래전부터 은색시장(silver market)이라는 대체 용어가 탄생되었다.

서비스정신이 조직 내에 깊이 배어 있지 않으면
서비스품질 향상은 결코 이루어지지 않는다.
- 샘 월튼(월마트 창업자) -

제 4 장

호텔로비

청찬은 마음의 꽃다발
칭찬 한마디야말로 윤활유처럼 사람과 사람 사이를
부드럽게 이어주고 삶의 의미를 새롭게 해주기도 하는
정말 돈이 들지 않고 무한히 베풀 수 있는
'마음의 꽃다발'이라고 할 수 있다.

고객의 요구와 욕구를 이해하는 능력은
항상 배우라는 간단한 말로 요약된다.
- 론 젬케(컨설턴트) -

호텔로비

제1절 로 비

1. 로비(Lobby)의 정의

호텔로비는 호텔의 첫인상이다. 단순하게만 생각되는 로비도 각 호텔의 콘셉트에 맞게 그 형태가 천차만별로 들어섬과 동시에 중후하고 화려한 왕궁에 있는 듯한 착각을 불러일으키는 곳이 있는가 하면, 세련되고 독특한 나만의 공간에 있는 듯한 느낌을 주는 곳이다.

호텔의 첫인상을 결정짓고 이용객의 수가 가장 많은 로비는 공공장소(public space)의 중심이 되어 휴식, 면회, 담화, 독서 등 다목적으로 사용되는 공간이다.

메인로비는 호텔의 중심공간을 형성하는 만큼, 가장 기본이 되는 주요 공간으로 호텔의 모든 기능은 여기서부터 퍼져나간다고 할 수 있고 운용상으로는 이용자의 활동이 집산되는 곳이며, 개념상으로는 호텔 전체의 디자인을 형성해 주는 원칙이 되는 공간이다.

오늘날의 호텔은 일반 시민이나 대중을 위한 휴식, 집회, 오락과 같은 다양한 기능을 수행한다. 특히 로비는 호텔의 중심적 위치에 존재하고 있다. 그렇기에 호텔로비는 호텔의 이미지를 최대한 이끌어 낼 수 있어야 한다. 이용에 있어 그 편리성이 추구되어야 함은 물론이다. 고객에게 오랫동안 기억될 수 있는 디자인으로 설계되어야 한다. 호텔 전체에 대해 상징적이고 개성적인 공간으로 조성되어야 하는 곳이 바로 로비이다.

건축적 정의를 살펴보면 로비는 건물입구의 공간을 말하며 대형 호텔에서는 내방객의 면접, 휴식, 대기를 위한 비수익성 공간이라고 한다.

따라서 호텔 내부의 대규모 메인로비나 아트리움(atrium)은 시각적으로 강하게 방향성을 제시해 주는 기능과 함께 그 호텔의 이미지를 결정해 주는 공간이다.

로비의 어원

로비(lobby)라는 말은 우리 사회에서 흔히 브로커라는 말과 함께 원래의 뜻보다 부정적으로 많이 쓰이는 대표적인 단어이다. 원래 오래된 어원은 없고 '낙엽을 모아두는 곳'이라는 뜻의 게르만어인 라우바(lauba)가 로마에서 라틴어 '로비움(lobium)'으로 바뀌고 영어가 받아들여 '포장된 길', '넓은 복도', '찾아온 손님과의 면담이나 휴게장소', '대기실' 등으로 진화했다. 특히 영국에선 귀족 · 거상(巨商)이 왕을 알현하여 뭔가를 도모하던 '궁정 넓은 방'을 그렇게 불렀다.
로비라는 말이 정치적 의미로 사용된 것은 17세기 영국의 의회복도에서였다. 그 당시 의회의 복도와 연결되는 넓은 방에는 로비 에이전트로 불리는 사람들이 기다리고 있다가 의원들이 지나가면 접근하여 특별한 혜택을 받으려 부탁하였다고 한다. 로비 에이전트라는 말이 미국에서 1832년경에 로비스트로 축소되어 미연방의회에서까지 광범위하게 사용되었다.

2. 로비의 기능

첫째, 호텔로비는 외부공간과 호텔 각 공간을 연결시켜 주는 완충공간으로서 호텔을 출입하는 사람들의 흐름을 원활하게 한다.

둘째, 로비는 모든 활동의 시작과 끝을 연결하는 공간으로 기능적인 시설과 서비스공간을 접할 수 있는 가장 중심부에 위치하며 개방적이고 공공적인 장소로서 만남, 교류 등의 인간관계를 잇는 역할을 한다.

셋째, 호텔의 이용객은 물론 일반시민에게도 오픈된 공공장소(public space)로서 휴식과 여유를 가질 수 있게 하는 사회적인 공간이다.

넷째, 내 · 외객을 안내하고 예약을 접수하거나 체크인, 아웃을 한다.

다섯째, 로비와 라운지의 기능이 통합되어 휴식과 함께 간단한 식음료를 즐길 수 있도록 하고 있다.

이와 같이 로비는 다목적으로 사용되는 공간이므로, 사람들이 많이 모이고, 호텔에 도착하는 객(客)이 제일 먼저 감지할 수 있는 호텔의 얼굴이라 할 수 있는 곳이다. 최근에는 호텔의 전문화와 함께 더욱 중요한 내부 공간으로 인식되고 있다.

따라서 호텔로비는 전체에 대해 이미지를 부각시킬 수 있는 상징적이고 개성적인 공간으로 연출될 필요가 있다.

표 4-1 로비의 기능

기 능	공 간
출 입	주출입구, 부출입구, 각 부분 출입구, 통로, 홀, 프런트데스크, 서비스, 카운터 등
휴 식	로비라운지, 대기장, 접견장, 벤치, 산책로, 전시공간 등
식음료	커피숍, 레스토랑, 바 등
집회장	리셉션 홀, 공연무대
쇼 핑	상점, 아케이드, 쇼룸 등

자료 : 윤도근 외, 『건축계획』, 문운당, 1988, p. 81.

3. 로비의 역할

1) 메인로비(Main Lobby)의 역할

① 첫인상을 결정하는 곳이 로비이므로 계획원칙상 아늑하면서도 풍요롭고 넓은 로비공간을 고객들이 주택의 거실과 같은 느낌을 받도록 해야 한다.

② 로비는 비즈니스 부분과 라운지 부분으로 구분할 수 있는데, 비즈니스 부분에는 Front Desk, 당직지배인 데스크, Bell Captain, 공중전화, 판매대, 각종 예약예매소, 짐보관시설 등이며, 라운지 부분은 객실예약고객의 미팅장소로 활용, 가족휴식공간으로 제공하여 호텔의 고급스런 인테리어 효과를 높이도록 해야 한다.

③ 호텔로비에서 제일 중요한 Front Desk는 접수기능, 계산기능 및 안내기능으로 구분된다.

④ 호텔 출입구는 식당과 바를 위한 출입과 연회장 출입으로 구분한다.

⑤ 호텔로비로 연결되는 주출입구는 디자인 의도가 반영되어야 할 부분이다.

⑥ 차도와 인도의 구분이 되어야 한다.

⑦ Front Desk의 위치선정은 주출입구와 엘리베이터와의 긴밀한 동선체계가 되어야 한다.

⑧ 로비동선에는 상점과 손님을 위한 서비스 동선, 식당과 바로 연결되는 동선, 연회실로 연결되는 동선 등이 있다.

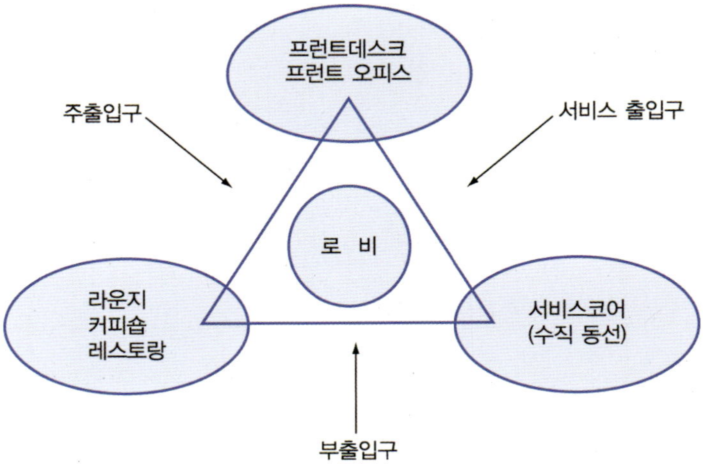

출처 : 강건희, 도시호텔 공용부분의 공간구성 유형에 관한 연구, p. 56.

[그림 4-1] 로비와 주변공간의 관계

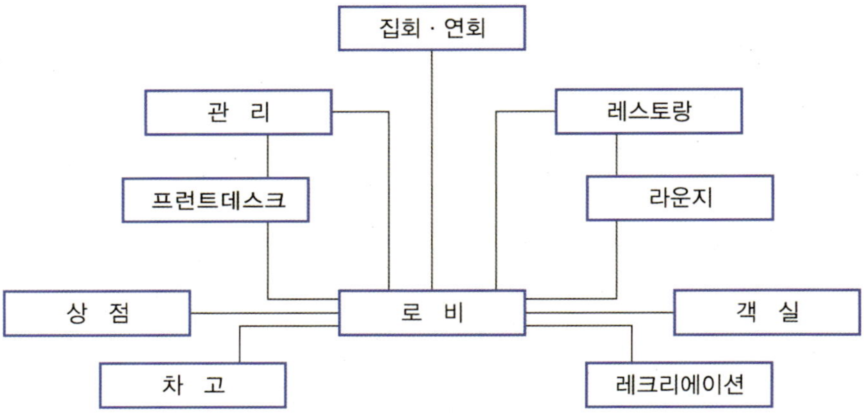

출처 : 김동훈, 한국의 도시 대규모 호텔건축 공간구성과 배분에 관한 연구, 1988, p. 82.

[그림 4-2] 로비와 인접공간

4. 로비의 공간구성

1) 로비홀 중심형

입구 홀을 포함하는 메인로비를 대규모 홀공간으로 형성하여 공간의 중심이 로비홀이 되는 형식으로 이때 로비홀은 외부와 내부의 전이적 완충공간으로서의 역할과 호텔의 위엄을 상징적으로 나타내는 역할을 하게 된다.

이 형식은 로비홀이 전체 공간의 중심공간이 되므로 라운지나 커피숍을 비롯한 주변의 공간들이 상대적으로 왜소해 보이며 영업 및 실내의장 계획시 이러한 상대적 단점을 보완할 수 있는 디자인 계획이 필요하다.

반면에 이 형식은 각 부분으로의 동선 유도가 자유롭고 각 부분의 위치 확인이 용이한 점 등 관리상의 장점을 가지고 있어 도심의 비즈니스 호텔의 경우 이 형식을 많이 채택하고 있으며, 공간의 단면형태에 따라 수평식, 수직식의 2가지로 나눌 수 있다.

- **수평식** : 한 층에 로비의 모든 공공시설이 위치하며 그 상하층에 서비스공간이나 설비공간이 배치되는 방식으로 로비의 형태는 수평적으로 확산되어 단일층 구성을 이룬다. 팔레스, 하얏트, 리츠칼튼 등의 예를 볼 수 있다.
- **수직식** : 메인로비를 중심으로 그 위층 또는 아래층에 또 하나의 로비가 형성되는 것으로 입구로부터 에스컬레이터 혹은 계단에 의해 로비에 이르게 된다. 신라, 힐튼, 라마다르네상스, 힐튼그랜드호텔 등의 예를 찾아볼 수 있다.

2) 라운지 중심형

로비홀 중심형과는 반대로 로비홀 부분은 단순 통과공간으로서의 기능만을 수행할 수 있는 공간으로 처리하고 라운지 부분을 대규모 공간으로 형성하여 로비층의 중심공간이 라운지가 되는 형식으로 이때 라운지 공간은 호텔의 내외부 조망 등 상징적 특성을 나타낼 수 있는 조건을 갖추는 것이 필요하다. 이 형식은 라운지의 공간적 지향에 따라 내향식과 외향식으로 구분할 수 있다.

- **내향식** : 이 방식은 라운지 내부적 공간의 강점을 위주로 구성하는 형식으로 도심에서 대지조건이나 외부 조망에 불리하거나 건축계획적 공간배치상 유리할 때 이 형식을 취하며 인터컨티넨탈호텔이 이에 속한다.
- **외향식** : 외부 조망이 양호할 때 라운지에서 조망을 최대한 확보할 수 있는 형태로 배치구성하여 공간의 흐름은 궁극적으로 외부 풍광으로 흐른다. 부산파라다이스, 경주현대 등 리조트호텔의 경우 대부분 이 형식에 속한다고 볼 수 있다.

3) 절충형

중·소규모 호텔의 경우 로비홀과 라운지 부분의 규모나 크기가 미숙하여 공간적 대비가 분명하지 않다. 다만, 실내 의장이나 외부조망을 통해 소극적이지만 시각적 효과를 얻을 수 있다.

4) 아트리움형

도시 비즈니스 호텔에서 내부공간을 효율적으로 이용하는 방법으로 여유로운 입체공간을 활용할 수 있는 특징이 있다.

구 분	평 면	특 징
로비홀 중심형	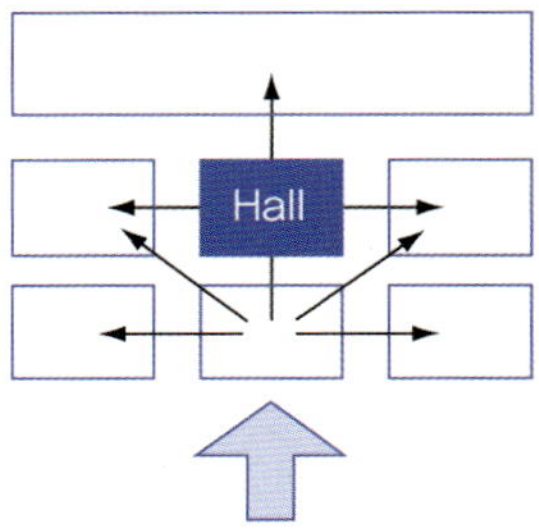	입구 홀을 포함하는 메인로비를 대규모 공간으로 형성하여 공간의 중심이 로비홀이 되는 형식으로 외부와 내부의 전이적 완충공간으로서의 역할과 호텔의 위엄을 상징적으로 나타내는 역할을 함.
라운지형	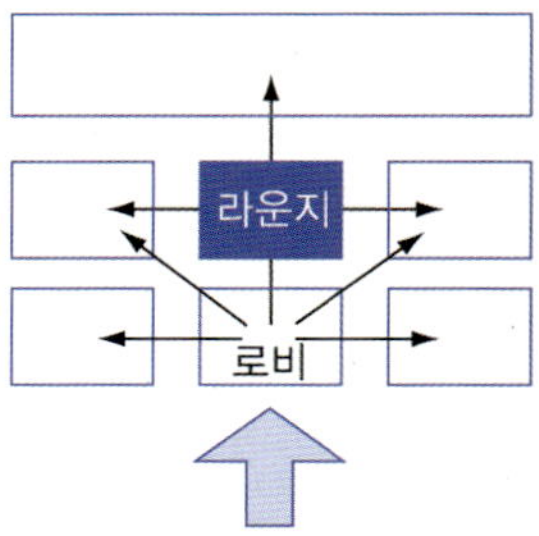	로비홀 부분은 단순 통과공간으로서의 기능만을 수행할 수 있도록 하고 라운지 부분을 대규모 공간으로 형성하여 로비층의 중심공간이 라운지가 되는 형식으로 공간에 따른 내향식과 외향식이 있음.
절충형	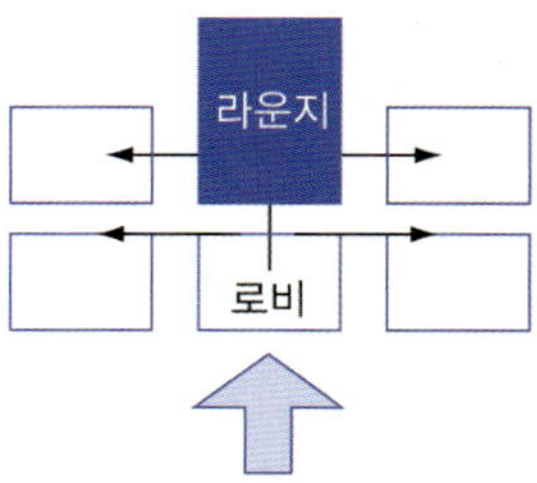	로비홀과 라운지 부분의 규모가 비슷하여 공간적 대비가 분명하지 않은 경우로 실내 디자인이나 외부조망을 통해 소극적이지만 시각적 효과를 얻을 수 있음.

아트리움형	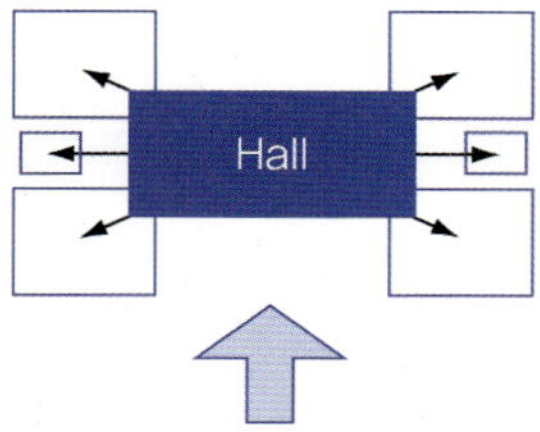	도시 비즈니스 호텔에서 내부공간을 효율적으로 이용하는 방법으로, 여유가 있는 입체공간을 활용해서 다양한 분위기 연출이 가능하며, 녹색공간 지대를 조성.

[그림 4-3] 로비의 구성공간

5. 로비의 구성형식

로비공간은 그 기능적 특성으로 인하여 호텔의 진입부에 있어서 많은 고객의 이용도를 증가시키며, 객실공간의 프라이버시와 객실고객의 동선의 편이성을 함께 충족시키기 위하여 주로 저층부에 위치시킨다. 다양한 계층의 고객의 왕래와 편이성, 호텔이 갖는 개성이 반영된 내부공간은 호텔의 상징적 이미지를 주는 중요한 역할을 하는 공간이다.

공용공간 기능의 특성으로 인해 여러 형태와 크기의 실(室)들이 연결되어 있으므로 공간유형은 그 연결방법의 형식에 따라 다음과 같은 형식으로 나타나고 있다.

1) 중앙광장식

진입과정과 메인로비가 넓은 중앙광장식으로 공용공간이 각 부분을 연결하는 평면구성이다. 유도가 자유로우며 혼란을 피할 수 있는 장점이 있는 반면, 공간의 구심력이 약화된다는 단점을 가지고 있다. 도시형 호텔과 대형호텔에서 많이 볼 수 있다.

평 면	단 면
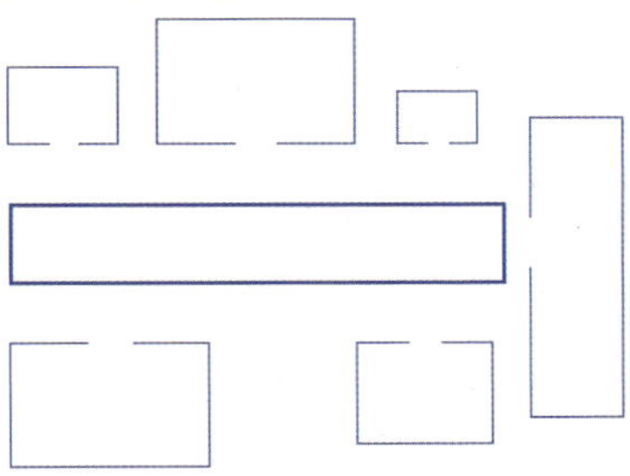	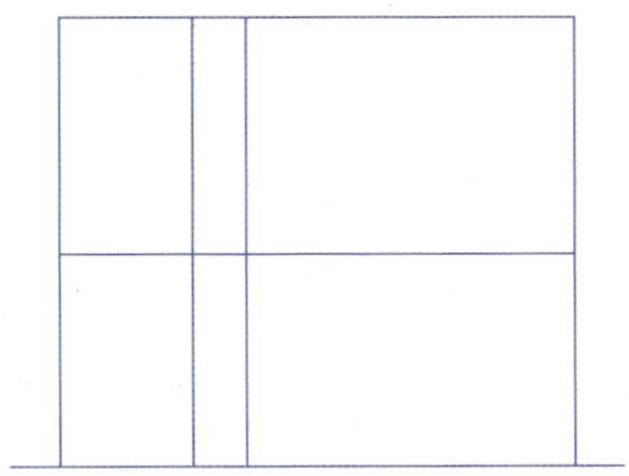

[그림 4-4] 중앙광장식 홀 형식

2) 보이드형 홀 형식

메인로비가 대부분 중앙부에 큰 홀을 형성하고 있어 공용공간의 각 부분을 홀에서 연결하게 하는 평면구성이다. 각 부분의 위치확인이 편리하거나 혼잡이 예상되는 형식이다.

공간의 구심력이 강하므로 상징적인 효과가 높다. 또한 상부를 보이드(Void)시키는 구성은 풍부한 공간을 고객에게 제공하는 효과를 갖는다.

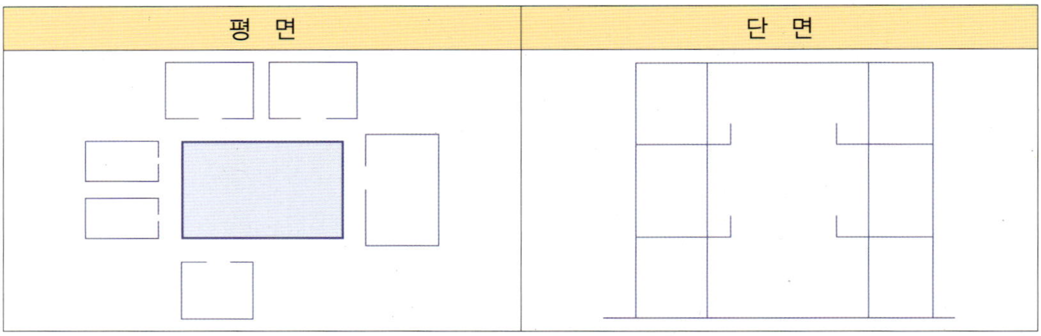

[그림 4-5] 보이드형 홀 형식

3) 중앙광장식+보이드형 홀 형식

중앙광장식과 보이드형 홀 형식이 혼합되어 있는 평면으로 공용공간의 각 부분을 연결하는 형식이다. 동선의 유도와 혼잡을 피할 수 있고, 공간의 구심력을 갖는 변화 있는 구성을 갖는다. 공용공간이 특정한 기능의 공간을 가진 호텔과 여러 개의 건물군이 저층에서 모여질 때 일반적으로 사용된다.

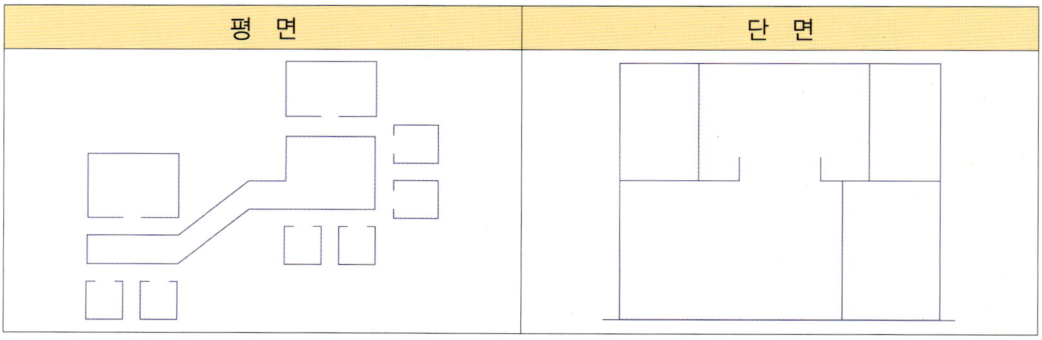

[그림 4-6] 중앙광장식+보이드형 홀 형식

6. 대표적 호텔로비

1) W 서울 워커힐

W 서울 워커힐의 특징은 '고급스러움'이 아니라 '세련됨'과 '독특함'이다.

호텔로비에 들어서면 길이 18m에 이르는 국내 최장의 바와 함께 천장에서부터 줄로 연결되어 있는 달걀 모양의 의자, UFO 모양의 DJ 부스 등이 눈에 들어온다. 검은색 가죽 니트를 입은 젊은 종업원(W호텔에서는 이들을 '탤런트'라 부른다)들이 역동적인 음악에 맞춰 몸을 흔들며 좌석 사이를 돌아다닌다. 호텔로비는 '정적인 장소, 누군가를 기다리며 잠깐 머무는 장소'라는 고정관념을 깨고, 로비와 바를 결합한 것이다.

이 때문에 고급 호텔로비 특유의 품위는 사라졌지만 마티니와 40여 종의 보드카, 200여 종의 와인 리스트를 갖추고 있는 바의 '내공' 덕에 천박하거나 가볍게 느껴지지 않는다. 'W 서울 워커힐'이 타깃으로 삼은 25~49세 해외파 여피족들에게 눈높이를 맞춘 시도다.

2) 밀레니엄 서울힐튼

밀레니엄 서울힐튼은 대우그룹의 자문회사인 서울건축과 전 세계 힐튼호텔의 실내장식과 디자인을 담당하는 존 그라함(John Graham) 등 많은 건축가와 기술고문에 의해 탄생했다. 힐튼 인터내셔널은 어느 나라, 어느 곳에 호텔을 설립하든지 그 나라의 전통과 특성을 반드시 반영한다. 밀레니엄 서울힐튼은 이러한 신념이 가장 잘 투영되어 한국적인 멋과 국제적인 세련미를 함께 갖추고 있다. 웅장한 기둥과 오크나무로 장식한 중후한 벽, 각 층을 연결하는 대리석 층계, 이탈리아 대리석으로 만든 분수 등이 3개 층에 걸친 아트리움 스타일이다. 밀레니엄 서울힐튼의 메인 입구로 들어가면 정면으로 지하 1층에서부터 지상 3층까지 확 트인 로비를 볼 수 있다.

지하 1층으로 연결되는 중앙계단이 양쪽으로 웅장하게 뻗어 있다. 로비 벽면에는 대형 그림들이 전시되어 있다. 고객을 위한 편안한 소파 또한 마련되어 있다. 로비의 중앙계단을 중심으로 3층 뷔페식당을 제외한 9개의 레스토랑이 위치하고 있으며, 컨벤션센터와 그랜드 볼룸이 바로 연결되어 있다.

▲ 밀레니엄 서울힐튼

3) 롯데호텔

서울의 중심에 위치한 이 호텔은 지리적 특성을 이용하여 쇼핑센터와 연결된 복합건물 호텔로, 로비는 건물의 증축으로 인하여 로비 평면 형태가 장방형으로 길게 배치되어 있으며 본관과 신관의 concept가 상이하며 고객이 기다리고 쉴 수 있는 공간이 비교적 풍부하게 배치되어 있고 출입구로부터 정면은 호텔의 중심적 역할을 하며 꽃꽂이 공간으로 병행되어 있어 분위기 연출공간으로도 활용되고 있다.

▲ 롯데서울 로비(소공동)

이 호텔의 정면에 주출입구가 있고 측면에는 주차장으로부터 전개되는 부출입구가 있으며, 그 옆의 신관에는 VIP를 위한 출입구가 위치해 있다. 또한 지하 쇼핑센터에서 올라오는 에스컬레이터에 의한 진입로가 있어서 많은 고객들이 다양하게 이용할 수 있게 하였다.

넓은 공간을 할애하여 자연의 폭포형태로 만든 인공폭포가 1, 2층의 개방된 라운지에 접해 있어 시야를 개방시키며 휴식의 장을 마련해 주고 있다. 또한 무대에서 흘러나오는 감미로운 음률이 로비층의 분위기를 차분하게 이끌어 주고 있다.

4) 그랜드 하얏트 서울

전면에 남산의 숲이 보이고, 후면에는 한강을 굽어 볼 수 있는 쾌적한 환경을 갖추고 있는 관광호텔로서, 높은 천장과 진녹색을 주조색으로 하여 고급스럽고 웅장한 느낌이다. 로비는 호텔의 거의 모든 곳을 설계하고 디자인한 세계적인 건축가이자 인테리어 디자이너인 존 모포드 씨가 디자인했으며, 그는 아주 작은 부분까지 세심하게 기획했다. 그랜드 하얏트 서울의 로비는 인테리어 분위기에 잘 어울리는 고풍스러운 샹들리에, 그림, 조각, 소품 등이 조화를 이루고 있다.

▲ 그랜드 하얏트 로비(서울)

로비는 많은 예술작품으로 꾸며져 있다. 현관을 따라 로비에 들어서면 아늑한 분위기를 느낄 수 있으며, 입구 우측에는 front를, 로비 우측에는 커피숍을 배치하고 전면 부분은 대회의실이 위치하여 1층 외부에서 회의장으로 연결되므로 투숙객과의 혼잡을 피할 수 있게 동선이 이루어져 있어 이상적이다.

중심부에 위치한 지하로의 계단은 비교적 크면서도 흡인력을 가지며 중앙 홀 형식의 아트리움은 풍성한 공간, 환영의 공간으로 도시민과 여행자에게 도시 상징적 공간으로서 에너지 사용, 고가의 건설비, 음향, 청소 등의 문제를 가지고 있으면서도 성공적으로 사용되고 있다.

세부적인 장식들이 사용되지 않고 재료 그대로의 재질과 색채로서 장식의 효과를 나타내고 있어 한층 더 자연스러우며 시원한 공간을 조성하고 있다.

5) 신라호텔

신라호텔을 건설하는 데 있어서의 accomodation의 주제는 '한국적 건축미와 현대적 기능의 조화'였다. 따라서 각 부분의 세부 설계나 디자인에 있어서는 한국 전통미를 어떻게 국제적인 호텔의 기능에 조화시키는가라는 관점에서 진행되었다.

전망 좋은 곳에 위치한 공용부분의 설계는 넓은 창의 도입으로 확 트인 남산의 전경이 파노라마로 이어지도록 했으며, 전체적인 분위기는 기능 위주의 서구식 로비에서 탈피하여 웅장하면서도 아늑한 분위기를 연출하였고, 주출입구와 현관으로부터 전개된 각각의 로비가 하나로 통합되면서 메인로비 부분은 45° 경사를 두어 4층까지 개방된 시원하고 참신하면서도 극적인 공간으로 설계하여 신라호텔의 특징을 로비에 두도록 했다.

로비의 장식은 통일된 장식이면서 변화감을 주는 기법을 구사함으로써 시원스럽게 넓은 공간감에 대처할 수 있도록 하였고, 벽의 조명에서 나오는 불빛이 기둥재질 자체에 X자형 형태로 그림자를 드리우고 있어 음영의 조화를 이루고 있다.

▲ 신라호텔 로비(서울)

입구에서부터 전개된 바닥은 백색 모서리 부분과 신라기와 문양을 넣은 카펫이 주를 이루고 있고, 국산 화강암으로 팔각형의 기둥을 장식하는 등 카펫이나 각종 직물류, 벽면 장식에 한국의 전통 모양을 인용하였으며, 돌이 갖는 차가운 분위기를 따뜻하게 하기 위해 베란다를 국산 참죽으로 처리하여 한국산 소재를 최대한 이용한 현대적인 기술로 마무리했다.

6) 그랜드 인터컨티넨탈

숙박시설로서의 호텔이라는 단순한 독립 건축물이 아닌 단지 내의 다른 건축물들과 유기적 관계를 배제할 수 없는 특수성을 고려하여 다양한 요구기능과 특성을 지니도록 계획된 호텔 건축물로서 호텔부분과 연회장부분의 출입공간을 별도로 형성, 구별하여 로비라운지가 출입구에서 set back되어 출입구 전면에서 노출되지 않게 하였다. 그리고 투숙객이나 호텔 이용객들이 호텔 진입 후 동선의 흐름에 따라 공간의 변화에서 다양한 느낌이 주어지도록 반원형의 개방된 로비 라운지를 중심으로 방사선형의 동선으로 지하·지상의 각 기능들과 연결되도록 배려하였다. 아트리움은 주 현관에서 접근하는 과정에서 일시에 드러나지 않고 그 배후에 가려져 있음으로써 몇 가지의 의외성을 보여 주며, 주 현관의 공간적 볼륨(volume)은 극히 제한되어 있어 공간적 연속성을 통한 개방성은 답답한 정도이다. 다만, 이러한 공간적인 조직 때문에 아트리움인 로비라운지의 공간을 전체의 공간에서 지각적으로 분리시켜 그의 독립성을 크게 강조하는 공간의 극적인 연출을 가능하게 하였으며, 실내식물을 중심으로 한 가로의 기억이 다시 환기되는 수법을 적용시켰다. 호텔로비를 곡선으로 처리하고, 창호부분의 가구도 우리 전통 스타일로 제작해 실내 전체에서 한국의 멋을 보여 주려 하였다.

7) 임페리얼 팰리스호텔

임페리얼 팰리스호텔은 삼성본관, 서울 신라호텔, 최근 영동 교보빌딩 인테리어 작업을 담당했던 일본인 나가사와가 맡아 고급스럽고 고풍스러운 이미지로 거듭났다.

2002년 이후 대규모 증축공사를 단행해 온 임페리얼 팰리스호텔은 나날이 새로운 모습을 선보이고 있다. 특히 2000년 6월 새로 지은 신관에서 선보인 대형 로비는 우아하고 고풍스러운 분위기에 웅장한 규모까지 더했다. '호텔 내부로 들어가기 위해 거쳐 가는 곳'이라는 단순한 개념의 공간이 아닌 '눈을 즐겁게 하고 마음이 평화로워지는 아름다운 휴식공간'을 제공하려 했다. 로비 내부는 복층으로 구성된 점이 특징이다. 로비 중심부는 두 개

층 높이를 시원하게 터놓아 여유로운 느낌을 풍긴다. 로비 가장자리는 1, 2층으로 나누어 놓아 2층의 난간에서 로비 중심부를 내려다보며 조망할 수 있다. 로비 가운데에는 크고 아름다운 분수대를 설치했다. 이 분수의 조명은 시시각각 색상이 변한다. 적색은 설레는 오전의 심상을, 백색은 나른한 오후의 모습, 청색은 노을 진 저녁, 흑색은 고요한 새벽, 번쩍임은 천둥·번개와 폭우가 내리는 새벽을 상징한다. 그리고 시시각각 변하는 하루의 정경을 표현한 것이다.

또 분수 안에는 조각상을 설치했다. 로비 곳곳에 놓인 그림들, 유럽에서 직수입해 온 콘솔, 기타 다양한 소품들은 함께 어우러져 갤러리와 같은 분위기를 연출한다.

또한 로비에 마련된 두 대의 63인치 PDP를 통해 호텔 곳곳의 정보들을 방영한다.

임페리얼 팰리스호텔 로비 한 켠에 자리잡은 로비라운지 '델마르', 중세유럽풍의 호텔답게 로비라운지의 이름도 스페인산 안토니오 지방의 아름다운 라운지 카페 '카페델마르'의 명칭에서 들여왔다. 델마르는 골드, 브라운 색상톤이 주를 이루는 기품 있는 인테리어로 간단한 사교모임 혹은 비즈니스 미팅을 하기에 적합하다.

▲ 임페리얼 팰리스호텔

8) 웨스틴조선호텔

우리나라 호텔의 선구자적 역할을 해 온 서양식 호텔의 전신으로 나선형 계단으로 처리된 로비는 바닥에 곡선 커브로 한국 고유의 지붕처마 곡선을 사리듯이 유연하게 줄눈처리를 하여 부드럽고 경쾌감, 리듬감 있게 연출하여 객(客)을 위주로 하는 따뜻한 분위기를 주는 공간을 형성하고 있으며, 바닥과 천장이 타원형으로 평행하면서 기둥의 배열이 이 두 요소를 이어 주어 공간에 일체감을 부여하며 역동성을 표현하고 있다.

천장의 높이가 낮고 로비면적이 협소하지만 공간형태의 원근감이 강해서 안으로의 무한한 동선이 기대된다. 천장의 조명은 질석 스프레이를 하여 깨끗한 느낌과 조명기구로 규칙적인 배열을 함으로써 경쾌한 느낌을 더해 준다.

로비 인테리어는 조선호텔이 가장 신경을 많이 쓰고 심혈을 기울인 곳이다. 2004/2005년의 겨울 로비는 시간에 따라 변화해 가는 숲으로 단장했었다.

로비 한가운데에 커다란 나무를 놓고 색을 변하게 했다. 처음 초록과 빨강은 가을을 의미한다. 이것이 점점 흰색으로 변하여 지금은 흰색으로 눈이 온 숲의 모습을 보여 준다. 2004년에는 개관 90주년이었던 만큼 로비에서는 옛 조선호텔 건물 부조와 조선호텔의 역사를 담고 있는 동영상도 틀고 있다. 또한 조선호텔은 별도의 디자인팀을 두어 로비를 비롯하여 각종 인테리어에 변화를 주고 있다.

▲ 웨스틴조선호텔 서울

9) 파라다이스호텔 부산

파라다이스호텔 부산은 1989년 세계호텔협회 인테리어 부문 골든키상 수상, 2000년 Korea Times가 선정한 국내 최고의 Beach Hotel로 선정되는 등 중후하고 품격 있는 인테리어를 자랑한다. 이러한 파라다이스호텔 부산의 얼굴인 로비는 아트리움의 넓은 공간을 주면서 좌우로는 부대시설을 배치했다.

아트리움에 배치된 로비라운지는 로비에서 계단 셋 정도 레벨을 낮추었다. 이는 현관을 지나 로비로 들어오는 손님이 바다를 의식할 수 있도록 하기 위함이다. 자연광이 항상 들어오는 공간이 될 수 있도록 전부 유리를 설치했다. 3층 높이 천장까지 완전히 오픈되어 있어 시원한 느낌을 준다. 또한 광량에 따라 자동으로 선크린이 가능하도록 설계하여 고객들의 편의를 배려하였다. 로비라운지에서는 창 밖의 야외 정원을 감상할 수 있다. 야외 정원 주변 곳곳에는 한국 현대미술의 거장인 이강소, 박서보, 이우환, 사석원, 김종학 등과 세계적인 예술가인 로이 리히텐슈타인(Roy Lichtenstein), 프랭크 스텔라(Frank Stella), 앤디 워홀(Andy Warhol), 소스노(Sosno) 등의 다양한 걸작들이 곳곳에 비치되어 있다.

▲ 파라다이스호텔 부산

7. 외국의 대표적 호텔로비

1) 홍콩 W호텔 로비

▲ 홍콩 W호텔 로비

내부 인테리어에 W만의 스타일리시한 디자인과 소재, 아이디어가 담겨 있다. 클래식하고 기품 있는 호텔도 멋있지만 이런 감각적인 호텔이 W만의 매력이다.

호텔에 들어서면 바로 보이는 초대형 W 글자가 벽에 새겨져 있다. 밤에는 로고 안에서 빨간 불이 타오른다.

밖이 보이는 풍경과 함께 쉴 수 있는 벤치와 조형물이 감각적으로 설치되어 있다.

더운 나라인 홍콩은 방문객을 위해 틈새 공간마다 시원한 음료를 준비해 놓고 있으며, 소품이 간결하면서 특이한 특징을 보인다. 또한 홍콩 W호텔만의 특징으로 현관 앞 로비가 아닌 프런트가 있는 로비가 6층에 위치하고 있다. 6층 로비에는 창가 쪽 휴식공간이 있는데, 밤에 밖에서 호텔을 보면 W 글씨가 새겨지는 나무 조형물이 창가에 달려 있는 독특한 아이디어로 디자인되어 있다.

2) 라스베이거스 벨라지오호텔 로비

▲ 라스베이거스 벨라지오호텔 로비

유리 장인이 만든 아름다운 꽃들이 걸려 있는 벨라지오호텔 로비. 세계적인 유리 장인인 데일 치훌리(Dale Chihuly)의 작품으로 로비 천장에 유리로 꽃을 피운 벨라지오호텔만의 독특한 아름다움이 있다. 벨라지오호텔에 걸려 있는 유리장식의 무게가 무려 4만 파운드인

약 18톤이다. 벨라지오호텔의 유리장식은 아름다운 유리작품을 만드는 것으로 그치지 않고, 서로 안전하게 연결되어 있다. 유리장식을 통한 구조적인 안정성과 화려함이 나타나고 있다.

3) 라스베이거스 Luxor호텔 로비

Luxor호텔의 대표적인 특징은 호텔의 건물부터 알 수 있다. 독특함과 테마를 가진 Luxor호텔은 입구부터 이집트를 테마로 건축한 것임을 알 수 있다. 이집트를 테마로 한 Luxor호텔 로비에는 여러 벽화와 동상들 그리고 객실마저 피라미드 형식으로 건축되어 있다. 웅장함과 독특함을 느낄 수 있으며, 거대한 이집트 땅을 라스베이거스에 그대로 옮겨놓은 듯한 장엄함이 나타나는 Luxor호텔만의 특징이 있다.

▲ 라스베이거스 Luxor호텔 로비

제 5 장
호텔객실

인생에 있어서 난관에 부딪치면
우리는 왜 이런 어려움에 처했는지가 아니라
어떻게 이 어려움을 헤쳐나가야 할 것인지를 고민하면 된다.

인간의 봉사(서비스)만큼 고도의 종교는 없다. 만인을 위해 일하는 것은 가장 위대한 교의(教義)다.

\- 엘버트 슈바이처(의사) -

호텔객실

제1절 객 실

1. 객실의 기능

객실은 고객지향적인 측면에서 다음과 같은 요건을 가지고 있어야 한다.

1) 안정성

고객이 호텔객실에 투숙하여 있는 동안 보안적인 측면에서의 안정성이 반드시 필요하다.

2) 쾌적성

호텔객실 내의 온도나 맑은 공기, 환기, 햇빛이 적절하여 고객이 머무는 동안 쾌적감을 느낄 수 있어야 한다.

3) 청결성

다양한 고객이 호텔객실을 사용하기 때문에 항상 고객이 머물고 간 자리를 청결하게 유지하여, 다음 고객이 호텔객실을 사용하더라도 새것처럼 청결해야 한다. 그래서 호텔에서는 청결성에 대한 무형성을 유형화하는 작업의 일환으로 변기를 청소한 후 종이띠를 두르고 청소 후 휴지 등은 삼각형으로 접어두어 고객으로 하여금 깨끗함을 인식토록 한다. 또한 호텔객실 내에서 나는 냄새도 말끔히 제거하여 상쾌하고 깔끔한 객실을 제공하여야 한다. 또한 침구류도 청결하게 준비하여야 한다.

4) 편리성

고객으로 하여금 호텔객실 내에서 움직이는 동선이 편리하도록 가구, 소모품을 비치하여야 한다. 또한 다양한 소모품을 비치하고 항상 점검하여야 한다. 또한 여러 가지 사용부분에 대한 안내서, 설명서 등을 비치하여 다른 사람의 도움 없이도 편안하게 호텔객실 용품 및 시설을 이용할 수 있도록 하여야 한다.

5) 개인생활의 보호

호텔객실에 투숙한 고객에 대해서는 고객의 생활을 철저히 보호해 주어야 한다. 투숙시 기록한 등록카드상에 나와 있는 고객의 정보도 누출되지 않도록 보호해야 한다.

6) 정 숙

호텔객실 외부, 즉 옆 객실이나 복도에서 들려오는 소음은 모두 제거될 수 있도록 객실을 설계하여야 하며, 호텔객실 내부에서 발생하는 소음도 최소화하여야 한다. 특히 최근에는 호텔객실 내에 설치되어 있는 냉장고의 소음에도 민감한 고객들이 많기 때문에 냉장고, 냉난방, 환기시설로부터 들리는 작은 소음도 제거하여야 한다.

2. 객실의 분류

1) 침대의 종류에 따른 분류

일반적으로 침대의 크기를 구분하면, 1인용 침대(single bed)는 90cm 이상이고, 2인용 침대(double bed)는 138cm×195cm 이상으로 되어 있다.

(1) 싱글 룸(single bed)

1인용 침대를 갖춘 객실을 말하며, 우리나라 싱글 룸의 크기는 13m² 이상으로 하는 것이 일반적이다.

(2) 더블 룸(double bed)

한 객실에 두 사람이 숙박할 수 있도록 2인용 침대 또는 킹사이즈(king size)침대를 갖춘 객실을 말한다.

객실의 크기는 16m² 이상으로 규정하며, 흔히 부부용 침대라고도 부른다.

(3) 트윈 룸(twin room)

한 객실에 1인용 침대를 2개 넣어서 주로 단체 여행객이나 국제회의를 할 때와 같이 많은 참석자들이 오는 경우에 이 객실을 사용한다. 일반적으로 객실의 크기는 19m² 이상으로 규정하고 있다.

(4) 트리플 룸(triple room)

트윈 룸에 한 사람이 더 추가하여 합숙할 수 있도록 한 3인용 객실로서 침대를 하나 더 추가한 것이다. 가족용으로 사용하는 경우가 많다. 이와 같이 객실에 따로 추가되는 침대에는 이동이 편리하도록 밑 바퀴를 단 롤어웨이 침대(rollaway bed), 어린이용 침대(crib 또는 cot) 등이 있다.

(5) 스튜디오 룸(studio room)

상용 호텔(business hotel)에서 흔히 볼 수 있는 객실로, 고정된 침대와는 달리 낮에는 소파로 사용하고, 밤에는 침대로 활용할 수 있는 다목적 침대이다. 주로 벽에 밀어넣어 접힐 수 있고, 끄집어내어 쉽게 펼 수 있도록 설계되었다. 이러한 침대는 객실의 넓은 공간을 활용할 수 있는 이점이 있기 때문에 낮에는 고객들이 사무실로 사용한다.

(6) 싱글-더블 룸(single-double room)

싱글-더블 베드룸(Single-double bed room)은 하나의 변형된 객실의 형태이며 1인용 침대인 single bed와 2인용 침대인 double bed를 설치하여 3명이 숙박할 수 있도록 하였으며, 트리플 베드와는 다르게 보조침대를 설치하지 않고 처음부터 싱글침대를 설치하는 것이 차이점이다.

최근에 호텔에서는 단체나 가족을 동반한 고객을 적극적으로 유치하기 위해서 이러한 형태의 객실을 선호하고 있으며 2인 투숙시에도 편리하게 판매할 수 있는 장점이 있다.

(7) 더블-더블 룸(double-double room)

더블-더블 베드룸(Double-double bed roon)도 변형된 객실형태이며 2인용 침대인 double bed를 2개 설치하여 4명이 투숙할 수 있도록 하였으며, 보통 딜럭스 트윈(Deluxe twin) 또는 패밀리 트윈(Family twin)으로 칭하여 판매하고 있으며 단체나 2명의 자녀를 동반한 가족에게 판매하기에 적합한 객실이다.

▲ 서울 프라자호텔 Deluxe room

▲ 롯데호텔 서울 디럭스룸

▲ 임페리얼 팰리스호텔(Double/Twin)

Deluxe King

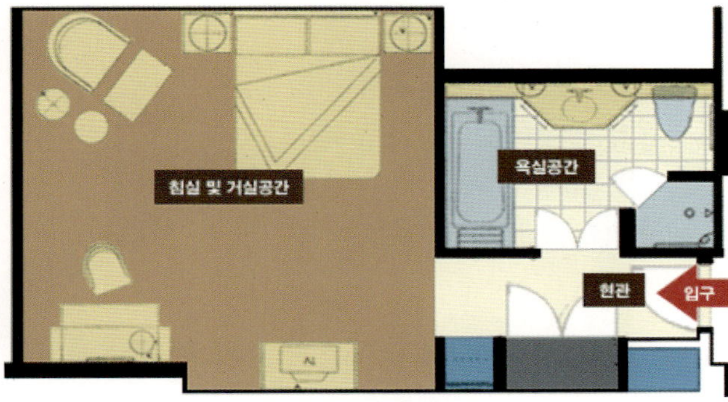

Twin Room

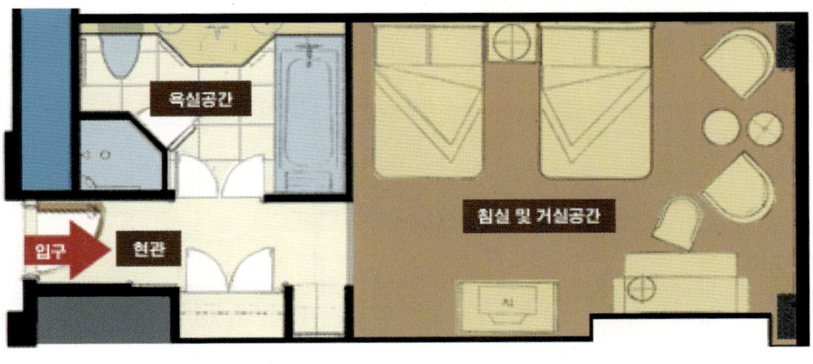

▲ JW 메리어트호텔의 객실

(8) 스위트룸(suite room)

한 객실 내에 침실과 응접실이 함께 붙어 있어 2개 이상의 객실로 되어 있다. 최고급의 스위트룸은 응접실뿐만 아니라 식당, 소회의실, 주방 등 몇 개의 객실이 병용하여 호화스럽게 설계되어 있는 경우도 있다. 황실(royal suite room), 대통령실(presidential suite room), 장미실(rose suite room) 등으로 부르는 예도 있다.

객실의 크기는 $26m^2$ 이상으로 규정하고 있다.

▲ 메이필드호텔 비즈니스 스위트룸

▲ JW 메리어트호텔 객실 스위트룸

(9) 한실(온돌룸)

한국 고유의 온돌식 객실이다. 온돌방의 장식은 보료, 요, 이불, 한국의 전통가구 등으로 꾸며져 있어 한국적인 정취를 풍기게 한다. 대부분의 이용자는 한국인이라 할 수 있고, 특히 노년층에서 많이 이용하는 경향이 있다. 온돌방의 구성비율은 도심지 호텔이냐 리조트 호텔이냐에 따라 큰 차이를 보이고 있다. 대도시에 위치한 호텔들은 시설기준에 필요한 최소한의 온돌방만을 보유하고 있으나, 지방호텔이나 휴양지호텔에서는 온돌객실의 구성비가 높은 편인데, 온돌을 선호하는 노인층의 관광객과 세미나, 컨벤션 등과 같은 대규모 단체 관광객을 유치하기 위해 다수의 온돌방을 확보하고 있는 호텔들이 많기 때문이다. 이러한 온돌방은 고정된 서양방보다 많은 인원을 유치할 수 있는 장점이 있다.

▲ 메이필드호텔 스위트온돌룸

2) 이용목적에 의한 분류

침대수에 의한 분류는 호텔객실 판매의 기본적인 분류방법이지만, 이용고객의 변화하는 기호에 맞는 객실제공은 새로운 서비스 상품개발로서 고객의 욕구와 요구(wants & needs)에 바탕을 둔 고객지향적 경영방법이라고 할 수 있다.

(1) 스탠더드 룸(Standard Room)

스탠더드 룸(Standard room)은 호텔객실 중 가장 일반적인 객실로서 호텔에서 가장 많은 객실수를 보유하고 있으며 가격대가 상대적으로 저렴한 보통객실이라고 할 수 있다. 그러나 최근 들어 특급호텔에서는 일반객실의 내부시설 및 서비스를 고급화시켜 전 객실의 디럭스(Deluxe)화가 이루어지고 있는 추세이다.

▲ 쉐라톤 워커힐호텔 객실 스탠더드 룸

(2) 이그제큐티브 룸(Executive Floor Room)

주로 비즈니스맨들을 위하여 객실에서 업무를 취하면서 휴식을 할 수 있도록 만들어져 있는 것이 특징이다. 이그제큐티브 룸(Executive Floor Room)은 "호텔 속의 호텔"이라고 불려지는 귀빈층 객실로서 특실과 보통객실의 중간이다.

일반객실에 비해 고가로 책정된 이그제큐티브 플로어는 각 호텔들이 평균객실가를 올리는 주요 요인으로 작용할 뿐만 아니라 재방문 고객이 많기 때문에 객실점유율을 높임으로써 안정적인 객실 운영전략상 중요한 역할을 담당하고 있다

이그제큐티브 플로어는 안정적인 수익을 기대할 수 있는 장점 외에 정중함으로 대변되는 호텔 본연의 서비스에 부합된다는 특성 때문에 각 특급호텔에서 점차 그 중요성이 커지고 있

다. 특급호텔들은 이 중요성 때문에 대부분이 이그제큐티브 플로어를 가장 전망이 좋은 10~20층에 배치함으로써 고객들에게 편안함을 주는 정책을 구사하고 있다. 최근 특급호텔에서는 비즈니스 고객을 유치하기 위해 점차적으로 이그제큐티브 플로어가 확산되어 가는 추세이다.

(3) 금연객실

호텔에서도 금연객실을 지정하여 금연 고객에게만 따로 이 객실을 제공한다.

(4) 장애자용 객실

장애자가 사용하기에 편리하게 되어 있는 객실로서, 화장실과 세면대, 욕조에 손잡이가 부착되어 있으며, 문턱이 없도록 설계되어 있다. 또한 비상호출버튼이 설치되어 있다.

표 5-1 서울시내 주요 특1등급 호텔의 스위트룸 현황

호텔명	객실명	객실요금
JW 메리어트	Presidential Suite	3,500,000원
W HTL	Extreme Wow Suite	7,300,000원
쉐라톤 그랜드 워커힐 HTL	Aston House	15,000,000원
그랜드 인터컨티넨탈	Royal Suite	3,200,000원
코엑스 인터컨티넨탈	Presidential Suite	3,500,000원
그랜드 하얏트	Presidential Suite	6,680,000원~6,775,000원
파크 하얏트	Presidential Suite	4,000,000원
그랜드 힐튼호텔	Presidential Suite	3,000,000원
밀레니엄 힐튼호텔	Namdaemoon-Suite	4,550,000원
롯데호텔 서울	Royal suite	본관 5,000,000원
		신관 10,000,000원
롯데월드호텔	Royal suite	3,000,000원
르네상스호텔	Presidential Suite	4,700,000원
메이필드호텔	James II	945,000원
서울 프라자호텔	Royal Suite	5,500,000원
웨스틴조선호텔	Presidential Suite	5,000,000원
임패리얼 팰리스호텔	Imperial Palace-Royal Suite	5,000,000원
호텔리츠칼튼 서울	Presidential	6,000,000원
호텔 신라	Presidential South Wing	9,000,000원
	Presidential North Wing	

※ 호텔별 자료를 참조하여 저자 작성(2010년 2월 기준).
※ 세금, 봉사료 별도.

3) 객실위치에 의한 분류

(1) Outside Room

아웃사이드 룸(outside room)은 호텔 건물의 바깥쪽에 위치하는 객실로서 외부의 경관을 내다볼 수 있는 전망이 좋은 객실을 말한다. 일반적으로 제주지역 호텔들인 경우 바다와 산을 배경으로 건물이 위치해 있기 때문에 두 방향 전부 위치가 좋지만, 바다를 전망으로 한 곳을 일반적으로 좋아하기 때문에 아웃사이드 룸이라 할 수 있다. 이 경우 바다가 보이는 쪽을 Sea Side, 산이 보이는 쪽을 Mountain Side라 명명하기도 한다.

비즈니스 목적이든 휴양목적이든, 호텔에 투숙하는 대부분의 고객은 체재하는 동안 안락하고 편안한 휴식을 원하며, 내부시설이 같더라도 외부 전망이 좋은 객실을 선호하게 된다. 아웃사이드 룸은 하버뷰(Harber view), 오션뷰(Ocean view), 비치사이드(Beach side), 마운틴사이드(Mountain side) 등으로 불리고 전망에 따라 가격도 약간 높게 책정한다.

(2) Inside Room

인사이드 룸(Inside room)은 아웃사이드 룸의 반대개념으로서 호텔건물의 내부 또는 뒤쪽에 위치하는 객실로 외부의 아름다운 경관을 볼 수 없는 객실을 말한다. 대부분의 호텔들이 아웃사이드 룸을 많이 확보하는 쪽으로 설계하고 있으며 객실 판매시에는 인사이드 룸의 가격이 아웃사이드 룸보다 저렴한 가격으로 판매되고 있다. 또한 인사이드 룸의 경우 고객이 선호하지 않으므로 호텔의 임직원 숙소(House use)나 여행사내원(Tour guide), 무료객실(Complimentary room) 등으로 배정하고 있다.

(3) Connecting Room

커넥팅 룸(Connecting room)은 객실과 객실 사이에 통용문이 있어 외부의 문을 통하지 않고도 객실 사이를 자유롭게 왕래할 수 있도록 설계된 고객 편의지향적 객실이다.

주로 자녀를 동반한 가족단위의 고객이나 단체 여행자들이 선호하여 판매되고 있으며, 한쪽의 객실에는 더블 베드룸이 설치되며 다른 한쪽의 객실에는 트윈 베드룸이 설치되는 경우가 많다.

(4) Adjoining Room

어드조이닝 룸(Adjoining room)은 객실 배정시, 같은 층 같은 방향에 일렬로 위치하여 객실을 배정하게 되는데 이런 위치의 객실을 말한다. 호텔에 투숙하는 고객들은 일행이 동반하는 경우 대부분 옆방을 이용하고 싶어 한다. 이런 고객들을 위해 객실을 배정하는 프런트에서는 어드조이닝 룸 배정이 어려울 경우에는 복도를 사이에 두고 서로 마주보는 객실을 배정하여 판매하는 것도 좋은 방안이다.

3. 객실요금의 결정방법 및 영향요인

1) 객실요금의 산정방법

객실요금 산정시 고려사항

- 내부환경요인 : 투자자본, 인건비, 간접비, 직접비
- 외부환경요인 : 경쟁호텔 고려, 수요동향 고려(수요와 공급)

(1) 직감적 가격결정

- 객실당 건축비, 유지관리, 객실수요 예측판단이 안될 경우
- 풍부한 경험에 근거한 산출

(2) 경쟁적 가격결정

- 같거나 유사한 호텔을 표준으로 가격결정
- 이 방법은 타 호텔의 정확한 수요시장과 비용구성 고려 없이 이루어져 가격의 우위성 확보 곤란
- 경쟁호텔의 시장점유율이나 객실판매수 등에서 선도자로 인식되었을 때 가격을 추정하는 경우

(3) 심리적 가격결정

- 고객이 얼마의 가격을 지급하고 만족하는가에 대한 심리를 파악하여 결정
- 호텔의 입지, 실내장식, 가구설비, 분위기, 서비스 유형, 무형의 상품특성을 반영

(4) 호워스 방법(Horwath Method)

- 객실 건축비의 1/1,000을 객실당 요금으로 산정
- 1930~60년대까지 적용, 우리나라 조선호텔 및 반도호텔

- 객실 영업 위주인 경우 가능

(5) 로이 후버트(Roy Hubbart)

후버트공식에 의한 객실가격결정은 계획연도의 추정 객실부문 총원가를 연평균객실 판매수로 나눈 것이며, 이때 연평균 객실판매수는 전년도의 실적을 바탕으로 객실책임자가 세운 임의의 숫자이다. 영업이 호전되거나 순조롭지 못하면 객실원가도 따라서 변하게 되어 변화가 심할 수도 있다. 다음은 총 객실 500개의 호텔에서 후버트공식에 의한 객실가격 책정의 예를 들어 보기로 하겠다.

표 5-2 후버트공식에 의한 객실가격책정 사례

내 용	비 율	산 출
1. 객실부문 총원가		10,000,000,000원
2. 연간 판매가능 객실수(500실)	100%	182,500실
3. 객실점유율 75%일 때 객실판매수		182,500 × 0.75 = 136,875
4. 1일 평균 점유객실 원가(75%일 때)		10,000,000,000 ÷ 136,875 = 73,059원
5. 점유율이 높을 때 평균객실가격 원가	80%	10,000,000,000 ÷ 146,000 = 68,493원
6. 점유율이 낮을 때 평균객실가격 원가	70%	10,000,000,000 ÷ 127,750 = 78,277원
7. 적정평균요금 계상(75%일 때)	40%	68,493 ÷ 0.40 = 182,647원

(6) 수용률에 의한 객실요금

- 1년간의 객실비용과 판매율로서 평균 객실요금을 산정하는 것
- [예] 객실수(N) : 100실 예상평균객실요금(R) : 50,000원 연간 총비용 12억 8천만 원

$$1일\ 총비용 = \frac{연\ 총비용}{365} = \frac{12억\ 8천만\ 원}{365} = 3,500,000원$$

$$점유율 = \frac{1일\ 총비용}{예상판매객실요금 \times 객실수} = \frac{3,500,000원}{50,000 \times 100실} = 70\%$$

→ 평균 1일 요금이 50,000원인 경우에 목표이익을 달성하기 위해 70% 이상 판매

2) 객실요금의 중요성

호텔의 설립과 경영상에 있어 가장 중요한 척도와 기준은 객실상품이다. 호텔의 건축도 객실을 기준으로 건축설계를 하며, 호텔경영의 판매대상이 되는 것도 객실이다. 호텔의 수

입은 객실이 주 상품이라고 할 수 있으므로 호텔의 판매객실수와 객실 판매금액의 대소로 결정된다. 호텔경영에 있어 객실부분의 비용은 객실판매에 관계없이 지급되는 것으로 판매되지 않은 객실은 결국 손실부분이 되는 것이다. 객실상품의 특성상 보존될 수 없고 공급에 있어서도 신축성이 없으므로 호텔의 경영에 있어 객실점유율에 대한 관리는 대단히 중요한 부분으로 취급되고 있다. 객실경영의 손익분기점도 객실의 점유율 여하에 따라 결정된다. 우리나라 관광호텔의 객실점유율은 판매관리인 것이다. 현재 모든 호텔이 판촉부나 판매지배인을 두고 있는 것은 아니나 판매활동은 객실부분, 식음료부분, 부대사업부분에서 수행되고 있다. 따라서 유능한 경영관리자는 판매관리자와 경영분석에 대한 지식과 실무경험을 필요로 한다.

객실판매로 인한 수입은 단순히 객실수입 자체로 취급되는 것이 아니라 호텔영업수익 전반에 걸쳐 영향력을 미치게 된다. 투숙객의 증가에 따른 식료 매출은 물론 부대적인 사업장의 매출에도 민감하게 작용하게 된다. 따라서 호텔에서는 객실수입의 증대방안을 주요한 호텔경영책으로 삼고 있다. 객실수란 판매가능 객실수로서 고객의 수용능력을 표시하고 점유율 혹은 수용률은 객실의 이용도를 측정하는 비율로서 판매가능 객실수와 숙박객수, 객실판매금액을 각각 최대로 하여 수익률을 높일 수 있다.

3) 객실요금결정 영향요인

경쟁적인 호텔시장에서 가격정책을 설정하고 그 욕구를 충족시키기 위한 노력을 계속하기 위하여 호텔경영자는 다음과 같은 근원적인 문제에 관심을 가져야 한다. 누가, 왜 호텔에 투숙하는가, 무엇이 그들에게 특정호텔에 묵도록 선택하고 결정하게 하는가, 가격을 결정함에 있어는 복합적인 요인이 포함되고 있는 것이다. 이러한 분석 없이 호텔경영자는 기업을 경영할 수 없으며, 증가하는 빈 객실을 경쟁에 대처하면서 고객을 채울 수 없을 것이다.

(1) 위 치

용이한 접근성과 교통의 편리성은 가격설정을 높게 만들며, 특히 리조트 호텔의 경우 근접한 관광매력물과 아름다운 자연경관 역시 가격설정에 민감한 영향을 미치게 된다.

(2) 시 설

안락하고 쾌적해야 하며, 고객 취향에 맞는 실내장식 등을 감안해야 한다.

(3) 서비스

서비스 형태는 호텔의 이미지와 직접적인 관계가 있다. 서비스 수전에 따른 공식, 비공식 서비스와 신속, 정확한 서비스 및 개인적인 친근감 그리고 친절성을 감안하여야 한다.

(4) 이미지

호텔이 고객에게 풍기는 호텔 자체의 심상을 이미지라 한다. 호텔이 고객에게 주는 외견, 분위기, 무드 그리고 호텔의 상호 등이 호텔 전체의 이미지를 판명하는 것이다.

4. 객실요금의 종류

1) 공표요금(Rack Rate, Tariff)

공표요금(Tariff)이란 할인되지 않은 정상요금을 말한다. 공표요금은 호텔측에서 경쟁호텔의 요금, 판매성장률, 인건비, 물가상승 등 여러 가지 요인을 참고하여 적정가격을 결정한 후 주무관청의 승인을 받고 대내외에 공시하는 공표요금이며 풀 차지(Full charge) 혹은 풀 레이트(Full rate)라고 한다.

객실요금이 기재된 호텔 브로셔(Brochure)를 룸 테리프(Room tariff)라고 하며 테리프란 말은 본래는 수입한 물품에 붙게 된 관세율을 표기한 리스트(list)였으나, 지금은 호텔의 요금표를 의미하고 있다.

2) 특별요금(Special Rate)

특별요금(Special rate)이란 호텔의 정책에 따라 객실요금을 무료로 제공하거나 정상요금에서 할인해 주는 요금을 말한다. 특별요금을 적용하는 이유는 객실매출 증대에 기여한 고객이나 협회, 장기체류고객, 대규모의 객실사용 여행사 등에 적용하며 컨벤션 고객처럼 부대영업장의 수익에 기여하는 고객들에게 혜택을 주기 위해 실시한다.

특별요금의 적용은 주로 호텔의 마케팅부서에서 고객유치시 필요할 경우 총지배인이나 객실담당 임원에게 보고한 후 적용한다.

(1) 무료요금(Complimentary)

호텔에서 경영상, 영업상의 정책으로서 특별히 접대해야 할 고객이나 호텔의 판매촉진을 목적으로 요금을 받지 않고 무료로 제공하는 경우를 컴플리멘트리(Complimentary)라고 하며, 특히, 컴프(Comp)라고 표현하는 경우가 많다. 주로 컴플리멘트리를 적용받는 경우는 다음과 같다.

① 객실 무료숙박권 소지자(경품이나 프로모션용으로 호텔에서 제공)
② 여행사의 단체인솔 가이드 및 운전기사
③ 단체행사를 주관하는 행사담당자
④ 총지배인이 승인한 자 등이 이에 속한다.

3) 할인요금(Discount Rate)

(1) Single Rate

싱글 할인요금이란 고객이 싱글 룸(Single room)을 예약하고 예약확인까지 받은 상태에서 고객이 숙박당일 호텔에 도착했을 때, 호텔측의 사정에 의해서 싱글 룸 배정이 불가능할 경우 싱글 룸보다 객실가격이 높은 더블 룸(Double room)이나 트윈 룸(Twin room)을 배정한 후 가격은 싱글 룸을 적용하는 경우를 말한다.

(2) 단체할인요금(Group Discount Rate)

단체할인요금은 여행사에서 알선하는 단체관광 숙박객이나 정부기관, 협회, 기업체, 학회 등에서 개최하는 세미나, 혹은 컨벤션에 참석하는 수십 명에서 수백 명이 참석하는 단체행사에 특별히 적용되는 할인요금을 의미한다. 이들 단체에게는 객실의 형태나 가격에 관계없이 균일요금제도라 할 수 있는 표준객실 요금을 적용하는 경우가 많다. 이러한 요금을 균일요금(Flat rate)이라고 한다.

단체할인요금이 연간계약에 의해 적용되는 경우는 거래 여행사와 호텔 사이에 1년 단위로 계약을 체결하고 계약기간 동안 호텔은 할인된 객실요금을 여행사에 적용하고 여행사는 계약기간 동안 그 호텔의 객실을 메인(main)으로 사용하는 경우이다.

(3) Commercial Rate

호텔은 객실매출의 증대를 위해 특정기업체나 공공단체, 또는 비즈니스 목적의 장기숙박객에게 정상요금에서 일정한 할인요금을 적용하여 판매하는 방식이다. 이것은 고객유치 전략의 일환으로 호텔측에서 실시하는 할인요금정책으로서 일반적으로 객실수와 체재일수에 따라 10~30%의 할인율이 적용되는 경우가 많다.

공항근처에 위치한 호텔들은 항공사 직원을 대상으로 커머셜 요금을 실시하기도 하는데, 객실료, 세탁비, 각종 부대서비스 요금에까지 할인요금을 적용하며, 대신에 호텔측에서는 비수기에도 일정량의 객실을 지속적으로 판매하게 되는 이점이 있다.

(4) 비수기 요금(Season-off Rate)

호텔은 연중 영업기간을 성수기(on season)와 비수기(off season)로 나누어 성수・비수기에 따라 객실판매 전략을 다르게 적용하게 된다.

국내의 호텔들은 봄・가을이 성수기에 속하며, 여름・겨울이 비수기에 속한다. 호텔은 비수기 영업활성화의 대책으로 정상요금에서 할인된 가격으로 고객을 유인하는 요금정책이며 간혹 경쟁호텔 사이에 지나친 과당경쟁을 불러일으키는 경우도 있다. 그러나 도심지에 위치한 호텔과 달리 휴양지 호텔은 여름피서철인 7~8월에 성수기를 이루고 스키장이나 레저시설을 갖춘 리조트 호텔 역시 도심지 호텔과 반대로 최고의 성수기를 맞이한다.

3) 추가요금

(1) Midnight Charge

미드나이트 차지(midnight charge)란 예약을 신청한 고객이 당일 영업을 마감한 이후 한밤중에 도착하거나 다음날 새벽에 도착했을 경우, 호텔측은 그 고객을 위하여 전날부터 객실을 판매하지 않고 기다렸으므로 야간요금을 징수하게 된다. 이러한 제도는 호텔의 퇴숙시간(check-out time)이 정오이므로 전날의 정오부터 다음날의 정오까지를 1일 객실요금으로 계산하기 때문이다.

(2) Hold Room Charge

홀드룸 차지(hold room charge)란 일반적으로 두 가지 경우가 있는데, 그 하나는 이미 숙박하고 있는 고객이 단기간의 여행을 떠나면서 수하물을 객실에 남겨두고 떠나게 되면 고객이 그 객실을 계속해서 사용하는 것이 되므로 객실료는 고객의 청구서에 계산되고 봉사료와 세금도 동일하게 가산되는 요금이다.

다른 하나는 고객이 항공기나 개인의 사정으로 호텔도착이 늦어져 그 객실을 다른 사람에게 판매하지 않고 보류시킨 경우 요금을 부과하는 형태이다. 또한 호텔에서 보안 등의 이유로 특정한 고객을 위해 객실을 다른 고객에게 판매할 수 없을 경우에도 홀드룸 차지를 적용한다.

(3) Over Charge

초과요금(over charge)이란 호텔이 정하고 있는 퇴숙시간(check out)을 넘겨 객실을 사용할 때 부과되는 요금으로서 시간을 기준으로 요금이 부과된다. 호텔의 판매정책에 따라 체크아웃 시간을 2~3시간 정도 연장해 주거나 특별한 고객들에게 초과요금을 부과하지 않는 경우도 있다.

(4) Cancellation Charge

취소요금(cancellation charge)이란 개인이나 단체가 객실예약을 한 후, 사정에 의해 당일 혹은 하루 전에 객실예약을 취소할 경우 호텔에서는 취소요금을 징수하게 된다.

이러한 규정은 호텔마다 차이가 있겠으나, 호텔의 숙박약관에서 정하고 있다. 단체예약의 경우 30실을 예약했으나 도착 당일 5실을 취소하고 25실만 사용하더라도 5실에 대한 객실요금을 징수하게 된다. 취소요금부과의 경우에는 호텔마다 다르지만 한달 전, 일주일 전, 하루 전, 당일의 취소에 따라 다르게 적용한다. 호텔에서는 캔슬 차지(cancel charge)라고 표현하기도 한다.

4) 기타 객실요금

(1) House Use Room

하우스유스 룸(house use room)이란 임원의 객실로 사용되거나 호텔 내 사무실이 부족하여 객실을 사무실로 사용하는 경우, 또는 침구류 등을 저장하는 리넨룸이나 객실비품을 저장하는 스토어 룸을 의미한다. 호텔 자체에서 사용하기 때문에 객실요금은 계산되지 않는다.

(2) Family Plan

패밀리 플랜(family plan)이란 부모와 함께 동행한 13세 미만의 어린이에게 엑스트라 베드(extra bed)를 추가로 넣어 주되, 추가요금을 적용하지 않는 요금제도이다.

(3) Optional Rate

옵셔널 요금(optional rate)이란 고객이 호텔에 예약을 하는 시점에서 호텔의 내부사정으로 정확한 요금을 결정할 수 없을 때 사용되는 용어이다.

예를 들면 다음해의 객실예약을 고객이 요청했으나 호텔에서는 다음해의 객실요금이 인상될 수 있는 경우를 대비해 객실요금의 결정을 미루게 되는 경우나, 예약신청자가 할인요금을 요구했지만 결정권자가 부재 중이어서 요구사항을 결정할 수 없을 때의 미결정 요금을 의미한다.

(4) Up-Grading

업그레이딩(up-grading)은 업그레이드(up-grade)로 표현되기도 하는데 싱글할인 요금과 비슷한 의미를 가진다. 호텔이 고객과의 약속을 이행하지 못할 경우 고객을 예우하는 차원에서 예약한 객실보다 가격이 높은 객실을 제공하되, 객실요금은 당초 예약했던 객실요금을 적용하는 경우에 사용되는 용어이다.

(5) Part Day Charge

분할요금(part day charge)이란 part day use 또는 day use로 표현되며 낮시간을 중심으로 객실을 이용하고자 하는 고객에게 부과시키는 요금인데, 일반적으로 1시간에서 6시간 동안 낮시간에 이용되는 대실요금을 말한다. 워커힐호텔의 애스톤하우스의 경우 기업체들의 특별행사를 위하여 분할적으로 객실을 대여하여서 객실수익에 공헌하기도 한다.

일반적으로 6시간 이상 사용할 때에는 풀 차지(full charge)가 적용된다. day use는 일반적으로 객실 정상가격의 50%선에서 요금을 책정하고 있는 추세이며, 오후 6시까지만 day use 판매가 실시된다.

5. 객실경영환경의 변화

1) 객실의 대형화

- 특급호텔 : 보통객실 23~26m^2(7~8평), 최근 33~40m^2(10~12평), 규모가 상향 추세
- single room과 double room 구성비율 최소화
- twin room, single-double, double-double 구성비율 최대화
- 침대의 규격도 커져 넓은 객실 면적 요구

2) 객실의 고급화

- 최고급의 건축자재, 시설, 기본조건
- 최고급 가구, 고정품, 비품(Furniture, Fixture, Equipment)
- 고급 중의 고급

3) Amenity의 다양화

- 의미 : 기분 좋음, 쾌적함, 상냥함, 사람을 유쾌하게 하는 일
- 매력물로 부가적인 서비스의 기능
- 객실의 욕실 내 비치하는 조그마한 물건
- 경쟁이 심함
- 비누, 샴푸, 린스, 면도기, 칫솔, 치약, 목욕제, 보디로션, 헤어드라이기, 빗, 매니큐어, 스킨로션, 밀크로션, 헤어캡, 귀이개, 안마기, 바느질함, 운동기구, 구둣솔, 구두약, 구둣주걱, 옷솔, 운동기구, 체중계
- 사용하지 않아도 서비스가 좋고 나쁨 비교 평가
- 다양한 amenity는 서비스가 좋다고 느낌

4) 객실형태의 다양화

- 동일 형태의 침대와 가구, 색상, 균일요금
- 표준화와 규격화가 경영합리화 수단
- 고객욕구의 다양화로 객실구조와 벽지 색깔 다양화
- 최근 mass-customization

5) 객실공간의 활용 최대화

- 화장대와 writing table 겸용
- TV와 냉장고 벽 속 설비
- Mini bar 판매
- 부대시설 이용 안내 비치

6) 정보시스템의 구축

- 컴퓨터의 시스템으로 온도관리, 전력관리, message 서비스, room indicator, 비상호출기, 자동국제전화, 인터넷 서비스
- 객실 내에서 업무 가능
- 광열비, 인건비 등 원가에서 매우 경제적
- 고객은 훌륭한 서비스를 제공받을 수 있어 유리하고 각광받고 있음

HOTEL MANAGEMENT

웃음의 효과 : 인간은 표정이 있는 유일한 동물

- 얼굴 근육 80개(웃음 50개)
- 만들 수 있는 표정은 8,000개 이상
- 하루에 15번 이상 웃으면 의사를 멀리한다.
- 하루에 3번 크게 웃으면 아침 조깅효과가 있다.
- 웃음도 위산과다의 예방과 치료, 암을 예방

제 6 장
객실 부서별 업무

항의가 들어왔을 때도
상품을 판매할 때와 똑같은 방식으로
고객을 대하는 것이야말로
고객과 판매자 사이에 신용이 싹트는 지름길이다.
– 지넬 발로(저술가) –

- 제1절 예　약
- 제2절 도어맨
- 제3절 벨　맨
- 제4절 프런트
- 제5절 기타 서비스
- 제6절 하우스키핑

호텔경영론

고객에게 서비스를 제공하지 않는 사람이라도 누군가에게
서비스를 제공해 볼 필요가 있다.
- 칼 알브레히트(컨설턴트) -

제6장

객실 부서별 업무

객실부서는 객실담당 지배인을 중심으로 Front Desk, Bell Desk, Door Desk, Reservation, House Keeping, PBX Operator로 이루어져 있다.

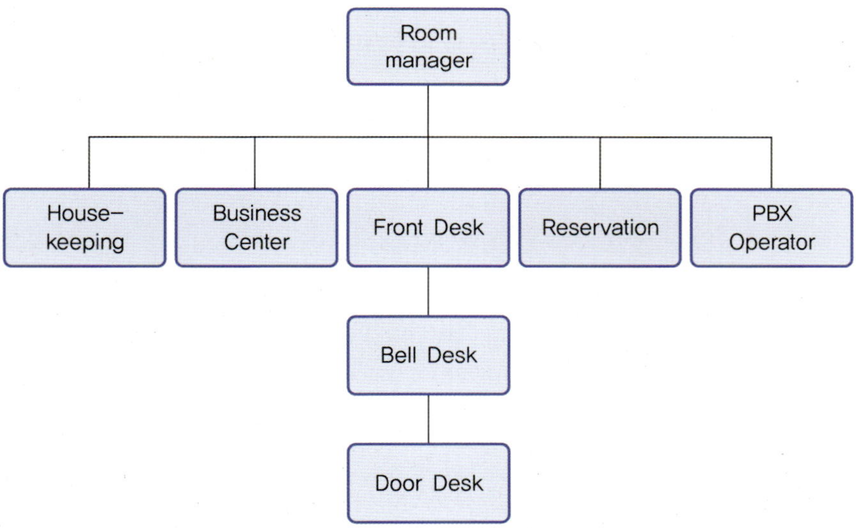

[그림 6-1] 객실부서의 조직도 사례

제1절 예약(Reservation)

예약의 사전적 의미는 ① 미리 약속함 또는 미리 정한 약속. ② 〈법률〉 앞으로 일정한 계약을 맺을 것을 미리 약속하여 두는 계약으로서 양자 간 신뢰의 출발점이라 할 수 있다. 호텔객실제품은 타 제품과는 달리 예약을 거치지 않고는 거의 판매가 불가능하다. 다른 일반 제품의 경우 대개가 직접 그 제품을 보고 거래가 성립되지만 호텔제품 중 객실의 경우에는 신용과 편리한 시설, 훌륭한 인적 서비스 등을 바탕으로 하여 예약에 의해 판매되기 때문이다. 호텔기업의 특성 중 하나는 연중무휴로 운영되어야 되며 장기적으로 지속적인 영업 운영을 위하여서는 책임 있고 정확한 예약처리가 필요하다. 또한 저장이 불가능하다(객실의 경우 24시간 저장)는 특성으로 인하여 예약관리(No Show, CXL, Over Booking)는 객실 매출에 커다란 영향을 미치기 때문이다. 예약은 숙박 희망자의 요청을 받아들여 숙박예약을 성립시키는 첫 번째 거래이다. 그리고 객실판매는 호텔에서 전반적인 영업실적을 크게 좌우하고, 식음료 및 부대서비스 상품판매와 밀접한 관계를 맺고 있어 호텔에서 매우 중요한 부분이다. 또한 등록은 고객이 예약을 한 다음 호텔에서 숙박을 하는 약속을 이행하는 것이므로 호텔이 고객과 처음으로 접촉하는 것으로 호텔업무에서 매우 중요하다. 최근에 들어서는 인터넷과 국제적인 예약망의 도입과 확충, 인터넷의 보급과 발전 등으로 객실예약 업무의 중요성은 더욱 커져 가고 있다. 이러한 이유로 최근의 호텔들은 객실예약부서를 호텔 내 마케팅 또는 판촉부서에 귀속하는 추세에 있다. 객실예약에 있어서는 일단 일별, 요일별, 월별, 계절별 성수기, 비수기 등에 관한 예약사이클과 자료를 기준으로 고객예약을 예측할 수 있어야 하며, 최근의 시장동향과 주변환경을 기준으로 객실예약을 잠재적으로 예측할 수 있어야 한다.

- No Show Guest : 예약을 하여 놓고 예약취소도 하지 않고 나타나지 않는 고객
- CXL(Cancellation) : 예약을 하였는데 고객의 사정으로 예약을 취소 통보한 고객
- Over Booking(초과예약) : 객실점유율(Room Occupancy)을 높이기 위하여 No Show Guest, CXL을 대비하여 객실수보다 초과하여 예약을 받는 것으로서 호텔예약부서에서는 매우 중요한 업무 중 하나이다. 호텔마다 다르지만 일반적으로 10~15% 정도를 초과해서 받는다.

1. 예약업무의 의의와 분류

1) 예약의 의의

호텔의 마케팅 활동행위로 고객을 유치하게 되는데, 그 첫 번째 단계가 예약이다. 예약은 객실을 이용하고자 하는 고객 또는 중개자의 의해 전화, 팩시밀리, 텔렉스, 편지, 인터넷, 직접방문 등을 통해 이루어진다. 호텔은 연중무휴로 운영되기 때문에 지속적인 영업운영을 위하여서는 책임 있고 정확한 예약처리가 필요하다. 객실예약의 사전적 정의로는 "호텔을 이용하고자 하는 고객들이 몇 개월에서 하루 이틀 전까지 고객들이 실제로 호텔에 도착하기 전에 통신이나 여행사 또는 직접객실이용을 약속하는 것"을 말한다. 호텔과 고객 간의 계약을 형성하며, 예약을 의뢰한 시점에서 고객이 호텔을 떠날 때까지 즉 지급관계를 완전히 해결할 때까지 지속된다고 볼 수 있다. 따라서 항상 고객에게 호감이 가는 언어와 정확한 업무처리능력이 요구되며, 외국인 고객에 대비하여 외국어에도 능통하고 다양한 호텔 내·외적인 정보를 제공할 수 있도록 하여야 한다.

2) 예약의 분류

(1) 일반적 분류

① 직접예약(Direct Booking) : 고객이 제3의 매체를 통하지 아니하고 본인이 직접 호텔에 전화나 편지 또는 방문 등을 통하여 예약하는 것

② 간접예약(Indirect Booking) : 여행사 또는 항공사 등 제3의 매체를 통하여 특화나 편지 등으로 예약하는 것

(2) 예약신청 수단에 의한 분류

① 전화에 의한 신청(Telephone call requesting reservation)

② 예약보증 수단으로 고객이 신용카드번호를 제시하는 전화예약 신청(A telephone request where guest supplies credit card number as guarantee)

③ 서신 또는 텔렉스에 의한 예약신청(A written or telexed request)

④ 보증금 등 일부 지급을 수반한 여러 가지 형태의 예약신청(Request in any form accompanied by partial payment)

⑤ 여행사 혹은 특정회사 보증에 의한 예약신청(A request guaranteed by a travel agent or company)

3) 예약의 종류

(1) 호텔과 아무런 계약이 없는 기업이나 개별고객(FIT)의 예약으로서 호텔객실예약의 경우 빈번하게 일어나지는 않는 예약의 한 형태이다. 일반적으로 공표요금(Rack Rate)을 기준으로 객실요금을 받는다. 호텔객실 상황에 따라 일정부분 할인을 해주는 경우도 있다. 일반적인 개인고객(FIT) 예약시 예약방법으로는 ① 고객이 객실예약을 원할 경우, 가장 먼저 투숙날짜의 객실상황을 체크한다. ② 예약슬립에 의하여 예약사항을 기입한다. ③ 객실할인은 호텔 내부규정에 의하여 적용한다. ④ 예약날짜에 객실이 만실에 가까우면 예약선수금(Deposit)을 받아 노쇼 게스트(No Show Guest)를 막아야 한다.

- FIT : Free Independent Tour의 약어로 개별고객을 말한다.
- Rack Rate : 호텔에서 책정한 할인되지 않은 공식화된 객실요금
- Deposit : 객실예약 기타 부대시설의 예약을 위해 고객이 미리 지급하는 선수금으로 호텔에서는 선수보증금(Advance Deposit)이라고도 한다.

(2) 회원제 예약으로 호텔에 회원으로 등록한 고객의 예약으로 할인율도 높고 특별한 일이 아니라면 그 호텔에 꾸준하게 예약을 하게 된다. 회원은 크게 유료회원과 무료회원으로 나뉜다.

(3) 계약기업체 간의 예약으로 호텔은 주변의 개별기업과의 지속적인 관계유지와 서로의 이익과 편의를 위해서 양자 간의 계약을 체결하고 기업의 이용빈도와 실적에 따라 할인과 우선적인 객실예약 배당을 해주는 혜택을 제공해 주고 있다. 특히 서울이나 대도시 주변의 호텔은 대부분이 상용호텔의 고객으로서 이들이 차지하는 비중이 매우 크기 때문에 중요하게 취급해야 할 고객들이다.

(4) 여행사 단체예약으로서 일반적으로 단체예약은 그 할인율이나 객실배정에 따른 전체적인 균형을 유지하기 위해 객실예약의 그룹담당에서 예약업무를 처리한다. 이러한 여행사의 예약은 요일별, 성·비수기의 할인율이 차이가 있고 대체로 객실 할인율이 크기 때문에 비수기에는 호텔의 매출에 크게 기여하지만 성수기에는 어느 정도 제한을 두게 된다. 호텔에서 보면 단체고객은 많은 객실을 한번에 판매할 수 있는 장점을 가지고 있다. 특히 최근 컨벤션이나 이벤트 행사가 많이 유치되고 있어 여행사뿐만 아니라 대형행사를 위한 고객이 증가하고 있어 이러한 예약 유치를 위해 노력하여야 할 것이다.

(5) 패키지 예약으로서 패키지(Package)란 호텔마케터 또는 호텔상품 기획자가 주체가 되어 실시하는 판매촉진수단의 하나다. 패키지를 통해 고객은 숙박을 포함해 식·음료 및 편의시설을 즐길 수 있다. 말하자면 일종의 '종합선물세트'인 패키지는 지급능력이 있는 불특정 다수를 대상으로 판매하는 호텔상품이다. 호텔은 계절별 비수기나 전체적인 호텔의 이미지 향상과 타 업장과 연계한 매출의 효과를 극대화하기 위하여 다양한 이벤트와 패키지를 내놓는다. 객실예약에서는 이러한 패키지의 특성과 장점을 고객에게 알리고 이에 대한 홍보역할을 하여야 하며 예약을 유치하여야 한다.

2. 예약업무의 과정

1) 예약업무의 과정

객실 예약부서는 호텔조직 내부 간에 의사소통의 중심으로 예약업무를 수행하기 위해 객실상품에 대해 충분하고 정확한 지식을 숙지하여야 한다. 다음은 일반적인 예약업무의 순환과정이다.

- 예약담당직원은 예약신청이 들어오면 예약대장에 기입하거나 컴퓨터에 입력한다. 특히, 체재기간과 연락처에 대해서 확실히 기록해 두어야 한다.
- 객실상태를 객실정비부서로부터 미리 연락을 받아야 한다.
- 예약신청자의 숙박경력, 기호, 취미 및 거래하는 회사와 친지 등에 대하여 미리 알아보고, 신청자의 요구사항을 기재하여 예약을 확정한다.
- 고객예약 카드를 작성하여 객실판매 직원에게 인계한다.

2) 예약직원의 사전지식

(1) 호텔상품에 대한 풍부한 지식

고객의 불만을 최대한으로 줄이고 만족을 주기 위해 호텔상품에 대한 폭넓은 지식을 가지고 있어야 한다.

호텔상품

① 객실의 종류, 숫자, 요금, 객실 내의 시설물 ② 호텔의 식당 및 부대시설의 종류와 요금 ③ 호텔의 전반적인 계절별, 시즌별 안내사항 ④ 여행사, 기업체, 카드사, 호텔의 회원 등과의 객실이용에 관한 계약사항 등

(2) 업무의 정확성

예약을 처리함에 있어 일관성을 유지하고, 직원과 고객 간의 능숙하고 빈틈없는 커뮤니케이션이 중요하다.

(3) 경쟁자의 상품분석

경쟁호텔의 객실 및 부대시설의 내용에 관해서도 숙지하고 있다가 고객이 다른 호텔 객실과 비교해서 말할 때 장·단점을 설명할 수 있어야 한다.

(4) 일반관광에 대한 정보

예약등록과정에서 고객이 일반관광에 관해 물을 경우에는 호텔에 관한 정보는 물론 다양한 정보를 제공할 수 있는 능력이 있어야 한다.

- 도시 및 지역사회에 관한 정보(인구, 상공회의소, 학교, 병원, 은행 등)
- 인근지역에 관한 정보(주변관광지, 명소, 소요시간, 도로사정, 교통수단 등)
- 국가에 관련된 소개(정치, 경제, 사회, 문화, 교육, 습관 등)

3) 예약의 경로

(1) 전 화

가장 많이 사용되는 수단으로 예약의 가부를 신속히 전달 가능하다.
단, 국제전화의 경우 의사소통과 시차의 문제가 있을 수 있고, 요금이 비싸다.

(2) 국내의 호텔예약사무소

호텔의 자사를 통한 방법으로 홍보대리점을 통해 예약하는 방법으로 전화, 팩스와 이메일을 통해 예약접수를 받고 있다.

(3) 판매직원

호텔 내의 판촉직원들이 직접 고객을 찾아가서 예약받는 방법이다.

(4) 컴퓨터시스템

세계적인 컴퓨터 예약시스템(CRS)과 세계적 유통시스템(GDS)에 의한 방법이 있다. 약 80%가 예약 체인망의 예약접수를 사용하고 있다.

(5) 텔렉스 및 팩시밀리 등

전화 다음으로 가장 많이 사용하는 수단으로 구체적 내용을 정확히 전달할 수 있다.

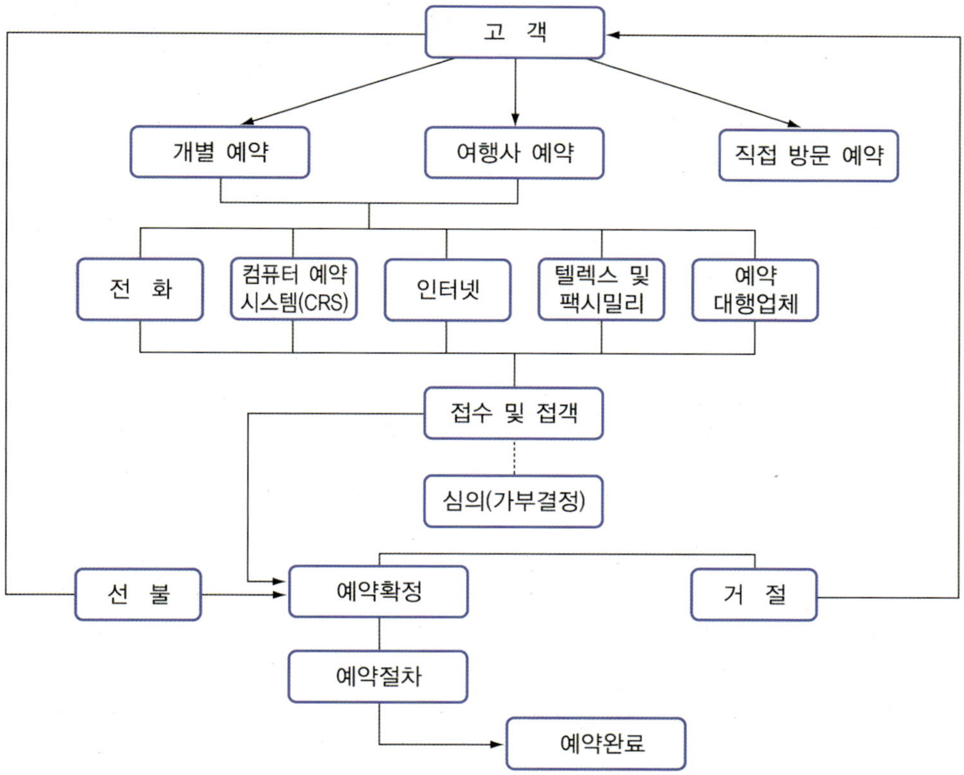

[그림 6-2] 호텔예약의 순환도(Reservation Floor Chart)사례

(6) 인터넷

신속성과 정확성, 효율성으로 해당 호텔의 정보와 객실 상황 및 예약 여부 등을 쉽게 확인할 수 있으며 즉석에서 바로 예약할 수 있다.

(7) 방문예약

고객이 직접 호텔을 방문하여 예약하는 것인데, 이때 고객이 직접 객실시설을 확인하고자 하는 경우가 많다. Room Show를 통하여 호텔객실의 시설과 호텔의 전반적 분위기를 고객에게 충분히 인지시킬 수 있다는 장점을 가지고 있다.

(8) 예약 대행 사이트

핸드폰을 이용한 실시간 예약 상황과 가격을 비교해서 예약을 하는 예약 대행 사이트의 등장은 예약시스템의 새로운 대안으로 나타나고 있다.

> Room Show
> 호텔의 객실시설을 고객에게 직접 보여 주는 서비스

제2절 도어맨(Door Man)

1. 도어맨의 기본서비스

① 고객의 승용차가 도착하면 거수경례를 하고 적당한 지점으로 차를 유도한 다음 차 문을 열어서 내리기 편하게 도와야 한다.

② 내리는 고객에게 미소 지으며 환영인사를 하고 벨맨에게 신호를 해서 객실 또는 식당으로 안내하게 한다.

③ 투숙 고객인 경우 짐의 숫자를 정확히 파악해서 고객의 확인을 받는다.

④ 투숙 고객이 출발하는 경우에도 트렁크 안의 짐을 확인하게 한 다음 정중히 환송인사

를 하고 차 문을 닫는다.

⑤ 호텔 현관 주변의 질서 및 청결을 유지하고 주변 주차장의 주차를 통제한다.

⑥ 항공, 열차, 버스 시간표를 비치하고 시내 관광 전문회사, 리무진버스 회사 등에 대한 연락처를 기록해 둔다.

⑦ 고객의 질문에 대비해서 주변의 명소, 관공서, 빌딩, 박물관, 고궁, 교통상황 등을 실제 탐방하고 숙지한 후에 정확히 안내한다.

⑧ 박람회, 전람회, 축제 등 각종 행사를 숙지하고, 쇼핑을 위한 백화점, 시장, 기념품점, 외국인 전용 상가 등 정확한 정보를 제공해야 한다.

⑨ 부근의 성당, 교회, 법당의 위치, 시간 등을 기록해 두었다가 안내한다.

▲ 도어맨

⑩ 택시를 태워 드릴 경우 택시 기사에게 고객이 가실 장소를 명확히 알려 주고 약도, 호텔카드 등을 고객에게 드린다.

2. 도어맨의 기본업무

① 고객을 최초로 맞이하는 상징적 직원으로서 호텔 서비스맨의 첫인상을 좌우하기 때문에 도어맨의 매너, 친절, 영접 등에 있어서 철저한 교육이 필요하다(특수 모자와 복장).

② 차량 유도, 주정차 관리

③ 영업용 택시 호출 및 수배

④ Valet service

⑤ 승하차 고객 도움

⑥ 국기 게양관리

제3절 벨맨(Bell Man)

▲ 벨맨

고객이 호텔에 들어서면 벨맨은 로비에서 정중히 고객을 마중해 주고 프런트데스크(Front Desk)로 안내를 해주는 제복(uniform) 입은 호텔종사원이다. 초기의 호텔이나 여인숙에서는 방마다 벨을 달아 두었는데 이 벨 소리를 듣고 달려온다는 데서 그런 호칭이 붙게 되었다고 한다.

벨맨은 도어맨의 신호를 받아 손님의 짐을 운반하고 손님을 접수대(프런트데스크 frontdesk)로 안내한다. 손님이 접수대에서 숙박에 필요한 등록절차를 밟는 동안 손님의 3~4보 뒤에서 대기한다. 손님이 등록절차를 마치면 프런트 Cloak으로부터 객실열쇠를 받아 고객을 객실까지 안내한다. 짐이 많을 경우 중요한 짐을 먼저 옮기고 나머지 짐들은 손님을 객실로 안내한 후에 벨보이 왜건(bell boy wagon : 짐이나 수하물을 적재하여 옮기는 바퀴가 달린 수레)을 이용하여 옮긴다. 짐을 객실 내에 손님이 원하는 위치로 옮긴 후 TV수상기, 에어컨(Air conditioner), BGM BOX(침대 옆에 위치하고 있는 작은 책상으로 라디오가 달려 있고 전화기와 전화번호판, 스탠드 등이 놓여 있는 책상)의 조작방법과 필요시 전화를 거는 방법, 도움을 청하는 방법, 긴급한 상황이 발생했을 때의 대처방법, 비상구 위치 등을 알려 준다. 벨맨은 고객이 퇴실할 때에도 짐을 호텔입구까지 운반해 준다. 이외에도 손님에게 온 메시지와 우편물을 전달해 주고 세탁물의 배달과 같은 잔심부름도 수행한다.

벨맨이 하는 이러한 서비스는 벨맨서비스(Bell Man Service)라고 하는데, 최초에 벨맨은 벨홉(Bell Hop)이라고 불렸다.

호텔에 따라 고객의 짐을 나르는 포터(Porter)가 별도로 있기도 하지만, 대부분의 호텔에서는 포터의 업무를 벨맨이 함께하고 있다.

1. 벨맨(Bell Man)의 기본서비스

① 근무 전후에 Log book을 읽고 기록하며 인계인수를 철저히 한다.
② 행사계획표(Banquet Function Order)를 게시하고 숙지한다.
③ 행사안내판(Function Information Board) 상태를 점검한다.
④ 현관지역의 청결상태, 점등 및 소등을 점검한다.
⑤ 고객의 객실 출입시에는 방문내역을 반드시 기록한다.
⑥ 고객의 짐(Baggage)을 보관·기록하며 보관실의 청결을 유지한다.
⑦ 객실사용법, 호텔상품, 시설, 영업시간 등을 정확히 숙지하고 안내한다.
⑧ VIP고객의 예약, 재숙 등에 관심을 집중하고 동태를 상사에게 보고한다.
⑨ 우리말, 외국어 등으로 고객안내를 익숙하게 할 수 있도록 꾸준히 연습한다.

2. 벨맨의 기본업무

① 체크인, 체크아웃 서비스
② Room change service
③ Group C/I, C/O service
④ 기록유지, 안내업무
⑤ 로비 관리 업무
⑥ 페이징 서비스(Paging service)
⑦ 메신저 서비스와 딜리버리서비스
⑧ 체크룸 서비스 ; 수화물 보관, 창고관리, 종류별로 관리
⑨ 객실사용안내

제4절 프런트(Front)

흔히 프런트데스크를 호텔의 얼굴로 비유하는데 그 이유는 고객을 최초로 영접하고 고객

이 체크아웃할 때 마지막으로 환송하는 장소이기 때문일 것이다. 즉 프런트데스크는 호텔과 고객을 이어주는 접점(Contact Point)이라 할 수 있다. 또한 프런트데스크는 객실상품의 판매를 통해 호텔수입을 발생시키며 객실판매의 성공 여부에 따라 다른 상품의 판매에도 크게 영향을 미치기 때문에 판매를 촉진시킬 수 있는 자질을 갖춘 종업원이 배치되어 고객의 마음을 사로잡을 수 있어야 한다.

프런트데스크는 고객에게 호텔에 대한 상품의 충성도(loyalty)를 창조하는 장소로써의 기능을 하기 때문에 고객의 마음을 감동시켜 호텔의 이미지를 향상시키고 상품의 재구매를 유도하는 중요한 역할을 담당하는 부서이다. 아무리 조직적이고 전문적인 마케팅전략을 수립하고 고객을 대상으로 적극적인 판촉활동을 전개할지라도 호텔을 방문한 고객에게 처음부터 좋은 인상을 주지 못하면 모든 활동의 효과를 기대할 수 없다.

프런트데스크의 3대 기본업무는

① 고객의 등록(reception registration)
② 안내(information)
③ 체크아웃 고객의 계산(cashier)이다.

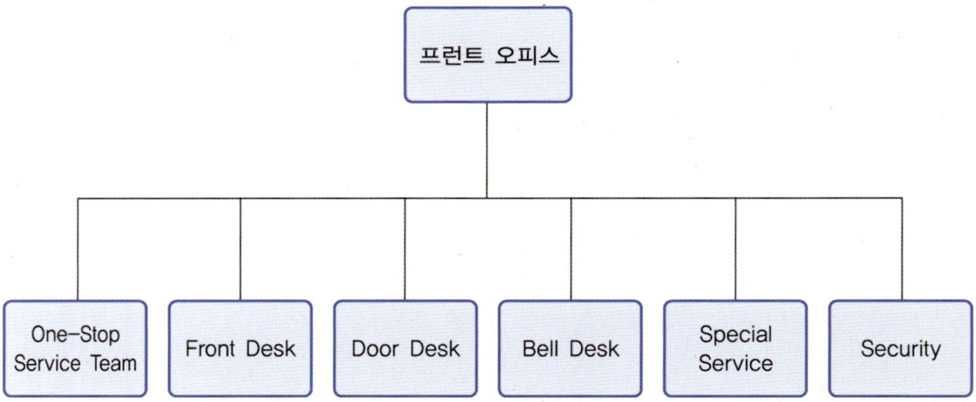

[그림 6-3] 프런트의 조직도 사례

1. 프런트데스크(Front Desk)의 기본서비스

① 로그 북을 기록하고 숙지하여 일사불란하게 인계인수를 한다.
② 고객님의 성명을 암기하고 Check in과 Check out을 신속, 정확하게 진행한다.

③ 객실배정(Room assignment)을 효율적으로 진행하고 Welcome Letter를 준비한다.
④ 객실형태(Room Type), 객실가격을 정확히 숙지하고 고가객실 우선 판매(Up-Selling)를 시도하여 매출증진을 기한다.
⑤ 기준을 초과한 고객님의 High Balance Report(고액외상잔액보고서)를 작성·보고 조처한다.
⑥ Mail Message 등을 받으면 기록하고 곧바로 고객님께 정확히 전달한다.
⑦ 고객님의 불평사항(Guest complaint) 해결에 적극적으로 개입한다.
⑧ 전화 걸고 받는 예절을 습관화하고 고객님의 항공편을 예약·확인한다.
⑨ 고객님 귀중품보관함(Safety Deposit Box)을 철저히 관리한다.
⑩ Daily Report(영업일보)를 정확히 작성·보고·보관한다.

2. 프런트데스크(Front Desk)의 기본업무

1) 체크인(Check in)

체크인 과정(check in Process)
예약확인 – 등록카드 작성 – 객실 배정

(1) 예약확인

① 고객이 F/D에 예약여부 확인
② 예약고객 CRT(Computer Reservation Terminal)성명, 예약번호 등 예약사항 확인
③ Walk-in Guest 투숙가능 여부 결정 및 확인

Walk-in Guest
예약을 하지 않고 직접 호텔을 찾아오는 고객

(2) 등록카드 작성

① Registration card 작성 목적

㉠ 객실이용에 대한 고객과의 계약의미
㉡ 안전 및 도난 사고 대비
㉢ 고객관리 차원
㉣ 각종 통계 목적
㉤ Skipper 발생시 추적

② 체크인시 Deposit 예치, 신용카드 open
③ 가족 동반의 경우 1명만 작성
④ 객실 2개 이상 사용시 객실별로 각각 작성
⑤ 단체일 경우 인솔자(대표)만 작성, 카드 뒤에 명단(rooming list) 작성

Skipper
투숙고객이 정당한 퇴숙절차를 이행하지 않고, 즉 숙박요금을 지급하지 않고 나간 고객, 부도채권계정의 잔고로서 결손처리한다.

(3) 객실 배정 및 열쇠 배정

호텔마다 다르게 나타나지만 일반적으로 같은 성향의 고객(신혼부부, 비즈니스, 효도관광, 가족관광 등)은 같은 층수로 배정하고, 단체고객은 아래층으로 배정하는 것이 좋다.

- in-side room
- out-side room
- connecting room

2) 안내업무

(1) 호텔 내외부 안내

① 내부 안내
㉠ 객실고객을 찾아온 경우 객실고객에게 연락을 취하여 만날 의사 확인
㉡ 투숙객 이름 모르고 객실번호만 아는 경우 안내 거절
㉢ 퇴숙객의 연락처 등을 요청하는 경우 거절

② 외부 안내

㉠ 항공기, 기차, 버스 순환관광버스 등 schedule 및 요금

㉡ 주변 관광지 안내 및 이용 교통편

㉢ 극장, 미술관, 쇼핑센터 등 문화시설 이용

㉣ 교회, 사찰 등 종교시설

㉤ 시청 등 주요 관공서

㉥ 나이트 클럽 등 유흥 및 오락시설

(2) 메시지 전달

① 부재시 메시지를 남길 경우

② 전화 부재시

③ 도착예정 투숙객

(3) 우편물 취급 : 편지, 엽서, 전보, 택배

3) 계산업무

① **퇴숙객의 요금 정산** : 전화, mini bar, 부대시설 이용 등

② **요금수납** : 현금, 카드, 수표(배서), 약속어음, 가계수표는 거절

③ **환전업무** : 매일 환율시세표 확인

④ **귀중품 보관** : safe deposit box

3. 나이트 클럭의 업무(Night clerk)

1) 야간 프런트 업무

① 나이트 클럭은 야간에 프런트 업무를 담당하면서 객실영업보고서 작성이 주업무이다.

② log book 작성

③ 야간근무자 : 일반적으로 22시 또는 23시부터 다음날 오전 07시까지

④ Sleep-out 객실점검

⑤ Walk-In Guest

⑥ 노쇼 고객과 예약취소 고객의 정리

- log book : 인수인계 노트북
- Sleep-out : 호텔에서는 고객에게 객실을 판매하였지만, 고객은 그 객실 안에 짐과 옷을 놓아두고 객실을 사용하지 않은 것을 말하는 것으로 고객의 안전차원에서 철저한 관리가 필요하다.

2) 객실영업보고서 작성

(1) 보고서 종류

① Daily Report, Monthly Report, Annual Report

② Daily Room Report : 매출액, 객실판매수, 평균요금, 객실점유율, 투숙인원수 등 객실영업상황 전반

③ Group Report : 여행사 등의 단체판매 현황

④ Forecast Report : 당일 이후의 주간, 월간 예약상황 매일 Up-Date한 리포트

⑤ VIP 리스트

⑥ Complimentary 객실현황 보고서

⑦ competitor's Analysis Report(경쟁사 객실현황 보고서)

(2) 객실영업 산출

① 객실 매출액(Revenue)

② 객실 판매수

③ 객실 평균요금(Average Room Rate)

④ 객실점유율(Room Occupancy)

- Average Room Rate : 판매된 객실매출액/객실판매수
- Room Occupancy : (객실판매수/총객실수) × 100

제5절 기타 서비스

1. Concierge 서비스

Concierge의 업무는 일류 호텔의 로비(Lobby)에 있으면서 고객을 위해 극장의 표를 사거나 지하철 타는 방법을 가르쳐 주거나, 레스토랑 예약 등을 대신해 주는 것으로부터 시작하여 손님의 취향에 맞게, 가고 싶은 관광지를 추천해 주기도 하고, 좋은 쇼핑센터를 안내해 주기도 하므로 고객을 위해 충분한 여러 가지 정보와 지식을 습득해야 하고 외국어 실력도 겸비해야 한다.

컨시어지(Concierge)의 원래 사전적 의미는 '문지기, 수위, 관리인'이란 뜻으로 호텔에서는 '호텔의 외국인 접객원'이라고 말할 수 있다.

1) concierge service

① 1983년 미국호텔업계 착안
② 고객유치를 위한 경쟁의 일환으로 도입
③ 고객만족을 위한 안내 업무, 잔심부름도 수행
④ 벨 데스크와 연계하여 신속하고 효율적으로 처리. 호텔이 제공하는 각종 서비스안내, 관광지안내, 호텔외부의 식당안내, 거리, 택시비, 찾아가는 방법, 메뉴 품목, 가격 등
⑤ 데스크-고객이 쉽게 찾을 수 있는 로비 위치
⑥ Full service 호텔에서 중추적인 역할을 담당하는 서비스요원
⑦ 컨시어지협회 창설, 전문직종 간주 일정한 자격부여
⑧ 벨맨을 대신해 VIP고객의 영접과 영송을 수행한다.

호텔 컨시어지(Hotel Concierge)

세계 각국의 럭셔리 호텔이나 고급 휴양지 호텔에서 컨시어지 서비스가 일반화되고 있다. 고객은 여행지의 갖가지 정보와 지리에 익숙하지 못하며 컨시어지는 전산화된 각종 자료, 정보를 활용하여 이들 고객이 필요로 하는 정보나 기타 서비스를 필요한 때에 최적한 해법을 제공하고 있다. 항공편 예약, 극장, 운동경기 티켓팅, 유명 식당의 소개 및 예약, 관광지 안내, 예약, 우편물의 접수, 발송 등 기타 다양한 수행 비서역할을 담당하고 있다.

퍼스널 컨시어지(Personal Concierge)

1990년대에 이르러 미국을 중심으로 개인의 시간 효용성에 대한 중요성을 인식하게 되었으며 타임 매니지먼트 개념이 도입되면서 선택과 집중을 통한 라이프스타일 매니지먼트에 충실할 수 있도록 하는 퍼스널 컨시어지가 탄생하였으며 2005년 현재 미국과 유럽에서 하나의 산업으로 급성장하고 있다. 퍼스널 수행 비서역할, 쇼핑, 홈 & 패밀리 컨시어지, 이벤트 플랜, 여행 기획 추진, 기타 한 개인을 중심으로 하는 전반적인 과제를 해결한다. 개인의 사생활을 전문가에게 맡김으로써 고객은 시간 절약, 돈 절약, 스트레스 해방 등을 얻을 수 있다.

코퍼레이트 컨시어지(Corporate Concierge)

사원이 회사의 일에 전념할 수 있도록 개인의 사생활 중 일부의 업무를 컨시어지에게 맡기는 새로운 분야의 직종이다. 회사 내에 사무실을 두고 필요로 하는 각종 과제를 해결한다. 예를 들어 관공서의 각종 증명서, 은행 입금 및 공납금의 입금, 개인 쇼핑, 기타 사원의 편이를 도모하여 주는 역할을 수행한다.

기타

국내에서는 컨시어지의 다양한 서비스를 고급 브랜드 백화점이나 고급 아파트 등에서 도입하여 고객의 각종 편의를 도모하는 일을 담당하는 제3의 영역으로 확장되어 가고 있다.

2. GRO(Guest Relation Officer)

컨시어지와 비슷한 의미로서 고객의 안내, 상담, 영접, 환송 등의 업무를 담당한다. 호텔 내외부 안내, 충분한 정보지식 안내, 상담

① 단골고객, 귀빈 체크인을 도와주고 객실등록 도와줌
② 호텔 내외부 안내, 충분한 정보와 지식을 가지고 안내 상담해야 함
③ 고객 영접, 환송
④ 메시지, 팩스, 우편물 전달
⑤ 안내 팸플릿(pamphlet), 잡지, 신문 확인 점검

제6절 하우스키핑

1. 하우스키핑의 조직도

1) 세분화된 하우스키핑의 조직

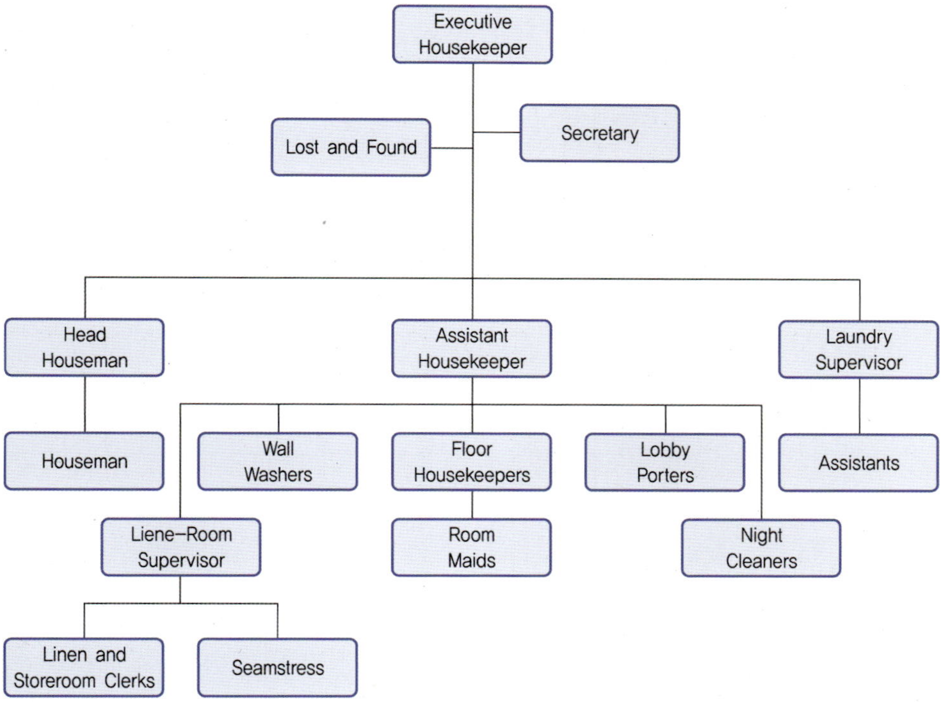

[그림 6-4] 세분화된 하우스키핑의 조직사례

2) 일반적인 하우스키핑의 조직

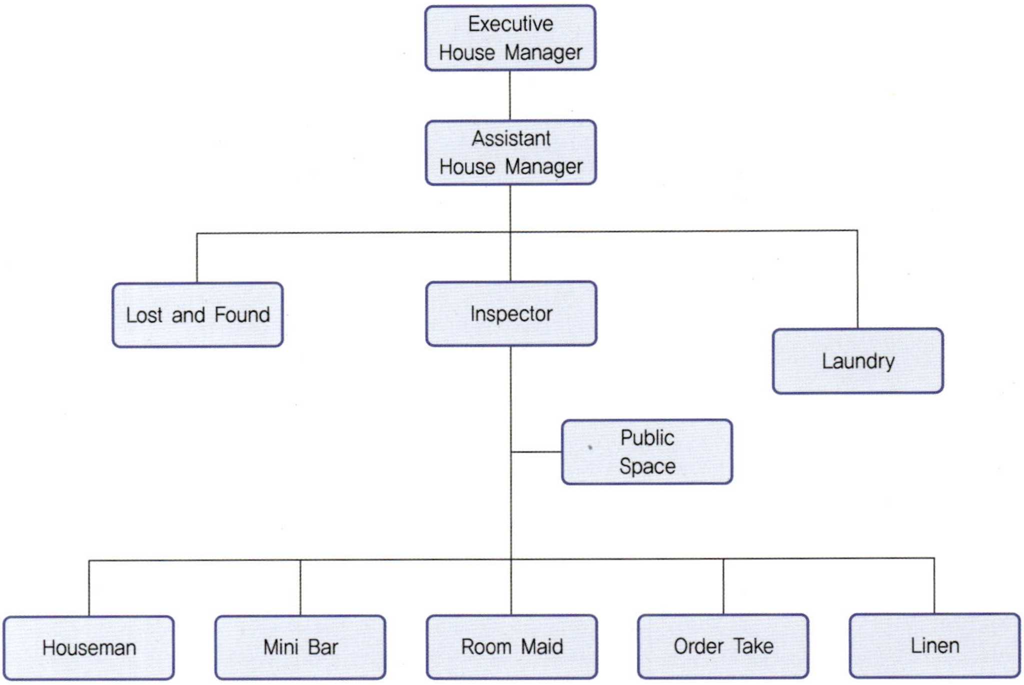

[그림 6-5] 일반적인 하우스키핑의 조직사례

2. 하우스키핑의 개념 및 업무

1) 개 념

하우스 키퍼(House Keeper)의 사전적인 의미는 "집을 유지하는 일을 하는 또는 감독하는 사람"의 의미로서 호텔을 찾아온 고객에게 편안함과 아늑함을 주고 호텔상품의 판매와 호텔의 운영비절감 및 자산관리 등에도 중요한 역할을 해야 하며, 호텔의 내외적인 청결유지 및 객실의 청결유지, 보수, 관리와 고객의 재산과 신변보호를 하는 곳이라고 정의내릴 수 있다.

하우스키핑부서(House Keeping Department)란 객실의 청소와 시설비품의 유지관리뿐만 아니라 식당, 회의실, 복도, 현관, 화장실, 라운지, 주방 등의 호텔 전역에 걸친 공용장소(public area)는 물론 각종 리넨(linen)류와 종업원의 유니폼 등 기타 부서에까지 관리영역의 범위가 넓다. 또한 가구와 비품선택 관리에 이르기까지 광활한 업무를 수행하여야 하는 부서이다.

프런트 오피스(front office)부문이 호텔산업의 상품인 객실을 판매하는 곳이라 한다면, 하우스키핑부서는 호텔산업의 완성된 상품(객실)을 생산하는 곳이라 할 수 있다. 왜냐하면 상품이라는 것은 판매를 전제로 생산이 가능하기 때문에 호텔산업 역시 판촉직원 및 룸 클럭(room clerk)이 아무리 객실을 판매하려 해도 하우스키핑부서에서 객실을 정비 또는 정돈하지 않으면 객실의 효과적인 판매가 불가능한 것이다.

객실에서 고객이 편히 쉴 수 있도록 청소는 물론, 침구의 정리, 가구 및 소모품의 조달·배치가 있어야 하겠고, 손님의 안전관리와 재산의 보호가 있지 않으면 객실이란 호텔상품을 판매할 수가 없다.

2) 특성 및 중요성

(1) 호텔수익의 증대

하우스키핑부서가 호텔의 수익에 영향을 미친다는 것은 이 부문의 기본직무 성격이 호텔의 청결(cleanliness), 정결(neatness) 및 질서정연(orderliness)의 유지라는 점과 관련하여 이해될 수 있다.

높은 객실이용률을 유지하고 고객을 단골로 만들어 호텔수익을 증대하자면 호텔제품 가운데 가장 중요한 수입원인 객실의 청소 및 청결이 유지되어야 할 것은 당연한 일이다. 불결한 객실에 비싼 요금을 지급하면서 이용할 고객도 없을뿐더러, 만약 모르고 이용했다면 다음 기회에 다시 찾아올 것이라 기대한다는 것은 상식 밖의 일이다.

객실은 호텔제품 중 가장 중요한 것의 하나이며, 이에서 산출되는 객실수익은 주요한 원천수익이 되는 것이다.

(2) 호텔운영비의 절감

호텔의 운영경비는 크게 두 가지로 나눌 수 있다. 하나는 고객의 증감과 관계없이 일정한 비용이 꾸준히 지출되는 고정경비(fixed expenses)이고 다른 하나는 고객의 증감에 따라 그 지출이 증감되는 변동경비(variable expenses)인 것이다. 그러므로 오늘날 기업경영은 판매활동의 강화와 더불어 비용절감을 위해 모든 방법을 동원하고 있다. 이러한 점을 고려할 때 하우스키핑부서는 호텔 운영경비의 절감에 결정적인 역할을 하고 있다.

객실을 비롯해 호텔 안의 모든 비품·설비의 관리를 책임지고 있는 하우스키핑부서는 세심한 관찰, 주의와 손질로 비용절감이라는 목표를 실현할 수 있는 것이다.

(3) 호텔예약의 관리

호텔의 재산을 크게 두 가지로 나눌 수 있다. 하나는 유동자산(current assets)이요, 다른 하나는 고정자산(fixed assets)이다. 전자는 현금・당좌예금 등을 말하며, 후자는 토지・건물・시설・기계 등이다.

호텔의 재산이 곧 고정자산의 상태를 의미한다고 해도 과언은 아니다. 왜냐하면 호텔기업에 있어 고정자산이 전체 자산 중에서 차지하고 있는 구성비율이 약 80%~90%에 달하고 있기 때문이다. 호텔기업은 그 제품으로서 건물 자체를 비롯하여 기계, 설비, 비품, 집기 등 어느 하나 이에 해당되지 않는 것이 없을 정도로 방대한 모습을 보여 주고 있다.

이러한 호텔기업의 고정자산을 유지・관리하는 책임을 지는 업무부서로 하우스키핑부서의 중요성이 새로이 인식되고 있다.

(4) 호텔제품의 생산과 창조

호텔제품의 생산 내지 창조적 기능을 갖고 있다는 관점에서 하우스키핑부서의 의의를 강조한 것은 지나치게 호텔이 판매활동에 치중하면서도 그 제품의 품질관리에는 소홀하기 때문이다.

호텔의 제품으로서의 객실은 당초에 건설한 그 자체로서 제품의 효용을 갖고 있지만, 이것만으로는 고객의 욕구를 충족시켜 줄 수 있는 제품이 될 수 없다. 객실의 청소와 세심한 관리로 투숙객에게 절대 안정을 주어야 하고, 체크아웃과 더불어 재판매를 위한 준비를 서둘러 객실판매의 회전을 가속화하여 호텔상품의 창조에 노력을 다하는 것이 하우스키핑부서의 본분인 것이다.

3) 부서별・직급별 업무

(1) Housekeeper Manager

하우스키퍼매니저는(Housekeeper manager)는 하우스키핑부서의 총괄책임자다. 하우스키퍼매니저는 기존업무인 객실정비, 유지관리 및 비품관리에 중점을 두고 하우스키핑 전 직원에게 작업을 지시・감독하고 작업실시 결과를 확인하는 역할을 한다. 하우스키퍼매니저는 관리자의 입장에서 다음과 같은 업무를 수행해야 한다.

(가) **인사관리적 측면** : ① 적정수의 직원유지관리를 한다. ② 신입사원의 채용 및 교육훈련을 한다. ③ 부하직원의 후생 및 복지관리를 한다. ④ 업무계획의 작성 및 업무를 할당한다.

(나) **원가관리적 측면** : ① 예산의 수립을 한다. ② 가격의 적정 여부 확인을 한다. ③ 각종 기록의 유지 및 분석을 한다. ④ 적정 소요물품의 계산 및 집행을 한다.

(다) **자재관리적 측면** : ① 각종 물품의 이용가능성을 파악한다. ② 재고조사 및 확인을 한다. ③ 장비에 관한 주문 및 수리를 한다.

(라) **업무관리적 측면** : ① 청소의 감독 및 청결유지를 한다. ② 열쇠의 취급 및 관리감독을 한다. ③ 분실물 및 습득물(Lost & Found)의 처리감독을 한다. ④ 고객의 안전 및 화재예방을 위한 관리를 한다.

(2) Assistant Housekeeper Manager

하우스키퍼매니저를 보좌하고 하우스키퍼매니저 부재시 업무대행 및 의사결정을 하는 역할을 하며 인스펙터 및 기타 부서의 책임자를 관리하고 하우스키퍼매니저와 각 하우스키핑 담당자와의 중간적 입장에서 원활한 의사소통과 업무지시가 이루어지도록 중간자적인 입장에서 업무를 수행하는 역할을 한다. 구체적인 업무는 하우스키퍼매니저의 업무를 보좌한다고 할 수 있다.

(3) Inspector

룸 인스펙터(Room inspector)는 객실점검원으로서 하우스매니저를 보좌하고 룸메이드를 관리하는 업무를 한다. 완전한 객실상품을 만들기 위한 객실점검이 주된 업무이다. 룸메이드의 객실청소 상태나 소모품 비치상태, 소모품의 제고상태, 룸메이드의 근무상태, 객실기능의 이상유무 등을 점검하고 잘못된 점을 지시하여 완전한 객실상품이 되도록 해야 한다.

룸 인스펙터의 주요업무는

① Order Taker로부터 Floor Key를 수령하고 열쇠 List에 필요사항을 기재하며 룸메이드에게 Floor(Master) Key지급 및 수령을 한다.

② 룸메이드가 보유한 Linen 및 보급품의 적정량 여부를 확인한다(재고상태).

③ 청소상태, 인쇄물, 소모품 및 비품의 정리정돈, 시설점검(고장 유무파악)을 하며, 점검 시 문제가 되는 객실에 대하여는 다시 청소 및 정리정돈을 지시한다.

④ Room Maid가 청소한 복도 및 Maid 창고를 점검한다.

POSITION TITLE	DESCRIPTION	TIME	08:50~18:10
POSITION SUMMARY	룸메이드의 객실청소상태나 소모품 비치상태, 근무상태, 객실기능의 이상 유무를 점검한다.		

08:50~09:00	회사도착, 유니폼 착용 후 근무지에 도착
09:00~09:10	룸메이드 업무 배정
09:10~09:30	공공지역 점검, 복도환기
09:30~10:00	객실점검, Mini Bar 확인
10:00~10:30	객실사무실에 객실현황 제출, 객실소모품 인출
10:30~13:00	객실점검, Inspection 후 Pass Room, 객실현황 제출
13:00~13:30	점심식사
13:30~16:00	객실점검, Inspection 후 Pass Room, 객실현황 제출
16:00~17:30	객실점검, Inspection 후 Pass Room
17:30~18:00	턴다운 리포트 배정, 감독/중요, 미결사항 확인
18:00~18:10	마스터키, 점검원리포트 사무실 제출/중요사항 인계

- Floor(Master, Pass) key : 한 개의 열쇠로 몇 개의 패스 키(Pass Key)를 통제하는 것으로 한 층에 있는 모든 객실을 다 열 수 있는 키이다. 일명 플로어 키(Floor Key)라고도 한다. House keeping Room maid가 주로 사용한다.
- Grand master key : 전 객실을 열 수 있는 키－G M, Duty manager가 보관함.
- Emergency master key : 전 객실 및 Double lock된 객실을 열 수 있는 키－Safety box에 보관

객실점검보고서
(Room Inspection Report)

객실번호 : 점검일 / 시간 :

점검결과 : · 매우 양호(　) · 양호(　) · 불량(　) · 매우 불량(　)

침 실			욕 실		
항 목	상 태	비 고	항 목	상 태	비 고
문, 잠금장치			문, 손잡이		
전구, 스위치			전구, 스위치		
천장, 환기구			천장, 환기구		
벽			욕실 소모품		
창문, 커튼			변 기		
안내책자			수도꼭지		
홍보물			비누, 타월		
TV			욕실 매트		
온(냉)방기			티슈(화장지)		

기 타 : ____________________

____

____

____

승인자 서명 : ____________________

Inspector(점검요원)의 객실 점검사항(Guest Room Check List)

1. 카펫 및 객실 전반
   ① 카펫 오점 및 청결함, ② 배기구 및 흡입구, ③ 창문, 홈, 유리, ④ 커튼의 망실, 청결함, ⑤ 벽, 천장의 오점, ⑥ 구석 먼지, ⑦ 출입문 작동 및 청결함, ⑧ 잠금장치, ⑨ 베드메이킹 상태

2. 가구 및 인쇄물
   ① 화장대 및 의자, ② 티 테이블, 의자, 소파, ③ 침대 및 헤드보드, ④ 거울 및 미니 바 데스크, ⑤ 책상 서랍 정리 상태, ⑥ 인쇄물 규정량 정위치

3. 전기, 전자
   ① 스위치 작동 및 청결함, ② 벽등, 스탠드등, 스탠드 갓, ③ TV, 인터넷 PC, 리모콘, ④ 에어컨 및 난방 조절장치, ⑤ 전화기 작동 및 청결함, ⑥ 냉장고, 라디오

4. 옷 장
   ① 내부 청결, ② 옷걸이 및 봉 상태, ③ 잠옷 보관상태

5. 욕 실
   ① 욕조 청결함, ② 샤워기 호스, 조절기, 헤드, ③ 샤워 커튼, ④ 벽면 타일 및 바닥, ⑤ 거울 및 장식, ⑥ 세면기, ⑦ 형광등 및 백열등, ⑧ 타월 보관 및 청결함, ⑨ 변기, 위생대 및 화장지 걸이, ⑩ 욕실 출입문

6. 고객님 안내
   ① 피난기구 및 비상대피로, ② 요금 게시, ③ 객실 사용, 시설, 약관 등 안내 책자(Room Directory)

7. 복도, 계단
   ① 카펫, 재떨이, 엘리베이터 출입문, ② 엘리베이터 주변, 거울 및 장식물, ③ 비상계단 및 기물함

8. 기 타
   ① 청소도구 보관상태, ② 메이드 대기실 정리 정돈 상태, ③ 소모품, 메이드 카트 보관, ④ 여분의 담요 보관상태, ⑤ 액자 등 부착물의 부착상태, ⑥ 고객님 습득물 관리상태

(4) Room Maid

▲ 룸메이드

룸메이드(Room Maid)는 말 그대로 방을 꾸민다는 의미로서 호텔에서는 객실청소가 주된 업무이다. 규모가 작은 호텔인 경우 룸메이드가 하우스맨, 미니바요원의 역할을 같이 수행하는 경우가 많다. 일반적으로 하우스맨의 도움을 받고 룸 인스펙터의 지시에 따라 객실의 청소를 담당한다. 보통의 경우 여성의 직종으로서 대개 30~40대의 여성으로 구성되는 게 일반적이지만, 요즘에는 20대 여성도 이 직종에서 일하는 경우도 있다. 일부 호텔들은 인건비 절감을 위하여 룸메이드를 아웃소싱(Out Sourcing)하는 호텔들도 있다. 보통 이들의 작업량 1일 8시간을 기준(스탠더드 객실기준)으로 하여 12실 내지 15실 정도이다.

룸메이드(Room maid : 객실 정비 서비스요원)의 표준 서비스

- 룸메이드의 기본 근무자세
  1. 좌측으로 다니며 고객님과 마주치면 밝은 미소로 정중히 인사합니다.
  2. 객실층에서는 떠들거나, 콧노래를 부르거나, 뛰어다니지 않습니다.
  3. 평소에 몸가짐을 바르게 하고 정직성을 잃지 않습니다.
  4. 고객님이 체크인하신 객실에는 필요 외에 절대 출입하지 않습니다.
  5. 객실에 들어갈 때에는 벨을 누르며 하우스키핑 또는 룸메이드라고 알립니다.
  6. 객실 문을 활짝 열지 않고 반 정도만 열어둔 채 작업을 합니다.
  7. 객실 작업 도중 객실을 잠시 비우더라도 출입문을 꼭 잠급니다.
  8. 고객님이 놓고 가신 물건은 귀중품이 아니더라도 안전하게 보관하고 상급자에게 보고하여 지시에 따릅니다.
  9. 청소도구, 사용한 리넨, 휴지통, 룸서비스 기물, 빈 병 등은 고객님의 눈에 띄지 않는 장소로 치웁니다.
  10. 정비해야 할 객실의 더럽혀진 면이 복도를 통행하시는 고객님에게 보이지 않도록 출입문을 조금씩만(약 1/4) 열어둡니다.

메이드가 준비할 소모품(Amenity)

1. 인쇄물

   1) stationary and envelop, 2) post card, 3) fax form, 4) suggestion Card, 5) memo paper, 6) message paper, 7) laundry slip, 8) hotel regulation, 9) D&D card, 10) service directory, 11) room tariff, 12) room service Menu, 13) sanitary paper(변기위생띠), 14) fire exit, 15) brochure /pamphlet, 16) Mini bar bill

2. 소품 및 비품

   1) ball pen, 2) laundry bag, 3) shoe shine reg, 4) shoe brush, 5) sewing kit, 6) shoe horn, 7) match, 8) dress hanger, 9) slipper, 10) flower vase, 11) holder, 12) tissue paper, 13) ash try, 14) water glass, 15) shampoo, 16) soap, razor, 17) sanitary bag, 18) blade box, 19) glass try, 20) soap dish, 21) glass cover, 22) tooth paste, tooth brush, 23) shower cap

객실정비 서비스

1. 작업 시작 전에 Front desk, House keeping 등에서 인지하도록 조처합니다.
2. 연박 객실부터 먼저 합니다.
3. 커튼을 걷고 창문을 활짝 열어 환기를 시킵니다.
4. 객실 내의 습득물, 비품, 가구 등의 파손 등을 점검합니다.
5. 사용한 리넨을 모아 세탁물 주머니에 담습니다.
6. 휴지통, 재떨이 등은 화재 점검을 하고 처리합니다.
7. 주별, 월별로 매트리스의 방향을 바꾸거나 뒤집습니다.
8. 침대 꾸미기(Bed Making) 작업을 합니다.
9. 옷장, 실내복, 옷걸이, 옷솔, 구둣솔, 구두약, 구둣주걱 등을 점검합니다.
10. 룸서비스 메뉴, Services Directory, Information Holder 정리
11. 욕실을 청소합니다.
12. 리넨, 소모품 등을 보충시킵니다.
13. 미니바를 점검합니다.

14. 전자제품, 전등, 냉난방 조절기능 등을 점검합니다.
15. 바닥 카펫을 진공청소기로 작업한 다음 카펫 위의 발자국을 솔로 쓸어냅니다.

침대 꾸미기(Bed Making)

1. **필요한 리넨류** : Bed pad, Sheet, Blanket, Pillow, Pillow case, Bed spread
2. 순 서
   ① 매트리스(Mattress) 및 Pad가 bed 위에 정확히 놓여 있는지 확인하고 pad 위에 Sheet를 덮습니다.
   ② Sheet 왼쪽 위 모서리를 접어 넣습니다.
   ③ Sheet 왼쪽 아래 모서리를 접어 넣습니다.
   ④ 겉 Sheet를 덮습니다.
   ⑤ 겉 Sheet 위에 담요를 폅니다.
   ⑥ 겉 Sheet를 담요 위로 25cm 정도 뒤집어 놓습니다.
   ⑦ 머리 쪽 부분의 겉 Sheet와 Blanket의 줄을 함께 맞춰 살짝 접어 넣습니다.
   ⑧ 속 Sheet 오른쪽 아래 모서리를 접어 넣습니다.
   ⑨ 오른쪽으로 돌면서 접어 넣습니다.
   ⑩ Bed 오른쪽 아래 모서리의 겉 Sheet와 Blanket을 함께 접어 넣습니다.
   ⑪ 머리 부분에서 Sheet를 접어 넣습니다.
   ⑫ 겉 Sheet를 Blanket 위에 포개서 접고 탄력이 있도록 당겨서 집어넣습니다.
   ⑬ 머리맡에 Pillow 2개(무거운 것 : 아래, 가벼운 것 : 위)를 놓습니다.
   ⑭ Bed Spread를 보기 좋게 덮습니다.

욕실청소 서비스

1. 욕조와 세면대는 세제와 스펀지로 세척하고 마른걸레로 닦아 냅니다.
2. 변기 뚜껑을 열고 손잡이가 달린 솔로 내부를 씻고 변기 뚜껑의 양면은 소독제로 닦아 냅니다.
3. 바닥과 벽은 세제로 잘 닦아 내고 물기를 제거합니다.
4. 샤워 커튼의 물기를 완전히 닦아 내고 욕조 안쪽으로 늘어뜨립니다.
5. 샤워헤드, 샤워호스, 수도꼭지, 샤워 커튼 걸이, 냉·온수 핸들, 배수관 및 조절 밸브, 출입문의 손잡이 등 금속부분을 광택이 나도록 잘 닦습니다.
6. 거울은 세척제와 부드러운 천으로 닦습니다.
7. 사용한 Towel, Bath mat 등을 내어놓고 타월걸이를 닦고 새 타월을 겁니다.
8. 규정된 Bath Towel을 선반 위에 놓습니다.
9. 비누, 휴지 등을 보충 또는 교체합니다.
10. 소정의 양치기구, 세면도구, 화장품 등을 정확히 비치합니다.
11. 세면대에 물컵을 소독한 것으로 교체합니다.
12. 전등, 헤어드라이어, 샤워헤드 방향, 스위치 등을 최종적으로 점검합니다.
13. 위생 주머니의 오물은 정해진 장소에 버립니다.

근무 중 필히 팀장에게 보고하여야 할 사항

1. Check out 예정일 전에 Check out 가능성이 보이는 고객
2. 연박 고객님의 전날 숙박 흔적이 없는 경우
3. 방문객이 많은 경우
4. 투숙 고객님이 전염성 질환이나 중병에 걸렸다고 생각되는 경우
5. 고객님의 분실물 발견시

6. 고객이 객실 내 기물 등을 파손하였을 경우
7. 객실 보수가 필요한 경우
8. 타는 냄새가 나는 경우
9. 부피에 비해 가볍거나 무거운 짐 소유 고객
10. 흉기류 소지 고객
11. 허가되지 않은 전열기구 사용 고객
12. 인화물질 소지 고객
13. 애완동물 동행 고객
14. 지나치게 많은 팁을 주는 고객
15. 숙박목적이 불분명한 고객
16. DND(Do Not Disturb) 카드를 장시간 걸어 두는 고객
17. 마약 소지 또는 사용 고객

분실물과 습득물(Lost & Found)의 관리 서비스

1. 비록 하찮다고 생각되는 고객님의 물품이라도 소중히 보관합니까?
2. 습득물의 합리적 처리는 기업의 이미지와 직결됨을 아십니까?
3. 우리 기업의 서비스요원은 정직성과 양심에 대해서 잘 교육되어 있습니까?
4. 고객님의 분실신고는 Lost & Found 부서에 즉시 통보합니까?
5. 분실하신 고객님의 인적사항을 정확히 기록해 둡니까?
6. 고객님이 떠나신 후 분실물이 발견되면 연락하거나 우송해 드립니까?
7. 고객님의 물품이 습득되면 Lost & Found 담당 부서로 즉각 보냅니까?
8. 습득물의 발견, 보관에 관하여 정확히 기록합니까?
9. 습득물의 주인이 나타나지 않으면 기업과 관계 관공서의 규정대로 처리합니까?
10. House Keeping 표준서비스 언어 사용을 습관화하고 있습니까?

분실물과 습득물(Lost & Found)의 처리과정

1. **영업장 분실** : 고객님의 신고－서비스요원 접수－업장 매니저에게 보고－Lost & Found 담당자에게 인계
2. **객실 내 분실** : 고객의 신고－서비스요원 접수－Front Desk 또는 House keeping 매니저에게 보고－Lost & Found 담당자에게 인계
3. **분실된 습득물이 없을 경우** : 분실 고객님의 성명, 주소, 연락처, 분실장소, 일시, 품목, 행선지 주소 등을 기록해 두었다가 차후 습득되면 연락하고 가능하면 고객의 소재지로 우송한다.
4. **습득물** : 사소한 물건이라도 습득하면 Lost & Found에 신고하고 인계한다. 습득한 요원이 보관하면 안되고 Lost & Found 전담 부서에 집결되도록 철저히 교육시킨다.
5. **습득물 접수** : 발견일시, 발견장소, 품목, 습득자, 습득자의 주소, 전화번호, 성명 등을 Logbook에 기록하고 Lost & Found 부서로 인계한다.
6. 습득물에 대한 분실자가 확인되지 않은 경우 습득물 처리규정에 따라 처리한다.

- **보관기간** : 현금, 귀중품 : 1년 / 기타 : 3~6개월

(5) House Man

하우스맨(House Man)은 호텔의 성격과 규모에 따라 주어진 직무의 내용이 다르게 나타나지만 오더테이커로부터 업무를 전달받아 하우스키핑부서에서 이루어지는 많은 잡다한 업무들을 수행하는 역할을 한다. 일반적으로 하우스맨은 일하는 업장이나 장소에 따라서 ① 객실·로비·연회실에 종사하는 하우스맨, ② 집기의 손질과 운반을 전담하는 하우스맨, ③ 청소를 맡은 하우스맨, ④ 유리·도어·커튼 등의 손질을 주된 임무로 하는 하우스맨 등 건물 전체의 구석구석 손질을 보는 데 따라 그 명칭도 다양하다.

보통 여자가 감당하기에는 힘든 일이나 궂은일들을 이 하우스맨이 전담하거나 보조적으로 처리해 가는 것이다.

규모가 큰 호텔에서는 각 층, 혹은 분야별로 한 사람씩의 하우스맨이 있어, 이들은 직접적인 작업지시를 직속상사인 헤드하우스 맨(Head House Man)으로부터 받고 또한 결과보고도 행한다.

(6) 리넨(Linen) 담당

리넨(Linen)이란 의미는 일반적으로 면의 종류로서 섬유를 지칭하는데, 호텔에서 리넨이란 면류나 화학섬유로 만들어진 타월(towel), 냅킨(napkins), 시트(sheets), 담요(blankets), 유니폼(uniforms), 커튼(curtains), 도일리(doilies) 등을 말하고 있다. 이는 모두 소모품이므로 매일 세탁하여 교체하지 않으면 안되기 때문에, 이를 보관·지급하는 장소(Linen Room)를 비롯하여 그 관리과정이 무엇보다도 중요하다.

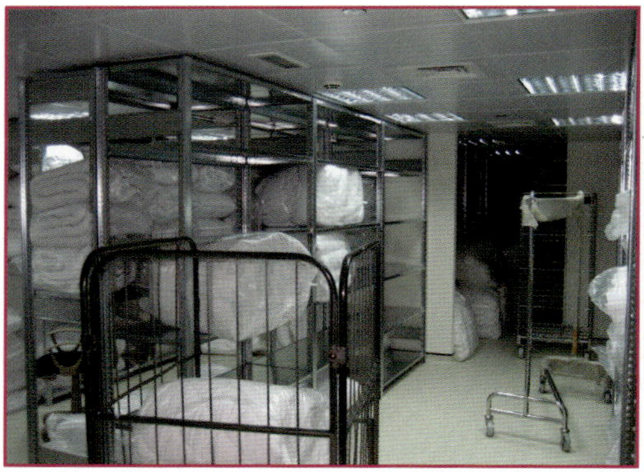

▲ 리넨

이러한 소모품들을 정리, 정비, 교체, 저장, 공급하는 업무를 행하는 종사원을 리넨 담당자라 한다. 리넨의 보관 및 관리는 종류별로 통풍이 잘 되는 곳에서 위생적으로 보관·관리하지 않으면 안된다. 리넨의 사용은 보통 4부로 만들어져 사용된다. 즉 사용 중인 것, 세탁 중인 것, 예비용 및 보관용의 것으로 분류되어 이용되어야만 사용과정에서 차질이 생기지 않는다.

(7) Order Taker

오더테이커(order taker)는 호텔에 투수한 고객들의 문의사항과 의견들을 듣고 처리하며, 한편으로는 객실소모품과 고객들의 세탁물 등에 대하여 재고를 조사하고 객실 전반의 지적사항들을 타 부서와 협조하여 문제를 해결하는 자를 말한다.

오더테이커의 근무시간은 2개조로 나뉘어서 8:00~17:00까지와 13:00~22:00까지의 2교대로 근무하는 것이 일반적이다.

(8) 미니바(Mini-Bar) 담당자

미니바(mini-bar) 담당자는 객실 내의 소형 냉장고에 있는 음료·주류 등을 확인·점검하고 업무를 수행하는 자로서 요즈음에는 비치품목이 다양해지는 경향이 있다. 미니바에 들어가는 일반적인 품목은 일반음료류(water, juice, coke), 알코올류(whisky, beer, vodka, wine, cognac), 스낵류(chip, peanuts, chocolate, dry, beef), 탄산음료류(cider, soda, sparkled water) 등으로서 요금은 다소 비싼 편이며, 고객들의 셀프에 의해 이루어지기 때문에 서비스료는 없고, 세금만 부가된다.

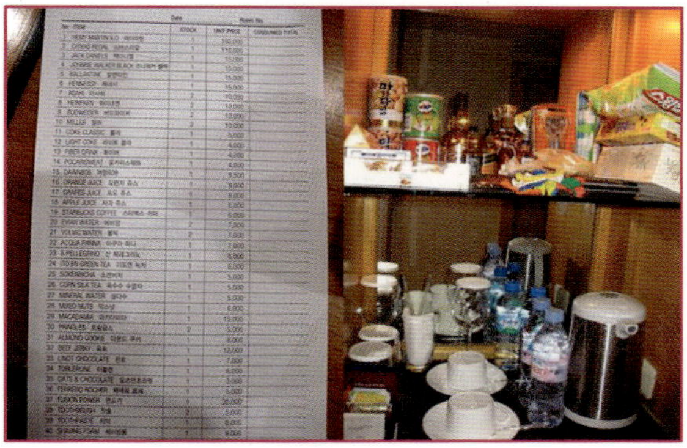

▲ 미니바

(9) 세탁(Laundry)

호텔의 조직 중에서 특이하게 그 규모가 크고, 업무적인 면에서 특별히 드러나지 않지만, 호텔의 이미지에 중요한 역할을 하는 청결 중에서도 종사원의 복장, 업장의 테이블, 객실의 침대 및 욕실 등에 면직류를 총괄공급하고, 특히 고객의 세탁물을 서비스하는 부서이다.

따라서 모든 세탁물관리와 각종 세탁기계의 유지 및 수리관리는 물론 세탁실의 세탁물 분류, 물세탁, 드라이클리닝, 프레싱 등의 업무를 수행하고 있는 것이다.

세탁에 있어서 가장 중요한 과정이 세탁물의 분류작업이므로 분류가 잘못되어 드라이클리닝해야 할 것을 물세탁을 한다든가 해서 세탁물을 망쳐 버리는 결과가 되었다면 고객의 불평은 물론, 호텔의 이미지도 나빠질 뿐만 아니라 배상으로 인하여 호텔에 재정적 손실도

가져다 주게 되는 것이다.

일반적으로 세탁부분은 규모가 큰 호텔의 경우 자체 운영하고 있는 경우가 많으며(부분적으로는 외주를 주는 경우도 있음) 작은 규모의 호텔들은 외주를 주는 경우가 많다.

Room Indicator 용어

- On change Room : 청소 요하는 객실
- Occupied : 고객의 사용으로 Indicator에 투숙 중 표시 상태
- Sleep out : 객실에 짐은 있고 침대를 사용하지 않은 상태로 Indicator에는 투숙 중 표시 상태
- Sleep out(No Baggage) : 객실 사용 흔적 및 짐도 없고 Indicator상에는 투숙 중 표시 상태
- Check–out : 객실 사용 흔적은 있고 짐은 없는 상태로 Indicator상에는 check–out 상태
- Vacant : 객실 사용 흔적 및 짐도 없고 Indicator상에는 청소완료 상태
- Out of order : 고장객실
- Day use : 주간 사용 객실(12:00~17:00)
- House use : 회사 사정상 객실 무료 사용의 경우
- Door Knob Card 〉 Please Make Up Room(청소해 주세요)
- Do not Disturb(깨우지 마세요)

'할 수 있다. 잘 될 것이다'라고 결심하라. 그리고 나서 방법을 찾아라.
– 에이브러햄 링컨 –

제 7 장

호텔 식음료

힘든 고갯마루를 넘을 때
다리가 부러지는 일은 좀처럼 발생하지 않습니다.
하지만 넓은 대로에선 말도 안되는 이유로
다리가 부러집니다.
– 니체 –

호텔경영론

훌륭한 서비스 기업은 존중을 통해 경쟁한다.
- 레오나드 베리(저술가) -

제7장

호텔 식음료

제1절 식음료 부서의 조직

1. 식음료부문의 업무조직

식음료부문은 호텔의 주된 수입원이 되는 객실부문과 더불어 호텔 총매출액의 약 40%에서 60%까지 차지하는 중요한 부문이다(우리나라 호텔의 경우 서울지역의 호텔이 식음료부문 매출액이 높게 나타나고, 제주지역 같은 리조트 호텔의 경우는 객실매출액이 높게 나타난다). 식음료부문의 조직(Organization of Food & Beverage Department)은 각 부문별로 종업원이 수행할 역할과 직무의 역할을 규정하고 있는데, 이는 종업원의 능률적인 관리를 위한 수단이다. 일반적으로 식음료부문은 호텔의 경영방침이나 시설과 사업방향 그리고 규모에 따라 조금씩 달라지는데 식당부, 음료부, 연회부, 조리부로 나누는 경우가 대부분이다. 일반적인 호텔 식음료부문의 조직도 몇 가지를 보면 다음과 같다.

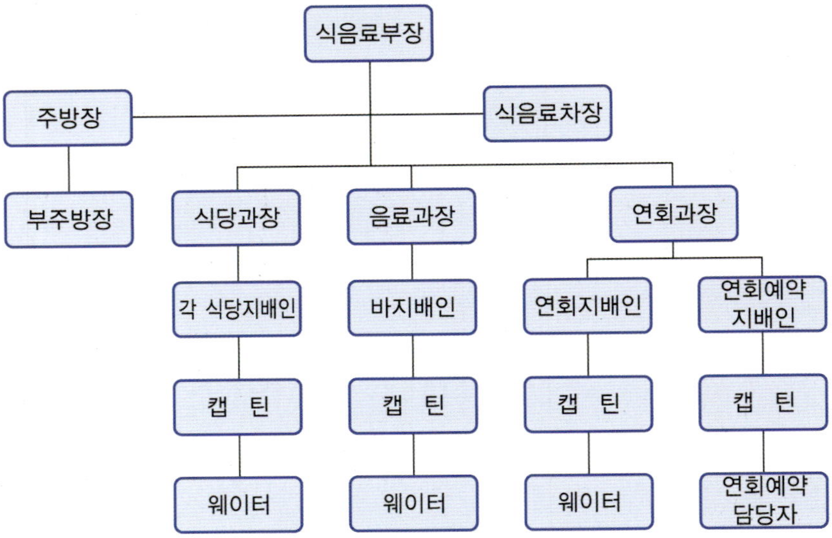

[그림 7-1] 식료부문의 조직도 사례 1

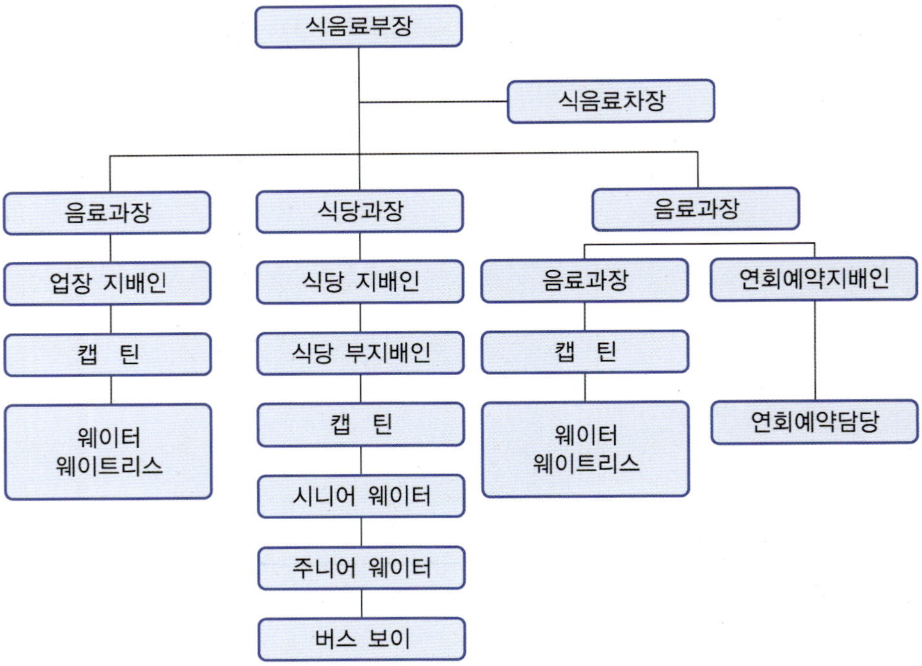

[그림 7-2] 식료부문의 조직도 사례 2

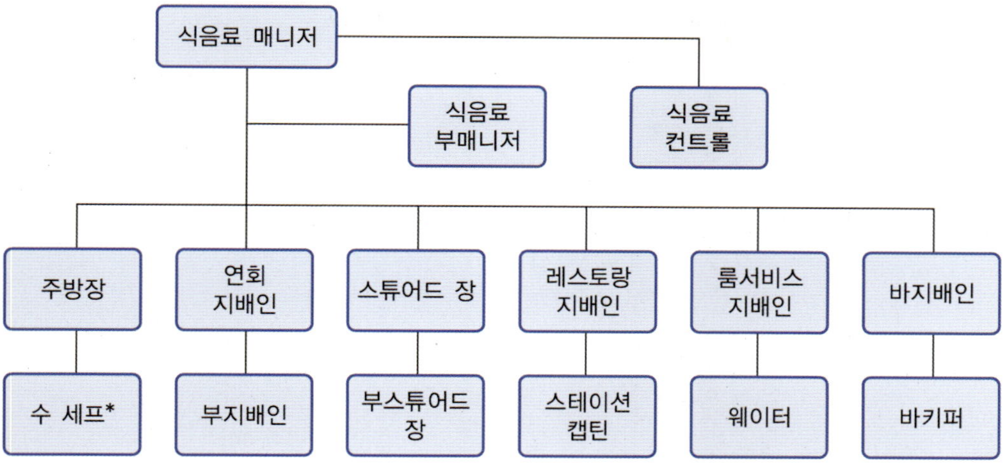

* 부주방장을 뜻하는 말로 주방장을 보좌하여 주방인원의 관리·감독, 완성된 요리검사, 주방기기 및 기물관리, 주방창고관리 등의 업무를 담당한다.

자료 : Schaetzing, 1992.

[그림 7-3] 식료부문의 조직도 사례 3

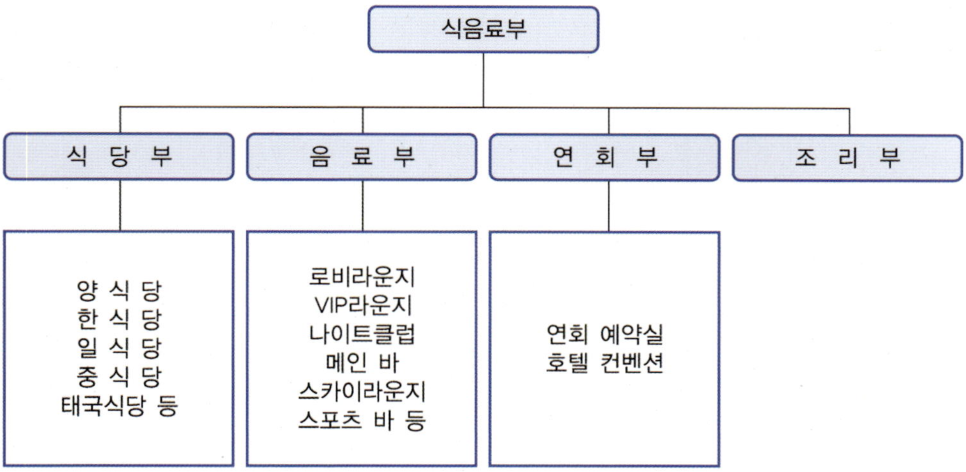

[그림 7-4] 식료부문의 조직도 사례 4

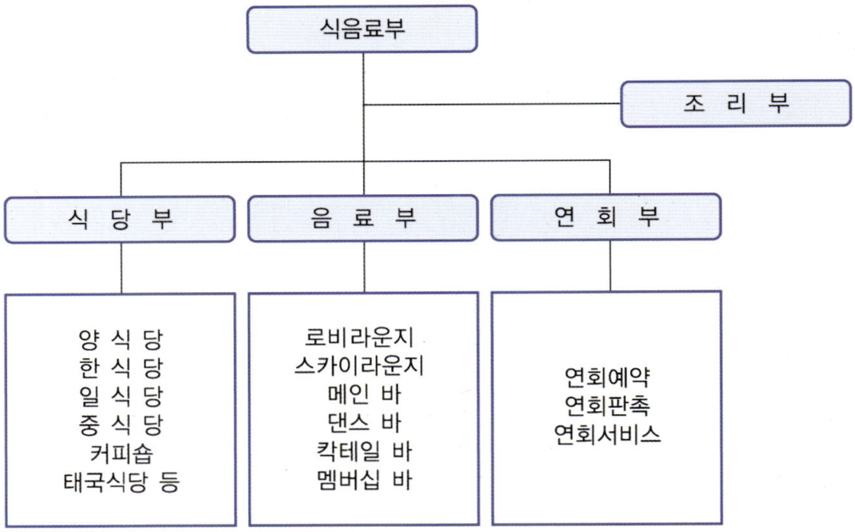

[그림 7-5] 식료부문의 조직도 사례 5

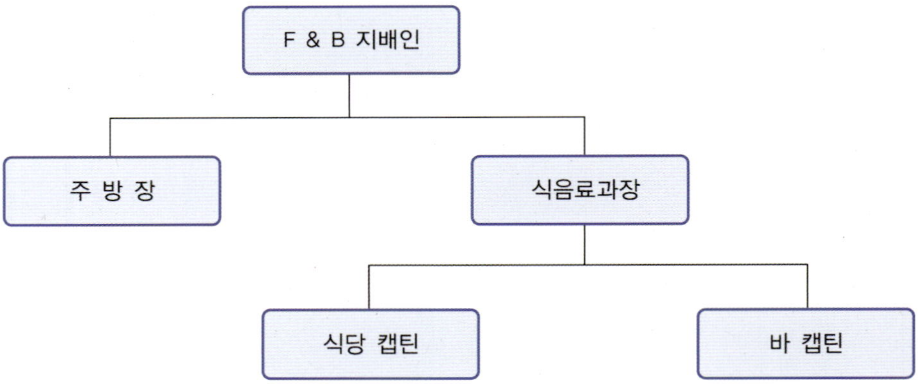

[그림 7-6] 식료부문의 조직도 사례 6

이와 같이 호텔의 식음료부서는 각 영업장이 추구하는 목표·위치·규모·등급·업종·가격·음식종류·서비스형태·영업시간 및 고객의 수용 정도 등에 따라 조직의 형태가 다르다.

식당부는 일반적으로 서양식의 양식당과 동양식의 아시아 식당으로 나누는데, 아시아식은 일식식당, 중식식당, 한식식당, 태국식당 등이 있고, 양식식당은 호텔의 상황에 따라 이탈리아식당, 스페인식당, 그리스식당, 프랑스식당 등이 있다.

서양호텔은 아시아식당을 자사호텔에 설치할 경우 일식식당, 중식식당, 태국식당, 인도네시아식당, 인도식당 등을 설치하는 경우가 많다.

음료부에는 로비라운지, 나이트클럽, 메인 바, 주장 바, VIP라운지, 커피숍 등이 있다.

연회부는 고객의 행사를 주관하는 부서로서 연회나 회의 이벤트를 위해 예약 및 행사준비를 기본업무로 하여 대고객 연회판촉, 연회행사에 맞는 메뉴개발, 가격결정을 위한 조정업무, 연회에 필요한 연회서비스와 품질관리 등을 한다. 요즘 성행하고 있는 국제회의 혹은 약혼식・결혼식 같은 이벤트 출장연회 등도 대행하고 있다.

조리부의 주방조직은 호텔 식음료업장의 구성과 호텔의 정책방향에 따라 많이 달라지는데, 일반적으로 크게 찬 음식주방(Cool Kitchen), 더운 음식주방 혹은 메인주방(Hot Kitchen /Main Kitchen), 그리고 디저트를 만드는 주방(Bakery Kitchen)으로 나눌 수 있다. 기타 각 호텔의 식음료영업장의 종류와 수 그리고 위치에 따라 룸서비스 주방, 라운지 주방, 연회장 주방, 스낵 바 주방, 웨스턴 바 주방 등이 있다.

제2절 식음료 상품의 특성

1. 생산관리 측면에서의 특성

1) 생산과 판매가 동시에 발생한다

고객의 직접 방문과 주문에 의해 생산되고, 이에 서비스가 부가되어야 비로소 완전한 상품으로서의 가치를 지니게 된다.

2) 주문생산을 원칙으로 한다

테이블서비스 스타일을 택하고 있는 식당에서는 고객의 직접주문에 의해서만 생산이 이루어진다.

3) 수요예측이 곤란(연회는 가능)하다

고객의 수요예측이 영업분석과 경험에 의해서 어느 정도는 가능하다고 하나 근본적으로는 매우 어려운 문제이다. 그러므로 식당의 관리자는 항상 고객의 동향을 파악하고 고객의 욕구와 사회 전반에 걸친 변화에 능동적으로 대처할 수 있는 능력을 배양하여야 한다.

- 연회의 경우 사전 예약제로만 행사가 이루어지기 때문에 수요예측이 가능하다.
- 일반식당의 경우도 특급호텔의 고객들은 사전 예약하는 문화가 되어 있어서 어느 정도는 수요예측이 가능한 부분도 있다.

4) 상품의 단일화 및 표준화가 곤란하다

인간이 기계가 아닌 이상 감정과 행동이 언제나 일정할 수는 없으며, 또 고객마다 개성과 성향이 달라 맛, 기호, 분위기 등의 식음료상품을 표준화하기가 어렵다. 또 고객의 감정에 따라 평가가 달라지며, 음식이나 음료도 고객의 취향에 따라 다양하게 만들어지므로 상품의 단일화나 표준화가 곤란하다.

2. 판매관리 측면에서의 특성

1) 장소적 제약을 받는다

원칙적으로 식당은 고객이 스스로 찾아와 상품을 구매하는 행위를 하지 않으면 안된다. 따라서 식당은 한정된 장소, 테이블수를 이용하여 상품을 판매하므로 장소적인 한계를 가지고 있다. 최근 이러한 장소적 제약을 극복하기 위하여 호텔 식음료상품을 호텔 내가 아닌 다른 장소로 이동하여 외식사업이라는 명칭으로 장소적인 제약을 극복하고 있다.

2) 시간적 제약을 받는다

식음료상품은 제한된 식사시간(일반적으로 조, 중, 석식시간)을 정하여 상품의 판매가 이루어진다. 따라서 제한된 시간에 효과적으로 고객에게 최상의 서비스를 제공함으로써 최대의 이익과 성과를 창출해야만 한다.

3) 상품의 부패성을 가진다

식재료는 오랜 기간 보관할 수 없는 단점이 있으므로 단시간 내에 판매되어야 하며, 수요예측에 의해서 적정한 식재료를 구매하여 상품을 생산하여야 한다.

4) 인적 서비스 의존도가 높다

양질의 식음료상품만으로는 불완전하다는 특징을 가지고 있다. 따라서 양질의 식음료상품에 인적 서비스가 수반될 때 비로소 완벽한 상품으로서의 기능을 다할 수 있게 되므로 인적 서비스의 의존도가 높다는 특성을 지니고 있다.

5) 메뉴에 의한 판매가 이루어진다

식음료상품은 차림표에 의하여 식음료를 판매하기 때문에 메뉴의 작성과 그 관리는 일반 제조업체에서는 볼 수 없는 특징이 있다.

6) 식료는 저장판매가 불가능하다

식료의 경우 부패성이란 특성 때문에 저장을 할 수 없으므로 저장판매가 불가능하다. 음료의 경우는 음료에 따라 다르지만 저장이 가능하다.

제3절 식음료서비스

1. 식음료서비스의 특성

호텔서비스는 아무리 컴퓨터가 도입되고 기계화 및 자동화가 실행된다고 할지라도 종사원과 고객 간의 접촉과정이 가장 큰 비중을 차지한다. 따라서 호텔은 무형의 인적 서비스를 주요 상품으로 판매하기 때문에 일반제조업과는 매우 상이한 다음과 같은 특징을 가지게 된다.

1) 무형성

서비스는 근본적으로 무형적(Intangibility)인 것이기 때문에 고객을 위해 견본을 제시하는 것은 불가능하다. 다시 말해서 서비스는 규격화되어 있는 생산제품이 아니기 때문에 사전에 품질을 평가할 수 없고 구매하기 이전에 만져 볼 수도 없는 것으로 서비스에 대한 인식을 하기 어렵다. 따라서 서비스는 형체가 없어 소유할 수 있는 것이 아니므로 심리적으로 느껴야 하는 무형의 가치재이다.

2) 다양성

서비스는 누가, 언제, 어디서, 어떻게 제공하는가에 따라 상품의 가치가 다양화된다. 따라서 서비스상품의 품질은 생산자와 소비자 두 사람의 주관에 따라 좌우되므로 상품의 표준화가 어려울 뿐만 아니라 동질의 상품을 연속적으로 생산하고 경험하기가 어려운 상품이다. 이러한 다양성을 극복하기 위해서 서비스 제공자는 고객에게 서비스품질의 일관성과 우수성을 유지할 수 있도록 유능한 종사원의 확보와 교육훈련을 통하여 고객만족에 대한 품질관리를 지속적으로 추구하여야 한다. 또 서비스 평가는 고객의 특성에 따라 달리 나타날 수 있으므로 고객중심적 관점에서 체계적이고 과학적인 접근이 필요하다.

3) 소멸성

서비스는 재고로 저장이 불가능하기 때문에 긴급수용에 대비하여 미리 생산, 저장하여 수요발생시 이를 제공할 수가 없다. 일반 제조업에 있어서는 상품을 생산하여 상당기간의 유통기간을 거쳐야만 비로소 상품이 고객에게 제공될 수 있다. 따라서 고객은 상품을 만드는 과정을 볼 수 없으며, 다만 진열된 상품을 보고 그 질의 정도를 알 수 있다.

그러나 식음료영업장에서 칵테일 등 식음료의 판매는 바텐더나 웨이터의 생산 및 서비스 활동을 고객이 현장에서 직접 경험하게 되므로 일단 제공된 서비스는 선반에 진열해 놓는 상품처럼 질이 나쁘다는 이유 때문에 교환하여 줄 수 없다. 이렇게 호텔의 식음료상품은 생산과 소비의 동시발생으로 인하여 저장이 불가능한 소멸성이 그 특성으로 나타난다.

4) 비분리성

물재의 경우에는 공급자의 제공과 수요자의 사용을 시점으로 하여 분리되나, 서비스재는 제공과 사용이 같은 장소에서 동시에 존재한다. 이는 고객의 참여 속에서 생산되고 소비되어진다는 것이다. 즉 서비스는 변환과정 중에 생산자와 고객 사이에 고도의 상호작용이 이루어져야 한다. 종사원의 경우 고객에게 어떠한 서비스를 제공하는가, 그리고 어떻게 하는가 등에 따라 거래의 지속적인 구매의사결정에 영향을 미칠 수 있기 때문이다. 그러므로 서비스의 질은 서비스 제공자의 질과 분리될 수 없는 것이다.

5) 매체성

오늘날 고객의 욕구는 매우 다양하여 사람이 하는 인적 서비스는 규격화되고 자동화된 기계설비에 의해서는 제공될 수가 없다. 따라서 호텔 식음료부문에 있어서 서비스는 기계화나 자동화가 경영합리화 측면에서 볼 때 제약을 받게 되며, 인적 자원에 의존하는 경향이 다른 분야보다 비교적 크다고 볼 수 있다.

이러한 인적 서비스는 단독상품으로 고객에게 판매될 수 없어 객체인 식음료상품을 주체인 고객에게 전달하기 위한 매체역할을 한다.

2. 식사서비스의 형태와 방법

1) 테이블서비스(Table Service)

테이블서비스는 일반식당들이 많이 사용하는 가장 전형적인 서비스형태로, 쾌적한 분위기 속에서 접객종사원이 보다 전문적이고 효율적인 방법으로 질 좋은 요리를 신속하게 제공하여 고객의 욕구를 충족시켜 주는 서비스이다.

(1) 프렌치서비스(French Service)

프렌치서비스는 시간의 여유가 많은 유럽의 귀족들이 훌륭한 음식을 즐기던 전형적인 서비스로, 우아하고 정중하여 고급식당에서 제공되고 있는 서비스이다.

이 서비스는 고객의 테이블 앞에서 간단한 조리기구와 재료가 준비된 조리용 카트(Cart : Wagon)를 이용하여 직접 요리를 만들어 제공하거나, 게리동(Gueridon)을 이용하여 실버플래터(Silver Platter)에 담겨 나온 음식을 레쇼페(Rechauffe)나 알코올 또는 가스램프를 사용하여 식지 않게 하여 음식을 덜어 주기도 하며, 먹기 편하도록 생선의 뼈를 제거해 주고 요리를 잘라 주기도 한다.

이 서비스는 2~3명의 숙련된 접객원이 서비스할 수 있으며, 요리와 칵테일 기술이 겸비되어야 하며 쇼맨십(Showmanship)도 있어야 한다. 그러나 요즘 높아만 가는 인건비 때문에 이러한 전통적인 서비스 방법이 플레이트 서비스로 바뀌고 있는 게 현실이다.

프렌치서비스의 특징

1. 일품요리를 판매하는 전문식당에 적합한 서비스
2. 식탁과 식탁 사이에 게리동이 움직일 수 있는 충분한 공간이 필요
3. 숙련된 종사원이 필요하므로 인건비의 지출이 높다.
4. 고객은 자기 양껏 먹을 수 있으며, 남은 음식은 따뜻하게 보관되어 추가로 서비스할 수 있다.
5. 다른 서비스에 비해 시간이 많이 걸리는 게 단점

셰프 드 랑 시스템(Chef de Rang)

셰프 드 랑 시스템은 주로 프렌치 식당(French Restaurant)에서 플래터(platter)서비스 형식에 적합한 조직으로서 가장 정중한 최고급의 서비스라고 할 수 있으며, 고객에게 최고의 대접을 받는 느낌을 전달해 줄 수 있는 서비스 시스템이다.

이 조직은 Captain을 중심으로 3명 정도의 웨이터가 한 팀이며 자기에게 주어진 스테이션(Station)에서 담당 고객에게 서비스한다. 따라서 구성원들은 제각기 주어진 임무에 따라 고객에게 서비스하며, 팀워크와 조화가 잘 이루어져야 한다. 특히 게리동(Gueridon)서비스나 플람베(Flambee)서비스는 고객 앞에서 직접 조리하는 부분이 있으므로 상당한 지식과 기술을 요한다.

이 조직의 장점은 다음과 같다.

- 최고의 서비스를 제공한다.
- 충분한 시간을 가지고 서비스할 수 있다.
- 단가가 높아 매출의 증대를 가져올 수 있다.
- 고객의 앞에서 직접조리를 한다.

이 조직의 단점은 다음과 같다.

- 한 테이블에 종사원이 조를 이루어 서빙하기 때문에 종업원 의존도가 크다.
- 매출액에 비해 인건비 지출이 크다.
- 다른 서비스에 비해 시간이 오래 걸린다.
- 오랜 시간 서비스를 제공해야 하는 특성 때문에 회전율이 낮다.
- 고급식당 편성에만 유리

게리동(Gueridon = Wagon)

프렌치서비스와 같은 정교한 식당서비스를 위해 사용되는 바퀴가 달린 사이드 테이블을 말한다.

플람베(Flambee)

고기, 생선 등에 브랜디를 붓고 불을 붙게 한 요리로서 고객 앞에서 직접조리를 해야 하기 때문에 주방에 대한 상당한 지식과 전문성을 요하기도 하며, 적절한 쇼맨십도 필요하다.

표 7-1 셰프 드 랑 시스템의 조직 및 직무

조 직	직 책	직 무
Chef de rang (셰프 드 랑)	Captain	• 주문을 받는다. • 고객서비스를 주도적으로 전담한다. • 게리동, 플람베서비스를 직접 한다.

Demi Chef de rang (데미 셰프 드 랑)	Waiter(A)	• 셰프 드 랑을 보좌한다. • 셰프 드 랑 부재시 모든 업무를 대행한다.
Commis de rang (꼬미 드 랑)	Waiter(B)	• 셰프 드 랑이나 데미 셰프 드 랑이 조리한 것을 고객에게 서비스한다.
Commis de barrasseur (꼬미 드 바라슈)	Assit Waiter	• 빈 접시를 운반한다. • 물을 따르고, 불필요한 기물을 제거한다. • 셰프 드 랑 조리 후, 왜건을 철수한다. • 스테이션의 기물을 보충한다.

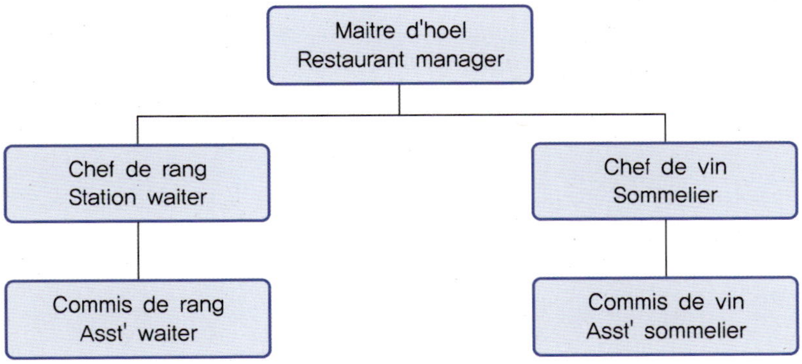

[그림 7-7] 셰프 드 랑 시스템

헤드 웨이터(Head Waiter) 시스템

헤드 웨이터 시스템은 비교적 정중도가 떨어지고 빠른 서비스를 요하는 아메리칸 서비스(American Service), 즉 플레이트 서비스(Plate Service)에 적합한 것으로 인원도 셰프 드 랑 서비스보다 적으면서 활동범위는 넓다.

이 조직은 헤드 웨이터를 중심으로 웨이터와 보조웨이터로 구성되며, 지정된 테이블 없이 전 식당 내 서비스하는 것으로 대부분의 식당은 이 형식을 취하고 있다.

이 조직의 장점은 다음과 같다.

- 셰프 드 랑 시스템 서비스보다 신속한 서비스가 가능하다.
- 회전율이 낮다.
- 주로 Plate Service가 가능하다.
- 최고급 서비스와 하위급 서비스의 절충형이다.

이 조직의 단점은 다음과 같다.

- 셰프 드 랑 시스템 서비스 분위기보다 가볍다.
- 정중한 서비스가 곤란하다.
- 서비스 불만이 고객 단골화에 영향을 줄 수 있다.

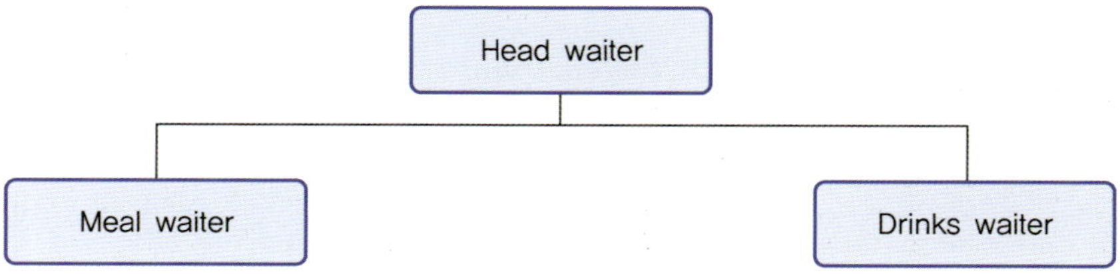

[그림 7-8] 헤드 웨이터 시스템

스테이션 웨이터(Station Waiter) 시스템

이는 원 웨이터(One-Waiter) 시스템이라고도 부르며, 한 계절만 영업을 하는 계절식당에 많이 사용되는 시스템으로, 한 식당에 헤드 웨이터를 두어 그 밑에 웨이터가 한 명씩 한 담당구역만 서브하는 제도, 즉 1명의 웨이터가 일정한 식탁만을 맡아 주문받아 식사와 음료를 제공하는 것이다.

이 조직의 장점은 다음과 같다.

- 신속한 서비스가 가능하다.
- 고객의 부담(팁에 대한 부담)이 최소화될 수 있다.
- 회전율이 높다.
- 인건비의 절약이 가능하다.

이 조직의 단점은 다음과 같다.

- 서비스의 부실(빈번한 주방출입과 음료준비로 자기의 서비스구역 소홀)로 고객관리가 어렵다.
- 서비스상품의 질적 향상이 어렵다.
- 전문성이 떨어질 수 있다.
- 고객으로부터 항상 불평(고객을 기다리게 하는 경우)을 받을 수 있다.
- 담당구역을 비우게 되면 고객이 기다리게 된다.

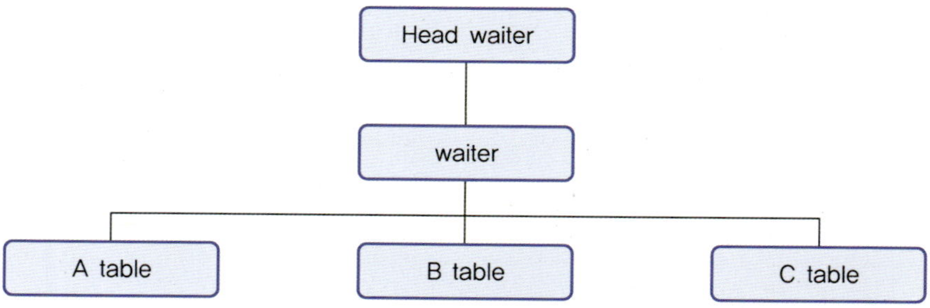

[그림 7-9] 스테이션 웨이터 시스템

(2) 러시안 서비스(Russian Service)

러시안 서비스는 생선이나 가금류를 통째로 요리하여 보기 좋게 장식한 후 고객에게 제공되기 전에 고객들이 잘 볼 수 있게 보조테이블(Side Table)에 전시함으로써 식욕을 돋우게 하는 효과를 거둘 수 있도록 하는 데서 유래되었다.

이 서비스는 1800년도 중반에 유행한 것으로 큰 은쟁반에 화려하게 장식된 음식을 고객에게 보여 주면 고객이 먹고 싶은 만큼 직접 덜어 먹거나 접객원이 고객의 왼쪽에서 적당량을 덜어 주는 방법으로 매우 고급스럽고 정중한 서비스이다.

러시안 서비스의 특징

- 전형적인 연회서비스이다.
- 접객원 혼자 우아하고 멋있는 서비스를 할 수 있고, 프렌치서비스에 비해 특별한 준비기물이 필요 없다.
- 요리는 고객의 왼쪽에서 오른손으로 서브한다.
- 프렌치서비스에 비해 시간이 절약된다.
- 음식이 비교적 따뜻하게 제공된다.
- 마지막 고객은 식욕을 잃게 되기 쉬우며, 나머지만으로 제공받기 때문에 선택권이 없다.

(3) 미국식 서비스(American Service)

미국식 서비스는 주방에서 접시에 보기 좋게 담겨진 음식을 직접 손으로 들고 나와 고객에게 서브하는 플레이트 서비스(Plate Service)와 고객의 수가 많을 때 접시를 트레이(Tray)를 사용하여 보조 테이블까지 운반한 후 고객에게 서브하는 트레이 서비스(Tray Service)로 나눌 수 있다.

이 서비스는 식당에서 일반적으로 이루어지는 서비스형식으로서, 가장 신속하고 능률적이므로 고객회전이 빠른 식당에 적합한 방식이다.

미국식 서비스의 특징

- 음식이 주방에서부터 담겨 나온다.
- 신속한 서비스가 이루어진다.
- 적은 인원으로 많은 고객을 서브할 수 있다.
- 음식이 비교적 빨리 식는 단점도 있다.
- 고객의 미각을 촉진시키지 못하는 경향이 있다.
- 고급식당보다는 고객회전이 빠른 식당에 적합하다.

(4) 패밀리 서비스(Family Service)

이 서비스는 고객 스스로 음식을 가져다 먹는 형태로서 카페테리아나 뷔페 서비스가 바로 그것이다. 경우에 따라 카빙(Carving)이 필요한 요리는 조리사에 의해 서비스되며, 수프나 음료를 웨이터가 제공해 주기도 한다.

2) 셀프서비스의 특징

차려져 있는 뷔페식 테이블로부터 고객 자신이 원하는 음식을 스스로 가져다 먹는 셀프 서비스(Self-service) 형식이다. 종업원은 단지 고객이 먹은 빈 접시를 치우거나 기물을 재정비해 주고 음료 등을 서비스한다. 고객이 직접 기호에 맞는 것을 가져다 먹기 때문에 종사원의 세련된 서비스가 필요하지 않고 인건비를 절약할 수 있다.

뷔페 서비스시 서비스요원은 뷔페 테이블을 수시로 살펴 부족한 음식이 없는가 점검하고, 더운 음식은 뜨거운지, 찬 음식은 적당히 냉각되어 있는지를 살펴야 한다.

셀프서비스의 특징

- 기호와 식성에 맞는 음식을 양껏 먹을 수 있다.
- 음식이 준비되어 있거나 기다리는 시간이 짧아 빠른 식사를 할 수 있다.
- 인건비가 절약된다.
- 가격이 비교적 저렴하다.
- 호텔 뷔페시에는 봉사료가 부가되지 않는다.

3) 카운터 서비스(Counter Service)

조리장과 붙은 카운터를 식탁으로 대신하여 고객이 조리과정을 직접 지켜보며 식사를 할 수 있는 형식으로, 경우에 따라서는 접객원이 음식을 직접 테이블까지 날라 주기도 한다.

카운터 서비스의 특징

- 빠르게 식사를 제공할 수 있다.
- 고객의 불평이 적다.
- 위생적인 식사를 할 수 있다.

3. 식당서비스의 기본수칙

1) 일반적 Food & Beverage Serving

요리를 서브하기 전에 고객의 주문내용에 따라 요리에 맞는 기물로 Table Setting을 고친다. 식음료를 서브할 때에는 고객의 오른쪽에서 오른손으로 제공한다. 음식을 큰 접시에 담아서 서빙할 때에는 고객의 왼쪽에서 오른손으로 서빙한다. 빵과 요리에 따른 소스와 샐러드 드레싱을 제공할 때와 Platter Service시는 고객의 좌측에서 Showing한 후에 서브하는 것이 원칙이다.

- 서비스 순서는 주빈 → 여자 → 남자 → Host 순서로 서브한다.
- 식음료를 서브할 때에는 반드시 "주문하신 ⊙⊙ 또는 ⊙⊙ 요리 올려 드리겠습니다. 맛있게 드십시오"라고 정중히 말씀드린다.
- 식음료를 서브할 때와 치워 드릴 때에는 트레이 또는 접시가 절대로 고객의 머리 위를 스쳐 지나가서는 안된다.
- 접시를 쥘 때에는 절대로 엄지손가락이 접시의 테두리(Plate rim) 안쪽으로 들어가지 않도록 한다.
- 무늬나 마크가 들어 있는 접시 또는 그릇은 무늬나 마크가 고객의 정면에 오도록 하고, 접시를 놓을 때에는 테이블 끝에서 약 2cm 정도 안쪽으로 놓는다.
- 고객이 다 드신 빈 식기(접시, glass bowl 등)를 치워 드릴 때에는 오른손으로 손가락을 완전히 편 채 빈 접시를 가리키며 "맛있게 드셨습니까? 치워 드릴까요?"라고 반드시 고객에게 물어 본 후에 치운다.
- 기물을 다룰 때에는 절대 소음이 나지 않도록 취급해야 한다.

2) Beverage Serving

- 음료는 오른쪽에서 오른손으로 서빙한다.
- 글라스는 위생상 반드시 1/3 하단쪽을 손끝으로 가볍게 쥐어야 하며, Water Glass 또는 Wine Glass 우측 아래에 놓는다.
- 테이블에 글라스를 놓을 때에는 절대 소리가 나선 안되며, 놓은 후에는 반드시 고객 앞으로 1cm 정도 살며시 밀며 "주문하신 ⊙⊙입니다. 맛있게 드십시오"라고 말씀드린다.
- Table Cloth를 사용하지 않는 테이블에 음료 글라스를 놓을 때에는 반드시 Coaster 또

는 Cocktail Napkin을 깔고 서브한다.

- 맥주와 맥주 글라스는 반드시 차갑게 깨끗이 보관된 것을 서브한다.
- 맥주를 따를 때에는 넘치지 않게 글라스에 7부 정도 채우고, 나머지 3부 정도는 거품이 솟아오르도록 잘 조절하여 따르도록 한다.
- 맥주를 따를 때에는 맥주병이 글라스에 닿지 않도록 1~2cm 정도 띄워서 따르도록 한다.
- 글라스에 채우고 남은 맥주병은 상표가 고객 앞으로 향하도록 맥주 글라스 위쪽에 놓는다.

3) Ice Water Serving

- 물을 따르기 전에 반드시 Water Pitcher 표면에 묻어 있는 물방울이 흘러내리지 않도록 Arm Towel로 닦아 내어 테이블이나 고객의 옷에 물방울이 떨어지지 않도록 한다.
- 물을 따를 때에는 고객의 우측에서 오른손으로 Water Glass에 7부 정도 따르며, 고객이 퇴장할 때까지 물을 충분히 보충해 드려 항시 7부 정도 유지하도록 한다.
- 물을 따를 때 Water Pitcher가 글라스에 닿지 않도록 2cm 정도 높은 위치에서 따른다.
- 물을 따를 때 글라스를 손으로 들고 따라서는 안된다.

4) Bread & Butter Serving

- Bread Cart에 담아서 제공할 때에는 고객의 좌측에서 보여 드리며, 어느 것으로 드실건지 물어 본다.
- 빵을 집을 때에는 위생상 반드시 Serving Gear(bread tong)를 사용한다.
- 개인용 Butter Bowl은 B.B. place 위쪽에 놓고, Butter dish에 담아서 제공할 때에는 고객이 쉽게 드실 수 있는 위치에 놓는다.

5) Wine Serving

- White Wine은 글라스에 2/3 정도, Red Wine은 1/2 정도 글라스에 따른다.
- 고객이 손수 따르는 일이 없도록 한다(글라스에 위와 같은 양을 유지).
- 와인을 따를 때에는 Table cloth에 와인방울이 떨어지지 않도록 조심해서 서브한다.
- 따르고 난 후 병을 세울 때에는 병목을 왼쪽으로 자연스럽게 틀어 올리면서(손목 활용) 세운다.
- 다음 서브를 위해 입구에 맺힌 와인이 흘러내리지 않도록 Arm Towel로 살짝 덮는다.

- 와인을 따를 때 글라스에 와인병이 닿지 않도록 조심해서 서브하고, 글라스를 쥘 때에는 밑부분인 stem 하단 쪽을 쥐도록 한다.

6) Soup Serving

- soup Bowl에 담아서 서브할 때에는 고객의 우측에서 드린다.
- soup Tureen에 담아서 서브할 때에는 먼저 준비된 빈 soup Bowl을 고객의 우측에서 중앙에 놓아 드린다.
- Arm Towel을 알맞게 접어서 왼손으로 soup Tureen 밑받침을 감싸 쥔 후 고객의 좌측에서 soup Bowl에 Tureen을 가까이 대고 오른손으로 soup Ladle를 사용하여 테이블 또는 soup underline에 흘리지 않도록 조심한다.
- soup Bowl에 8부 정도 담아 드린다.

7) Food Serving

- 뜨거운 요리는 뜨거운 식기에, 차가운 요리는 차가운 식기에 담아서 서브해야 한다.
- 뜨거운 요리를 서브할 때에는 고객에게 대단히 뜨겁다는 말씀을 드려 주의를 환기시켜 드린다.
- 요리에 따라서 소스의 종류가 많은데, 일반적으로 묽은 소스류는 주요리에 골고루 끼얹어 드리고, 농도가 진한 소스류는 주요리에 끼얹지 말고 주요리 옆 또는 접시의 빈 부분에 덜어 준다.
- Serve Station 또는 Side Table에 준비하여 고객이 요구할 때에는 즉시 제공할 수 있도록 기본 Table Sauce(mustard, tabasco, worcestershire sauce, chili sauce, tomato ketchup 등)를 준비해 놓는다.

8) Side Dish Serving

- 요리에 따라서 같이 서브해야 하는 side Dish(melba toast, cracker, garlic bread, anchovy, fresh lemon, 고객의 특별 주문 등)는 B.B. plate 위에 놓아 주고 적당한 시기에 치운다.

9) Finger Bowl Service

- 고객이 손을 사용해야 하는 뼈나 껍질이 있는 요리 또는 과일을 서브할 때 같이 제공한다.
- 미지근한 물을 담도록 하며, sliced Lemon 조각을 띄운다.
- finger Bowl은 Meat fork 바로 위쪽에 놓는다.

10) Salad Serving

- 샐러드는 고객의 우측으로 드린다.
- salad Dressing은 반드시 고객의 좌측에서 어떤 드레싱으로 드실 건지 여쭙는다.
- 오른손으로 정중히 샐러드 위에 끼얹어 드린다.

11) Empty Dish Take Out

- 고객이 다 드신 빈 접시를 치울 때는 큰 접시부터 작은 접시의 순으로 같은 크기의 접시를 통일해서 빼고, 볼(bowl), 글라스 등 트레이를 사용해서 뺀다.
- 고객이 남긴 음식 및 포크와 나이프를 분리하여 한 접시에 모으고 소음이 나지 않도록 주의한다.
- 후식을 서브하기 위해서 Water Glass와 Wine Glass를 제외한 불필요한 기물(salt & pepper shaker 등)이 테이블에 남아 있지 않도록 깨끗이 치운다.

12) Table Cleaning

- 주요리(main dish)를 마친 후 후식이 서브되기 전에 크럼 스위퍼(crumb sweeper) 또는 크럼 브러시(crumb brush)를 사용하여 테이블 위의 빵부스러기 등을 깨끗이 제거한다.
- 테이블 위를 Cleaning하기 전에 고객에게 반드시 양해를 구한 후 방해가 되지 않도록 고객의 좌측에서 조심스럽게 Cleaning한다.
- Table Cloth가 소스, 음식찌꺼기 등으로 인해 지저분할 때에는 Table Cloth와 같은 색의 깨끗한 Service Napkin을 깔아 준다.

13) Dessert Serving

- 후식 종류에 따라서 디저트 나이프와 스푼은 고객의 오른쪽에, 디저트 포크는 고객의 왼쪽에 세팅하고, 디저트 포크만 세팅할 때에는 고객의 오른쪽에 놓는다.

- Piece Cake 또는 Piece Pie를 서브할 때에는 모서리 뾰족한 부분이 고객 앞으로 오도록 놓는다.
- 케이크 또는 파이에 아이스크림을 함께 서브할 때에는 고객 오른쪽에 디저트 스푼을, 왼쪽에 디저트 포크를 세팅한다.

14) Coffee 또는 Tea Serving

- 깨끗이 준비된 sugar Bowl, Creamer의 양이 충분한지 확인한 후 손잡이가 고객 쪽을 향하도록 하여 고객이 쉽게 집을 수 있는 위치에 세팅한다.
- 커피컵은 항상 Coffee Cup Warmer에 넣어 사전에 데워 둔다.
- 커피컵은 고객의 우측에서 손잡이가 오른쪽으로 향하도록 물컵 아래쪽에 놓아 드리며, Tea spoon은 컵의 앞부분에 손잡이와 평행이 되게 얹어 놓는다.
- 고객이 커피를 다 마셔갈 즈음에 더 드실 건지 여쭈어 보고, 더 원하실 경우에는 Second Service를 한다.
- Coffee Serve 온도는 80℃ 정도가 좋으며, 컵에 8부 정도 채워 드린다.

15) Billing

- 계산은 Cashier Desk에서 이루어지는 것이 원칙이나, 고객이 요구할 때는 테이블에 계산서(bill)를 갖다 드린다.
- 고객에게 계산서를 드리기 전에 계산서의 기재사항(테이블번호, 고객수, 금액, 품목 등)을 확인한다.
- 계산서는 반드시 Bill Holder에 끼워서 보여 드리며, 영수증과 거스름돈은 Cash Tray에 담아 공손히 드린다.
- 고객이 수표로 지급할 때에는 수표 뒷면에 고객의 성함, 연락처 등을 반드시 기재한 후 받도록 한다.
- 고객이 신용카드(credit card)로 계산할 때에는 계산서와 함께 고객의 서명(sign)을 받는다. 서명 후 카드청구서 중 고객용 copy와 계산서의 영수증을 함께 드린다.
- 후불로 할 때에는 고객의 주민등록증 확인과 명함 등을 받아 지배인에게 보고한다. 후불로 처리할 때에는 계산서에 서명을 받고 가격을 말씀 드리며 영수증은 주지 않는다. 또한 Information Charge용지에 기재사항을 정확히 기입하여 계산서와 같이 캐셔에게 인계한다.

- Room Sign시에는 고객의 객실키와 번호를 확인하고, Full Name과 Sign을 정확히 받도록 한다. 기재가 끝나면 계산서의 거래명세서를 고객에게 드린다.

표 7-2 식당서비스의 기본수칙

항목내용			상	중	하	비고
고객영접	영접	미소로 고객을 맞이하는가.				
		고객의 인원 및 예약 여부에 따라 테이블 배정을 제대로 하는가.				
		고객을 테이블까지 정중하게 안내하는가.				
		안내한 테이블이 고객의 마음에 드는지 확인하는가.				
	착석 및 보관	호스트 및 게스트 구분 등 고객상황 판단을 제대로 하는가.				
		고객이 자리에 앉을 때 편안하도록 보조하는가.				
		고객의 소지품을 정확하고 안전하게 보관하는가.				
		고객이 편안한지 확인하는가.				
	환송	식사 및 서비스에 대한 고객의 반응을 점검하는가.				
		고객이 일어날 때 편하도록 보조하는가.				
		고객의 물건을 점검하고, 고객의 만족도를 확인하는가.				
		고객을 정중한 태도로 배웅하며, 재방문을 유도하는가.				
주문	적극적 권유 및 추천 요령	적절한 시기에 고객에게 접근하여 메뉴를 전달하는가.				
		고객성향을 파악하여 메뉴구성항목을 설명하는가.				
		고객의 입장을 고려하여 합리적인 주문을 유도하는가.				
		고객이 최종 결정한 주문을 제대로 받는가.				
	주문 순서	고객의 좌측에서 얼굴을 주시하며 공손하게 주문을 받는가.				
		식사 전 음료주문을 알맞게 처리하는가.				
		고객이 원하는 메인요리 주문사항과 소요시간을 언급하는가.				
		고객요구음식을 재확인하며 후식주문을 받는가.				
	주문 확인	고객주문사항의 정확한 기입 및 주문순서를 지키는가.				
		고객에게 주문내역을 확인받는가.				
		주방에 주문내역을 정확히 전달하는가.				
		주문음식의 확인 및 제시간 내에 제공하는가.				

서비스 방법	룸 서비스	고객의 주문을 정확히 숙지하는가.				
		신속히 주문을 처리하는가.				
		주문음식을 확인하고, 추가사항에 신속히 대처하는가.				
		룸 서비스 담당자는 정중한 태도를 유지하며 서비스하는가.				
	조식 서비스	인원수 및 고객의 요구사항을 파악하는가.				
		식사주문 전 메뉴를 보는 동안 음료를 제공하는가.				
		고객이 원하는 음식주문을 받는가.				
		아침식사의 종류에 맞게 식사를 제공하는가.				
	한식 서비스	고객에게 친절하고 공손한 자세로 영접을 하는가.				
		주문은 순서대로 받고, 준비시간에 대해 양해를 구하는가.				
		서버가 주문된 음식을 정확하고 신속히 제공하는가.				
		고객의 불평사항을 체크하고 계산을 돕는가.				
	양식 서비스	정확한 테이블 세팅과 친절하게 영접하는가.				
		메뉴를 설명하고 정확하게 주문을 받는가.				
		주문한 식음료를 제대로 제공하는가.				
		식사 후 테이블을 깨끗이 정리하고 계산서를 확인하는가.				
	음료 서비스	인원수를 체크하고, 호스트와 게스트를 구분하는가.				
		고객구성원을 구별하여 알맞은 음료를 추천하는가.				
		음료의 주문을 제대로 받으며 재주문을 권유하는가.				
		계산서를 제대로 작성하고, 고객의 특기사항을 기록하는가.				
집기 및 비품 취급	집기류 및 취급법	기물류의 특성에 따라 제대로 관리하는가.				
		기물의 운반시 안전하게 이동시키는가.				
		고객서비스시 올바르게 기물을 사용하는가.				
		서비스 후 기물을 종류별로 깨끗이 세척하는가.				
	비품류 및 취급법	트레이(tray) 및 카트(cart)류를 올바르게 조작하는가.				
		운반시 안전하게 이동하는가.				
		비품 사용시 깨끗이 사용하는가.				
		사용 후 깨끗이 씻어 정해진 장소에 정리 · 정돈하는가.				
	리넨류 및 취급법	전표에 기재 후 리넨의 세탁을 의뢰하는가.				
		접수받은 리넨을 제대로 세탁 또는 세탁소에 의뢰하는가.				
		세탁완료된 리넨을 품목별로 구별하여 적재하는가.				
		세탁된 리넨을 청결유지에 주의하여 보관하는가.				

4. 종사원의 기본요건

1) 호텔 식음료종사원의 기본자격

호텔종사원으로서 개개인의 부서에 따라 자격증이 필요할 수 있고, 외국어 능력이 필수적이라고 할 수 있겠지만, 식음료부서에 근무하는 호텔종사원의 자격으로 항상 '서비스 마인드'라는 인성이 중요시되고 있다. 기본적으로 다른 사람들과 함께하고자 하는 서비스 마인드가 부족한 사람들은 호텔종사원으로서 근무하기 힘들다. 왜냐하면 호텔산업은 대표적인 서비스산업으로서 호텔산업에 종사하는 사람들은 고객과의 접촉이 많으며, 여러 국가에서 온 다양한 사람들을 만나게 되어 있다. 또한 살아 온 문화와 환경의 차이로 인해 어떤 경우에는 고객에게 서비스를 제공하는 데 있어 생각지 못하던 실수나 원치 않은 경험을 할 수도 있다. 이때는 자신의 감정을 조절하여 상황을 적절하게 해결할 수 있는 능력이 필요하다. 이러한 능력은 교육이나 경험을 통하여 얻을 수 있겠지만, 근본적으로 호텔산업에 대한 이해가 부족하고 낯선 사람들과의 대면접촉을 꺼려하는 등의 서비스 마인드가 없는 사람들에게는 극복하기 힘든 일이 될 수 있다.

2) 일반적 요건

호텔 식음료종사원은 자신의 직업관 확립과 올바른 정신자세를 갖도록 노력해야 하며, 이를 바탕으로 하여 접객업무를 성실히 수행하여 최대의 고객만족을 이끌어 낼 수 있도록 노력해야 한다. 호텔 식음료종사원으로서 갖추어야 할 일반적인 요건은 다음과 같다.

(1) 봉사성(Service)

봉사성이란 고객에게 제공되는 물적 서비스와 진정한 마음에서 표출되는 최상의 친절로 고객서비스에 임하는 인간미가 수반된 인적 서비스를 말한다.

(2) 청결성(Cleanliness)

청결성은 공공위생(public sanitation)과 개인위생(private sanitation)으로 구분된다. 공공위생은 고객이 이용하는 공공장소와 제반 시설의 청결 및 집기·비품·가구 등의 청결상태에 고객이 불쾌함을 갖지 않도록 항상 깨끗하게 유지하는 것을 말하고, 개인위생은 종사원의 신체적 건강 및 철저한 위생관념에 입각한 몸·마음의 청결, 그리고 용모·복장 등 외형상 갖추어야 할 청결요건을 완벽하게 유지하여 고객이 신선감과 쾌적함을 느낄 수 있도록 하는 것을 말한다.

(3) 능률성(Efficiency)

맡은바 업무를 정확히 파악한 후 주어진 시간 내에 최대의 능력을 발휘하여 얻어 낸 성과를 말한다.

(4) 경제성(Economy)

종사원들은 투철한 절약정신과 주인의식을 갖고 식당운영에 소요되는 고정경비와 변동경비의 지출을 최대한 절감할 수 있도록 해야 하며, 모든 경비지출에 따른 손실 낭비 등을 막아 매출 및 이익증대에 기여하도록 노력해야 한다.

(5) 정직성(Honesty)

정직성이란 인간의 근본정신 중 가장 참된 것이라 할 수 있으며, 어느 누구에게라도 책임감 있는 행동을 취하여 신뢰받을 수 있도록 정직성을 생활신조로 삼아야 한다.

(6) 환대성(Hospitality)

식당 서비스는 환대정신을 가장 필요로 하고 중요시하므로, 고객을 대할 때 항상 즐거운 마음으로 얼굴에 미소를 가득 담고 정중하고 반갑게 그리고 공손한 태도로 고객을 맞이하는 것이 종사원의 사명이다.

3) 종사원의 실제적 요건

식음료종사원의 복장과 용모 및 접객태도는 그 호텔 식음료부문의 이미지(image)와 품위를 대변한다고 할 수 있다. 그러므로 종사원으로서의 갖추어야 할 실제적 요건은 근무에 임하기 전에 자신이 갖추어야 할 몸가짐을 점검하는 자세를 습관화하여 고객에게 항상 깨끗하고 단정한 인상을 주어야 한다.

(1) 종사원의 몸가짐

식음료 서비스직의 업무를 수행하는 데 있어 종사원의 바른 몸가짐은 모든 행동의 기본이며, 단정한 용모는 고객으로부터 호감을 받는 첫 번째 조건이다. 종사원이 갖추어야 할 용모와 복장은 다음과 같다.

(가) 남자종사원

① 머 리

- 깨끗이 면도하여 앞머리는 눈을 가리지 않는가?
- 잠잔 흔적은 없는가?
- 비듬은 없는가, 냄새는 안 나는가?

② 얼 굴

- 수염 코털이 있는가?
- 이는 깨끗하고, 입냄새는 안 나는가?
- 눈은 충혈되지 않고, 안경은 더럽지 않은가?

③ 복 장

㉠ 와이셔츠

- 소매부분이나 칼라부분이 더럽지 않은가?
- 칼라부분의 단추가 느슨하지 않은가?
- 색상 무늬는 적당한가?
- 다림질은 잘되어 있는가?

㉡ 넥타이

- 삐뚤어지지 않고, 풀어져 있지 않은가?
- 때, 얼룩, 구겨짐은 없는가?
- 양복과 어울리는가?
- 길이는 적당하고, 타이핀 위치는 적당한가?

㉢ 상 의

- 너무 화려하지 않은가?
- 일어설 때 단추를 잠그는가?
- 주머니가 불룩할 정도로 많이 들어가 있지 않은가?

㉣ 바 지

- 다림질 되어 있고, 무릎이 나와 있지 않은가?
- 벨트가 너무 꽉 조여 있지 않은가?

㉤ 손

- 더럽지 않은가?
- 손톱이 길지 않은가?

ⓑ 양 말
- 냄새가 나지 않는가?
- 화려한 색상이나 무늬는 아닌가, 백색 스포츠용 양말을 신고 있지 않는가?

ⓢ 구 두
- 잘 닦여 있는가?
- 굽이 닳지 않았는가?
- 색상이나 형태는 비즈니스에 적당한가?

ⓞ 가방, 지갑, 명함지갑 등
- 형태가 망가져 있지 않은가?
- 깨끗이 손질되어 있지 않은가?
- 명함은 명함지갑에 넣고, 매수는 적당한가?

(나) 여자종사원

① 머 리
- 청결하고 손질은 되어 있는가?
- 일하기 쉬운 머리형인가?
- 앞머리가 눈을 가리지 않는가?
- uniform에 어울리는가?
- 머리 액세서리가 너무 눈에 띄지 않는가?

② 화 장
- 청결하고 건강한 느낌을 주고 있는가?
- 피부처리 및 부분화장이 흐트러지지는 않았는가?
- 립스틱 색깔은 적당한가?

③ 복 장
- 구겨지지는 않았는가?
- 제복에 얼룩은 없는가?
- 다림질은 되어 있는가(블라우스, 스커트의 주름 등)
- 스커트의 단처리가 깔끔한가?
- 어깨에 비듬이나 머리카락이 붙어 있지 않은가?
- 통근시의 복장은 단정한가?

④ 손
- 손톱의 길이는 적당한가(1mm 이내)
- 손의 살은 깨끗한가?

⑤ 구 두
- 깨끗이 닦여 있는가?
- 모양이 찌그러져 있지 않은가?
- 뒤축이 벗겨지거나 닳아 있지는 않은가(구겨 신거나 샌들은 보기 흉함)

⑥ 액세서리
- 방해가 되는 액세서리, 눈에 띄는 물건은 착용하지 않았는가?

(2) 대기자세(Stand By)

- 가슴을 반듯이 펴고 바른 자세를 취한다.
- 뒷짐을 지거나 의자, 탁자, 벽기둥 등에 절대 기대어 서지 않도록 한다.
- 양손은 계란을 쥔 모양을 하며, 왼손은 배꼽 앞으로 하여 Arm Towel을 걸치고 오른손은 바지 재봉선에 붙인다.
- 대기 중에는 동료들과 잡담이나 하품을 해서는 안된다.
- 담당구역은 절대 비우지 않도록 정위치를 지켜야 하며, 고객의 신호를 접하면 즉시 응할 수 있는 태도를 취한다.
- 대기 중에 신문, 잡지 또는 서적 따위를 읽어서는 안되며, 껌을 씹어서도 안된다.
- 휴식시의 자세는 한쪽 다리에 중심을 두고, 다른 한쪽 다리에 힘을 빼고 약간 앞으로 내민 상태가 좋으며, 다리를 떠는 행위는 절대 없도록 한다.

(3) 보행자세

- 가슴과 등을 곧게 펴고, 턱은 당기며, 시선은 정면을 향하고, 보폭은 적당히 하여 자연스럽게 걷는다.
- 걸음을 뗄 때에는 경쾌하고 조용히 걸어야 하고, 팔은 자연스럽게 흔들며 걷는다.
- 보행 중에는 다리가 벌어지지 않도록 걷고, 발을 질질 끌면서 걷지 않도록 한다.
- 뒷짐을 지고 걷거나 주머니에 손을 넣고 걸어서는 안되며, 팔짱을 끼고 걸어서도 안된다.
- 보행 중에 담배를 피우거나 껌을 씹으면서 다녀서는 안되며, 주머니에 소리나는 물건을 넣고 다녀서도 안된다.
- 식당 내에서는 어떠한 경우라도 뛰어서는 안되며, 바쁘거나 급할 때에는 빠른 걸음으로 조용히 걷는다.

- 항상 좌측통행을 하고, 모퉁이를 돌아설 때나 자동문을 통과할 때에는 부딪치지 않도록 주의해야 한다.
- 아무리 급한 일이 있더라도 앞서가는 고객을 앞질러 가거나 앞을 가로질러 가서는 안된다.
- 고객과 서로 지나칠 때에는 걸음을 멈추고 고객의 행동반경을 피해서 가볍게 머리 숙여 인사하고, 고객이 먼저 지나가도록 한다.
- 유니폼을 벗은 채로 다녀서는 안되며, 고객을 유심히 쳐다보거나 곁눈질, 치켜뜨기, 흘기거나 손가락질을 해서도 안된다.
- 고객용 엘리베이터나 에스컬레이터 및 화장실 등을 사용해서는 안된다.

(4) 인 사

(가) 인사의 기본

- 인사는 정성어린 마음가짐으로 밝고 상냥하게, 정중하고 공손한 자세로 한다.
- 종사원은 항상 절도 있고 예의바른 인사태도를 갖추어야 한다.

(나) 인사의 종류

- 최경례(45도 각도) : VIP 또는 사과할 때
- 보통례(30도 각도) : 일반고객
- 반절(15도 각도) : 장소의 제약을 받을 때, 동료 사이

(다) 인사요령

- 손의 위치 : 남자의 경우 양손은 계란 쥔 모양을 하고 자연스럽게 내려서 바지 재봉선에 댄다. 여자의 경우에는 두 손을 살며시 포개어 아랫배에 가볍게 댄다.
- 발 : 뒤꿈치를 붙이고 발의 내각을 30°로 벌린다.
- 시선 : 인사하는 각도에 따라 자연스럽게 자신의 발꿈치 또는 발꿈치 앞을 내려다보며, 얼굴을 들고 인사해서는 안된다.
- 표정 : 항상 가벼운 미소를 띠며 인사하고, 크게 웃거나 이상한 웃음을 지어서는 안된다.
- 허리, 머리 : 허리에서 머리까지 일직선을 유지하며, 머리만 숙이거나 허리만 굽히지 않도록 한다.
- 다리 : 곧게 펴고 무릎은 밀착한다.
- 인사말 : 인사하는 시기와 같아야 하며, 외국인일 경우 필히 존칭(Ma'am, Sir) 표현을 한다.

- 유의사항 : 인사시 고객의 통행을 방해해서는 안되며, 걸어가면서 인사해도 안된다.

(5) 종업원의 기본자세(활력을 가져라)

- 지식과 기술을 습득해서 자기계발에 힘쓴다.
- 일에 대한 신념으로 적극성을 갖는다.
- 신속한 판단을 할 수 있도록 훈련하라. 일에 대한 숙달은 신속하고 정확한 판단을 뒷받침한다.
- 주관을 갖고 환경에 적응할 수 있는 융통성을 가져라. 역경을 발판의 계기로 삼는다.
- 신뢰감을 얻을 수 있도록 노력하라.
- 항상 상대방의 입장을 먼저 고려한다.
- 약속을 엄수한다.
- 언행을 일치시킨다.
- 동료의 실수를 질책하기보다는 발전할 수 있는 경험으로 삼도록 한다.
- 규칙을 준수하라. 100% 만족이란 있을 수 없으므로 질서를 위해서는 개개인의 편안함을 주장하지 않도록 한다.
- 맡은바 책임을 다하라.
- 책임완수는 자신을 성숙한 인간으로 향상시킨다.
- 세심한 계획은 책임완수를 뒷받침할 수 있다.

표 7-3 식음료종사원 체크리스트(check list)

항목내용		상	중	하	비고
두발	• 머리가 삐치거나 흘러내리지 않도록 단정하게 손질했는가.				
	• 비듬은 없는가.				
	• 냄새는 나지 않는가.				
	• 앞머리가 눈을 가리지 않는가.				
	• 머리핀이나 망은 머리색과 어울리는 색상인가.				
얼굴 및 화장	• 귓속과 콧속은 깨끗한가.				
	• 화장이 밝고 자연스러운가.				
	• 립스틱 색깔은 옅고 자연스러운가.				
	• 향수는 은은한가.				

액세서리	• 귀걸이는 귀에 고정되어 달랑이지 않는가.				
	• 목걸이는 옷 밖으로 늘어져 업무에 방해가 되지 않는가.				
	• 팔찌가 늘어져 업무에 방해가 되지 않는가.				
	• 반지는 너무 화려하지 않은가.				
구강 및 손관리	• 입 냄새는 안 나는가.				
	• 손과 손톱은 깨끗한가.				
	• 매니큐어는 엷고 투명한 색인가.				
복장	• 명찰은 정위치에 부착하고 있는가.				
	• 유니폼 또는 정장이 깨끗한가.				
	• 다림질은 잘 되어 있는가.				
	• 단추는 느슨하지 않은가.				
	• 스타킹 또는 양말이 유니폼과 정장에 어울리는가.				
	• 스타킹에 줄은 가지 않았는가.				
자세와 태도	• 상대의 얼굴을 주시하며 웃는 얼굴로 악수하는가.				
	• 악수할 때 손은 알맞은 힘으로 잡는가.				
	• 명함지갑은 준비하는가.				
	• 명함은 항상 10장 이상 준비하는가.				
	• 명함이 구겨지거나 끝이 접혀 더럽지 않은가.				
	• 용건을 물을 때 상대방을 똑바로 보는가.				
	• 펜을 건넬 때 펜 끝이 자신을 향하게 하는가.				
	• 필기구는 충분히 준비하고 있는가.				
대화 예절 (듣기)	• 상대가 이야기를 꺼내기 쉽도록 분위기를 조성하는가.				
	• 남의 이야기를 들을 때 상대의 눈을 보고 듣는가.				
	• 상대의 이야기를 중간에 끊지 않고 끝까지 듣는가.				
대화 예절 (말하기)	• "안녕하십니까?" 등의 인사를 항상 먼저 하는가.				
	• 밝고 친절하게 이야기하는가.				
	• 경어를 바르게 사용하는가.				
	• 거절할 수 없을 경우, 상대가 상처받지 않도록 말을 돌려서 하는가.				
인사 예절	• 가벼운 미소를 짓는가.				
	• 상대의 눈을 바라보는가.				
	• 누가 불렀을 때 상냥하게 "예"라고 대답하는가.				
	• 상대방의 주의를 요할 때 "실례합니다"라고 말하는가.				

전화 예절 (받을 때)	• 벨이 울리면 3회 이내에 받는가.				
	• 메모 준비는 되어 있는가.				
	• 부서명과 이름을 밝히는가.				
	• 밝고 분명한 발음으로 응대하는가.				
	• 경어 또는 겸양어는 적절한가.				
	• 상대의 말에 공감을 가지고 경청하는가.				
	• 용건을 들으며 메모하는가.				
	• 요점을 복창하는가.				
	• 전문용어를 사용하지 않는가.				
	• 끝맺는 인사말은 하는가.				
	• 상대방이 끊은 후에 전화를 끊는가.				
	• 수화기는 조용히 내려놓는가.				
전화 예절 (걸 때)	• 상대방의 번호를 확인하고 거는가.				
	• 용건을 미리 메모하고 거는가.				
	• 밝은 목소리로 분명하게 자신을 소개하는가.				
	• 상대방을 확인하는가.				
	• 경어나 겸양어는 적절한가.				
	• 요점을 서로 확인하는가.				
	• 끝맺는 인사말은 하는가.				
	• 상대방이 끊은 후에 전화를 끊는가.				
	• 수화기는 조용히 내려놓는가.				

5. 테이블 세팅(Table Setting)

테이블 세팅은 식탁의 분위기를 연출하여 즐겁고 편안한 식사가 되도록 테이블을 꾸미는 것을 말한다. 따라서 식사제공에 필요한 기물을 갖추어 효율적인 테이블 서비스를 제공할 수 있도록 해야 한다. 테이블 세팅은 식당의 종류 및 식사에 따라 다양한 형태가 있으나, 기본적으로 테이블 세팅시 유의해야 할 사항은 다음과 같다.

① 테이블과 의자는 흔들림이 없도록 고정시킨다.

② 테이블 클로스 및 냅킨은 깨끗하고 얼룩이 지거나 구멍난 곳이 없어야 한다.

③ 센터피스(center piece)는 내용물이 차 있어야 하며 응고되지 않아야 한다. 또한 각

종 소스류의 병입구가 항상 깨끗하게 유지되어야 한다.
④ 꽃병은 항상 깨끗하게 닦여 있어야 하고 꽃은 시들지 않은 것이어야 한다.
⑤ 각종 기물은 깨끗이 세척하여 얼룩이 없도록 닦아야 한다.

1) 기본세팅(Basic Setting)

기본세팅은 식사에 필요한 최소한으로 갖추어야 할 기물의 차림을 말하며 '표준차림'이라고도 한다. 보다 효과적으로 정해진 시간 내에 주문된 식사를 제공하기 위해 사전에 기본세팅을 해 놓고 고객을 맞이하고 있다.

▲ 기본세팅

2) 정식세팅(Table d'hôte Setting)

정식세팅은 기본세팅을 바탕으로 하여 쇼 플레이트(show plate)를 중심으로 오른쪽에는 나이프, 왼쪽에는 포크를 놓는다. 세팅순서는 식사제공 순서에 의해 쇼 플레이트 안쪽에서 바깥쪽으로 놓는다. 글라스는 고블렛(water glass)을 중심으로 시계반대 방향으로 화이트와인, 레드와인, 샴페인 글라스 순으로 놓거나 혹은 일직선으로 놓기도 한다.

이와 같은 정식세팅은 레스토랑의 운영형태나 특성에 따라 다소 차이가 있을 수 있다.

테이블 세팅의 요령(기물)

1. Center Pieces : 센터피스의 배열은 세팅의 인원수(4인 기준)에 따라 달라질 수 있으나, 일반적으로 좌측부터 재떨이, 후추, 소금, 꽃병(점심), 촛대(저녁)순으로 배열한다.
2. Show Plate : 쇼 플레이트는 세팅의 인원수에 따라 기준을 잡는데, 테이블의 가장자리로부터 2cm 정도 위로 놓는다.
3. Knife, Fork, Spoon : ① 나이프는 오른쪽, 포크는 왼쪽에 놓으며 테이블 가장자리로부터 1cm 정도 위로 놓는다. ② 앙트레 나이프와 포크를 놓는다. ③ 생선 나이프와 포크를 놓는다. ④ 수프 스푼과 샐러드 포크를 놓는다. ⑤ 애피타이저 나이프는 빵 접시 위에 오른쪽으로 1/4 정도 되는 부분에 포크의 배열을 맞춰 놓는다. ⑥ 디저트 스푼과 포크를 쇼 플레이트 위쪽에 놓는다. ⑦ 모든 나이프는 칼날이 안쪽으로 향하게 놓는다.
4. Glass
   ① 물잔은 앙트레 나이프의 끝쪽에 놓는다.
   ② 와인잔은 물잔의 오른쪽 아래쪽으로 45도 대각선상에 놓는다.
   ③ 와인잔이 많을 경우에는 마름모꼴로 화이트와인, 레드와인, 샴페인 순으로 놓는다.
5. Table & Chair : 테이블의자는 흔들림이 없어야 하며, 테이블에 클로스를 깔고 의자는 클로스에 닿을 정도로 놓는다.
6. Napkin : 쇼 플레이트를 사용하지 않는 레스토랑에서는 냅킨을 놓아서 기준을 잡는다. 테이블 세팅이 완성되면 냅킨을 마지막에 펴 놓는다.

제4절 메뉴관리

1. 메뉴의 개념

1) 메뉴의 정의

오늘날 우리가 일반적으로 사용하고 있는 메뉴(menu)라는 말은 프랑스어로 그 어원은 라틴어의 'Minutus', 영어로는 'minute'의 뜻으로 '축소하다(diminished)'는 의미이다. 이에 기초하여 오늘날 메뉴를 'Small(작은)', 'Detailed List(상세한 목록)'로 부르고 있다(Lendal H. Kotchevar, John Wiley & Sons, 1987, p. 48). 영국에서는 메뉴의 또 다른 표현으로 'Bill of Fare'라고도 하는데, 'Bill'이란 '상품목록(itemized list)'을 의미하고, Fare는 '음식(food)'의 의미이다. 따라서 이를 '음식의 상품목록'이라 부르고 있다.

메뉴는 우리말로 차림표 또는 식단이라는 말로 사용되고 있다. 웹스터사전(Webster Dictionary)에 의하면 메뉴란 "A detailed list of the foods served at a meal", 즉 식사로 제공되는 음식의 상세한 목록, 옥스퍼드사전(Oxford Dictionary)에서는 "A detailed list of the dishes to be served at banquet or meal"으로 되어 있다.

즉 "연회 또는 식사에 제공되는 음식들의 상세한 목록"으로 각각 설명되어 있다. 위에서 언급된 내용을 종합해 볼 때 메뉴를 "식사로 제공되는 요리를 상세히 기록한 목록"이라 정의할 수 있다.

2) 메뉴의 중요성

호텔식음료를 포함한 외식산업이 점차 전문화 · 상업화 · 대형화됨에 따라 경쟁과 차별화 정책이 절실히 요구되면서 메뉴의 중요성은 더욱 높아지고 있다. 따라서 레스토랑마다 독특한 콘셉트에 따른 디자인과 내용은 물론, 구성도 다양하게 개발되고 있다. 앞서 설명한 바와 같이 메뉴는 레스토랑의 경영방침과 이미지를 전달하는 대표적 도구로서 중요한 위치를 차지하고 있으며, 그 외에 메뉴의 중요성을 살펴보면 다음과 같다.

(1) 최초의 판매수단

레스토랑을 극장이라 하면, 메뉴는 프로그램이라 할 수 있다. 또한 조리사와 서비스직원은 배우이며, 실내장식은 무대라고 할 수 있다. 프로그램이 좋으면 많은 관객들이 연극을 보기 위해 극장을 찾게 된다. 연극의 관객과 마찬가지로 많은 고객들이 레스토랑을 찾는다. 고객의 방문행위가 반복되면 고객은 경험을 갖게 되며, 그 경험 중에서도 첫 번째로 만나게 되는 상품이 바로 메뉴이다. 즉 메뉴는 고객과 커뮤니케이션하게 되는 최초의 판매도구로서 강력하고도 중요한 판매수단이 된다.

메뉴가 라디오 · TV · 신문, 구전(word of mouth, 口傳)으로 전달될 때 많은 고객들이 레스토랑을 찾게 된다.

(2) 마케팅 도구

레스토랑의 모든 것은 메뉴와 함께 시작한다. 메뉴는 문구로 표현된 레스토랑의 그 어떠한 활동보다 중요한 것으로 성공적인 레스토랑경영의 기초가 되는 핵심요소이다. 메뉴는 레스토랑에서 생산되는 품목을 표시하고, 또한 그것을 읽는 고객에게 상품을 전달하고자 하는 인쇄물이다. 음식의 메뉴와 음료 리스트를 고객이 볼 수 있도록 비치하는 것은 고객이 상품을 선택할 수 있도록 일목요연하게 알리기 위함이다. 그러나 메뉴는 단순히 품목과 가격을 기록한 것이 아니라 고객과 레스토랑을 연결해 주는 무언의 전달자이며, 판매를 촉진시키는 마케팅도구로서 중요하게 활용된다.

(3) 고객과의 약속

레스토랑의 상품은 고객이 직접 눈으로 모든 것을 확인하고 음식을 구매하기가 어렵다. 레스토랑이라는 상품을 대표적으로 표현하는 도구가 바로 메뉴이며, 고객은 메뉴를 통하여 자신이 구매하고자 하는 가치를 확인하고 주문하게 된다. 또한 메뉴는 레스토랑에서 판매하는 상품에 대하여 고객에게 그 가치를 보장한다는 고객과의 중요한 약속의 매개수단이기도 하다.

(4) 내부통제수단

메뉴는 판매에 있어 심장과도 같은 역할을 맡고 있으며, 레스토랑의 모든 영역에 커다란 영향을 미친다. 특히 식재료의 구매 · 저장 · 재고 등의 식재료관리는 물론, 이와 연관된 가격정책과 그에 따른 원가관리와 깊은 관련을 맺고 있는 내부통제수단으로 활용되는 도구가 된다.

3) 메뉴의 역할

고객을 정확히 알고 있다는 것은 레스토랑경영에서뿐만 아니라 그 어떤 사업에서도 중요한 요소이다. 만일 레스토랑에서 고객이 마음속에 원하고 있는 상품으로 구성된 메뉴를 판매하고 있다면, 고객은 그 가치에 대한 대가를 분명히 지급하게 될 것이고, 그 결과 레스토랑은 성공적인 경영을 할 수 있게 된다.

(1) 메뉴의 기본적 역할

메뉴의 기본적 역할은 상품을 고객에게 전달하는 것이다. 외부적으로는 판매 가능한 음식 · 가치 · 가격을 고객에게 전달하고, 내부적으로는 레스토랑에서 생산하는 상품이 무엇인가를 직원에게 전달하는 것이다. 그러나 메뉴의 진정한 의미는 단순히 알리는 것 그 이상의 역할을 하고 있다.

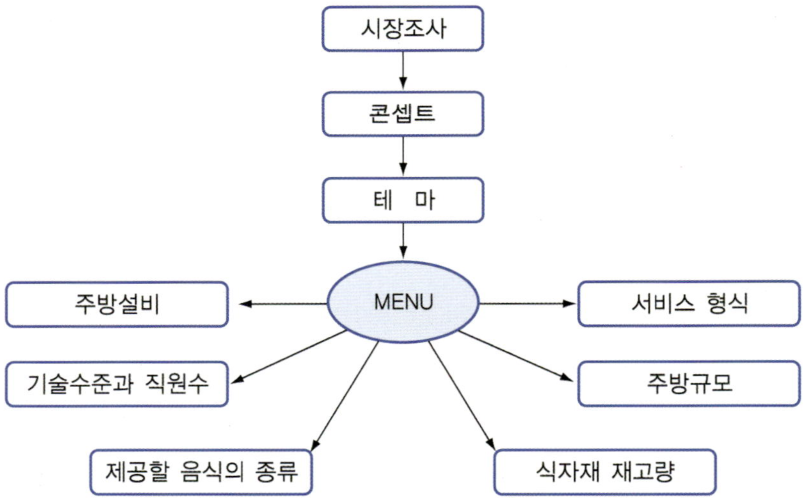

[그림 7-10] 메뉴의 역할

(2) 메뉴의 역할

메뉴는 레스토랑 경영에서 가장 기본이 되는 도구로서 경영의 청사진과 같은 역할을 한다. 메뉴의 역할을 대표적으로 살펴보면 첫째, 음식을 고객에게 제공하기 위한 활동을 제시하고 둘째, 레스토랑경영의 영업과정을 조정하고 통제하는 역할을 지니고 있다.

① 레스토랑 콘셉트의 표현
② 조리 및 서비스인력의 정보 제공
③ 주방 및 업장의 시설
④ 주방기기 및 기물, 서비스 기물 및 비품
⑤ 필요한 식재료의 파악과 구매 및 공급시기
⑥ 서비스의 절차 및 방법
⑦ 원가관리
⑧ 음식문화의 흐름 및 외식산업의 추세반영

표 7-4 메뉴의 역할

① 메뉴는 레스토랑경영의 상징적 사명을 갖고 있다.
㉠ 레스토랑의 운영상태는 메뉴를 보면 알 수 있다.
㉡ 메뉴의 역할은 기업의 경영순환과 같다.
ⓐ 경영정책
ⓑ 판매계획
ⓒ 분석
ⓓ 판매
㉡ 레스토랑경영은 메뉴가 지닌 사명에 의해서 구현된다.
ⓐ 메뉴는 레스토랑의 얼굴이다.
ⓑ 메뉴는 레스토랑의 수준을 결정한다.
② 메뉴의 사명은 레스토랑의 근원이다.
㉠ 상품의 모든 판매는 메뉴로부터 시작된다.
㉡ 메뉴는 무언(無言)의 판매자이다.
㉢ 메뉴는 가장 중요한 판매수단이다.
㉣ 메뉴는 고객으로 하여금 식욕을 직접 불러일으키게 하여 판매의 효과를 준다.
㉤ 메뉴는 고객이 무엇을 어떻게 원하는가를 파악하여 구입욕구를 충족시켜 주지 않으면 안된다.
③ 메뉴는 그 레스토랑의 개성과 분위기를 창출하는 도구이다.
㉠ 개성과 분위기가 없는 레스토랑은 기업으로 성장할 수 없을 것이다.
㉡ 고객에게 친절한 인상을 주어 분명한 판매의식을 주어야 한다.
④ 메뉴는 레스토랑의 실내장식과 큰 조화를 이룬다.
㉠ 메뉴의 선택
㉡ 메뉴의 색채
㉢ 메뉴의 문자구성

2. 메뉴계획시 고려사항

처음부터 내·외부적 환경을 정확히 분석하여 기획된 메뉴만이 성공을 기대할 수 있다. 치밀한 메뉴계획으로 작성된 메뉴는 고객이 메뉴에 갖는 기대를 만족시키거나 초과하여 레스토랑의 경영목표를 달성하게 한다. 그렇지 못한 메뉴는 매출 및 그에 따른 이익을 증대시키는 데 실패하고 만다. 메뉴계획의 기본은 레스토랑의 콘셉트와 사명을 정확히 설정하고 이에 따른 사항들을 정확히 반영시키는 것이다. 미국의 칸(Mahmood A. Khan) 교수는 메뉴를 계획할 때 기본적으로 고려해야 할 사항을 [그림 7-11]과 같이 고객의 관점과 레스토랑경영의 관점으로 구분하고 있다. 고객의 관점으로는 고객의 음식습관과 선호도, 음식의 특성 및 감각적 특징, 영양적 욕구 등이고, 레스토랑경영의 관점으로는 조직의 목적과 목표, 시장조건, 예산, 시설 및 장비, 직원의 기술, 생산형태와 서비스 시스템 등이 고려되어야 한다고 설명하고 있다.

1) 메뉴계획시 고려해야 할 기본적 사항

(1) 업소의 형태

메뉴계획에서 제일 먼저 고려되어야 할 사항은 업소의 형태이다. 각 메뉴의 초점은 먹는 사람에게 맞추어야 한다.

(2) 식당경영의 목표와 목적

식당경영의 궁극적인 목표는 가능한 모든 자원을 합리적으로 이용하여 경제적으로 고객을 만족시키고, 비용을 최소화하며, 이윤을 극대화하는 데 있다는 것을 명심하고 계획한다.

(3) 고객(시장조사)

메뉴계획의 가장 중요한 요인은 고객이며, 성공적인 경영을 위하여 어떠한 메뉴라도 고객을 만족시켜야 한다. 경영자는 경영자 자신이 판매하고자 하는 품목이 아니라 고객이 구매하고자 하는 품목을 제공하기 위하여 항상 노력해야 하며, 이를 위해 세부목표시장을 선택하고 이 시장고객의 필요 욕구를 메뉴계획에 있어서 첫 번째 고려사항으로 해야 한다. 따라서 메뉴계획의 대상고객이 누구이며, 그들이 원하는 것이 무엇인지를 가장 먼저 알아야 한다. 그러기 위해서는 시장조사가 선행되어야 하는데, 이용고객층에 대한 연령, 성별, 직업 및 경제적인 상태 등을 파악하여 알아 두어야 한다. 왜냐하면 이러한 복합적인 요소들이 고객이 어떤 음식을 좋아할 것인가를 판단해 주기 때문이다. 또한 고객의 식문화는 전통적인 식문화, 지역적인 문화차이, 윤리적인 배경 등이 복합적으로 작용하여 제약되는 경향이 있다. 예를 들면, 힌두교인들은 쇠고기를 먹지 않으며, 회교도인들은 돼지고기를 금기하고, 미국인들은 말고기와 개고기를 금기로 규정하고 있다. 유태인들은 물고기 중에서도 비늘을 가진 것만 먹지만, 호주의 원주민들은 비늘을 가진 물고기 먹는 것을 금하고 있다.

이와 같이 고객의 입맛에 맞추려는 노력이 필요하고, 고객의 욕구를 찾아내어 충족시키는 것은 매우 중요하다.

(4) 원가의 수익성

고객의 요구가 파악되면 고객이 원하는 식음료상품의 이익과 비용을 고려해야 한다. 많은 식품들이 계절성을 지니므로 어떤 식품들은 신선한 상태로 또는 연중 적절한 가격으로 구매할 수 없다. 따라서 메뉴별 식재료 파악과 그에 따른 구매가능 여부를 파악해야 하며, 공급원을 확보해야 한다. 이런 절차를 거친 후 메뉴품목들이 판매력과 이익을 가지는지 확인해야 하는데, 식음료부문에 있어서 이익은 생산비용만큼 손실을 회복하고 매상액에 대한 차익을 가져오기 위하여 책정된 메뉴의 가격에 의해서 얻어진다. 적절한 수익성과 동시에 매출을 늘리기 위해서는 원가의 목표율을 염두에 두고 계획한다.

(5) 식자재의 공급시장

메뉴계획자는 메뉴에 사용되는 식재료가 무엇인가를 알고 구입이 가능한 품목과 현재 보유하고 있는 재고품목을 활용할 수 있도록 하며, 재료를 구입하는 사람은 시장조건에 대한 정보를 메뉴계획자에게 제공하여야 한다. 원식자재의 공급시장과 시장의 위치 등 시장조건에 대한 정보를 충분히 확보하여야 한다.

(6) 저장고 및 재고상황

한국의 경우 수입 식자재의 의존도가 높기 때문에 원식자재를 보관할 수 있는 저장고의 필요성이 강조되기 때문에 메뉴계획 과정에서 공급시장의 상황과 저장고의 재고상황을 반드시 고려해야 한다.

(7) 시설과 장비

메뉴 아이템의 선정은 현재의 조리시설과 종업원의 기술수준에서 가장 신속하고 경제적으로 생산할 수 있는 아이템을 선정하여야 한다. 이러한 점을 고려할 때 메뉴계획 과정에서 시설과 장비의 고려는 절대적이다.

(8) 인원 및 숙련도

조리사라고 해서 메뉴에 있는 모든 요리를 제대로 만들어 낼 수는 없다. 그렇기 때문에 주방 조리사의 수와 그들의 숙련도를 감안하여 생산할 수 있는 아이템이 선정되어야 한다.

(9) 음식의 다양성과 매력성

고객선택의 폭을 넓히기 위해 다양한 품목을 갖추어야 하며, 호기심과 식욕을 촉진시킬 수 있는 매력이 있어야 한다. 고객에게 일년 사계절 동안 동일한 메뉴를 제공하면 단골고객은 메뉴에 대하여 식상하게 된다. 메뉴품목에 있는 상품이 구매의욕을 갖기 위해서는 계절감 · 색깔 · 모양 · 향기 · 서비스방법 · 온도 · 장식 등으로 고객에게 호기심과 매력을 주도록 계획하고, 다양한 조리방법과 일정한 시간별로 메뉴에 변화를 주어야 한다. 고객의 선택의 폭을 넓히기 위해 다양한 아이템을 갖추어야 하며, 호기심과 식욕을 촉진시킬 수 있는 매력이 있어야 한다.

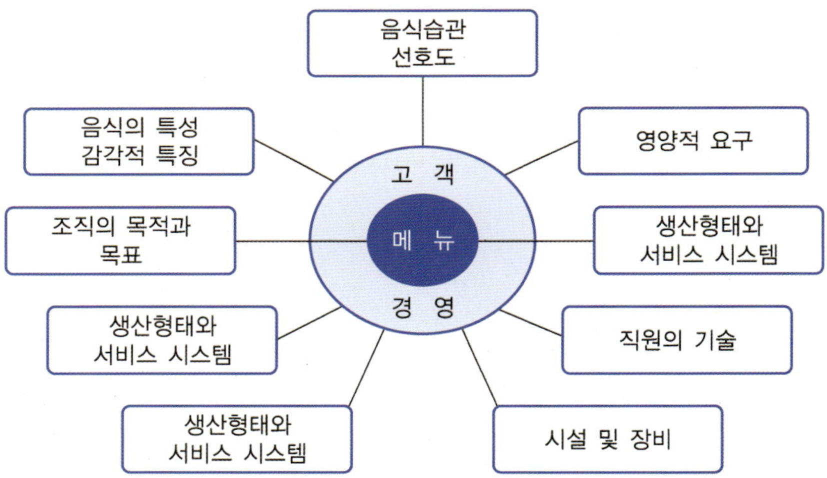

자료 : Manhmood A. Khan, Concepts of Foodservice Operation and Management VNR, 1991, p. 41.

[그림 7-11] 메뉴계획시 기본적 고려사항

(10) 영양적인 배려

영양적 요소에 대한 고객들의 관심이 점점 높아지므로 건강식에 대한 깊은 배려가 있어야 한다. 질적 서비스향상의 차원에서 고객의 영양적 측면을 고려하여 기본 영양소인 단백질, 탄수화물, 지방, 무기질, 섬유소가 골고루 충분히 함유되도록 건강식 · 영양식 위주의 메뉴를 고려한다. 특히 채식주의자나 건강식에 관심이 많은 고객을 위한 메뉴도 준비하는 것이 좋다. 음식의 균형과 다이어트, 신선도와 영양 및 양에 관한 사항 등은 메뉴계획 시 중요한 요인이다.

메뉴계획(menu planning)은 근본적으로 호텔 레스토랑이나 고급 및 전문 레스토랑의 영업 전반에 영향을 미치기 때문에 각 업장의 입지조건과 판매표적시장 및 고객의 동향을 철저히 분석한 후 고객의 욕구충족과 경영전략차원에서 이루어져야 한다. 메뉴의 구성은 그 주방의 책임자 또는 요리장의 책임하에 경영주와 총지배인의 의사를 존중해서 시장조사 후에 이루어져야 하며, 조리사들은 이 메뉴에 의하여 그때그때의 요리를 조리하여 만들어 내는 것인데, 특히 잊으면 안되는 것은 재료재고의 유무와 조달가능성을 잘 검토해서 메뉴를 구성해야 한다는 것이다. 또한 메뉴작성자는 메뉴계획에 많은 시간을 소비하게 되는데, 영양학이나 식품위생법에 대한 지식을 가지고 있어야 하며, 메뉴개발을 위한 새로운 아이디어를 얻기 위하여 다양한 조리책과 식음료업계 출판물 등 여러 가지의 경로를 통하여 끊임없이 연구하여야 한다. 더불어 준비과정 및 음식생산의 기술에 능숙해야 하며, 식재료부터 완성된 식사까지의 특징을 모두 알고 있어야 한다. 따라서 메뉴작성자가 창조적이고 성공적인 메뉴를 만들어 내기 위해서는 계속적인 연구와 다양하고 오랜 기간의 경험이 필요하다.

2) 메뉴작성시의 원칙

① 같은 재료의 요리를 중복시키지 않는다.
② 같은 색의 요리를 반복시키지 않는다.
③ 비슷한 소스(Sauce)를 중복해서 사용하지 않는다.
④ 같은 조리방법을 두 가지 이상 같은 요리에 사용하지 않는다.
⑤ 요리 제공의 순서는 경식(Light Dish)에서 중식(Heavier Dish)으로 균형을 맞춘다.
⑥ 요리와 곁들여지는 요리(Garniture)와의 배합과 배색에 유의한다.
⑦ 계절감각과 용도별 성격, 특산물을 고려하여 작성한다.
⑧ 메뉴의 표기문자는 요리의 내용에 따라 각국의 고유문자를 사용하나, 양식인 경우부터 표기를 원칙으로 하여 나라명, 지명, 사람의 이름 등 고유명사는 대문자로 표기한다.

3. 메뉴작성 절차

메뉴를 작성하는 절차는 레스토랑의 여건에 따라 다양하다. 그러나 일반적인 메뉴작성의 절차는 첫째, 기존의 레스토랑에서 성공하고 있는 품목 또는 경쟁레스토랑에서 판매하고 있는 품목들을 인력·기술·시설에 관계없이 가능한 종합하고, 둘째, 레스토랑의 콘셉트에 맞는 품목을 선별하는 것이다.

① 메뉴품목을 조리할 수 있는 능력과 기술이 있는가?
② 책정된 원가기준에 크게 초과하지 않는가?
③ 조리방법과 절차가 어렵지 않은가?
④ 서비스하는 데 어려움은 없는가?
⑤ 맛과 품질의 변화가 빠르게 일어나지 않는가?
⑥ 주방기기 및 기물을 새로 구입해야 하는가?

표 7-5 메뉴작성 가이드

올바른 메뉴작성 가이드	
• 음식의 표현	• 브랜드(상호)명의 표현
• 시각적·언어적 표현	• 음식의 정체성 표현
• 건강 및 영양적 요소의 표현	• 식재료 생산지의 표현
• 질의 표현	• 식재료 구매의 표현
• 가격의 표현	• 식재료 보관수단의 표현

4. 메뉴의 디자인

1) 메뉴 디자인과 메뉴 커뮤니케이션

메뉴는 레스토랑과 고객이 상호 커뮤니케이션을 하는 기능을 갖고 있다. 고객은 메뉴가 전달하는 메시지를 받아들이고, 그에 따라 행동하게 된다. 따라서 메뉴작성자는 레스토랑에서 말하고자 하는 메시지를 고객에게 정확하게 전달해야 한다. 밀러(Jack E. Miller)는 메뉴를 커뮤니케이션의 도구로서 다음 〈표 7-6〉과 같이 설명하고 있다.

표 7-6 메뉴 커뮤니케이션

메뉴 작성자		고 객	
메시지 의미의 고려	• 콘셉트 • 정보 • 직관 • 경험	메시지의 접수	• 접수된 메시지의 해석 • 메시지를 받은 후의 개인 적성향
단어 또는 심벌로의 표현	• 목표 • 정책 • 철학 • 말하고자 하는 내용과 방법	단어와 심벌의 해석	• 해독 • 기대 • 가치의 인지
인쇄된 메뉴를 통한 메시지 전달	• 표지 • 광고 문안 • 인쇄 • 색상 • 예술성 • 위치	의미의 이해와 수용	• 행동 • 원하는 아이템의 구매 • 수익성 아이템의 구매 • 레스토랑의 재방문

2) 메뉴 북 디자인

메뉴 북은 광고와 마찬가지로 "고객에게 무엇을 살 수 있는가?"를 직접적으로 알려 주는 도구이다. 제대로 구성된 메뉴는 수익을 높이고, 고객에게 만족을 줄 수 있는 훌륭한 광고 및 판매매체가 된다. 또한 섬세하게 디자인된 메뉴 북은 레스토랑 분위기에 일익을 담당하며, 각각의 음식을 항목별로 적절하게 분류하여 작성된 메뉴 북은 상품판매의 중요한 역할을 한다. 이렇듯 메뉴를 효율적인 판매수단이 되도록 디자인할 때에는 음식의 배열 및 내용, 시각적 구성, 지면, 활자체 등 메뉴 북의 제작에 따른 여러 요소들이 조화를 이루도록 해야 한다.

(1) 기본사항

메뉴 북 디자인은 레스토랑 분위기를 반영한다. 메뉴 북은 관리자와 조리사, 그리고 그래픽 아티스트, 디자이너, 컴퓨터 전문가들의 도움을 받아 레스토랑 분위기와 실내장식에 맞게 디자인되어야 한다. 메뉴 북의 전체적인 외형은 레스토랑 이미지와 개성을 결정하는 데 중요한 역할을 하므로 신중히 생각해야 한다.

다음은 메뉴 북의 외형과 관련하여 고려해야 할 사항들이다.

① 관심을 끌 수 있는 메뉴 북

식탁 위에 놓인 메뉴 북을 처음 본 순간 고객의 관심을 끌어 메뉴 북을 집어 들어 읽을 정도로 매력적이어야 한다. 한편, 레스토랑의 인기상품 또는 주력상품으로 매출을 극대화시키기 위해서는 고객이 메뉴 북을 펼쳤을 때 판매하고자 하는 상품으로 고객의 시선이 집중되도록 배치시켜야 한다.

② 실용성 있는 메뉴 북

메뉴 북의 실용적 부분은 중요한 사항임에도 불구하고 가볍게 여기기 쉬운 부분이다. 고객이 자주 집어서 보기를 원한다면 메뉴 북이 깨끗하게 보존될 수 있도록 플라스틱 코팅을 하든지, 아니면 정기적으로 교환할 수 있도록 카드를 사용하는 것이 좋다.

③ 읽기에 편한 메뉴 북

고객이 어려움 없이 메뉴를 읽을 수 있는 적절한 활자 크기가 좋다. 음식을 종류별로 나누어 놓았다면 종류의 명칭은 큰 활자로, 그에 부속된 개별 메뉴항목은 보다 작은 활자로 나타내는 것이 좋다. 미려한 활자체 또한 고객의 선택을 유도할 수 있다. 그래픽과 색채를 사용하고 여백을 적절히 활용하는 것도 고객의 시선을 끌 수 있는 방법이다. 메뉴 북이 기차나 버스의 시간표처럼 딱딱한 형식으로 단순히 정보만을 전달하는 도구가 되어서는 안된다.

④ 주변환경과 조화를 이루는 메뉴 북

메뉴 북은 전체적인 외형이 실내장식이나 분위기와 조화를 잘 이루어야 할 뿐만 아니라 그 환경에 적합한 것이어야 한다. 예를 들면, 휴양지 레스토랑, 결혼피로연, 고급 만찬, 디스코텍 등에서의 메뉴 북은 메뉴품목의 적절한 배치는 물론, 목적에 맞는 외형도 갖추어야 한다. 메뉴 북의 외형은 음식의 주제와 스타일, 그래프의 사용, 활자체 등 인쇄된 항목의 수에 따라 결정된다.

⑤ 적당한 메뉴 북 포맷

메뉴 북 포맷(menu book format)은 한 장에서부터 중앙이 수직으로 접히는 것, 수직으로 2번 접히는 것, 3번 접히는 것, 수직으로 2~4번 접히는 것 등 대부분이 책의 형태로 되어 있으며, 크기와 페이지의 수는 레스토랑에 따라 다르다. 또한 대다수의 레스토랑에서는 속 페이지를 갈아 끼울 수 있도록 효용성도 고려하여 제작하고 있다. 특별행사 또는 판매촉진을 위한 메뉴에서는 모양을 오려낸 메뉴 북을 사용하기도 한다.

⑥ 적정한 크기

메뉴 북의 전체 크기에 대한 일정한 기준은 없지만, 레스토랑이 추구하는 목표, 품목의 특징, 테이블 크기, 분위기, 레스토랑수준 등을 알기 쉽게 표현할 수 있는 정도의 적합한 크기가 좋다. 특급호텔의 경우 영업장에 따라 다르지만, 평균 메뉴 북의 크기는 30~40cm이고, 페이지의 수는 6~15페이지 정도이다.

⑦ 고객의 기호가 반영된 디자인

영업장이 추구하는 전체적인 콘셉트, 고객의 기호에 맞는 메뉴 북의 겉표지, 내지(內紙)의 전체적 디자인 등이 적절하게 조화를 이루어야 한다.

⑧ 상품들과의 관련성

영업장에서 사용되는 성냥, 냅킨, 테이블 매트, 테이블 카드, 기물 등의 소품들 역시 고객이 접하게 되는 상품들이다. 따라서 메뉴 북도 위와 같은 비품이 나타내는 이미지와 잘 어우러지도록 디자인되어야 한다.

(2) 메뉴 북 디자인의 구성요소

메뉴 북의 전체적 외형에 맞추어 메뉴품목을 표현하는 메뉴 디자인의 구성요소로는 다음과 같은 것들이 있다.

① 언 어

메뉴 북에 표기되는 언어는 레스토랑의 형태와 특성을 반영하는 것이어야 한다. 외국어로 표기하는 경우에는 정확한 외국어를 사용한다. 메뉴는 고객이 음식을 선택하는 데 편리해야 하기 때문에 외국어를 사용하는 경우, 간단하고 정확한 번역을 밑에 첨부해 주는 것이 좋다. 현란한 수식어로 음식을 설명하여 고객이 음식의 특성을 이해하지 못하고 막연히 추측하는 표현이 되어서는 안된다.

② 정확성

고객이 메뉴로부터 음식의 가격과 특성에 대해 정확한 정보를 얻을 수 있어야 한다. 메뉴를 변경시키는 경우에 간혹 인쇄된 메뉴의 손 글씨로 변경사항을 기재하는 일이 있다. 만약 이런 메뉴를 고객에게 내민다면 고객은 불쾌하게 여길 뿐만 아니라 어쩌면 속았다는 느낌을 줄 수도 있다. 따라서 관리자는 항상 메뉴를 사전에 검사하여 실제와 차이가 생기는 경우에 반드시 인쇄활자로 변경내용을 기재하도록 한다. 그리고 메뉴에서 설명하고 있는 내용과 실제 제공되는 음식의 맛과 질이 일치하여야 한다.

③ 가 격

메뉴품목마다 적절한 음식가격을 설정하는 것은 매우 중요한 일이다. 가격은 비용을 충당하고, 적정이익을 낼 수 있어야 하고, 고객이 지급할 수 있는 정도여야 하며, 또한 경쟁력을 갖추고 있어야 한다. 레스토랑의 규모와 형태, 레스토랑의 위치, 운영에 필요한 수익, 경쟁의 정도 등도 모두 가격결정에 영향을 미치는 요소들이다.

④ 품목구성

양식의 경우에 메뉴는 전채 · 수프 · 생선 · 고기 · 후식에 이르기까지 다양한 음식들을 포함하고 있는데, 가능한 이런 음식들이 고르게 판매되도록 구성하는 것이 좋다. 만약 품목 간 판매량이 일정하지 않다면, 이는 고객이 몇 가지 종류의 음식만을 주로 주문하고 있는 것으로 판단할 수 있다. 한편, 고객이 고비용 · 저이익품목만을 선호한다면 원하는 만큼의 수익을 기대하기가 어렵다. 따라서 관리자는 하루하루 고객이 지급하는 평균 객단가를 파악하고 항목별 판매량을 분석하는 것이 필요하다. 항목별 판매비율을 개선하기 위해서는 메뉴 및 음료 리스트의 구성과 가격을 새롭게 해야 한다. 메뉴 북의 디자인을 새롭게 하고 색채와 그래픽 등을 이용하면 고객이 각각의 음식을 선택하는 데 도움이 된다.

제5절 식음료부문의 식자재관리

1. 식자재관리

1) 식자재관리의 목적

식자재관리는 음식을 생산하기 위해 필요한 식자재의 구매·검수·저장·출고 등과 관련된 실질적 업무는 물론, 원가관리 및 기타 식자재와 관련된 사항들의 전반적인 관리를 의미한다. 식자재관리는 생산활동에 필요한 식자재를 필요한 시기에 적합한 품질과 수량을 적정한 가격으로 준비하고, 생산활동에 지장이 없도록 관리하는 기술이 요구된다. 식자재관리의 궁극적인 목적은 원가절감과 최상의 상품(음식)을 제공하여 기업의 이익을 증진하는 데 있다. 그러므로 필요한 식자재를 알맞게 구매하여 최선의 상태를 유지함으로써 이윤창출에 공헌하고 낭비되는 자재를 줄이는 것이 식자재관리의 목적이라고 할 수 있다.

2) 식자재관리의 중요성

일반적으로 재고관리비는 재고자산 총액의 30% 정도로 보는데, 이것은 재고자산 투자에 의한 자본비용, 저장공간에 의한 비용, 물품의 취급 및 저장에 소요되는 비용, 그리고 부패 또는 폐기로 인한 비용 등이 포함된다. 식음료영업장의 경우 소모되는 원재료의 약 30~40% 정도 이상을 차지하는 만큼 관리가 필요한 부분이다. 특히 식자재는 원가절감을 가장 효율적으로 할 수 있는 전략적인 관리분야임에도 불구하고 통제가 힘들어 제대로 실시하지 못하므로 집중적 관리가 필요한 부분이다. 식자재의 질 자체가 바로 상품의 질과 수명으로 연결되는 경우가 많기 때문에 식자재관리의 중요성이 요구된다.

2. 구매 · 검수관리

1) 구매관리(Purchase Requisition)

(1) 구매관리의 계획

식음료의 구매, 검수, 저장 및 출고에 관련된 업무활동은 식음료관리의 첫 단계이다. 구매는 고객이 지급해야 할 가격결정은 물론, 상품의 질과 수익성에 직접적으로 관련되어 있을 뿐만 아니라 원가관리에도 많은 영향을 미치는 분야이다. 식음료의 구매관리는 생산활동에 필요한 품질의 자재를 최소비용으로 획득하기 위한 관리활동으로, 합리적이고 원활한 생산을 위하여 적절한 품질의 자재구매, 적정량의 구매, 적정한 시기의 구매, 적절한 공급처의 선정이 중요하다.

표 7-7 구매관리의 순서

구 분	내 용
기초정보의 확보	• 구매에 관한 기록, 자료의 보관 • 가격변화에 대한 기록 보관 • 원재료재고 및 소모에 관한 계속적인 기록 보관 • 식음료납품업자에 관한 기록 • 구매명세서 파일 작성 보관 • 취급품목의 카탈로그 작성보관
조사연구	• 시장에 관한 연구 • 취급품목에 관한 연구 • 원가분석 • 공급원에 대한 파일의 평가 • 식음료 제품생산업자의 공장견학 및 조사 • 많은 공급원의 개발 • 대치품목의 개발과 그 공급원의 확보
물품의 구입과 조달	• 물품청구서의 검토 • 식음료 재료판매원의 면접 • 견적서의 관리 • 견적내용의 분석 • 계약 또는 시장구매의 결정 • 구매와 배달의 일정계획 • 계약내용의 협상 • 계약내용의 법적 여건 검토 • 구매를 위한 발주 및 각 부서별 주문접수 • 배달에 의한 물품의 점검 • 물품대금영수증의 점검 • 대금청구서 내용의 확인 • 식음료 납품업자와의 연락관계 철저 • 납품업자와의 필요한 내용에 대한 절충
물품의 관리	• 최소한의 재고량 유지 • 재고량의 일정선 유지 • 재고회전율의 개선 • 오래된 재료의 우선적 적용

물품의 관리	• 물품요건의 정리 및 통합 • 과도한 재고의 방지 • 포장 및 용기의 표준화 • 반송가능한 용기에 대한 계산

(2) 구매관리의 방법

과대한 식음료원가는 재료의 구매와 이에 따른 검수, 저장, 출고에 이르는 모든 활동을 수행하는 동안 야기되는 모든 형태의 재료손실과 낭비에 기인하고 있다. 이러한 문제점에 대한 구매관리자의 관리노력으로 불필요한 비용의 발생을 최대한 배제하여야 한다.

구매방법에는 정기구매방법과 수시구매방법, 집중구매방법과 분산구매방법, 시장구매방법, 투자적 구매방법 등이 있다.

① 정기구매방법은 구매청구서에 의해 구매되어 즉시 사용되기보다 저장실에 보관되는 것으로, 저장관리자나 재고관리자에 의해 실행되는 것이다. 저장실을 관리하는 담당자가 식자재별로 구매가 필요할 때마다 구매청구서를 작성하여 구매부서에 전달함으로써 이루어진다. 구매행위는 필요한 식자재를 적절한 수량과 질 및 가격 등을 고려하여 결정하고, 시장조사를 실시한 후 시장조사를 바탕으로 구입 여부를 결정한다. 납품업자와 협상하여 납품받은 후 구입한 식자재들에 대한 효용 및 경제성 평가로 구매행위가 이루어진다.

② 수시구매방법은 직접구매방법으로 주방이나 바(bar) 같은 생산 또는 판매부서의 식자재 요청을 바탕으로 재고상황, 메뉴의 특성, 예약, 매출예상 등을 고려하여 필요할 때마다 수시로 실행하는 구매활동이다. 직접구매를 통해 구입되는 품목에는 생선류·야채류·과일류를 들 수 있고, 가격의 변화가 크다는 공통적인 특징으로 인해 계약된 공급자로부터 일정기간 동안 고정된 가격으로 공급받는 것이 일반적이다.

③ 집중구매방법은 한 공급업체에 주문을 집중시켜 받음으로써 일괄된 구매방침을 확립할 수 있고, 구매가격이 저렴하여 비용이 절감되는 구매의 효율성 상승과 업무단순화의 장점이 있으나, 일반화되지 않은 특수한 향신료 등의 재료구입시에는 전문화의 미흡함으로 인하여 필요한 재료구입이 어려울 때도 있으므로 주의해야 한다.

④ 분산구매방법은 각 품목별로 전문화된 업체에서 구매하는 방식인데, 구매절차가 간편하고 능률적이며 긴급시 구입이 쉽고, 대량구매가 가능한 것은 괜찮으나 소량구매에 따른 배송으로 물류유통 등에 따른 경비가 많이 들어 구입단가가 높아지는 단점이 있다.

⑤ 시장구매방법은 시장변동에 따라 그때그때 시세에 맞게 구매하는 것이고, 이와 반대로 투자적 구매방법은 양파, 마늘, 배추, 고추 등을 산지에서 미리 예약 및 직접 대량으로 구매하는 방법이다.

효율적인 구매관리를 위해서는 다음과 같은 사항이 요구된다.

- 정기적이고 치밀한 시장조사를 함으로써 구매품목이 용도에 적합하여야 한다.
- 관련업체를 주기별로 평가하여 우량업체를 선정하여 식음료자재를 구매한다.
- 필요로 하는 납품시간과 일정에 맞도록 관리한다.
- 각 식음재료의 보존특성을 잘 파악하여 저장기간과 구매시점을 관리하고 재활용과 불량품의 반품방안대책 등의 총체적인 관리활동이 필요하다.

2) 검수관리

검수관리란 구매청구서에 의해 주문된 식자재의 품질, 수량, 크기, 가격을 확인하고, 일치하지 않는 식자재를 반품시키며, 검수가 끝난 식자재를 적당한 보관장소로 운반하거나 저장하는 것을 말한다. 검수의 방법은 식자재의 종류에 따라 다르므로 알맞은 척도와 검수도구를 이용해야 한다.

(1) 검수절차

검수절차(receiving procedure)는 배달된 물품의 인수(accepting), 물품확인(validating), 서명(signing)의 절차로 이루어진다. 검수업무 담당자는 주문한 물품이 기록된 구매청구서의 사본과 비교하여 주문한 식재료품목 이외에 수량, 크기, 가격도 함께 확인한다. 검수한 식자재내역은 검수일지(receiving log book)에 매일 기재토록 하며, 검수가 끝나는 즉시 적절한 저장소나 조리실로 운반한다. 무엇보다 배달과 검수과정에서의 손실을 막고 품질을 보완할 수 있는 적절한 통제와 함께 계속적이고 반복되는 절차는 검수과정의 필수사항이다.

식자재의 검수절차는 외식업체의 규모나 운영방침에 따라 차이가 있으나 일반적으로 다음의 순서에 의하여 이루어진다.

- 1단계 확인조사 : 구매발주서대로 현물(식재료)을 확인 대조한다.
- 2단계 확인조사 : 구매시 적용한 구입명세서와 확인 대조한다.
- 송장 확인 : 식재료의 양과 질, 가격 등을 확인한다.
- 검수일지 작성 : 송장을 근거로 수령일지를 작성한다.

- 입고 확인 : 구매한 식재료가 제자리에 입고되었는지 확인한다.

(2) 검수방법

식재료검수는 육류, 생선류, 계란류, 과일류, 야채류, 냉동식품 등 품목별 검수기준에 근거하여 결정한다. 특히 육류는 다른 식재료보다 비싼 품목이므로 검수날짜, 공급업자, 무게, 수량, 가격이 표기된 육류꼬리표(meat tag)를 부착하여 보관한다.

식자재 검수시 고려사항

- 검수에 관련된 테스트는 구매자나 공급업자 양측에서 보아 공정하고 타당해야 한다.
- 검수의 형태나 그 정밀성의 정도는 구매한 물품의 중요성에 따라 결정될 문제이며, 검수의 비중에 있어서 소홀히 다루어지거나 너무 많은 비용을 소비해서도 안된다.
- 검수는 식자재의 배달 직후 즉시 이루어져야 한다.
- 검수결과에 대한 내용을 기록하고 검수원의 서명을 함으로써 기록을 남겨 두어야 한다.
- 검수부는 구매거래에 필요한 자료를 제공함으로써 구매자에 대한 협조를 하여야 한다.

표 7-8 품목별 검수내용

품 목	검수의 내용
육 류	지방 및 힘줄의 점유율, 중량, 등급, 육질, 다듬기 상태, 신선도 등
과일류	크기, 등급, 향기, 신선도, 색깔, 형태, 숙성도 등
냉동식품	포장상태, 냉동방법, 해동 후 하자발생 여부 등
난(卵)류	브랜드, 중량, 크기, 미세한 균열 등
채소류	색깔, 다듬기 상태, 신선도, 크기, 수확시기, 묶음의 크기 등

3. 저장 · 출고관리

식자재는 레스토랑의 자산(asset)이다. 따라서 자산이 손실되지 않도록 올바르게 보관할 수 있는 저장시설과 그에 따른 체계적 관리는 필수적이다. 식자재를 저장하는 창고로는 식자재 품목의 특성에 따라 온도가 다른 냉장 · 냉동고, 건조창고 등이 있다. 올바른 식자재의 저장은 식자재의 특성과 사용빈도에 따른 보관위치, 부정유출의 방지 및 보안, 위생상태가 요구되는 온도, 습도 등을 관리함으로써 이루어진다.

1) 저장관리(Storing)

저장관리는 적정한 장소, 온도 등 적정조건에 식자재를 보관함으로써 최상의 품질을 유지시키고 부패에 의한 손실과 도난을 방지하려는 활동이다. 저장은 검수와 조리업무를 연결하는 역할을 하고 있으며, 생산하고자 하는 음식의 질에 직접적인 영향을 미치는 주요한 업무이다. 특히 저장 중에 발생할지도 모르는 도난에 의한 손실, 직원이나 외부인의 비행으로 인한 손실, 식자재의 변질과 부패에 의한 손실을 최소화해야 한다.

표 7-9 식품의 특성별 저장방법

식자재의 종류	저장방법
냉장식품	• 냉장식품은 배달 즉시 저장 • 포장이 제거된 식품은 위생적인 용기에 밀봉보관 • 보관용기에 품목명을 기재 • 온도계를 부착하여 냉장고의 온도를 정기적으로 점검 • 수령한 식자재는 날짜를 표시하여 선입선출법에 의거해 입고 및 출고 • 냄새가 심하거나 냄새를 잘 흡수하는 식품은 분리보관 • 정기적으로 저장고 청소
냉동식품	• 수령 즉시 영하 18도 또는 그 이하의 온도에 보관 • 냉동고의 온도를 수시로 점검하고 성에를 제거 • 모든 식자재는 뚜껑이 있는 용기에 보관 • 육류와 어류는 건조를 방지하기 위하여 비닐포장 • 출고담당자를 선정하여 필요물품을 한번에 출고하여 온도유지 • 냉동된 식자재는 날짜를 표시하여 선입선출법에 의거해 입고 및 출고 • 저장고의 선반과 바닥 청결 유지
건류식품	• 선반을 부착하여 식품별 정리, 식품명 표기 • 선반의 재질은 목재나 스테인리스 이용 • 선반의 규격은 4~5단, 폭 60cm, 선반간의 간격 50~60cm 유지 • 선반의 낮은 단은 무거운 식품보관, 2~3단은 자주 사용되는 식품배치 • 저장고의 통풍·방충·방수시설을 점검 • 흡습성 식자재는 습기방지를 위하여 높은 선반에 보관
곡류식품	• 온도, 습도, 통풍, 쥐 등의 기타 곤충을 유의 • 양곡의 습기흡수방지를 위하여 벽에서 70~100cm 이격하여 보관 • 바닥에 높이 5~10cm 정도의 목재평상을 이용하여 습기방지

(1) 저장관리의 방법

저장공간은 식자재의 사용빈도에 맞추어 잘 배치되어 있으며, 능률적인 재고관리와 출고관리가 적당한 곳이어야 하고, 보안관리를 위해서 권한을 위임받은 특정인만이 열쇠를 관리하며 저장고에 출입하도록 하여야 한다. 식자재의 폐기를 방지하기 위하여 적당한 저장공간, 저장온도, 저장기간, 환기, 철저한 위생관리 및 식품 간의 적정한 간격유지에 대한 고려가 요구된다.

(2) 저장관리시 유의사항

식자재의 저장위치를 정확히 하기 위하여 재고위치제도를 적용하고 물품별 카드에 의거하여 물자의 소재를 언제든지 파악할 수 있도록 재료의 명칭, 규격, 용도 및 기능별로 그 종류를 분류하여 저장한다. 또한 저장기간을 단축할 수 있는 저장시스템을 도입하여 재고자산의 회전율을 높이도록 하여야 한다.

2) 출고관리(Issuing)

출고관리란 식자재를 검수한 후 출고청구서(storeroom requisition)에 의해 실사용자에게 직접 전달되거나 조리장의 요청에 의해 저장창고에 있던 식자재가 인출되는 것과 관련된 업무로 원가관리와 재고관리에 필요한 자료를 제공한다. 출고관리의 기본은 선입선출법(FIFO : First In, First Out)으로서 음식의 품질은 물론, 고객의 안전에도 중요할 뿐만 아니라, 창고에서 손실될 수도 있는 식자재를 효율적으로 관리함으로써 원가관리에도 많은 도움을 주는 방법이다.

출고관리의 목적은 다음과 같다.

- 적절한 절차에 의한 식음료자재의 출고관리
- 매일 식음료창고의 소비량 결정
- 재고량의 파악 및 관리
- 매일 식자재구매량 결정

4. 재고관리

1) 재고관리의 중요성

재고관리가 중요한 의미를 갖는 것은 첫째, 물품부족으로 인한 생산계획의 차질을 없게 하는 것이고 둘째, 최소의 가격으로 좋은 질의 필요한 물품을 구매하기 위함이며 셋째, 도난과 부주의 및 부패에 의한 손실을 최소화하는 데 있고 넷째, 생산부문에서의 요구량과 일치하는 수준에서 최소한의 투자가 유지되도록 하는 것이다.

2) 재고조사방법

많은 재고비용을 지출하면서도 식자재를 보유하고 있는 이유는 필요한 시기에, 필요한 수량을, 필요로 하는 곳에 조달하기 위한 것이다. 예상판매량에 대한 예측과 올바른 구매와 저장, 그리고 정확한 재고파악을 통해 최소의 비용으로 최적의 재고량을 유지할 수 있도록 해야 한다.

식자재의 재고량조사의 종류는 정기재고조사, 임시재고조사, 월말재고조사, 일일재고조사, 창고재고조사, 각 영업장 재고조사 등이 있다.

재고조사의 방법은 크게 두 가지로 나누어 실지재고조사법과 계속기록법이 있다.

(1) 실지재고조사법

재고조사를 위하여 식자재를 정확히 산출하려면 회기 초의 기초재고량과 회기 말의 재고량 그리고 당기 내 구매량을 모두 합산하면 된다. 여기서 말하는 기초재고량이나 기말재고량은 저장고에 있는 재고물품을 일일이 조사해야 하는 노동집약적인 업무이다.

일반적으로 실지재고조사법을 이용한 재고파악은 한 달에 한번 정도로 이루어지는 것이 보통이며, 회기가 끝나는 때에 맞춰 행해지기도 한다.

총식자재비 = 총재고량(기초재고량 + 당기구매량) − 기말재고량

(2) 계속기록법

계속기록법은 저장고로 유입되는 식자재의 입고와 출고되는 식자재를 지속적으로 기록함으로써 항상 정확한 재고량을 파악하기 위하여 사용되는 방법이다. 최근에는 컴퓨터의 보급으로 정보처리기술이 개발되면서 식자재의 관리가 구매시기나 구매량의 결정 및 원가관리 등을 관리프로그램을 이용해 손쉽게 할 수 있다.

계속기록법을 사용함으로써 구매시기와 적정구매량을 쉽게 파악할 수 있고, 과잉 또는 과소구매로 인한 손실을 막고, 지속적인 재고사항을 알 수 있으며, 비정상적인 재고상태를 가진 품목을 정확히 가려낼 수 있다. 계속기록법을 이해하기 위해서는 최소·최대보유량, 구매소요기간, 재주문점, 재주문량에 대한 이해가 필요하다.

사람을 강하게 만드는 것은 사람이 하는 일이 아니라
하고자 노력하는 것이다.
- 어니스트 헤밍웨이 -

HOTEL MANAGEMENT

바른 악수 예절

1. 정중한 악수(윗사람 및 고객님과는 양손으로 합니다.)
   1) 허리를 약간 굽히면서
   2) 오른손 팔꿈치에 왼손을 가볍게 붙이고 정중하게 합니다.
2. 보통 악수(비슷한 연배끼리는 한 손으로 합니다.)
   1) 오른손으로, 가슴 높이에서, 부드럽게 손을 잡습니다.
   2) 상대의 눈을 보며 가볍게 흔듭니다.

제 8 장

식음료 부서별 업무

뭐든 그냥 하는 사람은
열심히 하는 사람을 당할 수 없고,
열심히 하는 사람은
즐겨서 하는 사람을 당할 수 없고,
즐겨서 하는 사람은
미쳐서 하는 사람을 당할 수 없다.

- 제1절 식 당
- 제2절 연 회
- 제3절 음 료
- 제4절 주 방

호텔경영론

발은 무겁게 하고 손은 공손하게 가지며 입은 다물어야 하고 머리는 곧게 하며, 눈은 단정하게 가지며 인상은 정숙하게 하라.

– 다산 정약용 –

제8장

식음료 부서별 업무

제1절 식당(Restaurant)

1. 식당의 개념

식당(Restaurant)이란 영리 또는 비영리를 목적으로 일정한 장소와 시설을 구비하여 인적 서비스와 물적 서비스를 동반하여 식음료를 판매·제공하고 휴식을 취하게 하는 영업형태의 장소로서 일종의 환대산업이라 할 수 있다.

식당의 어원적 의미를 각 국가별 사전을 통해 간단히 요약해 보면 다음과 같다.

① 프랑스 백과사전(Grand Larouse Encyclopedique) : 사람들에게 음식을 제공하는 공중의 시설, 정가 판매점, 일품요리점

② 미국 웹스터(Webster)사전 : 대중에게 가벼운 음식물이나 음료를 제공하는 시설, 즉 대중들이 식사하는 집

③ 영국 옥스퍼드(Oxford)사전 : 음식을 판매하여 심신을 회복시켜 주는 기력회복의 장소

④ 우리나라 국어사전 : 식사하기에 편리하도록 설비된 방, 또는 식사나 요리 등 식사를 주로 만들어 손님에게 파는 집

이와 같이 식당의 어원적 의미가 설명하듯이 식당이란 식사와 음료 및 휴식공간을 일반대중에게 제공하여 원기를 회복시키는 장소로서 환대산업의 의미를 갖고 있다.

근래 들어 외식산업이 발달한 선진국에서는 식당을 'EATS'상품을 판매하는 장소라고 설명하기도 한다.

EATS상품

- Entertainment : 서비스－인적 서비스, 환대, 오락
- Atmosphere : 환경－분위기
- Taste : 음식의 질－맛, 풍미, 미각
- Sanitation : 위생－청결, 위생시설, 개인위생

즉 먹는다는 단순한 의미의 장소인 식당이 아니라 서비스+분위기+음식의 질+위생 등이 하나로 조합된 세트(set)적 가치(상품), 즉 토털(total) 상품을 판매하는 장소로 인식되는 복합산업이라 할 수 있다.

2. 식당의 분류

1) 식당의 명칭에 의한 분류

(1) 패밀리 레스토랑(Family Restaurant)

패밀리 레스토랑은 세계적으로 가장 넓은 의미의 레스토랑으로 사용되고 있는 대표적 명칭이다. 보통 고객의 주문에 의하여 웨이터나 웨이트리스가 음식을 제공하여 주는 테이블 서비스를 하며, 대중적인 음식과 중간 정도의 식사가격, 정중한 서비스, 훌륭한 시설을 갖춘 레스토랑을 말한다. 특히 어린이부터 할아버지에 이르기까지 모두가 즐길 수 있는 메뉴를 확보하고 있다.

(2) 다이너(Diner)

다이너는 중간 정도 가격의 풀 서비스 레스토랑으로 영업시간이 비교적 긴 레스토랑을 말한다. 어떤 레스토랑에서는 24시간 개점을 하고 있으며, 대부분의 다이너는 아침·점심·저녁을 일정한 식사시간에 구애받지 않고 주문할 수 있는데, 예를 들면 밤 11시에 아침식사 메뉴를 주문할 수 있다.

(3) 스페셜티 레스토랑(Specialty Restaurant)

스페셜티 레스토랑은 해산물·팬케이크·치킨·야채·스테이크·도넛·오믈렛·샌드위치 등 한 가지 음식만을 전문적으로 생산하고 판매하는 레스토랑을 말한다.

(4) 테마 레스토랑(Theme Restaurant)

테마 레스토랑은 독특하고 특징 있는 테마로 디자인된 레스토랑을 말한다. 예를 들어 기차·항공기·열대우림·교도소·교실 등을 테마로 그 분위기에 맞는 실내장식·유니폼 등을 갖추고 운영하는 레스토랑을 말한다.

(5) 파인 다이닝(Fine Dining)

파인 다이닝은 최고급 레스토랑이라는 의미로 가공식품을 전혀 사용하지 않고 신선한 식재료를 이용하여 최상의 맛과 질을 제공하는 것은 물론, 주로 소수의 고정고객을 확보하여 정중한 서비스를 실시하고 있는 레스토랑을 말한다.

(6) 패스트푸드 레스토랑(Fastfood Restaurant)

패스트푸드 레스토랑은 유통에서부터 생산에 이르기까지 표준화되어 있는 시스템을 이용하여 한정된 메뉴품목을 주로 셀프서비스 방식으로 제공하는 레스토랑을 말한다.

(7) 카페테리아(Cafeteria)

카페테리아는 음식물이 진열되어 있는 카운터 테이블에서 음식을 고른 후, 식대를 지급하고 고객 자신이 직접 운반하여 먹는 셀프서비스 방식의 레스토랑을 말한다.

(8) 다이닝 룸(Dining Room)

다이닝 룸은 식사시간을 정해 놓고 조식을 제외한 점심과 저녁식사를 제공한다. 호텔식음료업장인 만큼 최고급 레스토랑의 음식에서부터 캐주얼 레스토랑과 패밀리 레스토랑 스타일의 음식까지 제공하고 있다.

최근에는 다이닝 룸이라는 명칭을 잘 사용하지 않고 영업장 고유의 이름을 붙인 전문 요리 레스토랑과 그릴(grill)로 바뀌고 있다.

(9) 그릴(Grill)

그릴은 주로 일품요리를 제공하여 매출을 증대시키고 고객의 기호와 편의를 도모하기 위해 그날의 특별요리(daily special menu)를 제공하는 레스토랑을 말한다. 아침·점심·저녁식사가 계속해서 제공된다.

(10) 뷔페 레스토랑(Buffet Restaurant)

뷔페 레스토랑은 준비해 놓은 음식을 균일한 식대를 지급하고 자기 양껏 뜻대로 선택해 먹을 수 있는 셀프서비스 레스토랑을 말한다.

(11) 커피숍(Coffee Shop)

커피숍은 고객이 많이 왕래하는 장소에서 음료·도넛·샌드위치·파이 등 간단한 메뉴를 판매하는 레스토랑을 말한다. 외국에서는 보통 레스토랑의 기능을 겸해 운영되고 있으나, 우리나라에서는 커피와 간단한 스낵류를 판매하는 호텔 커피숍과 커피만을 전문적으로 판매하는 독립적인 레스토랑으로 활발히 운영되고 있다.

(12) 런치 카운터(Lunch Counter)

런치 카운터는 식탁 대신 카운터 테이블에 앉아 조리과정을 보고 조리사에게 직접 주문하여 식사를 제공받는 레스토랑을 말한다. 고객은 직접 조리과정을 지켜볼 수 있기 때문에 기다리는 시간의 지루함을 덜 수 있고 식욕을 촉진시킬 수 있다.

(13) 스낵 바(Snack Bar)

스낵 바는 호텔의 피트니스센터(fitness center)·공항·회사·학교 등에서 가벼운 식사를 제공하는 간이 레스토랑을 말한다.

(14) 스탠드(Stand)

스탠드는 특별한 영업장시설 없이 카운터만 갖추고 고객이 카운터로 와서 음식을 주문하고 음식을 카운터에서 먹는 레스토랑을 말한다. 보통 공항·해변·도로변과 같이 사람들의 왕래가 많은 곳에 위치해 있으며, 핫도그·아이스크림·햄버거 등을 판매하고 있다.

(15) 드라이브 스루(Drive Through)

드라이브 스루는 도로변에 위치하여 고객이 레스토랑 안으로 들어가지 않고 자동차에 앉은 채로 음식을 주문하고 제공받는 레스토랑으로 햄버거·피자·치킨 등 패스트푸드를 주 상품으로 판매하고 있다.

드라이브 인(Drive-In)

도로변에 위치하여 자동차를 이용하는 여행객을 상대로 음식을 판매하는 식당이다. 이 식당은 넓은 주차장을 갖춰야만 한다.

(16) 다이닝카(Dining Car)

다이닝카란 기차를 이용하는 여행객들을 위하여 식당차를 여객차와 연결하여 그곳에서 음식을 판매하는 레스토랑을 말한다.

(17) 백화점 레스토랑(Department Restaurant)

백화점을 이용하는 고객들이 쇼핑도중 간이식사를 할 수 있도록 백화점 구내에 위치한 식당이다. 이곳에서는 대개 셀프서비스 형식을 취하며, 회전이 빠른 식사가 제공된다.

(18) 인더스트리얼 레스토랑(Industrial Restaurant)

인더스트리얼 레스토랑은 회사·공장·학교·병원·군대 등에 속해 있는 사람들을 위한 급식시설로 대부분 비영리를 목적으로 자체적으로 운영되고 있으나, 최근에는 외부의 전문 외식업체에 위탁하는 곳이 증가하고 있다.

(19) 푸드 코트(Food Court)

푸드 코트는 백화점이나 쇼핑센터 내에 다양한 업종과 업태의 레스토랑을 일정장소에 집결시켜 테이블과 좌석을 공동으로 사용하면서 레스토랑 상호 간에 이점을 얻을 수 있도록 운영하는 레스토랑을 말한다.

(20) 아이스크림 팔러(Ice Cream Parlor)

아이스크림 팔러는 아이스크림·프리즌 요구르트·스페셜 케이크·프로즌 셰이크 등의 아이스크림류를 판매하는 레스토랑을 말한다.

(21) 델리카트슨(Delicatessen)

델리카트슨은 다양한 종류의 고기류와 치즈류 등을 선택하여 샌드위치를 만들어 먹을 수 있도록 하는 레스토랑으로 인구가 많은 대도시에 위치하고 있다. 호텔에서의 델리카트슨은 제과·제빵을 판매하는 곳을 말한다.

(22) 컨세션(Concession)

컨세션은 주로 경기장·공항·체육관 등에서 임대계약에 의해 단시간에 많은 고객에게 햄버거·음료·맥주 등의 한정된 상품을 판매하는 레스토랑을 말한다. 특히 공항 같은 곳에서는 24시간 영업을 하기도 한다.

2) 서비스방식에 의한 분류

(1) 테이블 서비스 레스토랑

테이블 서비스 레스토랑(Table service restaurant)은 전채(appetizer), 주요리(entrée), 후식(dessert)의 순서로 고객이 메뉴를 살펴보고 주문하면 직원이 요리를 제공하는 방법으로, 호텔이 갖고 있는 호화로운 분위기와 높은 객단가(average check), 그리고 최상의 서비스를 고객에게 제공함으로써 만족도를 높이는 레스토랑을 말한다. 대부분 식사를 제공하는 영업시간 이외에는 음식을 판매하지 않는다. 테이블 서비스는 서비스방법에 따라 아메리칸 서비스, 프렌치 서비스, 러시안 서비스 등으로 구분된다.

(2) 셀프서비스 레스토랑

셀프서비스 레스토랑(Self service restaurant)은 고객이 직접 자신의 기호에 맞는 음식을 선택·운반하여 식사하는 방법으로 운영되는 레스토랑이다.

셀프서비스 레스토랑은 카페테리아 서비스(cafeteria service), 뷔페 서비스(buffet service)로 나눌 수 있다.

셀프서비스 레스토랑의 특징은 다음과 같다.

① 자신의 기호에 맞는 음식을 선택하여 양껏 식사를 할 수 있다.
② 신속하게 식사를 할 수 있다.
③ 식사가격이 비교적 저렴하다.
④ 고객의 불만이 적다.
⑤ 적은 직원수의 활용으로 인건비가 적게 든다.
⑥ 좌석회전이 빨라 매출액이 증진된다.
⑦ 시스템화된 주방시설을 갖추고 있어서 위생적인 식사가 제공된다.
⑧ 외국의 경우에는 봉사료의 지급이 없지만 tip을 주는 것이 일반적인 상식이다(우리나라의 호텔 뷔페식당은 5%의 봉사료를 지급한다).

우리나라 호텔의 봉사료는 10%이지만 뷔페의 경우는 고객이 직접 가져다 먹는 방법(50%)과 종업원의 식기를 치우는 서비스(50%)로 인해 5% 봉사료를 책정하는 것이 일반적이다.

(3) 카운터 서비스 레스토랑

카운터 서비스 레스토랑(counter service restaurant)은 주방을 개방하여 고객이 일련의 조리과정을 직접 볼 수 있도록 카운터를 테이블로 하여 음식을 제공하는 레스토랑을 말한다. 조리사의 동작을 고객이 볼 수 있기 때문에 흥미를 유발시킬 수 있으며, 좌석회전율이 높은 편이다.

(4) 비영리 단체급식

비영리 단체급식(Institutional foodservice)은 특정단체에 비영리로 음식을 제공하는 레스토랑을 말한다. 회사직원을 위한 급식과 학교급식·병원급식·군대급식·교도소급식 등이 있다. 특히 일시에 많은 인원을 수용하여 식사를 제공할 수 있으나, 일정한 메뉴에 의한 식사이기 때문에 자기의 기호에 맞는 음식을 선택할 수 없다는 단점이 있다.

(5) 자동판매기 레스토랑

자동판매기 레스토랑(Vending machine restaurant)은 일정한 공간에 자동판매기를 설치하여 자동판매기 안에 비치되어 있는 각종 샌드위치·샐러드·음료 등 조리된 음식들을 동전을 투입하여 제공받는 레스토랑을 말한다. 장소적 제약을 덜 받고, 가격이 싸며, 인건비가 안 든다는 특성을 가지고 있다.

(6) 오토 레스토랑

오토 레스토랑(auto restaurant)은 버스형 자동차나 트레일러(trailer)에 간단한 음식을 싣고 다니면서 판매하는 이동식 레스토랑을 말한다.

3) 음식품목(국가별)에 의한 분류

(1) 한국식 레스토랑

한국식 레스토랑(Korean style restaurant)은 우리나라 고유의 음식을 제공하는 레스토랑으로 특히 외국인들에게 한국음식을 맛볼 수 있는 좋은 기회를 제공한다. 특히 한국음식은 손맛을 강조하며, 주식과 부식이 분리되어 있고, 곡물조리법이 발달되었으며, 음식의 간을 중히 여긴다. 한식메뉴는 크게 밥・죽・면 등의 주식류와 국・찌개・구이・찜・조림・산적・나물・전・편육・젓갈・김치・육류 등의 부식류로 구성되어 있다.

(2) 서양식 레스토랑

① 미국식 레스토랑

미국의 대표적 음식으로는 비프스테이크(beef steak), 바비큐(barbecue), 햄버거(hamburger) 등이 있다. 미국음식은 대개 재료를 빵과 곡물, 고기와 계란, 낙농제품, 과일 및 야채 등을 사용하며, 간소한 메뉴와 경제적인 재료 및 영양 본위로 구성되어 있다.

② 프랑스식 레스토랑

프랑스요리는 서양요리 중에서도 세계적으로 유명한 요리로 불리는데, 자연적인 식재료를 충분히 살리는 고도의 조리기술로 섬세한 맛을 자랑한다. 프랑스요리에서 조리기술이나 재료의 종류도 특별하지만, 격조 높은 요리의 내용만큼 그릇의 선택이나 식탁의 조화를 찾는 테이블 문화가 큰 비중을 차지한다. 저녁식사의 경우 메뉴가 8~10코스이고, 시간은 보통 3~4시간이 소요된다. 달팽이(escargo), 거위의 간을 재료로 한 푸아그라(foie gras), 그리고 바닷가 솔밭 모래 속에서 자라는 흑갈색의 버섯으로 만든 트러플(truffle)요리 등이 세계적으로 유명한 프랑스요리이다.

▲ 프랑스식 레스토랑

③ 이탈리안식 레스토랑

이탈리아요리는 프랑스요리와 비슷하지만, 프랑스요리의 맛이 소스에 있다면, 이탈리아요리는 신선한 육류와 해산물 등의 실재료 그 자체에 맛이 있으며, 면류와 샐러드유를 많이 사용한다. 지역별로 요리가 다양하며, 스파게티 · 라비올리 · 리소토(risotto) · 폴렌타 등의 요리가 유명하다.

▲ 이탈리안식 레스토랑

④ 스페인식 레스토랑

스페인은 주위가 바다로 둘러싸여 해산물이 많은 관계로 생선요리가 유명하며, 특히 왕새우요리는 세계적인 음식으로 꼽힌다. 올리브유 · 포도주 · 마늘 · 파프리카(paprika) · 사프란(saffran) 등의 향신료를 많이 쓰는 것이 특색이다.

(3) 동양식 레스토랑

① 중국식 레스토랑

중국음식은 양쯔강을 경계로 크게 북방음식과 남방음식으로, 또는 대륙을 4계통으로 나누어 동 · 서 · 남 · 북부로 세분하기도 한다. 북경요리(北京料理)는 북방음식을 대표하며, 중부를 대표하는 남경요리(南京料理), 남부의 광동요리(廣東料理), 양쯔강 상류의 산악지방과 사천을 중심으로 한 사천요리(四川料理)가 있다. 음식색채의 배합이 일본요리나 서양요리에 비해 화려하지는 않지만 미각을 중요하게 여기며, 정식의 경우 전채(前菜) · 주채(主菜) · 뎬신(점심 · 點心)의 세 가지로 구성되어 있다.

② 일본식 레스토랑

일본요리는 지리적 특성에 따라 관서요리(關西料理)와 관동요리(關東料理)로 뚜렷하게 대별된다. 관서요리는 식재료의 색 · 형태는 물론, 맛을 최대한 살리는 연한 맛이 특징이며, 국물이 많다. 관동요리는 관서요리에 비해 맛이 농후하며, 국물이 적다. 전통적인 방법 또는 이국의 영향을 받아 병용한 조리방법에 따라 혼젠요리(本膳料理), 가이세키요리(會席料理), 세이진요리(정진요리 · 精進料理) 등이 있다.

▲ 일본식 레스토랑

③ 태국식 레스토랑

태국음식은 조미료 · 향신료로 독특한 맛을 낸다. 태국요리는 일반적으로 밥과 세 가지 이상의 반찬으로 구성되며, 각각의 요리가 순서대로 나오지 않고 한 식탁에 동시에 제공된다. 카레 · 장류에 찍어 먹는 음식이 주요리이고, 국과 샐러드 종류가 곁들여진다. 특히 칸토크 · 카이양 · 솜탐 · 톰양 · 마사만요리 등이 유명하다.

3. 식사의 분류

1) 식사시간에 의한 분류

(1) 조식(Breakfast)

일반적으로 아침식사(Breakfast)라고 하면 판매하는 아침식사의 정식 메뉴이다. 양식의 아침식사에는 다음과 같은 종류가 있다.

① 미국식 조식(American Breakfast)

미국식 조식은 계란요리와 주스(Juice), 토스트(Toast), 커피(Coffee)를 위시해서 핫케이크(Hot Cake), goa(Ham), 베이컨(Bacon), 소시지(Sausage), 프라이드 포테이토(Fried Potato), 콘플레이크(Cornflakes), 우유(Milk) 등을 선택해서 먹는 식사이다.

② 구라파식 조식(Continental Breakfast)

구라파식 조식은 계란요리와 곡류(Cereal)가 포함되지 않고, 주스, 빵, 커피, 우유 정도로 간단히 하는 식사이다. 유럽에서 성행되는 식사로서 호텔 내에서는 객실요금에 아침식사요금이 포함되어 있다.

③ 비엔나조식(Vienna Breakfast)

비엔나조식은 계란요리와 Roll 정도의 간단한 메뉴와 함께 커피와 함께 제공되는데, 일반적으로 Croissant, Melange(1/2 Coffee+1/2 Milk), Soft Boiled Egg 등이 제공된다.

④ 영국식 조식(English Breakfast)

영국식 조식은 일반적으로 생선요리가 추가되는 것을 말하는데, 제공되는 음식은 다음과 같다. 과일과 야채, 샐러드, 오트밀, 토스트, 오렌지잼, 버터, 차(요즘은 커피나 카카오도 포함), 생선, 계란요리, 잼, 소시지, 그릴된 송아지요리 등이다.

⑤ 스칸디나비아식 조식

스칸디나비아식 조식은 다른 나라의 조식과는 달리 다양한 종류의 차거나 따뜻한 생선류, 구워 만든 과자류나 딱딱한 빵(Knaeckebrot) 등이 제공된다.

⑥ 스위스식 조식

스위스식 조식은 우유로 만든 음식이 주류를 이루는데, 여러 종류의 치즈와 더불어 우유로 만든 음식들 그리고 과일이나 오트밀 및 우유와 설탕으로 만든 뮤즐리(Muesli) 등이 제공된다.

(2) 브런치(Brunch)

브런치는 아침과 점심식사의 중간쯤에 먹는 식사이다. 현대의 도시생활인에 적용되는 식사형태로써 이 명칭은 최근 미국의 식사에서 많이 이용되고 있다. 아침과 점심 사이에 먹는 식사로 어원은 Breakfast의 'Br'과 Lunch의 'unch'를 복합하여 만들었다. 밤늦게 도착하는 고객이나 주말

▲ 브런치

에 늦잠을 자서 아침이 늦은 고객 혹은 아침을 먹지 않는 고객을 위하여 아침 11시부터 오후 2시까지 제공되는 식사이다. 제공되는 음식으로 아침 뷔페에 수프와 안심 스테이크나 뜨거운 야채(Morning Steak) 등의 작은 메뉴들 그리고 야채인 샐러드와 케이크와 같은 단맛 나는 음식이 제공된다.

(3) 점심(Brunch)

점심(Brunch, Luncheon)은 아침과 저녁 사이에 먹는 식사로 보통 정오에 하는 식사이다. 대개 점심은 저녁보다 가볍게 먹는다.

(4) 애프터눈 티(Afternoon Tea)

애프터눈 티는 영국인의 전통적인 식사습관으로써 밀크 티(Milk Tea)와 시나몬 토스트(Cinnamon Toast) 또는 멜바 토스트(Melba Toast)를 점심과 저녁 사이에 간식으로 먹는 것을 말한다. 그러나 지금은 영국뿐만 아니라 세계 각국에서 정오에 티 타임(Tea Time)이 보편화되고 있다. 일반적으로 홍차를 마실 때 홍차의 양보다 우유를 많이 넣는 것이 특징이다.

(5) 저녁(Dinner)

저녁은 질이 좋은 음식을 충분한 시간적인 여유를 가지고 즐길 수 있는 식사이다. 저녁 식사 메뉴는 일반적으로 정식(Full Course)이 보편화되고 있다.

(6) 만찬(Supper)

만찬은 원래 격식 높은 정식 만찬이었으나, 이것이 변화되어 최근에는 늦은 저녁에 먹는 간단한 밤참의 의미로 사용되고 있다. 늦은 음악회나 오페라 후에 가볍게 먹는 식사로 크림수프, 계란, 스테이크와 더운 야채, 팬케이크, 커피나 차 등이 제공된다.

2) 식사내용에 의한 분류

(1) 정식(Table D'hôte)

정식(Full Course)은 정해진 메뉴(Set Menu)에 의해 제공되는 것으로써 전채 → 수프 → 생선요리 → 야채 → 육요리 → 후식 등의 순서로 되어 있다.

정식 메뉴 판매는 일품요리 판매보다 다음과 같은 유리한 점이 있다.

① 가격이 저렴하다.
② 고객의 선택이 용이하다.
③ 원가(Cost)가 낮아진다.
④ 매출액이 높다.
⑤ 가격이 고정되어 회계가 쉽다.
⑥ 신속하고 능률적인 서브(Serve)를 할 수 있다.
⑦ 조리과정이 일정하여 인력이 절감된다.

(2) 일품요리(À La Carte)

고객의 주문에 의하여 조리사의 독특한 기술로 만들어진 요리가 품목별로 가격이 정해져 제공되는 요리이다. 이 요리는 그릴(Grill)이나 전문식당에서 제공되나, 요즈음에는 정식식당을 비롯한 일반식당에서도 정식과 함께 제공되고 있다. 일품요리는 고객의 기호에는 충족될 수 있으나 대체로 가격이 비싸다.

(3) 뷔페(Buffet)

뷔페는 찬 요리와 더운 요리 등으로 분류하여 진열해 놓은 음식을 고객이 일정한 가격을 지급하고 직접 자기의 기호에 맞는 음식을 운반하여 양껏 먹는 식사로서 일명 스모가스 보드(Smorgas Bord)라 한다. 'Smor'는 빵에 버터를 발라 먹는다는 뜻, 'Gas'는 Goose로 거위 같은 가금류 등의 요리를 제공한다는 뜻, 'Bord'는 Board, 즉 식탁의 뜻이다. 다시 말해 육류를 비롯해 빵, 버터 등 여러 가지 음식을 식탁 위에 진열한다는 의미를 지니고 있다.

뷔페의 유력한 설은 스웨덴에서 유래되었는데, 원래 원정생활을 하며 지내는 나라였지만 크리스마스만큼은 고향으로 돌아와 온 동네 식구들과 어우러져 육류, 해산물을 훈제하거나 절여 만든 수십 가지의 요리와 함께 축제를 즐기는 데서 비롯되었다고 한다. 노르웨이에서는 '콜보드', 덴마크에서는 '데 스토어 콜보드'라고 하는데, 미국으로 건너가 뷔페라는 말로 바뀌었다. 이런 연유로 한국에서 일명 '바이킹요리'라고 부르는데, 스칸디나비아 3국은 바다에 접하고 있어서 청어·고등어·연어 같은 생선을 이용한 요리가 발달했지만, 회는 먹지 않고 훈제하거나 절여서 먹는다. 이들이 즐기는 술은 '아쿠아비트'라고 하는데, 소주와 비슷하지만 향이 독특하고 진하며 쓴맛이 별로 없다. 도수는 45도 정도이다. 청어는 6달~1년 정도 절인 각종 양념과 식초를 넣어 만든 청어 샐러드는 감자·달걀과 함께 먹는다. 소의 간을 익힌 '리버 패스트'는 피부미용에 좋아 유럽의 젊은 여성들이 홍당무와 함께 즐겨 먹는다.

일반적으로 뷔페라는 말은 스모가스 보드보다는 규모가 작으며, 준비내용에 따라 찬(Cold) 뷔페, 더운(Warm) 뷔페, 디저트로 나뉘며, 고객의 주문에 의해 일정한 고객숫자에 맞춘 Close Buffet와 일반적인 Open Buffet가 있다.

4. 테이블 코디네이션(Table Cordination)

1) 테이블 코디네이션의 정의

테이블 코디네이션은 테이블 공간을 목적에 맞게끔 디자인하고, 삶의 질을 높이기 위한 식공간 연출과 상차림이라 정의할 수 있다. 테이블 코디네이션은 다음과 같이 분류 정의할 수 있다.

① 테이블 세팅(Table setting) : 요리를 보다 아름답고 먹음직스럽게 하기 위해 테이블의 미적 감각을 창출하는 과정
② 엔터테이닝(Entertaining) : 유쾌한 식사를 위한 분위기를 창출할 수 있는 식공간 연출
③ 테이블 데코레이터(Table Decorator) : 식공간의 장식 · 배열
④ 테이블 코디네이터(Table Coordinator) : 식공간의 기획 · 조정

2) 테이블 코디네이션의 기본

미적으로 오감의 균형이 잘 충족되어 있는지를 평가한다.
① 시각(視覺) : 외관상으로 보아 그날의 목적에 부합하는 상차림
② 촉각(觸覺) : 모든 기물과 테이블 클로스 등의 개성을 살린 촉감
③ 청각(聽覺) : 테이블 상차림에 부합하는 청각적인 효과
④ 후각(嗅覺) : 더욱 아늑한 분위기와 정서적 안정을 주는 후각적인 효과
⑤ 미각(味覺) : 테이블 코디와 부합되는 음식의 질적인 맛

3) 색과 계절감에 따른 분류

(1) 봄

핑크(Pink), 옐로(Yellow), 라임 그린(Lime Green), 파스텔 컬러(Pastel Color) 등 계절의 꽃을 조합하여 세팅한다.

(2) 여 름

블루(Blue)와 그레이(Gray)의 차가운 계통의 색으로 시원함을, 원색을 사용하여 대담한 분위기를 연출한다.

(3) 가 을

로즈(Rose), 와인(Wine), 고동색, 겨자색, 자연의 낙엽색 등을 중심으로 조합하여 세팅한다.

(4) 겨 울

자주와 빨강 등의 따뜻한 색으로 따뜻함을 연출하는 것이 중요하다.

4) 테이블 코디네이션의 경향

① 고전주의적 · 동양주의적 양식에 민족주의적 양식이 더해진다.
② 서양적인 스타일을 추구하던 것에 동양 스타일이 더해진다.
③ 일반적인 스타일(Formal Style)에서 캐주얼 스타일(Casual Style)로 변화하고 있다. 예를 들면, 젠 스타일과 퓨전 스타일로 변하고 있다.
④ 서양주의적이던 것이 최근에는 아시아의 코디네이션 경향에 주목하고 있다.

5) 서양 테이블 코디네이션

(1) 테이블 구조

동양 테이블은 여백의 선과 공간을 중요시하는 홀수비대칭문화이고, 서양 테이블은 개인과 공동의 공간을 확실히 하기에 좌우대칭문화이다.

(2) 아이템 배치의 기본

① 개인적인 공간

개인적인 공간(Personal Space)은 45cm로 디너접시 27cm, 상대는 15cm 떨어진 곳에 배치하고 중간접시(샐러드, 뷔페접시, 케이크접시)는 21cm를 사용한다.

② 공용공간

공용공간(Public Space)은 4인 기준으로 150cm × 90cm, 높이는 75cm로 배치한다.

③ 센터피스

센터피스(Centerpiece)는 식탁에서 1/9~1/6 지점에 위치하고 꽃·과일·채소 등을 사용하며, 향이 짙은 것은 피하고, 센터피스를 설치할 때에는 가슴높이가 되도록 한다.

④ 양 초

양초(Candle)는 2인에 1개를 설치하고, 10인 기준일 때에는 4~6개를 배치하는데, 양초의 크기는 식탁크기에 비례하여야 하고, 양초가 타는 시간은 2시간 기준으로 한다.

⑤ 소 담

소담(Attachment)이란 소품을 통하여 자연스럽게 이야깃거리를 만들어 내도록 하는 것을 말한다.

⑥ 리 넨

리넨(Linen) 중에서 테이블 클로스(Table Cloth)는 면·마·폴리에스테르로 만든 천으로, 길이가 일반적인 가정용으로 30cm, 정통적인 것은 50~60cm로 약간 길게 깔리듯이 한다. 그리고 식기 밑에 까는 런천매트(Lunchoen Mat)는 가로 35cm, 세로 45cm가 적당하다. 냅킨은 테이블 클로스와 같은 색상으로 하고, 사이즈는 정통은 가로 50cm, 세로 60cm이며, 일반적으로는 가로 45cm, 세로 45cm를 사용하고, 티 테이블이나 칵테일용으로는 가로 15cm, 세로 15cm를 사용한다. 러너(Runner)의 경우 정통스타일에는 외국은 30cm, 우리나라는 15~20cm를 사용한다.

5. 식당용 집기 및 비품

1) 집기의 종류와 취급법

(1) Silver Ware(은기물류)

은기물류는 순은제, 은도금 및 스테인리스의 세 종류가 있으며, 대부분 호텔식당에서는 은도금 기물을 사용하며, 일반식당에서는 은도금 기물을 사용하는 곳도 많으나 품질이 좋은 스테인리스 기물을 대부분 사용하고 있다.

(가) 은기물의 종류

① spoon

Soup Spoon, Bouillon Spoon, Dessert Spoon, Tea/Coffee Spoon, Ice Cream Spoon 등

② Knife

Appetizer Knife, Mear/Entree Knife, Fish Knife, Dessert Knife, Butter Knife, Fruit Knife 등

③ Fork

Appetizer Fork, Oyster Fork/Snail Fork, Fish Fork, Meat Fork, Salad Fork, Fruit Fork, Dessert Fork

④ Serve용

Platter & Tray, Service Spoon/ Knife/ Fork, Carving Knife & Fork, Service Soup Tureen & Ladle, Sauce Boat(Pot) & Ladle, Candle Stand, Sugar Bowl & Ladle / Tong, Punch Bowl, Salad Service Spoon & Fork Bread Tong, Pie Server & Cake Server, Coffee/tea Pot, Water Pitcher, Wine Cooler Stand 등

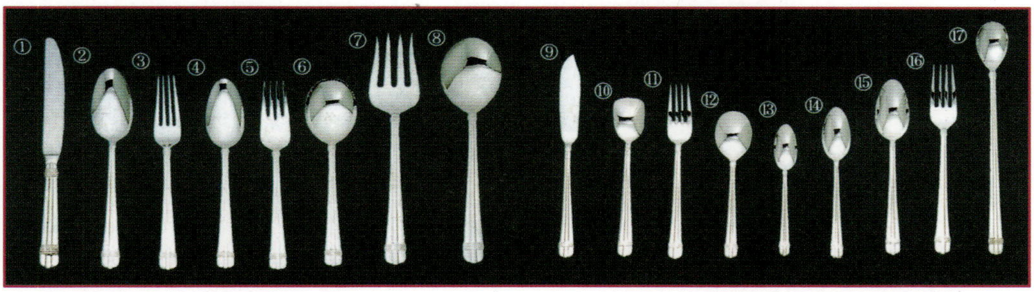

① 테이블 나이프 ② 테이블 스푼 ③ 테이블 포크 ④ 디저트 스푼
⑤ 디저트 포크 ⑥ 라운드 수프 스푼 ⑦ 서빙 포크 ⑧ 서빙 스푼
⑨ 버터 나이프 ⑩ 아이스크림 스푼 ⑪ 칵테일 포크 ⑫ 슈거 스푼
⑬ 모카 스푼 ⑭ 커피 스푼 ⑮ 티 스푼 ⑯ 샐러드 포크
⑰ 아이스티 스푼

(나) 은기물류의 취급요령

① 사용된 기물을 지정된 개수통에 모으면 부딪쳐 찌그러지거나 흠이 생길 우려가 많으므로 절대로 던지거나 한꺼번에 쏟아 넣어서는 안된다.

② 은기물 종류와 스테인리스 종류는 반드시 따로 구분하여 기물의 손상을 방지한다.

③ 모인 기물은 Dish Washer(세척기)에서 뜨거운 물로 세척액을 사용하여 충분히 씻어낸다.

④ 세척 후 기물을 종류별로 가지런히 정리한다.

⑤ 뜨거운 물을 따로 용기에 준비한다.

⑥ 종류별로 분류된 기물을 왼손에 쥐고 용기에 든 뜨거운 물에 넣었다가 핸드타월로 기물의 손잡이를 쥐고 오른손으로 음식이 닿는 부분부터 손잡이 쪽의 순서로 물기가 완전히 제거되도록 신속한 동작으로 깨끗이 닦는다. 특히 나이프(Knife)를 닦을 때에는 칼날이 바깥쪽으로 향하도록 해야 하며, 핸드타월이 칼날에 스쳐 찢어지지 않도록 주의해야 한다.

⑦ 여러 종류의 기물을 한꺼번에 닦을 때에는 반드시 포크(Fork)부터 닦는 것이 용이하며, 변색된 기물은 광택제로 깨끗하게 광을 내어 사용한다.

⑧ 잘 닦인 기물은 종류별로 가지런히 모아 기물함 또는 서비스 스테이션 등 지정된 보관장소에 깨끗하게 비치한다.

⑨ 깨끗하게 준비된 기물로 테이블 세팅을 할 때에는 음식이 닿는 윗부분을 손으로 잡거나 만져서는 절대 안되며, 반드시 손잡이 부분을 잡아 가능한 한 손자국이 나지 않도록 취급하며, 운반할 때에는 소음이 나지 않도록 Tray를 사용한다.

(2) China Ware(도자기류)

(가) 도자기의 종류

① Service Plate
② Entree/Dinner Plate
③ Fish Plate
④ Bread Plate
⑤ Dessert Plate
⑥ Soup Bowl & Cup
⑦ Salad Bowl
⑧ Cereal Bowl
⑨ Coffee/Tea Pot
⑩ Cream Pitcher
⑪ Sauce Boat & Ladle 등

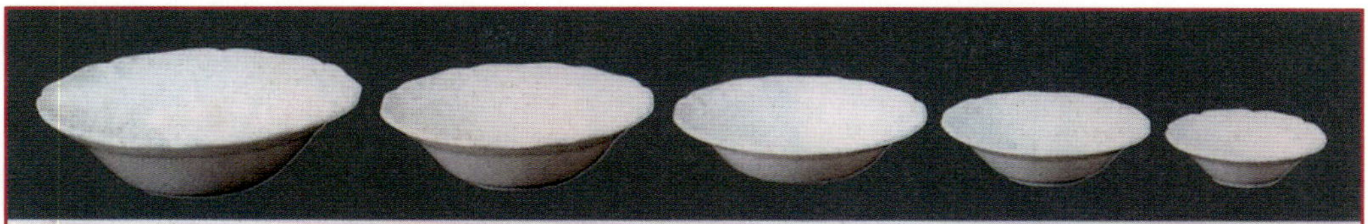

3040312	3040308	3040307	3040306	3040304
SERVICE PLATE	8″ BOWL	7″ BOWL	6″ BOWL	4 1/2″ BOWL
H:12″	H:2 1/4″	H:1 3/4″	H:1 1/2″	H:1 1/2″

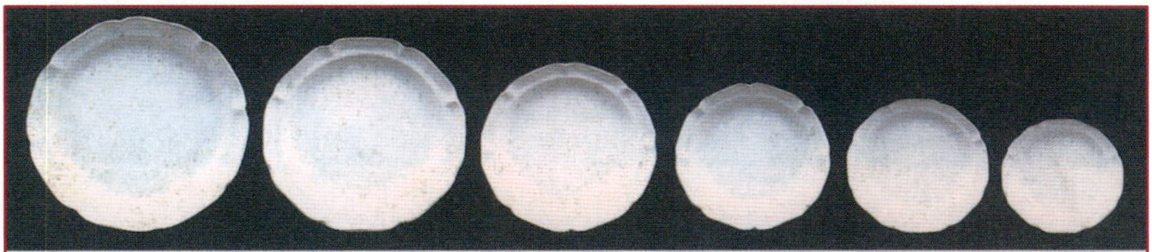

3040312	3040311	3040310	3040308	3040307	3040306
SERVICE PLATE	DINNER PLATE	MEAT PLATE	DESSERT PLATE	SALAD PLATE	B/B PLATE
D:12″	D:10 3/4″	D:9 1/2″	D:8 1/2″	D:7 1/2″	D:6 1/2″

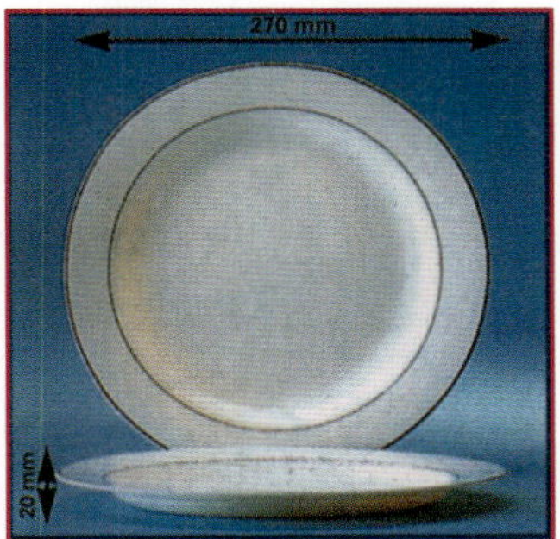

40mm
LARGE DINNER PLATE
27cm-10 3/4′

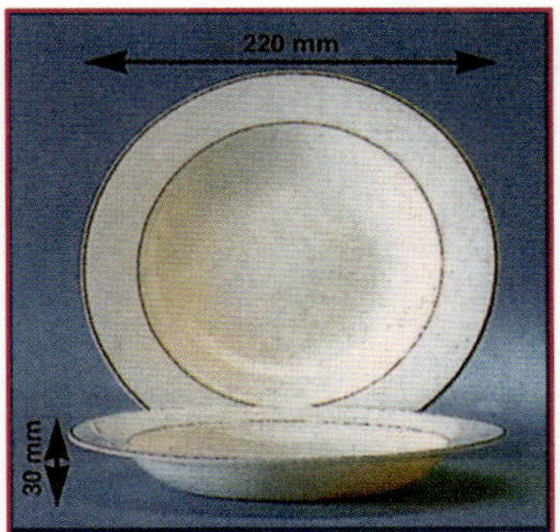

50mm
SOUP PLATE
22cm-8 3/4′

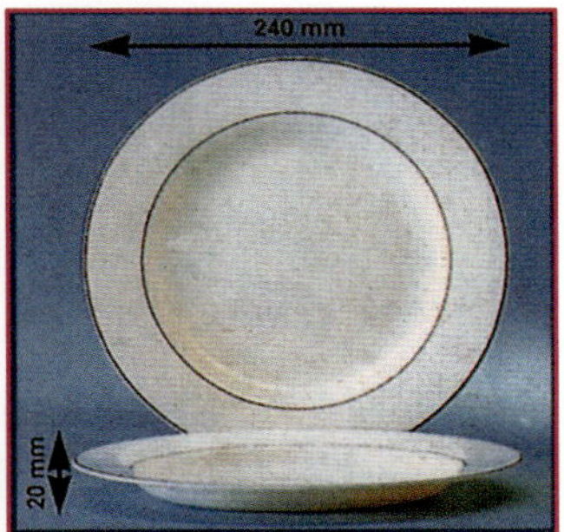

48mm
DINNER PLATE
24cm-9 1/2′

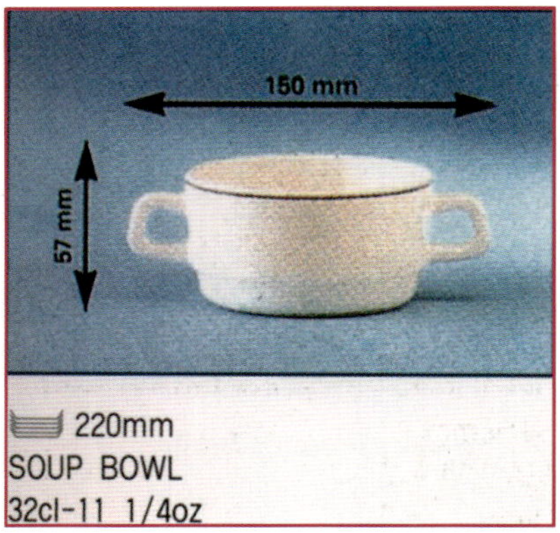

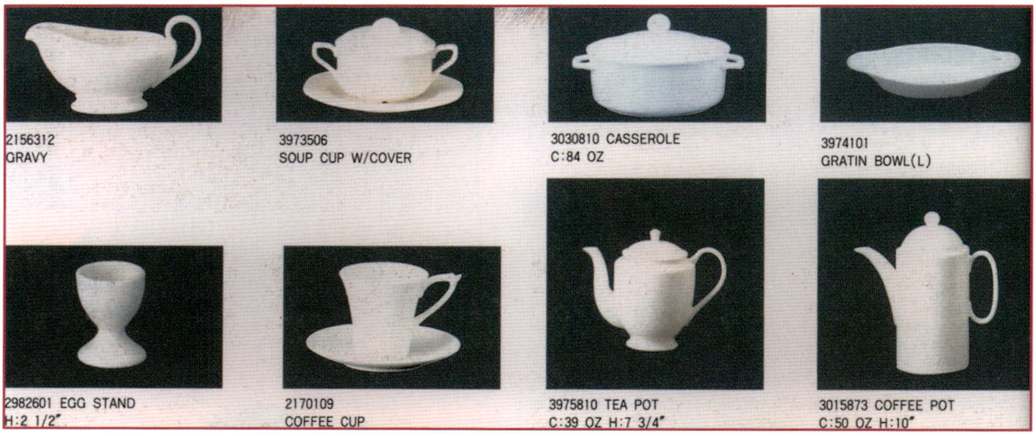

(나) 도자기류의 취급요령

① 접시를 운반하는 방법에는 2개, 3개, 4개씩 드는 법과 여러 개를 한꺼번에 운반하는 방법이 있는데 취급시에는 접시의 Rim(테두리) 안쪽으로 손가락이 들어가지 않도록 잡아야 한다.

② 요리가 담긴 접시를 쥘 때에는 맨 먼저 잡은 접시를 왼손 엄지손가락과 둘째손가락을 사용하여 접시 위 테두리와 밑바닥 테두리를 가볍게 쥐고, 둘째 접시는 첫째 접시 밑으로 접시 끝을 겹쳐 나머지 손가락으로 받쳐 든다.

접시를 잡은 후에는 손목을 약간 안쪽으로 구부리고 둘째 접시 테두리 위와 왼손 팔목 부분에 셋째 접시를 올려놓으면 3개를 들 수 있다.

③ 접시를 들고 운반할 때에는 몸 바깥으로 벌어지지 않도록 몸 안쪽으로 접시를 밀착하여 들어야 하고, 접시 든 팔을 흔들면서 걷거나 주변경계를 소홀히 해서는 안된다.
④ 사용한 접시를 치울 때에는 맨 먼저 잡은 접시에 왼손 엄지와 새끼손가락을 접시 위에 걸치고 나머지 손가락으로 접시 밑을 받쳐 손가락 사이에 가볍게 낀다.
⑤ 포크는 왼손 엄지손가락과 접시 사이에 끼워 잡고, 나이프는 포크 밑으로 가지런히 끼워 바닥에 기물이 떨어지는 것을 방지한다.
⑥ 다음 접시는 왼손 팔목부분 위에 올려놓고, 나이프 손에 든 접시의 포크 밑으로 가지런히 끼우고, 음식물은 나머지 포크로 밑 접시에 쓸어 담는다.
⑦ 그 다음 접시도 같은 요령으로 처리하여 포개며, 절대 소리 나지 않도록 해야 한다.

(3) Glass Ware(글라스류)

글라스류는 크게 두 가지로 나눌 수 있는데, 그 하나는 일반 물컵과 같이 원통모양으로 되어 있는 실린드리컬 글라스(Cylindrical Glass)와 또 하나는 와인글라스와 같이 굽이 달린 스템드 글라스(Stemmed Glass)가 있다.

각종의 글라스는 디자인과 용도, 용량에 따라 각기 생산되지만, 생산회사마다 같은 용도의 것이라도 달리 만들어져 나오고 있다. 또한 글라스는 특성상 파손될 염려가 매우 크므로 취급시에는 각별한 주의가 필요하다.

(가) 글라스의 종류

① Water Glass(Goblet & Tumbler)
② Wine Glass(White & Red)
③ Champagne Glass
④ Cocktail Glass
⑤ Sour Glass
⑥ Brandy Snifter
⑦ Sherry Wine Glass
⑧ Liqueur Glass
⑨ Old Fashioned Glass
⑩ Collins Glass
⑪ Highball Glass
⑫ Pilsner Glass 등

①리큐어	②코디알	③셰리	④칵텔	⑤위스키샤워	⑥위스키샤워	⑦샴 펜	⑧브렌디	⑨와 인	⑩와 인
#5101-1온스	#4103-1온스	#5202-2온스	#3108-3온스	#4302 -$4\frac{1}{2}$온스	#4303-$5\frac{1}{2}$온스	#4303-$5\frac{1}{2}$온스	#3202-10온스	#6103-6온스	#6104-6온스
H-109 T-130 M-44	H-130 T-34 M-44	H-123 T-58 M-60	H-123 T-86	H-144 T-51 M-60	H-160 T-50 M-60	H-126 T-84	H-118 T-68	H-157 T-68	H-172 T-59

①필스너	②101주스	③필스너	④필스너	⑤리베라필스너	⑥힐튼필스너 小	⑦힐튼필스너 大	⑧고블렛	⑨고블렛	⑩고블렛
#3404-7온스	8온스	#3405-6온스	#3409-9온스	8온스	6온스	8온스	#3305-10온스	#3305-10온스	#3307-12온스
H-172 T-65	H-190 T-62	H-169 T-66	H-190 T-76	H-167 T-57	H-160 T-53	H-173 T-55	H-132 T-62	H-147 T-69 M-80	H-153 T-73

①아이리시커피	②비어글라스	③좀비주스	④비어츄립	⑤파 벳	⑥비어고블렛	⑦롱칵테일	⑧큐피트	⑨슈림칵테일
	#2403-9온스	#3402-8온스	#2401-$11\frac{1}{2}$온스	#6003-8온스	#3502-15온스	#3108-3온스	#6608-8온스	#4402-4온스
H-150 T-55	H-15 T-68	H-165 T-53 M-60	H-180 T-76	H-163 T-72	H-203 T-76 M-90	H-198 T-86	H-120 T-10	H-1167 T-99

①101주스	②필스너	③필스너	④필스너	⑤고블렛	⑥고블렛	⑦고블렛	⑧고블렛	⑨포인트비어 大	⑩포인트비어 小
8온스	#3404-7온스	#3405-6온스	#3409-9온스	#3314-11온스	#3315-11온스	#3305-10온스	#3310-12온스		
H-190 T-62	H-172 T-65	H-168 T-66	H-190 T-76	H-132 T-62	H-134 T-72	H-147 T-69 M-80	H-202 T-66	H-165 T-65	H-130 T-60

①특아이스크림	②특아이스크림	③비어머그	④비어머그	⑤비어머그	⑥데칸트	⑦우유병	⑧워터피처	⑨워터피처
		#9202-500㎖	#9202-500㎖	#9202-700㎖			#8001-1.4 l	#8003-1.4 l
H-137 T-125	H-130 T-155	H-150 T-58 M-100	H-150 T-58 M-100	H-170 T-65 M-110	H-173 T-610	H-230 T-90	H-210 T-116 M-155	H-208 T-97 M-160

(나) 글라스의 취급요령

① 글라스를 잡을 때에는 반드시 밑부분을 잡아야 하고 굽(Stem)이 달린 글라스는 굽부분을 쥐어야 하며, 윗부분이나 글라스 안에 손가락을 넣어 취급해서는 안된다.

② 글라스를 운반할 때에는 손으로 운반하는 방법과 Tray로 운반하는 방법이 있으며, 원통모양(Cylindrical)의 글라스류는 반드시 Tray를 사용하여 운반한다.

③ Tray로 운반할 때에는 글라스가 미끄러지지 않도록 Tray에 Mat 또는 Napkin을 깔고 한쪽으로 기울지 않도록 중심 부분부터 글라스를 붙여 놓으며, 내용물이 담긴 글라스를 운반할 때에는 조심해서 다루고 주변경계를 소홀히 해서는 안된다.

④ Stemmed Glass를 손으로 운반할 때에는 손잡이(Stem)부분을 손가락 사이에 끼워서 윗부분이 아래쪽으로 향하도록 거꾸로 들고, 글라스끼리 부딪치지 않도록 조심해서 운반하며 놓을 때에는 맨 마지막에 끼운 글라스부터 역순으로 내려놓는다.

⑤ 한꺼번에 많은 양의 글라스를 운반할 때에는 글라스 랙(Glass Rack)을 사용하도록 하며, 용도와 규격에 맞는 Rack을 사용해야 한다.

⑥ 글라스를 세척할 때에는 글라스 Rack을 사용해야 한다.

⑦ 용기에 뜨거운 물을 따로 준비하여 세척된 글라스를 한 개씩 수증기를 이용하여 깨끗이 닦는다.

⑧ 닦기 전에는 금이 갔거나 깨진 것인지 확인한 후 닦도록 한다.

⑨ 닦을 때에는 Wash Cloth를 펼쳐 잡은 후 엄지손가락과 클로스를 글라스 안쪽에 넣고 나머지 손가락은 글라스 바깥부분을 쥐며, 다른 한쪽 손은 글라스 밑바닥을 클로스로 감싸 쥐고 글라스를 가볍게 돌려 가며 닦는다.

⑩ 닦는 순서는 윗부분부터 안팎을 닦은 후 손잡이 부분과 밑부분의 순으로 물기가 없도록 깨끗하게 닦는다.

⑪ 수증기를 쏘여도 얼룩이나 물 자국 등이 닦이지 않을 때에는 뜨거운 물에 넣었다가 닦는다.

⑫ 닦은 후에는 먼지나 얼룩, 물 자국 등이 깨끗하게 닦였는지 철저히 점검해야 한다.

2) 비품의 종류 및 취급법

(1) 비품의 종류

① Service Station

영업에 필요한 모든 준비물(기물, 메뉴, 소모품 등)을 비치하여 접객서비스를 신속하게 할 수 있도록 식당 내부의 적절한 장소에 배치시켜 종사원들만 사용하는 비품함이다. 또한 필요에 따라 이동식으로 꾸며진 Side Table도 활용한다.

② Service Wagon

고객의 요리를 운반 또는 서브할 때 사용하는 이동운반차이며, 영업 전에 Arm Towel, Serving Gear(Spoon & Fork), Tray를 충분히 준비해 둔다.

③ Flambee Cart

고객 앞에서 종사원이 직접 조리하여 요리를 서브하는 알코올(고체) 또는 가스버너(Gas Burner)를 갖춘 카트이다.

영업 전에 알코올 또는 가스와 서빙 기어의 충분한 양 및 조리시 필요한 프라이팬, 양념류, 각종 테이블 소스 등을 고정 비치해 두어야 한다.

④ Dessert Trolley

보관이 용이하도록 냉장설비가 되어 있으며, 여러 가지 후식을 진열하여 고객이 잘 볼 수 있도록 한 전시용 수레이다. 영업 전에 Dessert Plate, Dessert Spoon & Fork 등 필요한 기물을 준비하여 즉석에서 서브할 수 있도록 한다.

⑤ After Dinner Drink Cart

여러 종류의 Brandy 및 Liqueur를 진열하여 고객이 선택해서 드실 수 있도록 만들어진 고급식당에서 사용하는 이동식 수레이다. 항상 Brandy Glass와 Liqueur Glass도 같이 비치하여 즉석에서 서브할 수 있어야 한다.

⑥ Bar Trolley

각종의 주류 진열과 주조에 필요한 얼음, 글라스, 부재료(체리, 올리브, 토닉, 소다수, 진저엘 등)를 비치하여 고객 앞에서 주문받아 즉석에서 주조하여 서브할 수 있도록 만든 이동식 수레이다.

⑦ Tray

Tray는 접객 서비스시 요리나 식기 등을 안전하게 운반하기 위하여 사용되는 기물로서, 용도에 따라 크고 작은 형태로 나누어진다. 일반적으로 Silver류, Stainless Steel류, Plastic류 제품이 많으며, 둥근형(Round), 타원형(Oval), 사각형(Square), 직사각형(Rectangular)의 종류가 있다.

⑧ Dish Warmer

접시를 데우기 위해 전열을 이용해 만든 전열기구로 이동하기 쉽도록 바퀴와 온도조절기가 달려 있다. Dish Warmer는 주로 프랑스 식당에서 사용하는 비품이다.

(2) 비품의 취급법

(가) Tray 취급법

Tray는 접객 서비스시에 가장 필요로 하는 비품 중의 하나이며, 또한 종사원들은 다음과 같이 취급요령을 숙지하여 능률적인 업무수행과 통일된 자세를 갖추도록 해야 한다.

① Tray를 들 때에는 반드시 왼손으로 들어야 하며, 옆구리에 끼거나 한 손으로 잡아 흔들며 다녀서는 안된다.
② Tray를 들 때에는 중심부분에 왼손 팔목부분의 손바닥 부위와 각 손가락을 넓게 벌리고 손끝을 약간 세워 Tray의 전후좌우가 흔들리지 않도록 조정하여 든다. 이때 손가락 전체가 Tray에 닿는 것은 불안정하므로 손바닥 중심부분이 Tray에 닿지 않도록 공간을 이루어 자연스럽게 든다.
③ Tray는 팔을 겨드랑이에 자연스럽게 붙이고 몸 안쪽으로 직각이 되게 팔꿈치를 구부려 반듯하게 든다.
④ 운반할 때에는 Tray에 Napkin 또는 Paper Mat를 깔아 Tray에 놓은 물건이 미끄러지지 않도록 한다.
⑤ Tray에 물건을 놓을 때에는 중심부분부터 놓는 것이 안전하며, 내려놓은 때에는 중심 외부의 것부터 먼저 내려놓는다.
⑥ Tray에 담아 운반할 때에는 반드시 주변을 경계하며 걸어야 하고, 또한 부딪치는 일이 발생하지 않도록 항상 조심하여 운반한다.
⑦ 사용된 기물을 Tray에 담을 때에는 깨끗한 기물을 취급할 때와 같이 청결히 다루어야 하며, 소음이 나지 않도록 조용히 담아야 한다.

(나) Cart류의 취급법

모든 Cart류는 청결하게 관리하고, 서비스에 필요한 준비물을 완벽하게 갖추어야 한다. 그리고 고객 앞에서 사용되는 목적 이외에 다른 용도로 사용해서는 안되며, 사용시에 종사원들은 다음과 같은 안전관리사항을 준수해야 한다.

① 난폭한 운전은 절대 금지
② 체중을 싣지 말 것
③ 무리하게 많은 물건을 싣지 말 것
④ 벽 또는 테이블 등에 부딪치지 않도록 운전할 것
⑤ 절대로 끌고 다녀서는 안되며, 두 손으로 안전하게 밀고 다닐 것
⑥ 음식은 반드시 상단에 싣고, 그 밖에 다른 준비물은 밑에 싣도록 할 것
⑦ 사용 후에는 반드시 정해진 장소에 원위치시켜 둘 것
⑧ 알코올 램프나 Rechaud가 갖춰진 Cart를 다룰 때에는 용기가 넘어지거나 쏟아지지 않도록 각별히 조심하며, 연료를 채울 때에는 용기에 7~8부 정도만 담고, 불을 붙였을 때 연료가 끓어 넘치지 않도록 할 것

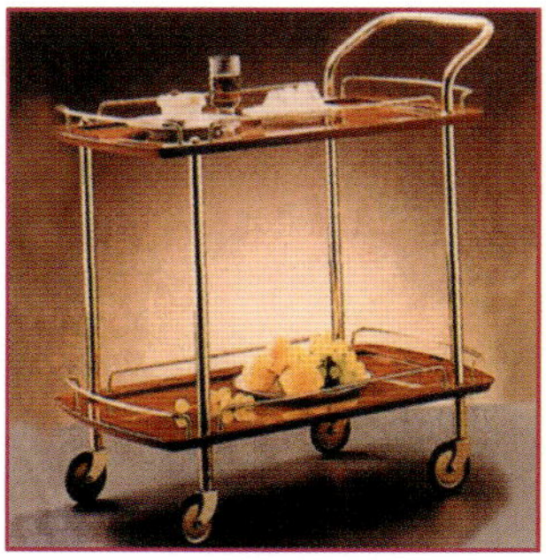

Wine Trolley
Size:(L)920×(W)670×(H)880
Material:Teak, Bress

Flambe Trolley
Size:(L)1.345(900)×(W)500×(H)810
Material:Teak, Stainless Cover
Stainless Grill

Liquor Trolley
Size:(L)800×(W)660×(H)820
Material:Brass, Teak

▲ 비품 CART의 종류

제2절 연 회

1. 연회의 개념

연회는 "무(無)에서 유(有)를 창조하는 곳"으로서 넓은 빈 공간에서 고객이 원하는 형태로 연회시설을 창조하는 곳으로서 식음료 부분의 중추적 역할을 하는 곳이다. 연회는 중요한 사교적 기능을 하는데, 이는 연회를 통해 짧은 시간에 한번에 많은 사람과 교류를 할 수 있는 기회의 장을 뜻하고 있기 때문이다. 연회를 통해 참석자 간에 새로운 유대관계가 형성되고, 지인과는 더욱 돈독한 친분관계를 유지할 수 있다. 또한 상호 관심사에 대한 의견과 해결점을 교환하고 화합의 장으로 이끄는 데 아주 적절한 장이 될 수 있다.

연회는 특별한 고객이나 행사를 위해 마련된 계획된 행사를 말한다. 일반적으로 여러 사람이 모여 행하는 행사라고 말할 수 있으나, 현대적 의미로는 각종 회의, 전시회, 세미나, 연수 프로그램, 결혼식, 회갑연, 패션쇼, 연말 축하쇼 등 다목적인 의미로 해석되고 있는 것이 현실이다.

고객에게 제반 시설이 준비된 장소와 고객이 선택한 식음료를 서비스하고 이에 따른 대가를 수수하여 행사 본연의 목적을 달성할 수 있도록 하는 전반적인 활동을 말한다.

흔히 그랜드 볼룸(grand ballroom)이라 하면 대형 연회장을 의미하는데, 이 연회장을 뱅큇 룸(banquet room) 또는 펑션 룸(function room)이라고 부르는 까닭은 다목적으로 사용할 수 있다는 의미가 강하기 때문이다.

오늘날의 연회행사는 사회의 다변화에 따라 다양하게 이루어진다. 따라서 호텔연회행사도 점차 다양하게 이루어지기 때문에 행사에 따른 연회시설을 갖추고 연회를 전담하는 부서를 따로 두어 연회유치 및 연회행사 그리고 후속 서비스에 총력을 기울이고 있다.

2. 연회의 특성

식음료 부서 중 연회의 특성은 다음과 같다.

1) 인력통제 가능

연회는 주로 예약에 의해 접수되고 계약이 성립되면 행사를 진행하기 때문에 인력계획을 타 식음료부서와 달리 계획·조정할 수 있다.

2) 메뉴의 한계 및 다양성

일시에 많은 인원을 서비스하는 관계로 다양한 메뉴를 고객에게 제공할 수 없는 어려움이 있다. 반면에 고객이 의도하고 추구하는 메뉴를 일반 레스토랑보다 자유롭고 다양하게 주방장과 상의할 수 있다. 다시 말하면 메뉴를 결정하기 전까지는 다양하게 고객의 욕구를 맞출 수 있으나, 메뉴의 가짓수는 극히 제한적이다.

3) 가격의 다양성

연회는 일반 식음료부서와 달리 메뉴에 따른 가격조정이 가능하다. 즉 연회담당자가 행사의 성격이나 주최자의 예산을 고려하여 충분한 상의 끝에 가격결정이 이루어질 수 있다. 이는 상품의 차별화로 직결된다.

4) 원가절감

연회행사의 메뉴상품은 미리 계획되고 준비되기 때문에 대량생산에 따른 식재료의 원가절감과 재고비용의 통제가 가능하다. 또한 판매에 따른 수익의 정확한 예측이 가능하다.

5) 메뉴개발

지속적인 연회행사로 인한 자체 메뉴 및 상품개발이 가능하다.

6) 홍보와 수익증대

연회행사는 호텔의 입장에서 짧은 시간에 수익과 홍보효과를 극대화할 수 있는 기회이다. 그리고 비수기에 대형 행사를 유치함으로써 비수기 혹은 주중의 연회장 활용으로 수익에 큰 영향을 줄 수 있다.

3. 연회의 종류

연회행사방법도 목적에 따라 다양하게 이루어지고 있는데, 크게 식음료 판매를 목적으로 하는 식음료 연회행사와 장소판매를 목적으로 하는 임대연회행사가 있다.

1) 정찬파티

① 가장 정식인 연회
② 사교상의 중요한 목적
③ 고객이 많을 경우 좌석배치도 설치
④ 테이블 세팅은 연회장의 넓이와 참석자수 및 목적에 따라 테이블 배치
⑤ 고품격의 서비스

▲ 그랜드힐튼 컨벤션홀

▲ 그랜드힐튼 그랜드 볼룸

▲ 프라자호텔 Diamond Hall(연회)

▲ 그랜드 인터컨티넨탈 웨딩홀

▲ 쉐라톤 워커힐 대연회장　　▲ 파라다이스호텔 제주 그랜드 볼룸

▲ 임페리얼 팰리스 컨벤션 2 셀레나

▲ 임패리얼 팰리스 웨딩홀

2) 칵테일파티

① 각종 주류와 여러 가지 음료가 주체
② 입식형식
③ 비용절감
④ 사교모임에 적당한 모임

3) 뷔 페

① Standing Buffet
② Sit-Down Buffet

4) 각종 가족모임

약혼식, 결혼피로연, 생일잔치, 돌잔치, 회갑잔치 등

5) 출장연회

① 고객이 원하는 시간·장소에 따라 행해지는 행사
② 출장장소의 시설에 따라 요리를 조절

6) 정원파티

① 야외에서 개최하는 것
② 서비스방법은 실내 서비스와 동일

7) 티 파티

칵테일 파티식으로 다과를 놓고 하는 것

4. 연회조직 및 직무분석

1) 연회조직 구성

연회조직의 구성은 호텔마다 특성이 있어 각각 다르게 구성될 수 있다.

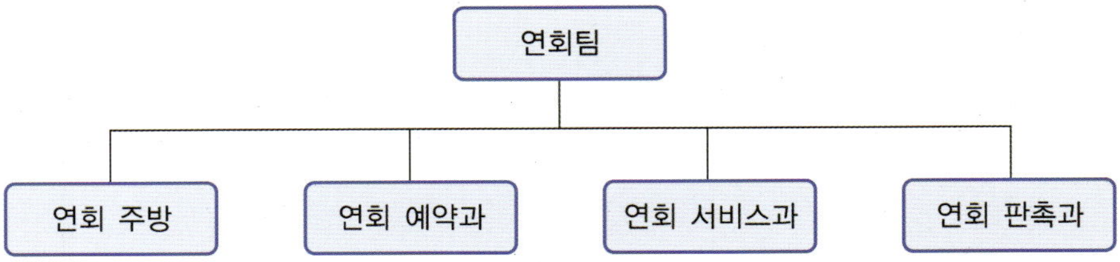

[그림 8-1] 대규모 호텔의 연회팀 조직도 사례

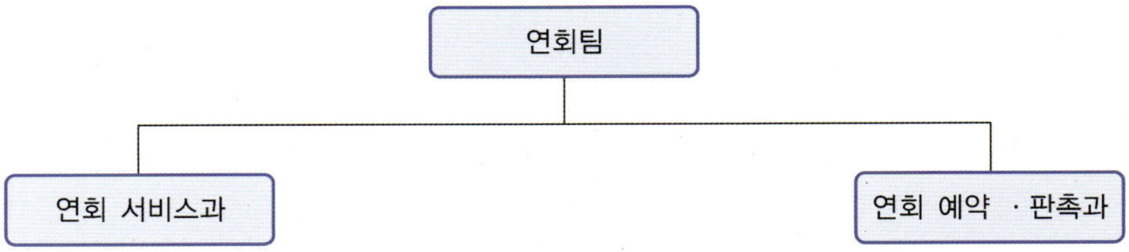

[그림 8-2] 중규모 호텔의 연회팀 조직도 사례

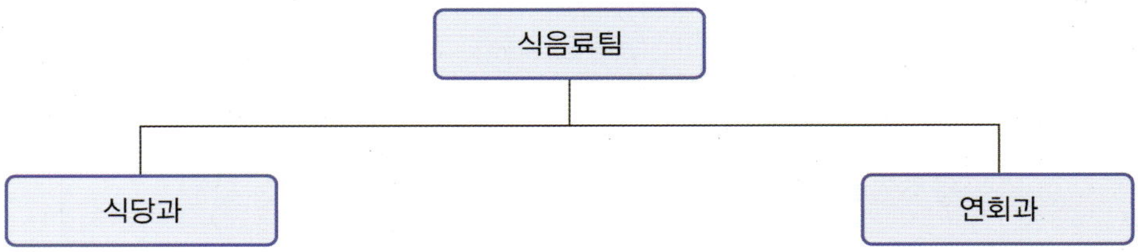

[그림 8-3] 소규모 호텔의 연회팀 조직도 사례

2) 직무분석

(1) Banquet Manager

① VIP를 직접 환대한다.

② 연회를 관리 · 감독한다.

③ 직원을 관리 · 감독한다.

④ 업무분담 및 준비사항을 점검한다.

⑤ 관련부서에 협조를 부탁한다.

⑥ 행사주최자와 면담 및 불편사항을 해결한다.

⑦ 행사계산을 주최자와 한다.

⑧ 고객관리에 만전을 기한다.
⑨ 고객 및 직원의 안전에 만전을 기한다.
⑩ 직원의 근무 스케줄을 작성한다.
⑪ 직원의 채용 및 교육을 담당한다.
⑫ 행사 후 감사편지를 발송한다.
⑬ 업무일지를 작성한다.

(2) Banquet Captain

① 지배인을 돕고, 연회서비스 직원들을 관리·감독한다.
② 연회행사통보서에 의해 제반사항을 준비하고 점검한다.
③ 행사장에서 고객서비스를 담당한다.
④ 필요시 메뉴 제공과 주문을 받는다.
⑤ 행사 후 서비스에 만전을 기한다.
⑥ 스케줄에 따른 준비를 한다.

(3) Banquet Attendants

① 지배인이나 캡틴에 의해 행사준비를 한다.
② 행사장의 테이블 준비를 하고, 행사에 맞게 셋업(set-up)한다.
③ 기자재·물품준비물 등을 준비하고 배치한다.
④ 준비시 미비된 점을 즉각 상사에게 보고한다.
⑤ 메뉴를 고객에게 직접 서비스한다.
⑥ 필요시 메뉴 제공과 주문을 받는다.
⑦ 사용 후 기물과 관련 기기들을 반납한다.
⑧ 미리 스케줄을 확인하고, 이에 따라 행동한다.
⑨ 행사 후 처리에 민첩하게 행동한다.

5. 연회서비스

연회서비스담당자는 주어진 행사에 대해서 사전에 내용과 목적을 잘 파악하여 업무수행에 최선을 다하고, 고객서비스에 만전을 기하여 연회행사가 성공적으로 이뤄질 수 있도록 최선을 다하여야 하는데, 연회예약이 성립되기 위해서는 각 부서 간의 밀접한 협력체계를 갖추고 능률과 기능을 최대한 발휘하여 최대의 효율성을 올려야 한다. 특히 연회예약담당자와 세일즈 파트너의 협조는 절대적이라 할 수 있다.

표 8-1 연회행사순서

1. 예약접수 : 판촉, 내방, 편지, 전화, Fax
2. Control Chart 확인
3. 예약전표
4. Control Chart Booking
5. 견적서 및 메뉴 작성
6. 연회행사통보서 작성
7. 연회행사통보서 작성의 검토 및 관계 부여
   - 주방, 현장, Bar, 수납, 음향실 등
8. 외주업무 발주
   - 현판, 현수막, 밴드, 장치, 조명, 차량, 무대제작, 메뉴인쇄 등
9. 사내 협조업무 발주
   - 동시통역, 꽃, 조명, 음향, 사진, Ice Carving, Sign Board, 주차
10. 여회예약과 준비사항
    - 안내판, 메뉴, 명찰, 좌석배치도, 방명록, 메뉴카드
11. 행사 전일 점검
    - 관계부서 확인, 와인업무 발주 확인, 연회행사통보서 재확인, 고객확인
12. 행사 전일 작성 배부사항
    - 연회열람표, VIP Report
13. 연회준비 및 행사진행
    - 현장 : 행사장 준비(좌석 배치)
    - 조리 : 음식 준비
    - 음향실 : 조명 · 음향관계
    - Bar : 각종 주류 준비(청량음료 포함)
    - 장식 : 꽃장식, 얼음장식, 무대장식
    - 손님영접 : 연회 서비스과 행사담당자
14. 계산서 작성
    - cashier가 작성
    - 행사주최측 계산서 확인 및 서명 또는 현금지급
15. 고객 환송
    - 연회지배인, 캡틴, Attendants가 출구에 도착해서 인사
    - 부착물 철거
16. 고객관리
    - Guest History Card 작성 : 감사편지 및 설문서 발송
    - 답방인사 : 연회행사통보서 보존
    - 매상확인 : 외주발주물의 계산서 정리

1) 연회예약

연회의 구성요소를 충분히 사전에 숙지하여야만 연회예약의 접수를 원활히 할 수 있다. 연회에 관한 전반적인 지식, 즉 연회장의 규모, 시설이나 기자재, 식음료의 메뉴와 가격, 좌석배치, 무대 등에 대해서 잘 알고 있어야 한다. 연회예약의 접수방법은 대부분 다음과 같다.

① 고객의 직접내방　　② 판촉사원의 방문
③ 전화, Fax　　④ Internet 등

2) 연회예약 처리

① **예약상황 확인**(사용가능한 연회장 유무 확인) : 고객이 원하는 날짜에 연회의 성격이나 규모가 가능한지를 확인(control chart)하는 일이 최우선이다.
② **예약접수서 작성** : 사용가능함을 확인시 연회예약서를 토대로 고객과 협의하면서 작성해 나간다.

3) 연회행사통보서 작성

연회예약이 행사결정으로 진행되면 작성된 연회행사통보서(banquet event order)를 연회담당자에게 전달하여야 한다. 이것은 행사를 치르기 위한 과정 중 가장 중요한 업무이다. 연회행사통보서의 내용을 연회행사지배인에게 정확히 전달하고, 변경사항 발생시에는 행사에 최대한 지장이 없는 한도에서 변경이 이루어져야 한다. 모든 연회는 연회행사통보서에 의하여 전적으로 이루어지기 때문에 자세한 설명과 도면이 첨부되어야 한다. 특히 고객의 특별한 요청은 설명과 더불어 이행 여부의 재확인이 반드시 필요하다.

예약담당자는 예약을 받고 처리하는 과정에서 지급조건에 관한 사항을 행사주관자와 협의한 후 연회행사통보서에 기입하도록 한다. 추가주문에 관해서는 지배인과 협의하여 결정하도록 한다.

(1) 연회행사통보서 작성시 주의사항

① 관련부서나 제3자가 보더라도 쉽게 설명이 되어 있고, 고객과의 협의사항을 빠짐없이 상세히 기록하여야 한다.
② VIP가 참석하는 중요 행사가 있을 때에는 관련부서회의를 진행하며, 의전과 더불어

협의된 사항을 각 부서별 행사담당자에게 주지시켜야 한다.

③ 행사를 위한 고객의 물품반입시간을 명시하여 호텔측에서 고객의 편리를 도모한다.

(2) 연회행사통보서의 주요 구성내용

① 행사일자 및 시간 ② 장소, 연락처 ③ 인원
④ 메뉴 및 음료 ⑤ 가격 ⑥ 얼음조각
⑦ 장식, 현수막 ⑧ 테이블 구성 ⑨ 지급조건
⑩ 음향 및 조명시설 ⑪ VIP

4) 서식류와 시설 기자재

(1) 각종 서식류

① 연회예약의 현황장부(control chart)
② 견적서(quotation)
③ 연회예약 접수명세서(agreement)
④ 금일 연회행사통보서(banquet event order)
⑤ 주간 행사통보서(weekly banquet event order)
⑥ 월간 행사통보서(monthly banquet event order)
⑦ 금일 VIP 방문통보서(VIP report)
⑧ 가격안내표(price information)
⑨ 가격별 메뉴(price menu)
⑩ 각 층 연회장도면(floor lay-out)
⑪ 연회장도면(function room lay-out)
⑫ 가족모임안내(family program)
⑬ 정정통보(changed order)

(2) 연회시설 기자재

주로 일반기자재와 시청각기자재로 나눌 수 있으며, 특수장치와 시설물품은 외주에 발주하여 행사에 차질이 없도록 한다.

① **일반기자재** : sign Board, Potable Stage, Podium, Black Board, Flip Chart, Dance

Floor, Lectern, Piano, Flags 등

② 시청각기자재 : Microphone, Wireless Microphone, Overhead Projector, Video Beam Projector, Video Camera, Slide Project, Laser Pointer, Portable Screen, TV, Multivision, Simultaneous Translation System, Pin Spot Light, Long Pin Spot Light, Mirror Ball 등

6. 연회장의 공간배치

연회의 성격에 따라서 의자와 테이블의 배치가 달라지므로 어떻게 하는 것이 가장 적합하며 효율적인가를 감안하여 행사의 규모, 성격, 인원에 따라 테이블의 구조를 적절하게 배치하고 종사원의 서비스동선과 참석자의 간격 등의 공간활용을 해야 한다. 결과적으로 전체적인 연회장 분위기와 공간을 최대한 활용하는 방법 등으로 결정되어야 한다.

1) 테이블의 형태

(1) 직사각형

직사각형(Rectangular)은 가장 많이 사용하는 형태로 회의용 연회에는 작은 사이즈(18인치=Meeting table)를 이용하고, 뷔페시에는 큰 사이즈(30인치=Buffet Table)를 사용한다.

(2) 정사각형

정사각형(Square)은 칵테일 파티를 제외하고 단독으로 사용되는 경우가 많지 않고, 회의시 OHP, Beam Project를 올려놓는 보조 테이블로 이용된다.

(3) 라운드형

라운드형(Round)은 연회시 식사용의 가장 보편적인 형태로 6인, 8인, 10인용이 있다.

(4) 1/2형

1/2형(Half-Round)은 반원형의 테이블로 타원형의 형태를 연출할 때 직사각형 테이블 끝부분에 붙여 모양을 내고, 벽 쪽에 붙여 인쇄물 또는 커피 브레이크 시간에 음료를 올려놓는 용도로 사용된다.

(5) 타원형

호텔에서는 잘 사용하지 않지만, 일반적으로 회의용이나 가족모임에 사용한다.

(6) 1/4형

단독으로 사용되는 경우는 거의 없고, 뷔페 테이블을 꾸밀 때 주로 사용한다. 가끔씩 소규모 회의시 구석에 커피 브레이크를 셋업할 때 사용되기도 한다.

▲ 직사각형

▲ 정사각형

▲ 라운드형

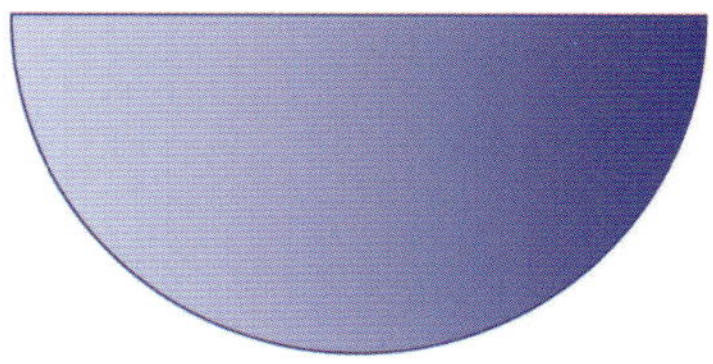

▲ 1/2형

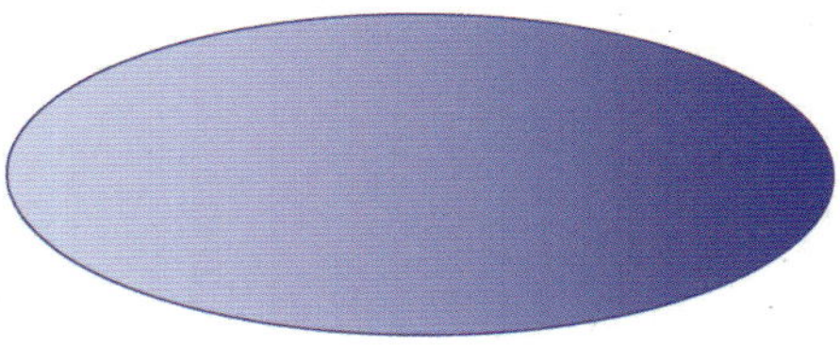

▲ 타원형

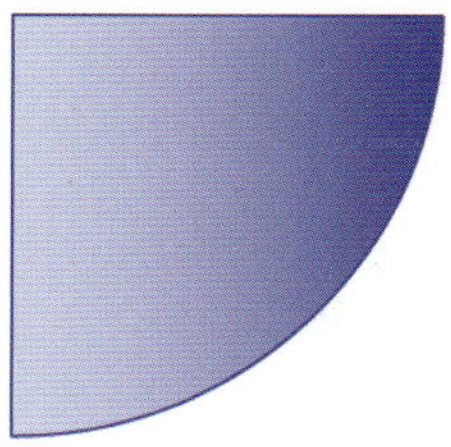

▲ 1/4형

2) 연회장 배열

(1) 극장식 배열(Theater Style)

연회장 위치가 극장식으로 배열될 경우 의자와 의자 사이를 공간으로 여겨야 한다. 첫 번째 테이블 줄은 2~3cm 정도의 간격을 유지하고, 300~400명 이상의 홀 좌석배열은 통로가 1.5m 넓이의 간격을 유지하도록 하는 것이 좋다. 연회장의 공간을 최대한 활용하기 위해서는 의자을 똑바로 정렬해야 한다.

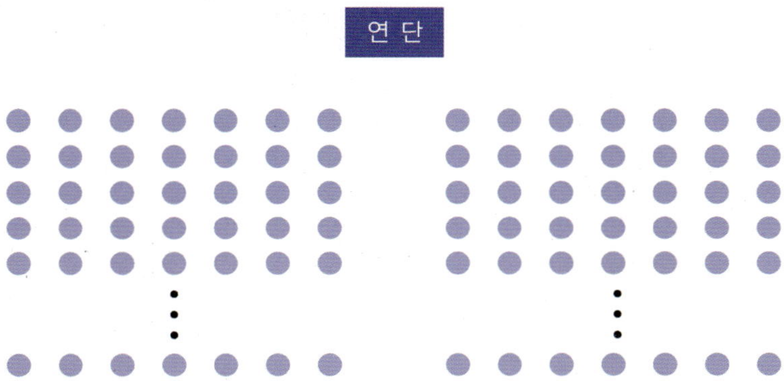

[그림 8-4] 극장식 배열

(2) 강당식 반원형 배열(Auditorium, Semicircular, Center Aisle)

연회장 앞무대 테이블(table)은 일반연회장 의자배열과 동일하거나 의자를 배열하는 데 있어서는 무대에서 최소 3.5m 간격으로 배열해야 한다. 이러한 연회장의 의자배열은 너무 지나친 공간을 차지하기 때문에 많은 인원을 한꺼번에 수용하는 데 어려움이 많다.

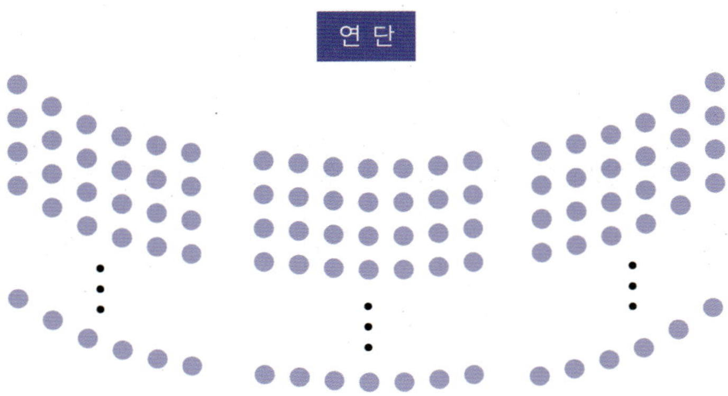

[그림 8-5] 강당식 반원형 배열

(3) 강당식 V형 배열(Auditorium)

일반적으로 직선으로 배열하고 앞의자는 30도 각도로 배열하여야 한다. 연회행사장 공간배열에서 V자형의 강당식 회의진행은 극히 드문 편이다.

[그림 8-6] 강당식 V형 배열

(4) 원형 테이블(Round Table) 배열

원형 테이블 배열은 연회장에서 많은 고객을 수용하여 식사와 함께 제공하는 디너쇼(dinner show)나 패션쇼(fashion show) 및 각종 연회 이벤트(event) 등의 테이블을 배열할 때 많이 활용하는 일반적인 배열방법이다.

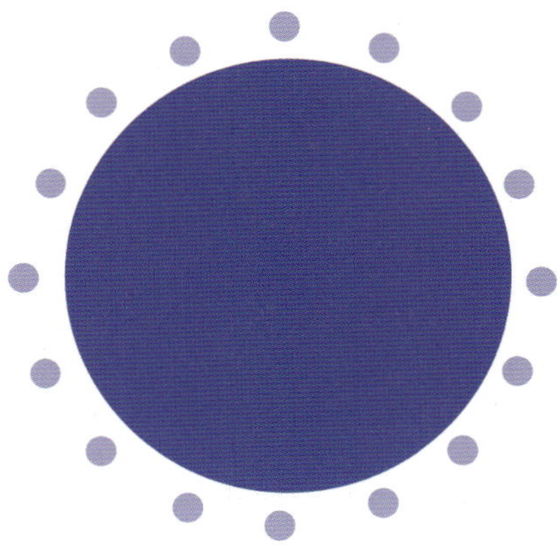

[그림 8-7] 원형 테이블 배열

(5) U형 배열(U형 Table Shape)

U형 배열에서는 직사각형 테이블을 주로 사용하는 경우가 많다. 일반적으로 의자와 의자 사이에 공간을 유지하며, U형 배열의 장점은 연회참석자들이 서로 상대방을 볼 수 있는 것이며, 반면에 공간을 너무 많이 차지하는 단점도 있다. 테이블 앞쪽에는 연회용 클로스의 드레이프(drape)를 테이블에 붙여서 참석자의 다리가 보이지 않게 해줄 수 있다.

[그림 8-8] U형 테이블 배열

(6) 공백사각형 배열

테이블을 사각형으로 붙인 형태로 중간은 비어 있다. 의자는 바깥쪽으로만 놓는 것이 특징이다. 주의점은 드레이프를 안쪽으로 치는 것이다. 시청각을 겸한 행사에는 사용되지 않는다.

[그림 8-9] 공백사각형 배열

(7) I형 배열(I-shape)

연회에 예상되는 당일 참석고객들의 수에 따라 테이블을 배열하며, 테이블을 2개 정도 붙여서 일직선으로 배열하고, 의자와 의자의 간격과 공간을 유지하도록 한다.

단조롭다는 단점이 있고, 주로 기업체 연수나 회의 때 사용한다.

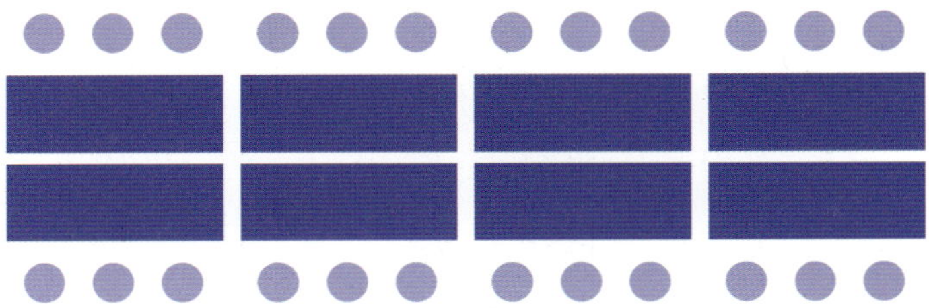

[그림 8-10] I형 테이블 배열

(8) 오발 배열(Oval-shape)

I형 테이블 모형과 비슷하게 배열하나, 오발형은 양쪽에 Half Round를 붙여 사용한다.

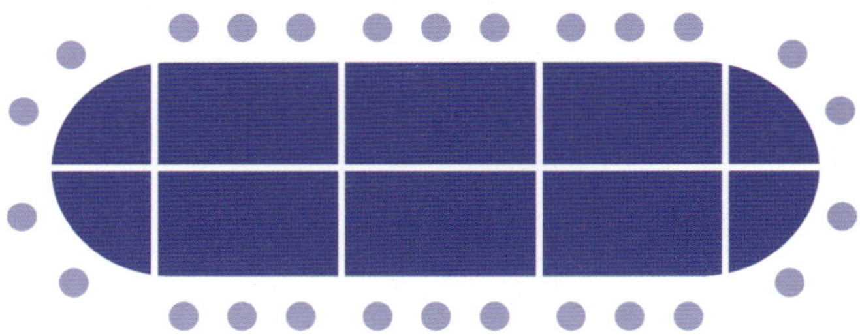

[그림 8-11] 오발형 테이블 배열

(9) 학교교실 V형 배열(School Style Perpendicular)

학교교실 V형 테이블 배열은 학교교실 수직형 배열방식과 비슷한 형식이지만, 헤드 테이블(head table)에서 경사지게 배열한다.

이러한 경우는 주최자의 요청에 따라 특별하게 배열하는 방법인데, 현장에서는 잘 활용하지 않는다.

[그림 8-12] 학교교실 V형 배열

(10) 학교교실 수직형 배열(School Style Perpendicular)

호텔 연회장의 면적에 따라 참석자가 회의 및 식사를 동시에 할 수 있게 배열하는 방법이다.

정면에서 볼 때 헤드 테이블을 중심으로 테이블을 수직으로 길게 배열해야 하며, 테이블을 설치할 때에는 헤드 테이블에서 2m 간격으로 떨어지게 배열하도록 하고, 헤드 테이블 중심으로 간격이 잘 맞도록 배열해야 한다.

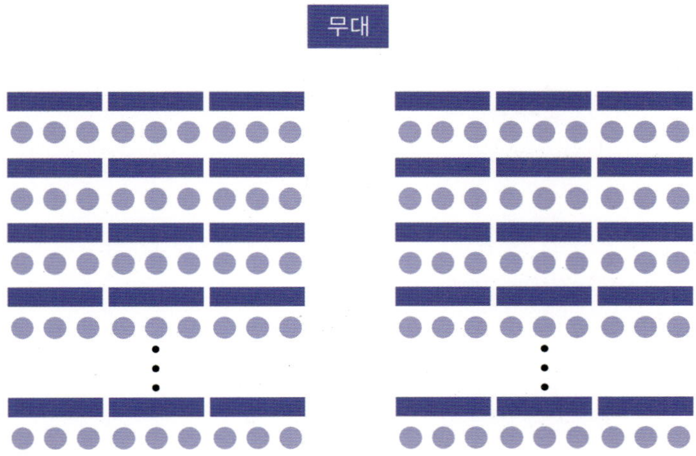

[그림 8-13] 학교교실 수직형 배열

3) 뷔페 및 리셉션 테이블 배열

① 타원형(circular)
② 목걸이형(necklace)
③ 양머리형(lamb's head)
④ 들뿔소형(bison's horns)
⑤ 멍에형(yoke)

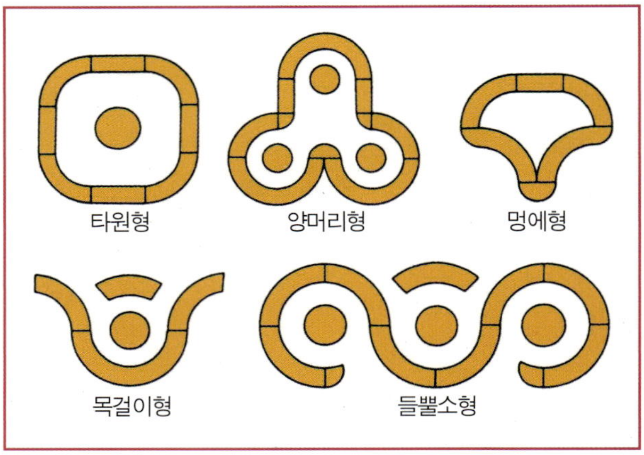

제3절 음 료

1. 음료의 개념

음료(Beverage)라고 하면 우리 한국인들은 주로 비알코올성 음료만을 뜻하는 것으로 이해하고, 알코올성 음료는 '술'이라고 구분해서 생각하는 것이 일반적이다.

그러나 서양인들은 음료에 대한 개념이 우리와 다르다. 물론 음료라는 범주에서 알코올성, 비알코올성 음료로 구분은 하지만, 마시는 것을 통칭 음료라고 하며 어떤 의미에서는 알코올성 음료로 더 짙게 표현되기도 한다.

또한 와인(Wine)이라고 하는 것은 포도주라는 뜻으로 많이 쓰이나, 넓은 의미로는 술을 총칭하고 좁은 의미로는 발효주(특히 과일)를 뜻한다.

일반적으로 술을 총칭하는 말로는 리큐어가 있으나, 이는 주로 증류주(Distilled Liqueur)를 의미하며 독한 술(Hard Liqueur) 또는 스피리츠(Spirits)라고도 말한다.

음료란 크게 알코올성 음료(Alcoholic Beverage ; Hard Drink)와 비알코올성 음료(Non-Alcoholic Beverage ; Soft Drink)로 구분되는데, 알코올성 음료는 일반적으로 술을 의미하고 비알코올성 음료는 청량음료, 영양음료, 기호음료를 의미한다.

2. 음료의 분류

- 음 료
  - 알코올성 음료 (alcoholic beverage)
    - 양조주 (fermented)
      - 포도주 : 와인, 샴페인
      - 과실주 : 사과, 배, 매실
      - 곡 류 : 맥주, 사케, 한국술, 중국술
    - 증류주 (distilled)
      - 곡 류 : 위스키, 보드카, 진
      - 사탕수수 : 럼
      - 용설란 : 테킬라
      - 과 실 : 브랜디
      - 소주, 중국술
    - 혼성주(compoinded) : 리큐어, 비터스, 압생트
  - 비알코올성 음료 (non-alcoholic beverage)
    - 청량음료(soft drink) : 탄산성 음료, 비탄산성 음료
    - 영양음료(nutritious) : 주스류, 우유류
    - 기호음료(fancy taste) : 커피류, 차류

1) 음료의 분류

일반적으로 음료는 알코올성 음료(Alcoholic Beverage)와 비알코올성 음료(Non-Alcoholic Beverage)로 분류한다. 알코올성 음료는 일반적으로 술을 의미하는데, 술을 만드는 방법에 따라 양조주(Fermented), 증류주(Distilled), 혼성주(Compounded)로 구분되며, 비알코올성 음료는 청량음료(Soft Drink), 영양음료(Nutritious), 기호음료(Fancy Taste)로 구분된다.

(1) 알코올성 음료(Alcoholic Beverage)

알코올성 음료인 술은 알코올과 물의 혼합물에 술의 원료 혹은 제조과정 중에서 우러나오는 미량성분을 가지고 있는 액체이다. 따라서 알코올은 술로서 존재가치를 갖는 주요소이며 미량성분은 술의 종류와 그 성질을 결정하는 중요한 요소가 된다.

우리나라의 주세법에서 술이란 곡류의 전분과 과실의 당분 등을 발효시켜 만든 1% 이상의 알코올성분이 함유된 음료를 총칭한다고 정의하고 있다.

① 양조주(Fermented)

양조주는 과실에 함유된 과당을 발효시키거나 곡물에 함유된 전분을 당화하여 효모의 작용으로 1차 발효시켜 직접 또는 여과해서 마시는 알코올성 음료로 원료 자체에서 우러나오

는 성분을 많이 가지고 있다.

술을 만들 때에는 반드시 당분이 있어야 되며 곡물과 같이 당분이 들어 있지 않은 것은 먼저 곡물에 함유된 전분질을 당화시킨 후에 발효시켜야 한다.

② 증류주(Distilled)

양조주보다 순도 높은 주정을 얻기 위해 양조주를 다시 증류시켜 알코올 도수를 높인 술이다. 증류란 휘발성 성분을 비휘발성 성분으로부터 분리하는 것을 말하며 물의 비등점(100℃)과 알코올의 비등점(78.325℃)의 차이를 이용하는 것으로, 증류기를 이용하여 증류시키면 물은 남아 있고 알코올만 분리되어 모이는데 증류기에 따라 최고 약 95℃ 정도의 높은 알코올을 얻을 수 있다.

▲ 증류주

③ 혼성주(Compounded)

혼성주는 양조주나 증류주에 초·근·목·피의 향미성분을 배합하고 다시 감미료, 착색료 등을 첨가하여 만든 술의 총칭이다. 혼성주는 원료에 따라 약초, 향초류(Herbs & Spices), 과실류(Fruits), 종자류(Beans & Kernels) 등이 있다. 우리나라의 가정에서 만드는 인삼주, 매실주, 모과주 등도 혼성주라 할 수 있다.

(2) 비알코올성 음료(Non-Alcoholic Beverage)

비알코올성 음료는 알코올 성분이 전혀 들어 있지 않은 음료를 총칭하는 것으로 청량음료, 영양음료, 기호음료로 구분된다.

① 청량음료(Soft Drink)

청량음료는 칵테일을 주조할 때에 가장 많이 사용되는 부재료로 마실 때 청량감을 주는 비알코올성 음료이다. 청량음료는 탄산가스가 포함된 탄산음료와 탄산가스가 포함되지 않은 무탄산음료로 구분된다.

② 영양음료(Nutritious)

영양음료는 건강에 도움을 줄 수 있는 영양성분이 많이 함유된 음료를 말한다.

㉠ 주스류(Juices)

㉡ 우유류(Milk)

③ 기호음료(Fancy Taste)

기호음료는 식전이나 식후에 즐겨 마시는 커피류 및 차류를 말한다.

㉠ 커피류

㉡ 차류

㉢ 기능성음료

㉣ 전통음료

3. 양조주

1) Wine(포도주)

(1) 와인의 개념

학자들의 주장에 의하면 약 1만 년 전으로 추정되는데, 야생의 포도를 따놓고 잊어버리고 있다가 자연발생적으로 발효한 데서 유래된 것으로 보고 있으나, 포도열매로 와인이 언제, 어디서, 누구에 의해 만들어졌는지는 분명치 않다.

와인의 최초 발생지는 메소포타미아 중앙아시아의 코카서스 지방으로 믿어지며, 현존하는 와인에 관한 최고의 유물로는 피라미드의 벽화로 포도의 재배와 발효에 관한 흔적을 볼 수 있으며, B.C. 1700년경 바빌로니아의 함무라비법전에는 와인 판매에 관한 법조문이 나와 있고, 동양에서는 중국과 페르시아 그리고 인도에서 소규모의 경작흔적이 발견되었다.

와인 주조에 관한 고고학적 증거는 신석기 페르시아(현재의 이란)에서 찾아볼 수 있으며, 와인에 관한 문헌은 이미 3000년경부터 기록되었다.

세계 와인의 중심지인 유럽의 와인역사를 돌이켜보면 그리스에서 그 기원을 찾을 수 있다. 고대문명의 중심지였던 그리스는 와인을 생산한 최초의 유럽국가로 이미 3000년 전부터 포도를 재배하였으며, 인근 국가와 로마에 재배기술을 전파하여 와인 발전에 크게 공헌하였다. 그 후 로마가 유럽을 점령하면서 프랑스, 이탈리아, 독일, 스페인, 포르투갈에 전파하여 널리 보급되었다.

기독교가 전 세계에 전파됨에 따라 선교사와 탐험가들에 의해 새로운 세계로 포도와 와인제조방법이 알려지게 되었으며, 시간이 경과함에 따라 제조방법도 많은 발전을 가져왔고 또한 천연적인 와인에 여러 가지 초근목피와 열매를 배합하여 맛과 향을 더욱 독특하게 만들었으며, 식욕을 돋우기 위한 식전주로, 또는 몸이 허약하거나 병중 회복기의 환자에게 좋은 효과를 나타내는 약재로 사용되기도 하고 있다.

(2) Wine의 분류

(가) 제법에 따른 분류

① 스틸와인(still wine)

와인이 발효되는 도중에 생긴 탄산가스가 완전히 발산된 와인을 숙성해서 병입한 와인이다. 따라서 탄산가스가 함유되어 있지 않은 비발포성 와인으로 식사 중에 마시기 때문에 테이블 와인이라고도 한다.

② 발포성 와인(Sparkling wine)

발포성 와인은 스틸와인을 병입한 후 당분과 효모를 첨가하여 병내에서 2차 발효가 일어나 탄산가스를 갖게 되는 와인을 말한다. 프랑스의 샹파뉴 지방산에 한정되는 명칭으로 '샴페인'이라고 하며, 타 지역에서 생산되는 것은 Cremant 또는 Vin Mousseux라고 부른다. 이탈리아에서는 Spumante, 독일에서는 Schaumwein이라고 부르지만, 일정한 기준을 갖춘 것은 Sekt라고도 부른다.

③ 주정강화 와인(Fortified wine)

주정강화 와인은 스틸와인을 만드는 도중 또는 만든 후에 40도 이상의 브랜디를 첨가하여 알코올 도수를 높인 와인이다. 이탈리아의 마르살라(Marsala), 스페인의 셰리(Sherry),

포르투갈의 포트(Port) 그리고 마데이라 와인(Madeira wine) 등이 있다.

④ 아로마티즈 와인(Aromatized wine)

아로마티즈 와인은 가향와인 또는 혼성와인이라고 한다. 스틸와인에 약초, 향초, 봉밀 등을 첨가해 풍미에 변화를 준 것으로 베르무트(Vermouth)와인이 대표적이다.

(나) 색에 따른 분류

① 레드와인(Red wine)

레드와인은 적포도를 으깨어 포도의 껍질까지 즙을 내어 발효시킨 것으로 붉은색을 띠고 있다. 껍질과 과육 사이에 있는 엷은 층의 색소나 타닌이 녹아들어 색조가 달라지고 떫은 맛과 같은 개성을 갖게 된다. 레드와인은 일반적으로 상온에서 제맛이 난다.

② 화이트와인(White wine)

화이트와인은 청포도나 적포도를 사용하여 만든다. 그러나 적포도를 사용하여 만들 때에는 포도의 껍질을 벗기고 과즙만을 사용하므로 여분의 색소나 타닌이 들어가지 않아 떫은 맛이 없고 담황색의 맑고 투명한 색이 우러난다. 레드와인과 화이트와인의 차이는 껍질과 씨를 제거하는 데에 있다. 화이트와인은 차게 해서 마셔야 제맛이 난다.

③ 핑크와인(Pink wine)

핑크와인은 레드와인과 같이 적포도의 껍질까지 함께 발효시키다 일정기간이 지나면 껍질을 제거하므로 중간색을 띠게 된다. 제법에 있어서는 레드와인과 비슷하나 마실 때에는 화이트와인처럼 차게 해서 마신다.

(다) 맛에 따른 분류

① 드라이 와인(Dry wine)

드라이 와인은 완전히 발효되어 당분이 없는 와인이다. 따라서 단맛이 없어 식욕촉진주에 적합한 와인이다. 'Dry'란 당분성분이 없는 것을 의미한다.

② 스위트 와인(Sweet wine)

스위트 와인은 완전히 발효되지 못하고 당분이 남아 있는 상태에서 발효를 정지시킨 것과 당분을 첨가한 것이 있다. 단맛이 함유되어 식후에 적합한 와인이다.

③ 미디엄 드라이 와인(Medium Dry)

미디엄 드라이 스위트와 드라이 중간 타입의 것을 말하며, 데미 드라이(Demi Dry) 또는 세미 드라이(Semi Dry)라고도 한다.

(라) 식사용도에 따른 분류

① 아페리티프 와인(Aperitif wine)

아페리티프 와인은 식욕촉진을 위하여 전채요리(Appetizer)와 함께 마시거나 식전에 제공되는 와인이다. 식전주의 대표적인 것으로 베르무트(Vermouth), 드라이 셰리(Dry sherry)가 있다.

② 테이블와인(Table wine)

테이블와인은 식사 중에 요리를 먹으면서 마시는 것으로, 특히 주요리와 함께 마시는 와인을 말한다. 생선 및 흰살고기에는 White Wine을, 붉은살의 육류에는 Red Wine을 마시는 것이 일반적이다.

③ 디저트 와인(Dessert wine)

디저트 와인은 케이크와 같은 달콤한 디저트와 함께 제공되는 와인으로 스위트 와인, 크림 셰리(Cream Sherry), 포트와인(Port Wine) 등이 있다.

(마) 숙성기간에 따른 분류

① 영와인(Young wine) : 1~2년

영와인이란 발효과정이 끝나면 별도의 숙성기간을 거치지 않고 바로 병입되어 판매되는 것이다. 따라서 품질이 낮은 와인이며 주로 자국 내에서 소비하는 저가의 와인이다.

② 올드와인(Age wine or Old wine) : 5~15년

올드와인은 발효가 끝난 후 지하창고에서 몇 년 이상의 숙성기간을 거친 것으로 품질이 우수한 와인이다.

③ 그레이트와인(Great wine) : 15년 이상

그레이트와인은 3년 이상의 숙성기간을 거친 최상급 품질의 와인으로 15년 이상을 숙성시키기도 한다.

표 8-2 와인의 분류	
색 깔	• 레드와인(Red wine) • 화이트와인(White wine) • 로제 와인(Rose wine)
제조방법	• 주정강화 와인(fortified wine) • 가향 와인(flavored wine) • 스파클링 와인(sparkling wine)
식사용도	• 식전용 와인(aperitif wine) • 식사중 와인(table wine) • 식후용 와인(dessert wine)
단맛 유무	• 드라이 와인(dry wine) • 미디엄 드라이 와인(medium-dry wine) • 스위트 와인(sweet wine)
바디(body)	• 풀바디드 와인(full-bodied wine) • 미디엄바디드 와인(medium-bodied wine) • 라이트바디드 와인(light-bodied wine)

(3) 국가별 와인산지

(가) 프랑스 와인

① 보르도(Bordeaux) 지역의 와인

온화한 기후와 토양조건이 포도재배에 적합하고 항구를 끼고 있어 와인의 생산과 판매에 좋은 조건을 가지고 있는 Bordeaux는 세계에서 가장 우량한 품질의 와인을 생산해 내는 가장 넓은 지역이며, 와인 애호가들의 성지이기도 하다.

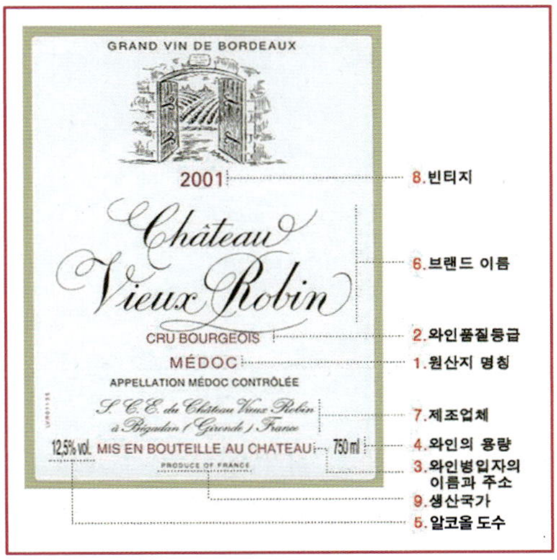

▲ 프랑스 와인

Bordeaux 지역의 특정 포도원은 법에 의해 24지구로 나뉘어 있으며, 그중 5개 지구에서는 세계에서 가장 우수한 와인이 생산된다. 이 중에서 생떼밀리옹 지역은 1999년에 유네스코가 포도재배에 관련한 문화유산으로 지정되기도 하였다.

- 메도크(Medoc)지구
- 그라브(Graves)지구
- 생떼밀리옹(Saint Emilion)지구
- 소테른-바르삭(Sauternes-Barsac)지구이다.
- 포므롤(Pomerol)

② 부르고뉴(Bourgogne) 지역의 와인 : Burgundy Wine

이 부르고뉴(Bourgogne) 지역은 보르도(Bordeaux) 지역과 쌍벽을 이루는 세계적인 명양지(銘釀地)로서 프랑스에서 가장 오래된 포도원 중 하나이다. 중세기에는 이 지역의 성지자들과 영주들이 부르고뉴(Bourgogne)와인을 프랑스와 유럽 전역에 전파함으로써 오늘날의 명성을 얻게 되었다.

부르고뉴(Bourgogne)의 와인 주요 산지

- 샤블리(Chablis)지구
- 코트 도르(Cote d'Or)지구 : 코트 드 뉘(Cote de Nuits), 코트 드 본(Cote de Beaune)
- 코트 샬로네즈(Cote Chalonnaise) & 마코네즈(Maconnaise)지구
- 보졸레(Beaujolais)지구

③ Beaujolais(보졸레) 지역

한여름에 포도를 수확하기 때문에 수분이 많아 발효가 빠르고 수확 후 11월 셋째주에는 시장에 출하가 된다.

Beaujolais 와인은 레드와인이면서 화이트와인의 특성을 가지고 있으므로 차게 해서 마시는 것이 좋으며, Young Wine이기 때문에 장기간 숙성이 어려워 가능한 빨리 소비해야 한다.

Beaujolais 와인은 고급와인과 일반와인으로 구분되는데, 고급와인에는 보졸레 크뤼(Beaujolais Cru)와 보졸레 빌라쥐(Beaujolais Villages)가 있고, 일반와인으로는 보졸레 슈페리어(Beaujolais Superieur)와 보졸레(Beaujolais) 등이 있다.

④ Cotes du Rhone(코트 뒤 론) 지역의 와인

프랑스 남동부 지방의 론강 유역에 걸쳐 약 200km의 길이로 길게 분포된 포도재배지역으로 이 지역은 론계곡에서 프로방스 지방으로 부는 '미스트랄'이라 불리는 차고 건조한 바람의 영향을 받는데, 이러한 건조한 바람이 습기로 인한 포도의 부패를 방지해 준다. 또한 남부와 북부의 기후와 토양이 조금 다르기 때문에 재배되는 포도품종도 무려 12~13종류나 된다.

⑤ Alsace(알자스) 지역의 와인

알자스 지방은 북부 내륙지방으로 기후조건상 서늘한 날이 많아 포도의 성장기간이 짧아 주로 백포도를 재배하며, 품질 좋은 White Wine의 명산지로 알려져 있다.

⑥ Loire(르와르) 지역의 와인

프랑스의 정원이라 일컬어질 정도로 화려한 고성들이 곳곳에 자리한 Loire는 프랑스에서 가장 긴 르와르강의 계곡이란 의미이다.

⑦ 프랑스의 Wine Lavel

지역이나 지구의 이름 또는 마을의 이름이 와인명으로 사용되는 경우가 많으며 특정 Chateau(포도원)의 이름으로 사용하는 와인도 적지 않다. 그런가 하면 간혹 포도의 품종이 와인명으로 사용되는 지역도 있다.

▲ Champagne Moët et Chandon

▲ Médoc AOC Cru Bourgeois

▲ AOC Cotes du Roussillon Village

▲ AOC Bordeax Superieux

▲ AOC Bordeaux

(나) 독일 와인

독일의 와인산지는 유럽에서도 가장 북쪽에 위치한 Rhein(라인) 지역과 Mosel(모젤) 지역으로 꼽을 수 있는데, 북쪽 지역이어서 날씨가 춥고 일조량의 부족 등 자연기후의 영향 등에 따라 매우 복잡한 와인이 생산된다.

독일의 와인은 늦가을이나 초겨울에 영하의 기온에서 얼어 버린 포도를 사용하여 만든 'Ice Wein(아이스 바인)' 등을 생산하기도 하며, 나쁜 기후조건으로 인하여 포도수확이 나쁠 때에는 알코올 농도를 높이고 적정 당도를 유지하기 위해서 포도즙에 당분을 첨가하여 생산하는데, 당분을 첨가하여 만든 와인을 개량와인(Verbesserte Wein : 페어베서테 바인)이라고 하며, 기후조건이 좋아 포도수확이 좋은 해에 당분을 첨가하지 않고 만든 와인은 와인라벨에 천연포도주(Natur Wein : 나투어 바인)라고 표기한다.

주요 생산지역

1. Rhein 지역
   라인 지역 와인은 모젤 와인과 쌍벽을 이루는 White Wine의 명산지로 맛이 강하고 숙성이 오래될수록 품질이 좋아지는 가장 우수한 와인이다. 라인 지역에서 생산되는 와인을 갈색병에 담아 출고한다.
   ① Rheingau(라인가우)지구, ② Rheinhessen(라인헤센)지구, ③ Rheinpfalz(라인팔츠)지구, ④ Ahr(아르)지구, ⑤ Nahe(나에)지구

2. Mosel 지역
   세계 최고의 White Wine을 생산하는 이 지역은 모젤(Mosel)과 자르(Saar), 그리고 루버(Ruwer)를 총칭하여 모젤 자르 루버(Mosel-Saar-Ruwer)라고 말하며, 상표도 공통명으로 사용하며, 보통 모젤지구라 한다.
   모젤 와인은 세계에서 가장 가벼운 맛의 와인으로 다른 와인에 비해 수성이 빨라 알코올농도가 낮아 10%를 넘지 않는 것이 특징이며 감미가 없어 극히 건강한 와인으로 유명하다. 와인병의 특색은 녹색이며 목이 길다.

(다) 이탈리아 와인

이미 3000년 전 로마시대 이전부터 와인을 만들기 시작한 이탈리아는 전 세계 와인생산의 약 19%를 차지하고 있는 세계 제일의 최대 와인 생산국이자 소비국이며, 수출량 역시 세계 1위를 자랑하고 있다.

이탈리아 와인은 1963년에 프랑스의 A.O.C제도와 비교할 수 있는 D.O.C제도를 제정하여 포도재배와 양조방법 등을 개선하는 등 와인의 품질향상을 위해 그동안 많은 노력을 기울여 왔다.

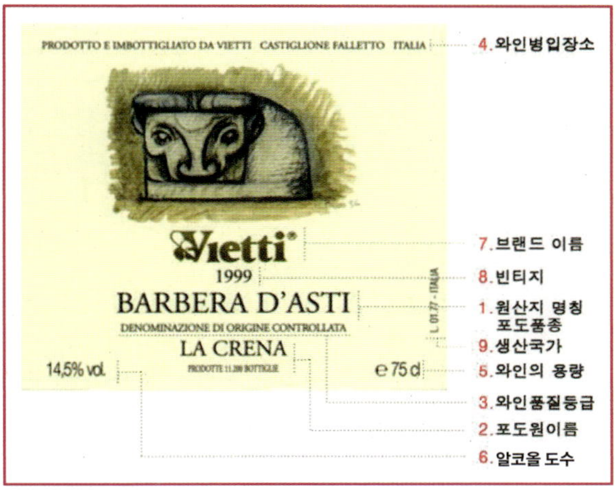

▲ 이탈리안 와인

▲ Barolo

▲ Indicazione Geografica Tipica

주요 생산지역

1. Piemonte(피에몬테) 지역
   스위스와 국경을 접하고 있는 이탈리아 최북단 알프스산맥에 위치한 이 지역은 와인의 양과 질이 이탈리아 제1의 산지이다. 피에몬테는 알프스의 영향을 많이 받는 지역으로, 여름철에 뜨거운 태양과 가을에 안개의 영향을 받아 포도가 충분히 영글 수 있어 향이 강하고 진한 와인을 생산한다.

2. Toscana(토스카나) 지역
   이 지역은 이탈리아에서 가장 많이 알려진 와인생산지역으로, 병을 보호하기 위하여 라피아(Raffia)라는 짚으로 둘러싼 플라스코 모양의 병으로 된 Chianti(키안티)와인의 생산지로 더욱 알려진 이탈리아 레드와인의 생산지이다. 이 지역의 와인은 전체 생산량의 1/3이 D.O.C 또는 D.O.D.G급 와인이다.

3. Veneto(베네토) 지역
   이탈리아 북동쪽에 위치한 지역으로 아름다운 해양도시 베니스와 영화 로미오와 줄리엣의 배경도시인 베르나시 주변에서 대량의 와인을 생산한다.

(다) 미국 와인

미국은 유럽으로부터 1796년 스페인 선교사를 통해 캘리포니아에 와인이 소개된 후로 미국 와인의 27%를 캘리포니아에서 생산하고 있는데, 이는 이 지역이 포도재배에 이상적인 기후조건을 갖추고 있기 때문이다.

또한 1950년대에 들어서는 캘리포니아대학의 포도재배에 관한 연구와 노력으로 토양과 토질에 적합한 포도품종의 육성법 및 양조법 등이 발전되면서 풍부한 자본과 기술로 와인 생산이 본격화되었다. 근래에 와서는 미국도 세계적인 품질의 와인을 생산하고 있다.

주요 생산지역

1. California 지역
   California Wine도 포도품종을 중요시한다. 동일 품종의 포도를 51% 이상 사용하여 와인을 생산하면 그 포도품종의 명칭을 와인명으로 사용한다. 사용되는 품종은 약 20여 종이며, 품종, 품질의 질에 따라 와인의 질이 결정된다.
   ① Sonoma Valley
   ② Central Valley
   ③ Napa Valley

2. New York
   캘리포니아주 다음으로 미국에서 와인 생산량이 많은 지역이다. 이곳은 대부분 발포성 와인과 스위트 와인을 주로 생산하며 유럽의 와인 산지명을 상표로 사용한 Generic Wine이 많다.

▲ New Zealand Marborough Pinot Noir

▲ Chile Cabernet Sauvignon

▲ Chile Chardonnay

2) 맥주

Guiness Draught(캔) Guiness Draught(병) Guiness Extra Stout Guiness Foreign Extra Stout

(1) 맥주의 개념과 역사

맥주는 대맥아를 발효시켜 쓴맛을 내는 호프(Hop)와 물(Water), 그리고 효모(Yeast)를 섞어서 저장하여 만든 탄산가스가 함유된 알코올성 음료(4~6℃)이다.

오늘날 전 세계적으로 보편화되어 애용되고 있는 맥주의 역사는 와인만큼이나 오래되었으며, 맥주(Beer)라는 단어는 라틴어의 Bibere에서 유래되었다고 한다.

기록에 의하면 B.C. 4200년경에 바빌론에서 맥주제조를 시작하였다고 전해지며, B.C.

4000년경에는 메소포타미아 지방의 수메르인이 점토판에 맥주제조과정을 자세히 기록해 놓았다. 이때는 맥아를 빻아서 반죽하여 빵을 만든 후 다시 물을 가해 발효시켜 맥주를 만들었다. 또한 B.C. 2000년경 함무라비 법전에는 맥주에 관한 법률이 나와 있다.

맥주 하면 독일이 본고장이라고 생각될 정도로 독일인의 선조인 게르만민족은 B.C. 1세기경부터 맥주를 만들어 마셨다고 하는데, 와인은 귀족층이 주로 마시고, 맥주는 서민이 마시는 술이라고 전해지고 있다. 그 후 맥주가 대중화된 것은 15~16세기경으로 당시 수도원에서 맥주를 액체의 빵이라 하여 제조가 성행하였다. 그러한 연유로 맥주에 있어 획기적인 기술발달은 중세 때 수도원에서 이루어졌는데, 오늘날과 같은 맥주의 유형은 이때에 발달한 것이다.

맥주의 쓴맛은 호프(hop) 때문인데, 13세기경 북 독일의 아인베크에서 호프를 사용한 Bock Beer라는 독하고 농후한 맥주가 만들어져서 지금의 Larger Beer의 기초가 되었다.

오늘날 우리가 즐겨 마시는 맥주의 본고장은 독일이며, 독일 최초의 맥주회사는 1516년 Herzog Wilhelm Ⅵ(헤르조크 빌헤름 4세)가 설립하였다.

영국에서는 원주민인 겔트인이 B.C. 300년경부터 소맥을 발효하여 마신 기록이 있으며, 미국은 16세기 후반부터 이민 온 사람들이 호프를 재배하여 만들기 시작하여 오늘날에는 세계 제일의 맥주 생산국이 되었다.

(2) 맥주의 원료

(가) 보 리

양조용 보리로는 다음과 같은 것이 좋다.

① 껍질이 얇고 담황색을 띠고 윤택이 있어야 한다.
② 알맹이가 고르고 95% 이상의 발아율이 있어야 한다.
③ 수분 함유량은 10% 내외로 잘 건조된 것이어야 한다.
④ 전분 함유량이 많은 것이어야 한다.
⑤ 단백질이 적은 것이어야 한다(많으면 맥주가 탁하고 맛이 나쁘다).

(나) 호프(Hop)

호프는 맥주에 특이한 쓴맛과 향기를 주며 보존성을 증가시키고 또한 맥아즙의 단백질을 제거하는 중요한 역할을 하는 불가결한 원료가 된다.

(다) 물(Water)

맥주는 90%가 물이다. 그 때문에 수질이 좋아야 맥주의 품질에 영향을 미친다.

보통 산성의 양조용수를 사용한다. 최근에는 이온교환수지의 발달로 이상적인 수질을 얻을 수 있기 때문에 좋은 맥주를 양조할 수 있다.

(라) 효모(Yeast)

맥주에 사용되는 효모는 맥아즙 속의 당분을 분해하고 알코올과 탄산가스(CO_2)를 만드는 작용을 하는 미생물로, 발효 후기에 표면에 떠오르는 상면발효 효모와 일정기간을 경과하고 밑으로 가라앉는 하면발효 효모가 있다. 따라서 맥주를 양조할 때에는 어떤 효모를 사용하느냐에 따라 맥주의 질도 달라진다. 전자는 영국, 미국의 일부, 캐나다, 벨기에 등지에서 많이 사용되고, 후자는 독일, 덴마크, 체코슬로바키아 등지와 우리나라에서 사용되고 있다.

(마) 기 타

맥아의 전분을 보충하기 위해 쌀, 옥수수, 기타 잡곡 등이 사용된다.

4. 증류주

1) 위스키(Whisky)

(1) 위스키의 정의와 역사

위스키는 알곡(Grain)을 갈아서 발효시키거나 싹(Malt)을 내어서 갈아 발효하여 증류해 낸 술이다. 이러한 위스키의 역사는 스카치의 역사라 할 수 있다. 위스키는 12세기경 처음으로 아일랜드에서 제조되기 시작하여 15세기경에는 스코틀랜드로 전파되어 오늘날의 스카치 위스키의 원조가 된 것으로 보며, 1826년 이전에는 이탄을 사용하여 건조시키고 소형 단식 증류기(Pot Still)로 서서히 증류시키는 방법이 사용되었으나, 1826년 스코틀랜드의 증류업자 Robert Stein의 연속식 증류기 개발에 이어 1831년 아일랜드 더블린(Dublin)의 세무관리인 Aeneas Coffey가 '코레이식 연속 증류기(Coffey Still)'를 완성하여 특허를 취득했다. 연속증류기(Patent Still)로 불리는 이 증류기의 보급으로 단기간에 대량의 알곡 위스키(Grain Whisky)를 생산하기에 이르렀다.

(2) 위스키의 분류

(가) 스카치 위스키(Scotch Whisky)

스코틀랜드에서 생산되는 위스키의 총칭이다. 보통 스카치라고 해도 스카치 위스키를 뜻하며 스코틀랜드에서 스카치 대신 Scots라고 표기하기도 한다. 이러한 스카치 위스키의 특징은 다음과 같다.

① 3,000여 종을 넘는 상표가 있다.
② 전 세계 위스키의 60%를 생산한다.
③ 맥아 건조시 이탄의 불을 사용한다.
④ 증류시 포트 스틸을 2~3회 실시한다.

스카치 위스키의 제조법상 분류를 하면 몰트 위스키, 블렌드 위스키(Blended Whisky), 그래인 위스키(Grain Whisky)로 나눌 수 있고, 블렌딩(Blending)하지 않고 단일 맥아주로 담아서 내는 위스키는 하이랜드(Highland)의 스트레이트 몰트 위스키(Straight Malt Whisky)라고 한다.

▲ 스카치 위스키

(나) 아메리칸 위스키(American Whiskey)

아메리칸 위스키는 미국에서 생산되는 위스키의 총칭이다. 아메리칸 위스키 하면 보통 라이 위스키를 가리키는데 17~18C에 걸쳐 점차로 발전했다.

1975년 제이콥 빔(Jacob Beam)이 켄터키주의 버본 지방에서 옥수수로 위스키를 만들었는데 이것이 버번 위스키의 발단이다. 1934년 당시의 아메리칸 위스키는 스카치의 모방에 지나지 않았으나 캐나다의 증류가인 시그램(Seagram) 형제가 미국으로 진출, 몰트와 그레인 위스키를 모두 페이턴트 스틸로 증류할 때 알코올 성분을 조정하는 새로운 방법을 고안해서 혼합한 위스키를 시판하게 되자 미국 국민성에 맞아 시장을 압도했던 것이다. 아메리칸 위스키는 스트레이트 위스키(Straight Whisky)와 블렌드 위스키(Blended Whisky)로 나뉘며, 이는 다시 다음과 같이 나누어진다.

① 스트레이트 위스키(Straight Whisky)

㉠ Bourbon Whisky

㉡ Rye Whisky

㉢ Corn Whisky

㉣ Bottled in bond Whisky

② 블렌드 위스키(Blended Whisky)

㉠ Kentucky Whisky

㉡ Blend of Straigh Whisky

아메리칸 위스키의 유명 상표로는 버번 위스키(Bourbon Whisky), 라이 위스키(Rye Whisky), 테네시 위스키(Tennessee Whisky) 등이 있는데 각각의 경우 다음과 같다.

① 버번 위스키(Bourbon Whisky)

㉠ I. W. Harper

㉡ Old Crow

㉢ Old Grand Dad

㉣ Old Taylor

㉤ Jim Beam

㉥ Wild Turkey

㉦ Early Time 등

② 라이 위스키(Rye Whisky)

㉠ Four Rose

㉡ Imperial

㉢ Golden Wedding

㉣ Old Frester 등

③ 테네시 위스키(Tennessee Whisky)

㉠ Jack Daniel's 등

(다) 아이리시 위스키(Irish Whisky)

아이리시 위스키는 아일랜드산의 위스키를 총칭한다. 아이리시 위스키는 맥아 외에 여러 가지의 곡류를 원료로 사용하므로 그레인 위스키로 분류되나, 포트 스틸을 사용하여 증류하는 것이 특징이다. 원래는 단품으로 병에 봉해졌으나(스트레이트 몰트 위스키), 최근에는 페이턴트 스틸을 사용한 그레인 위스키(Grain Whisky)와의 혼합도 가끔 이루어진다.

(라) 캐나디언 위스키(Canadian Whisky)

캐나디언 위스키는 캐나다 내에서 생산되는 위스키를 총칭한다. 광대한 지역에서 보리나 호밀 등 모든 곡류가 재배되므로 생산량도 많다. 주로 오타리오(Ontario)호 주변에 위스키 산업이 집결해 있고 시장의 태반이 미국이기 때문에 미국 형태의 것을 많이 생산한다. 그러나 아메리칸 위스키에 비해 호밀의 사용량이 많은 것이 특징이다.

스트레이트 위스키는 법으로 금지하고 있는 블렌드 위스키만 생산하며 또한 4년 이상의 저장기간을 규제한다. 수출품은 대개 6년 정도 저장한다. 다른 어떤 나라보다 정부의 통제가 엄격하다.

(2) 브랜디(Brandy)

브랜디는 좁은 의미로 포도를 발효·증류한 술을 말하며, 넓은 의미로 모든 과실류의 발효액을 증류한 알코올성분이 강한 술의 총칭이다. 포도 이외의 다른 과실을 원료로 할 경우는 애플브랜디(Apple Brandy), 체리 브랜디(Cherry Brandy), 에프리코트 브랜디(Apricot Brandy)와 같이 브랜디 앞에 그 과실의 이름을 붙인다.

(가) 브랜디의 종류

표 8-3 브랜디의 종

	분 류	종 류	원 료
브랜디	브랜디	코냑, 아르마냐크(Armagnac), 일반 브랜디 등	포도
	애플 브랜디	칼바도스(Calvados), 애플잭(Apple Jack) 등	사과
	체리나 오얏브랜디 (Cherry & Plum)	Kirsh Wasser, Mira-Bell(Plum) Slivovitz, Quetsch(Plum)	체리 또는 오얏
	에프리코트 브랜디(Apricot)	에프리코트 브랜디	살구

(나) 브랜디의 숙성 연수

브랜디는 숙성기간이 길수록 품질도 향상된다. 그러므로 브랜디는 품질을 구별하기 위해서 여러 가지 부호로써 표시하는 관습이 있다.

코냑 브랜디(Cognac Brandy)에 처음으로 별표의 기호를 사용한 것은 1865년 헤네시(Hennesy)사에 의해서이다. 이러한 브랜디의 등급표시는 각 제조회사마다 공통된 부호를 사용하는 것은 아니며 이외에도 여러 가지의 다른 등급표시가 있다. 코냑 제조업자 헤네시사에서 ☆☆☆를 브라 자르므(Bras Arme)라고 표시하고 있으며 레미 마틴(Remy Martin)사

표 시	숙성기간
☆	2~5년
☆☆	5~6년
☆☆☆	7~10년
☆☆☆☆	10년 이상
V. O	12~15년
V. S. O	15~25년
V. S. O. P	25~30년
NAPOLEON	30~40년
X. O	50년 이상
Extra	70년 이상

* V=VERY　S=SUPERIOR　O=OLD　P=PALE　X.O=EXTRA OLD
* REMY MARTIN / EXTRA OLD=AGE UNKNOWN / V.S.O.P=MEDALLION

[그림 8-14] 브랜디의 숙성 연수

에서는 엑스트라(Extra) 대신에 Age Unknown이라 표시하고 있다.

또한 마텔(Martell)사에서는 W.S.O.P에 해당하는 것을 메다이용(Medaillion)이라 표시하고 있듯이 각 회사별로 등급을 달리 표시하기도 하고, 다른 등급이라도 저장 연수가 다를 수 있다.

코냑의 경우 ☆☆☆(Tree Star)만이 법적으로 보증되는 연수(5년)이고 그 외는 법적 구속력이 전혀 없다.

(3) 진(Gin)

진을 한마디로 표현하자면 곡물을 발효 증류한 주정에 두송나무의 열매(Juniper Berry) 향을 첨부한 것이다.

진은 무색 투명하고 선명한 술이다. 다른 술이나 리큐어 또는 주스 등과 잘 조화되기 때문에 칵테일의 기본주로 가장 많이 쓰인다. 애음가에서부터 술에 익숙지 못한 사람에 이르기까지 친해질 수 있는 '세계의 술, Gin'이라 하기에 알맞은 술이다.

(가) 진의 종류

① 영국진(England Gin : British Gin)

㉠ 런던진(London Dry Gin)

영국에서 생산되는 진을 뜻하였으나 현재는 일반적인 용어로 사용된다. 드라이 진으로는 가장 질이 우수하다.

㉡ 올드 탐진(Old Tom Gin)

드라이 진에 약간의 당분(2% 정도)을 더하여 감미를 붙인 것이다.

㉢ 플리머스 진(Plymouth Gin)

1830년 영국의 남서부에 있는 영국 최대의 군항인 플리머스시 도미니크파의 수도원에서 만들어진 것이 시초이다. 런던 드라이 진보다 강한 향미가 있다.

② 홀랜드 진(Holland Gin : Cenevaor Schiedam Gin)

네덜란드 암스테르담과 쉬담 지방에서 많이 생산된다. 짙은 향내와 감미가 나며 칵테일용보다 스트레이트(Straight)로 마시기가 더 좋다.

③ 플래보드 진(Flavorded Gin)

주니퍼 베리 대신 여러 가지 과실, 씨, 뿌리, 약초 등으로 향을 낸 것이다. 이들은 술의 개념으로 말하면 리큐어(Liqueur)이나 유럽에서는 진의 일종으로 취급되고 있다. 플래보드

진으로는 Sloe Gin(자두의 일종인 야생 오얏), Damson Gin(다마스커스종의 서양 자두), Orange Gine(오렌지), Lemon Gin(레몬), Cherry Gin(체리), Ginger Gin(생강), Mint Gin(박하) 등이 있다.

④ 드라이 진(Dry Gin)

감미가 없는 드라이 진(Dry Gin) 특유의 맛과 향이 난다. 세계 여러 나라에서 생산되며 칵테일용 기본주로 많이 사용된다. 런던 드라이 진은 드라이 진의 형태에 속한다.

⑤ 골드 진(Golden Gin)

일종의 드라이 진으로서 짧은 기간 술통에서 저장되는 동안 엷은 황색을 낸다.

(4) 보드카

보드카(Vodka)는 슬라브 민족의 국민주라고 할 수 있을 정도로 사랑받는 술이다. 무색, 무미, 무취의 술로서 칵테일의 기본주로 많이 사용하지만, 러시아인들은 아주 차게 해서 작은 잔에 스트레이트로 단숨에 들이킨다.

러시아를 여행하는 외국인이 기대하는 것의 하나로 철갑상어알(Cavia)에 보드카를 곁들여 마시는 것을 볼 수 있을 것이다. 이러한 보드카의 어원은 12C경의 러시아 문헌에 지제니즈 뷔타(Zhiezenniz Voda : Water of life)란 말로 기록된 데서 유래한다. 15C경에는 뷔타(Voda Water)라는 이름으로 불리었고 18C부터 Vodka라고 불리었다.

▲ 보드카

표 8-4 플래보드 보드카의 종류

쯔브로우카(Zbrowka)	네덜란드 산으로 쯔브로우카 초를 담궈 만든 것으로 황록색이고 병 속에 풀잎이 떠 있어 유명하다. 4~50°의 주정도이다.
날리우카(Naliuka)	보드카에 과실을 배합한 것인데 과실의 종류에 따라 여러 가지 종류의 것이 있다.
스타르카(Starka)	크리미아 지방에서 나오는 배나 사과잎을 담가 만든 갈색의 보드카이다. 풍미를 좋게 하기 위하여 소량의 브랜디를 첨가한다. 주정도는 43°이다.
야제비아크(Jazebiak))	보드카에 도네리코의 붉은 열매를 첨가한 핑크색이다. 주정도는 50°이다.
리몬나야(Limonnaya)	주정도 40°로 레몬향을 첨가했다. 황색으로 아주 향기롭다.

(5) 럼(Rum)

서인도제도가 원산지인 럼은 사탕수수의 생성물을 발효, 증류, 저장시킨 술로서 독특하고 강렬한 방향이 있고 남국적인 야성미를 갖추고 있으며 해적의 술이라고도 한다.

럼이란 단어가 나오기 시작한 문헌은 영국의 식민지 바바도스(Barbados)섬에 관한 고문서에서 유래되었다. 그것을 서인도제도의 토착민들은 럼불리온(Rumbullion)이라 부르면서 흥분과 소동이란 의미로 알고 있다고 기술되어 있다. 이것이 현재의 럼으로 불리었다고 하는 설이 있다. 다른 한편으로 이 단어가 럼의 원료로 쓰이는 사탕수수의 라틴어인 사카럼(Saccharum)의 어미인 'rum'으로부터 생겨난 말이라는 것이 가장 유력하다.

▲ 럼

표 8-5 럼의 종류와 산지

분류	종류	특징
맛에 의한 분류	헤비 럼 (Heavy Rum : Dark Rum)	감미가 강하고 짙은 갈색으로 특히 자메이카 산이 유명하다. 주요 산지로는 자메이카, 마르티니크, 트리니다드 토바고, 뉴잉글랜드 등이다.
	미디엄 럼 (Medium Rum : Gold Rum)	헤비 럼과 라이트 럼의 중간색으로 서양인들이 위스키나 브랜디의 색을 좋아하는 기호에 맞추어 캐러멜(Caramel)로 착색한다. 주요 산지로는 도미니카(Dominica), 남미의 가이아나, 마르티니크 등이다.
	라이트 럼 (Light Rum : White Rum)	담색 또는 무색으로 칵테일의 기본주로 사용된다. 쿠바산이 제일 유명하다. 주요 산지로는 쿠바, 푸에르토리코, 멕시코, 하이티, 바하마, 하와이 등이 있다.
색에 의한 분류	다크 럼 (Dark Rum)	색이 짙고 갈색이 나는 것으로 주로 자메이카 산이 이에 속한다.
	골드 럼 (Gold Rum)	엠버 럼(Amber Rum)이라고 불리며 캐러멜 색소로 착색한 럼이다.
	화이트 럼 (White Rum)	백색 또는 무색으로 실버 럼(Silver Rum)이라고 불리며 칵테일용으로 많이 사용된다.

5. 혼성주

1) 리큐어(Liqueur)

리큐어는 일명 코디얼(Cordial)이라고 불리며 용도로 식후주 및 조리용 혹은 칵테일을 만드는 데 사용된다. 이러한 리큐어는 증류주에 향미를 첨가한 것으로 맛과 향이 짙은 것이 특징이다.

리큐어는 주로 식후주(After Dinner Drink)로 사용되며 의학적으로 사용되기도 한다. 리큐어의 종류를 크게 나누면 다음의 2가지로 나누어진다.

(1) 프루트 리큐어(Fruit Liqueur)

버찌, 딸기, 살구 등의 신선한 과일이나 말린 과일을 재료로 하여 증류주로 브랜디에 담가서 6~10개월 정도 두었다가 향미나 향취, 색깔 등이 술에 배어들면 술을 여과시켜 시럽을 첨가하여 나무로 만든 술통이나 오지항아리에 약 1년 동안 숙성시킨다.

(2) 플랜츠 리큐어(Plants Liqueur)

초목을 재료로 하여 만든 리큐어로서 주로 브랜디에 약 2일간 넣어두면 향이나 색이 배어나며 포트 스틸법으로 증류하여 캐러멜 색소를 넣어서 착색시키고 나무술통에 넣어서 단맛을 첨가시키고 나무 술통에 넣어서 1년간 숙성시킨다. 오늘날 모든 리큐어는 여성용으로 많이 이용되고 칵테일의 부재료로 널리 쓰이고 있으며, 또한 조리용으로 플람베(Flambee) 항목에 향(Flavor)을 내는 데도 쓰이고 있다.

6. 동양(East) 주류

1) 한국

(1) 한국 술의 역사

술의 본래 말은 '수블/수불', 조선시대 문헌에는 '수울' 또는 '수을'로 기록되어 있는데, 이로 미루어 '수블'이 '수울'을 거쳐서 술로 변한 것으로 짐작된다.

한국의 술 문화는 역사가 매우 깊다. 문헌에 의하면, 우리나라는 삼국시대 이전인 마한시대부터 한 해의 풍성한 수확과 복을 기원하며 맑은 곡주를 빚어 조상께 먼저 바치고 춤과 노래와 술 마시기를 즐겼다고 한다.

이러한 사실로 미루어 보아 한국에서는 농사를 시작했을 때부터 술을 빚어 마셨고 모든 행사에는 술이 애용되었음을 알 수 있다.

조선시대는 현재까지 유명주로 꼽히는 술이 정착한 시대이다. 이 시기에 술은 고급화 추세를 보여, 제조원료도 멥쌀에서 찹쌀로 바뀌고 발효기술도 단담금에서 중양법으로 바뀌었다. 이때 명주로 꼽힌 것이 삼해주, 이화주, 부의주, 하향주, 춘주, 국화주 등이다.

조선시대 후기에는 지방주가 전성기를 맞았다. 지방마다 비전되는 술들이 맛과 멋을 내면서 출현하기 시작한 것이다. 이때에는 서울의 약산춘, 여산의 호산춘, 충청의 노산춘, 평안의 벽향주, 김천의 청명주 등이 명주로 손꼽혔다.

현대의 대표적인 명주로는 경기도의 옥로주, 전북의 송하백일주, 안동의 안동소주, 담양의 청학골 죽엽청주, 한산소곡주, 왕주, 문배주 등을 꼽을 수 있다.

(2) 한국 술의 종류

① 안동의 소주

소주의 원어는 원나라의 증류주인 아라끼에서 비롯된 아랭이이다. 고려를 침공한 몽

골군이 일본을 정벌하기 위하여 안동에 군사기지를 설치했을 때 그 제법이 안동에 퍼진 것으로 추측된다.

② 완주의 송죽 오곡주(松竹 五穀酒)

오곡으로 술밥을 짓고 산수유, 감초, 구기자, 당귀 등을 첨가하고 소나무 수액, 대나무잎을 넣어 빚어 낸다.

③ 한산의 소곡주(素穀酒)

예부터 즐겨 마시던 술의 종류와 제조기법 등을 기술한 『동국세시기』에는 백제 유민들이 지금의 한산면인 주류성에 모여 빼앗긴 한을 달래기 위해 빚어 마셨다고 한다. 통밀로 뜬 누룩을 밤이슬에 맞혀 식히고 떡국물을 부어 걸러낸 누룩 국물을 밑술로 하여 술밥과 엿기름가루, 고추, 생강, 말린 들국화 등을 넣어 빚은 술이다.
한양에 과거 보러 가던 선비가 이 지방을 지나다 이 술을 마시면 그 맛에 젖어 과거 날짜도 놓쳤다고 해서 일명 앉은뱅이술이라고도 한다.

④ 경주 교동의 법주(法酒)

경주의 최씨 문중에 대대로 전수되어 온 비법주이다. 맑고 투명하며 특유의 곡주 냄새와 단맛, 신맛을 함께 지니고 있다. 술을 빚는 데 100여 일이나 걸리고 마시는 방법이 까다로운 예절 때문에 법주라 했다고 한다.

⑤ 김천의 과하주(過夏酒)

그 맛과 향이 뛰어나 한여름을 나는 데 빼놓을 수 없는 양반네들의 고급 청주이다. 찹쌀로 술밥을 지어 국화와 쑥을 깔고 그 위에 술밥을 말린 후 떡을 만들어 술을 빚는데, 물을 사용하지 않는 것이 특이하다. 높은 진국의 술로 향기가 특출하고 감미롭다.

▲ 안동 소주 & 김천 과하주

▲ 경주 교동법주 & 송죽 오곡주

(3) 한국 술 예절

- 윗사람이 주는 술잔은 두 손으로 공손히 받되, 너무 황송해 하는 행동은 보기에 좋지 않으므로 자연스럽게 예를 갖추어 받아야 한다.
- 잔을 받으면 바로 내려놓지 말고 술을 따라 줄 때까지 잔을 손에 들고 있어야 한다.
- 술을 마신 후에는 자기에게 술잔을 준 사람에게 잔을 건네고 술을 따라 주어야 한다.
- 윗사람이 술을 따라 주면 바로 상 위에 놓지 말고 한 모금 마신 뒤에 놓는다.
- 아버지 연배에 가까운 어른이나 어려운 상사의 술잔을 받았을 때에는 고개를 약간 옆으로 돌리고 자연스럽게 마신다.
- 건배를 할 때는 윗사람의 술잔에 부딪히거나 높게 들지 않는다.
- 줄 때나 받을 때 오른손으로 해야 한다.
- 왼손으로 주거나 받는 것은 상대에 대한 감정이 있거나 권하기 싫은데 어쩔 수 없이 술잔을 권한다는 뜻으로 표출된다.
- 윗사람에게 술잔을 줄 때는 상대방이 술잔을 받기 좋도록 오른손으로 술잔을 잡고 왼손 끝으로 잔의 밑이나 오른손을 살짝 받쳐 공손하게 준다.
- 손아랫사람에게 술잔을 줄 때에는 한 손으로 주어도 무방하나, 상대방에게 술잔을 주지 않고 상 위에 술잔을 놓고 따라 주는 것은 바람직한 예절이 아니다.

2) 중국

(1) 중국 술의 역사

중국 술의 역사는 대략 5천 년으로 하왕조 때부터 술을 제조하기 시작하였다고 한다. 상고시대 술의 용도는 주로 제신(祭神)용이었지만, 사회가 발전하면서 술은 인간의 삶에서 빠질 수 없는 기호품이 되었다.

기록에 따르면 중국의 고서 『전국책(戰國策)』의 「여씨춘추(呂氏春秋)」에 술에 대한 첫 기록으로, “옛날 황제의 딸 의적(儀狄)이 술을 맛있게 빚어 우왕(寓王, 하(夏)나라의 시조)에게 올렸다”는 내용이 있다.

기록에 의하면, 역대 왕후장상, 영웅호걸, 문인묵객(文人墨客) 중에서 술을 좋아하지 않는 사람은 거의 없었기 때문에 술은 옛사람들의 물질적·정신적 생활과 사교 속에서 중요한 역할을 하였다.

(2) 중국 술의 종류

중국에는 지방마다 한두 개 정도의 특산주가 있을 정도로 술의 종류가 많을 뿐만 아니라, 알코올 도수 또한 보통 40~60도로 매우 독한 것이 유명하다. 중국에는 술에 관한 고사가 많고, 술을 노래한 시인들도 많다. 이태백과 같은 주선은 술을 먹다가 삶을 마감했고, 전원 시인 도연명은 「헌주사(獻酒詞)」 25편을 남겼다. 이들은 술을 인생의 좋은 반려자로, 인생의 삶의 질을 높여 주는 좋은 짝으로 보았다. 중국 술은 크게 다섯 가지로 나눌 수 있다. 증류수인 백주, 양조주인 황주, 한약방을 이용한 노주, 과일 등을 이용한 과실주, 그리고 맥주이다.

① 백주(白酒) - 백주란 한국의 청주처럼 백색의 투명한 술을 통틀어서 일컫는다. 곡류나 잡곡류를 원료로 해서 만드는 증류주로서 알코올 도수가 보통 40도 이상으로 매우 독하다. 지금부터 약 900년 전쯤 송나라 때부터 백주를 빚기 시작했다고 한다. 한국인들이 말하는 빼갈이 이 술에 속한다. 귀주의 마오타이주, 산서성에서 생산되는 분주, 그리고 5종의 곡물을 재료로 해서 빚은 오곡액, 고량주 등이 있다. 마오타이주는 알코올 도수가 53도이며, 마오타이촌의 물로 생산된 것이라 하여 마오타이주로 불린다. 이 술은 고원지대의 질 좋은 고량과 소맥을 주원료로 7번의 증류를 거쳐 밀봉 항아리에 넣고 3년 이상 숙성과정을 거친다. 분주는 1500년의 역사를 지니고 있으며 알코올 도수 61도로 술 빛깔이 맑고 빛나며 청향형(淸香形)에 속한다. 산동성 분양현 행화촌에서 생산되며 남북조시대부터 제조되었다. 오곡액은 당나라시대에 처음 양조된 술로서 고량, 쌀, 옥수수, 찹쌀, 소맥 등 5가지 곡물을 양조하여 향기가 그윽하고, 술맛이 순수하며 깨끗한 뒷맛이 일품이다. 대국주는 중국 8대 명주에 들어가는 술로서 밀이나 보리, 오나두 등을 이용하여 만든 누룩을 이용하여 발효시킨 다음 이때 나온 주정을 다시 증류하여 만든 술이므로 매우 독한 것이 특징이다. 사천 성도의 전흥(全興) 대국주가 대표적인 술이다.

② **황주(黃酒)** – 저알코올 술로 일반적으로 15~20도이며 황색이고 윤기가 있다. 황주는 한국의 탁주에 해당하지만 탁주만큼 흐리지는 않다. 황주는 곡물을 원료로 해서 전용 주륵과 주약(약초랑 그 즙 등을 넣어 배합하고 곰팡이를 채운 것)을 첨가하여 당화, 발효, 숙성을 거쳐 마지막에 압축을 해서 만들어진다. 황주의 역사는 중국 술의 역사와 같아 4천 년이 넘는다. 황주의 명칭은 색깔, 산지, 맛, 양조법에 따라 무척 다양하다. 대표적인 황주는 소흥주를 들 수 있다. 황주 중에서 가장 오래된 술로 절강성 소흥에서 생산되어 이름이 붙여진 것이다.

③ **노주(露酒)** – 노주는 미주라고도 하는데, 한국말로 하면 약주(藥酒)라고도 할 수 있다. 술에다 각종 식물이나 약재를 넣고 함께 증류시켜 독특한 맛과 향기를 내게 한 술이다. 노(露)는 이슬을 말하며 이른 새벽의 영롱한 건강을 상징하기도 하여 붙여진 이름이다. 대표적인 노주로 죽엽청주, 오가피주가 있다. 오가피주는 오갈피나무의 껍질 등 10여 종의 약초를 고량에 넣어 만든 것이고, 죽엽청주는 펀주에 대나무 잎 등의 약초를 넣어 만든 것이다. 기를 충족시키며 혈액을 순화시키는 작용을 한다고 한다.

④ **과실주** – 과실주의 대표는 역시 포도주이다. 사마천의 『사기』를 보면 중국의 서북지방에서 포도를 재배하여 술을 담갔다는 기록이 있다. 현재 중국의 최상급 포도주는 산동연대의 홍포도주와 청도의 백포도주가 유명하다. 연대 지부는 연대에서 9km 떨어진 조그마한 섬으로 프랑스의 보르도와 같이 국제 포도주 도시로서 유명하다. 1892년에 창업한 연대 장유공사에서 만든 연대 적포도주, 연대 미미사, 금장 박란지 등은 중국의 명주로 유명하다.

⑤ **맥주** – 맥주는 중국 각 지방마다 고유의 브랜드를 가지고 있다. 그중에서도 청도맥주가 가장 유명하며 독일과 기술제휴에서 만든 것이다. 청도맥주는 중국 8대 명주 중 하나로 중국 근대사의 비극을 반영하고 있는 술이다. 19세기 영국을 위시하여 서구의 열강이 중국을 침략하였기에 당시 각 지방에 조차지라는 것이 생기게 되었는데, 청도는 독일의 조차지였다. 청도의 물이 좋아 독일인에 의해 1903년 중국 최초의 근대적인 맥주공장이 생기게 되었다.

▲ 백주 & 황주

▲ 맥주 & 노주

3) 중국 술 예절

술은 백주, 즉 고량주나 맥주 등 기호에 따라 선택하여 마신다.

- 손님부터 먼저 주며 돌아가면서 잔을 가득 채운다.
- 첫잔은 반드시 건배, 즉 잔을 완전히 비운다.
- 술잔은 두 손으로 받치고 마시며, 술을 다 마시고는 술잔을 상대방에게 보여 준다.
- 중국인들은 술잔을 완전히 비우는 '乾杯'를 좋아하나, 자신이 없을 때는 '隨意'라고 하며 알아서 마셔도 된다.

중국 술 마실 때의 주의사항 : 중국에서는 술에 약한 사람이라도 같이 마시는 것이 에티켓이다. 중국식 건배는 단번에 들이마셔 잔의 밑을 상대방에게 보여 주는 것이다.

술을 마실 수 없는 상황이라도 입술을 약간 적시는 정도의 성의는 보여야 한다.

3) 일본

(1) 일본 술의 역사

일본에서 쌀을 주재료로 하여 술이 만들어지게 된 것은 조몽시대 이후 야요이 시대에 걸쳐 수도 농경이 정착한 후에 서일본의 쿠슈, 킨키지역에서의 주조가 그 기원이라고 볼 수 있다. 그 당시는 가열한 곡물을 잘 씹어 타액의 효소(디아스타제)로 당화시킨 후 야생 효모에 의해 발효시키는 가장 원시적인 방법을 이용하고 있었다. 이렇게 술을 빚는 것을 양(釀)이라고 하는데, 이 어원은 '씹다'라고 한다.

그 당시 입으로 씹는 작업을 하는 것은 무녀에 한정되어 있어 술을 빚는 주조의 원조는 여성으로부터 나오게 된 것으로 전해지고 있다. 술 명칭도 '사케'라고 하는 호칭으로 불리지 않았으며 키, 미키, 미와, 쿠시 등과 같은 다양한 이름을 갖고 있었다.

또한 고대의 술은 음식적인 요소가 강하여, 고체에 가까운 액체를 젓가락으로 먹었다고 한다. 나라시대 초기에 중국에서 개발된 국(누룩)에 의한 주조법이 한반도로 전해지게 되고, 백제에서 귀화한 백제인이 일본에 전승했다고 『고사기』에 기록되어 있다. 이 국(누룩)이 일본에서는 가무태지(加無太知)로 불리었다고 한다. 이것에 의해 쌀누룩에 의한 양조집이 보급되게 되었다. 그 후 율령제도(국가적 성문법체계)가 확립되어 조주사(造酒司)라고 하는 관공서가 설치되어 조정을 위한 술의 양조체제가 정립되고, 이에 주조기술이 한층 진보하게 되었다.

(2) 일본 술의 종류

① 아쓰캉

전통 일본 곡주를 따뜻하게 데운 것으로 우리나라의 일식집에서도 따뜻하게 데운 정종을 팔기 때문에 낯설지는 않겠지만, 본고장에서 맛보는 전통 일본 술에 비교할 바는 아니다. '아쓰캉'은 '독구리'라고 하는 앙증맞게 작은 자기 술병에 담겨 나오는데, 술이 아주 부드럽고 역한 냄새도 없어 목에서 감기듯 넘어간다.

② 맥주

맥주는 일본의 가장 일반적인 주류로 술통꼭지에서 바로 꺼낸 생맥주나 병맥주로 제공된다.

병맥주는 대, 중, 소로 각각 330ml, 500ml, 633ml의 규격으로 생산된다. 대부분의 술집에서는 소 혹은 중 규격품이 공급된다. 생맥주는 맥주집에서 조끼에 넣어 갖다 주며, 여름철에는 옥외나 백화점 옥상에 맥주시음장을 마련하여 맥주애호가들로 북적인다. 맥주의 가격은 술집의 형태에 따라 다양하다.

③ 사케

쌀로 빚은 일본전통의 술로 주류 판매상에서 큰 병 단위로 판매하고 있다. 일반주점에서는 병째로 내지 않고 작은 도자기 술병에 넣어 작은 도자기 술잔과 함께 술상을 낸다. 일본주는 차게, 혹은 따끈하게 데워서 마신다. 어떻게 마시든지 일본주는 그 부드럽고 향기로운 미각이 일본요리와 매우 잘 어울린다. 일본주는 부드러운 듯 강하므로 숙취하지 않도록 적당히 마시는 것이 좋다.

④ 위스키

국산 위스키와 수입 위스키의 가격은 마시는 곳에 따라 매우 다르다. 대부분의 일본인은 '미즈와리'라고 하여 얼음과 미네랄워터에 희석해서 마신다. 위스키의 미각을 더해 준다는 비싼 빙하의 얼음이 요사이 일본에서 인기를 끌고 있다.

⑤ 와인

서양요리를 제공하는 레스토랑에서는 국산과 외국산 와인을 제공하고 있다. 중국산 '라오츄'는 중국식 레스토랑에서 마실 수 있다. 최근 수년간 좋은 와인과 알맞은 안주를 제공하는 격조 있는 와인 바가 점차 대중화되고 있다.

⑥ 소주

증류된 화주(火酒)는 고구마, 밀, 수수 등의 재료로 만들어지는 술로서 보드카와 비슷하다. 일본인들은 스트레이트로 마시거나 얼음을 넣어서 혹은 칵테일로 해서 마신다. 한때는 찾는 사람이 적었으나 근래 들어 젊은 층 사이에서 상당히 인기를 끌고 있다. 시중의 호평을 얻고 있는 제품일수록 사람들이 싫어하는 강한 향미를 피하여 부드럽고 순하다. 거의 모든 일본식 술집에서 판매하고 있다.

▲ 니혼슈

▲ 소주

▲ 사케 & 와인

▲ 위스키 & 맥주

(3) 일본 술의 예절

1. 연령, 성별에 관계 없이 술에 취해 노래를 부르거나 춤을 춰도 괜찮다.
2. 술값은 참석한 사람의 수대로 나누어서 계산한다.
3. 술을 한 손으로 따라도 된다.
4. 술이 잔에 조금 남았을 때 첨잔하는 것을 미덕으로 생각한다.
5. 남녀가 술을 마실 경우 여자 쪽에서 상대방 남자에게 술을 따라 주는 것을 당연하게 생각한다.
6. 일본인과 술을 마시러 가더라도 미리 “오늘 9시부터 다른 약속이 있다”라고 말해 두면 한국처럼 2차, 3차까지 휩쓸려 가지 않아도 된다.

○ 동양의 주류에 관한 토막상식

♣ 소주에 대한 기초상식

- 소주에는 영양이 있다?

  No. 소주는 에탄올 1ml당 7.1kcal의 열량을 가지고 있을 뿐 다른 영양소는 거의 없다.
- 소주가 산화되는 데 걸리는 시간은?

  보통 체중 60kg인 사람이 소주 1병을 마셨을 때 모두 산화되는 데 걸리는 시간은 약 15시간이다. 건강한 간이라 해도 정상으로 회복되는 데 72시간이 걸리므로, 3~4일 간격으로 술을 마셔야 간에 지장이 없다.
- 희석식과 증류식이 뭐지?

  소주는 희석식과 증류식이 있다. 그 하나는 현재 판매되고 있는 일반적인 소주인 희석식 소주로 효모를 발효시킨 후 증류시켜 이물질과 향을 없앤 것으로 순도 95%의 순수 알코올인 주정이 너무 독하기 때문에 마시기 편하게 조정하여 제조한 소주를 말한다. 증류식 소주는 고려시대부터 시작된 전통적인 방법으로 곡물을 발효시킨 후 증류시킨 것을 말하며, 원료의 선정이 맛을 좌우하고 희석식보다 향과 맛이 상당히 강하다.

7. 칵테일(Cocktail)

1) 칵테일(Cocktail)의 개념

1795년 미국의 뉴올리언스에 이주해온 A.A. 페쇼가 달걀노른자를 넣은 음료를 만들고 프랑스어로 'coquetier'라고 한 데서 비롯되었다는 설도 있고 cocktail(수탉꼬리)과 술의 유래를 연관짓는 몇 가지 설도 있으나 결정적인 것은 없다. 확실한 것은 칵테일은 미국에서 유행했으며 미국에 금주령이 내려진 이후 실직한 바텐더들이 유럽에 건너가 칵테일 기술을 유럽에 전파했다는 사실이다. 유럽에서는 한동안 특수층에서만 애음되었으나 제1차 세계대전 이후 일반화되었으며, 한국에는 8·15해방 후에 알려져 대중화되기 시작했다.

술의 권위자인 미국의 David A. Embury는 *The Fine Art of Mixing Drinks*라는 저서에서 칵테일을 다음과 같이 정의하고 있다.

① 칵테일은 식욕을 증진시키는 윤활유이다. 결코 감퇴시키는 것이 되어서는 안된다. 너무 단맛이나 주스가 과잉 혼합된 것은 이 정의에 의해 술자리에서 물러나야 한다.

② 칵테일은 식욕과 동시에 마음도 자극하고 Mood를 만들어 내는 것이 아니면 의미가 없다. 정성껏 만든 칵테일은 가장 훌륭한 음료이다. 긴장을 풀고 근육을 부드럽게 하고 피곤한 눈에는 다이아몬드와 같은 빛을, 혀에는 미끄러운 작용을 주고 우정을 높인다. 너무 강하거나 묽어지면 그와 같은 효과를 얻을 수 없다.

③ 칵테일은 아주 맛이 있지 않으면 가치가 없다. 그러기 위해서는 혀의 맛, 감각을 자극할 만한 샤프함이 바람직하다. 너무 단 것, 시큼한 것, 쓴 것이나 향기가 너무 강한 것은 실격이다.

④ 칵테일은 얼음에 잘 냉각되어 있지 않으면 안된다. 손에서 체온이 전해지는 것이 두려워 일부러 Stem이 달린 칵테일글라스를 이용하는 것이다.

모든 칵테일은 크게 롱 드링크와 쇼트 드링크로 나뉜다. 롱 드링크는 비교적 천천히 오랫동안 마시는 것으로 텀블러(tumbler)·고블렛(goblet) 등의 큰 잔을 사용하며 탄산수·물·얼음 등을 섞어 만든다. 진 피즈, 하이볼, 위스키 샤워, 보스턴 쿨러, 럼 줄렙, 클라렛 코블러(cobbler), 데이지, 싱가포르 슬링, 에그노그, 펀치 등이 이에 속한다. 쇼트 드링크는 60㎖ 정도의 적은 양을 단시간에 마시는 것으로 작은 칵테일잔을 이용한다. 쇼트 드링크에는 맨해튼, 올드패션드, 알렉산더, 사이드 카, 스크루드라이버, 다이키리(daiquiri), 푸스 카페(pousse cafe) 넘버원, 엔젤 키스, 베네딕틴 프라페 등이 있다.

2) 칵테일 용어

① 베이스(base) : 기주 칵테일을 조합할 때 기본이 되는 술로서 기주(基酒)라 할 수 있다.
② 체이서(chaser) : 알코올성분이 높은 술을 스트레이트로 마신 후 입가심으로 마시는 청량음료(냉수・소다수・토닉워터)를 말한다.
③ 드롭(Drop) · 대시(Dash) · 티스푼 : 첨가물의 양을 나타내는 말로 1드롭은 1방울, 1대시는 6드롭스, 1티스푼은 1바스푼이다.
④ 플로트(float) : 증류주・와인・크림 등을 비중을 이용해 바스푼으로 칵테일 위에 띄우는 것이다.
⑤ 필(peel) : 레몬이나 오렌지 등의 껍질을 벗겨서 잔 위에 놓아 향을 내는 것이다.
⑥ 셰이크(shake) : 진탕기에 양주・설탕・시럽 등을 얼음덩어리 3~4개와 함께 넣고 빠르게 흔들어 혼합・냉각하는 것이다.
⑦ 싱글(single) : 술의 양을 표시하는 단위로 한 잔분 30ml(1온스)이며 더블은 그 2배(60ml)를 의미한다.
⑧ 슬라이스(slice) : 과일을 얇게 자른 것이다.
⑨ 스노 스타일(snow style) : 잔의 가장자리를 레몬 즙으로 적시고 그 위에 설탕을 뿌려 눈처럼 보이게 한 것이다.
⑩ 스퀴즈(squeeze) : 스퀴저를 사용해 과실의 즙을 짜는 것이다.
⑪ 스터(stir) : 바스푼으로 술을 휘저어서 혼합・냉각하는 일이다.
⑫ 프라페(frappé) : 잔에 얼음조각을 가득 넣고 그 위에 단술(甘酒)을 넣은 것으로 컷 스트로(cut straw)로 마신다.
⑬ 스위트(Sweet) : 술의 단맛을 표현할 때 쓰는데, 보통 스위트베르무트(sweet vermouth)나 시럽을 사용한다.

기주(基酒)

양조주 · 증류주 · 혼성주 · 발포주(發泡酒) 등이 있다. 양조주에는 포도주 · 맥주 · 청주 · 과실주가 있고, 증류주에는 위스키 · 브랜디 · 진 · 보드카 · 럼 · 소주가 있으며, 혼성주에는 리큐어 · 베르무트, 발포주에는 샴페인과 스파클링 와인이 있다. 또 기주 외에 소량의 비터스(bitters : 苦味酒)를 넣어 칵테일의 풍미를 돋우고 건위 · 강장을 도우며 술의 희석에 이용하기도 한다. 생수와 얼음은 필수품이며 부재료로는 밀크 · 크림 · 달걀 · 설탕 등이 이용되고 감미제로는 각종 시럽이 쓰인다.

3) 칵테일 기구

① 셰이커(shaker : 진탕기) : 양주에 과즙・설탕 등을 섞고 빠르게 흔드는 기구로 얼음을 급속히 냉각시킨다.

② 믹싱 글라스(mixing glass : 혼합 유리잔) : 셰이커로 흔든 술의 맛이 변하는 것을 방지한다.

③ 스트레이너(strainer : 여과기) : 칵테일을 유리잔에 옮길 때 믹싱 글라스에 걸쳐서 얼음이 쏟아지지 않도록 하는 기구이다.

④ 바스푼(barspoon) : 티스푼과 같은 것으로 칵테일의 내용물을 측정할 때 사용하는 기구이다.

⑤ 스퀴저(squeezer) : 과일을 짜서 주스를 만드는 기구이다.

⑥ 메저 컵(measure cup : 계량컵) : 지거 글라스(jigger glass)라고도 하며 술의 양을 측정하는 기구이다.

⑦ 비터스 보틀(bitters bottle) : 비터스를 보존하는 유리병이다.

⑧ 아이스 픽(ice pick) : 얼음을 깨는 끌이다.

⑨ 아이스 페일(Ice Pail) : 아이스 바스켓(Ice Basket)이라고도 하며, 얼음을 넣어두는 용기이다.

⑩ 포우러(Pourer) : 주류를 따를 때 흘리지 않도록 병에 끼워서 사용한다.

4) 칵테일 종류

칵테일은 마시는 때와 장소에 따라 다양하게 나눌 수 있다.

① 애피타이저(appetizer) 칵테일 : 식욕증진을 위해 식사 전에 마시는 칵테일로 맨해튼・마티니 등이 있다.

② 크랩(crab) 칵테일 : 정찬의 오르되브르(hor d'oeuvre : 전채)나 수프 대신 나오는 것으로 자양이 풍부한 먹는 칵테일이다. 어패류와 채소에 칵테일 소스를 얹은 것으로 로열 클로버, 버뮤다로즈 칵테일 등이 있다.

③ 비포 디너 칵테일 : 식사 전의 칵테일로 마티니, 미디엄 칵테일 등이 있다.

④ 애프터 디너 칵테일 : 식사 후의 칵테일로 단맛이 강하고 음식물의 소화를 촉진한다. 브랜디 칵테일, 알렉산더 칵테일 등이 있다.

⑤ 서퍼(supper) 칵테일 : 만찬 때 마시는 쓴 칵테일로 압생트(absinthe) 등이 있다.

⑥ 나이트캡(nightcap) 칵테일 : 취침을 돕기 위해 자기 전에 마시는 칵테일로 꼬잉트루(cointreau) · 브랜디 에그노그 등이 있다.

⑦ 샴페인 칵테일 : 축연(祝宴)이나 연회석상에 나오는 칵테일이다.

5) 칵테일 만드는 법

① 김렛(gimlet) : 드라이 진 40ml, 라임 주스 20ml 스터하여 칵테일 글라스에 따른다.

② 다이키리(daiquiri) : 화이트 럼 40ml, 라임 주스 20ml, 셰이커로 만들어 칵테일 글라스에 따른다.

③ 마티니(martini) : 드라이 진 40ml, 드라이 베르무트 20ml, 오렌지 비터스 1~2방울, 믹싱 글라스로 만들며 레몬필을 짜서 잔에 걸치고 올리브 열매로 장식한다.

④ 브랜디 에그노그(brandy eggnogg) : 브랜디 50ml, 럼 15ml, 셰이커로 만들고 텀블러에 따라 밀크를 곁들여 마신다.

⑤ 사이드 카(side car) : 브랜디 20ml, 꼬잉트루 또는 화이트 큐라소 20ml, 레몬 주스 20ml, 셰이커로 만들어 칵테일 글라스에 따른다. 신맛이 강하다.

⑥ 솔티 도그(salty dog) : 보드카 30~50ml, 그레이프 푸르트 주스 60~90ml, 셰이커로 만들고 얼음을 채운 텀블러에 따라 마신다.

⑦ 싱가포르 슬링(Singapore sling) : 드라이 진 30ml, 체리 브랜디 15ml, 레몬 주스 20ml, 설탕 1티스푼, 셰이커로 만들고 텀블러에 따라 소다수를 채운다.

⑧ 알렉산더(Alexander) : 브랜디 20ml, 카카오 크림 20ml, 생크림 20ml, 각설탕 1개, 셰이커로 만들며 육두구열매(너트메그) 가루를 뿌린다. 단맛이 있어 여성들이 즐겨 마신다.

⑨ 올드 패션드(old fashioned) : 위스키 60ml, 비터스 5~6방울, 레몬 즙 1~2방울, 그레나딘 시럽 1 티스푼, 올드 패션드 잔에 각설탕 · 비터스 · 얼음 · 위스키를 넣고 섞는다.

⑩ 위스키 사워(whisky sour) : 위스키 50ml, 레몬 주스 20ml, 설탕 1/2 티스푼, 셰이커로 만들고 사워 글라스에 따라 소량의 소다수를 가한다. 레몬 슬라이스로 장식한다.

⑪ 진 레트(gin ret) : 드라이 진 50ml, 라임 주스 15ml, 스터러(교반기)로 만들어 텀블러에 따라 레몬 슬라이스를 띄운다.

⑫ 진 피즈(gin fizz) : 드라이 진 50ml, 레몬 주스 20ml, 설탕 2티스푼, 셰이커로 만들고 텀블러에 따라 소다수를 채워 스터한다. 레몬 슬라이스로 장식한다.

▲ 마티니

▲ 핑크레이디

▲ 김렛

▲ 깁슨

▲ 어라운드더월드

▲ 선라이즈

▲ 블랙러시안

▲ 블루하와이

▲ 엔젤스키스

▲ 블루마가리타

8. 바(Bar)

1) 바(Bar)의 개념

바의 개념은 프랑스어의 'Bariere'에서 유래된 말로 손님과 바맨(bar man) 사이에 가로놓여 있는 널판을 바(bar)라고 하던 개념이 오늘날에는 술을 파는 업장을 총칭하는 의미로 사용되고 있다. 즉 레스토랑이 음식을 통하여 고객의 식욕구를 충족시켜 주는 물적 공간이라면 바(bar)는 시설이나 분위기에 있어서 각 호텔의 성격에 알맞은 구조와 디자인 그리고 독특한 조명과 시설 및 음악으로 고객의 기분을 회복시켜 주는 정신적 공간이라고 할 수 있다. 따라서 아늑한 분위기가 느껴지는 장소에 일정한 시설을 갖추어 놓고 세계 각국에서 생산되는 명주를 비롯한 각종 음료와 서비스를 갖추어 제공하는 업장이라고 할 수 있다. 이와 같은 호텔의 바(bar)에는 로비라운지 바, 스카이라운지 바, 칵테일 바, 와인 바, 펍 바, 댄스 바, 가라오케 바 등이 있다.

▲ 르네상스호텔 바 〈트레비〉

▲ 그랜드 인터컨티넨탈(바) 로비라운지

2) Bar의 조직 및 직무분석

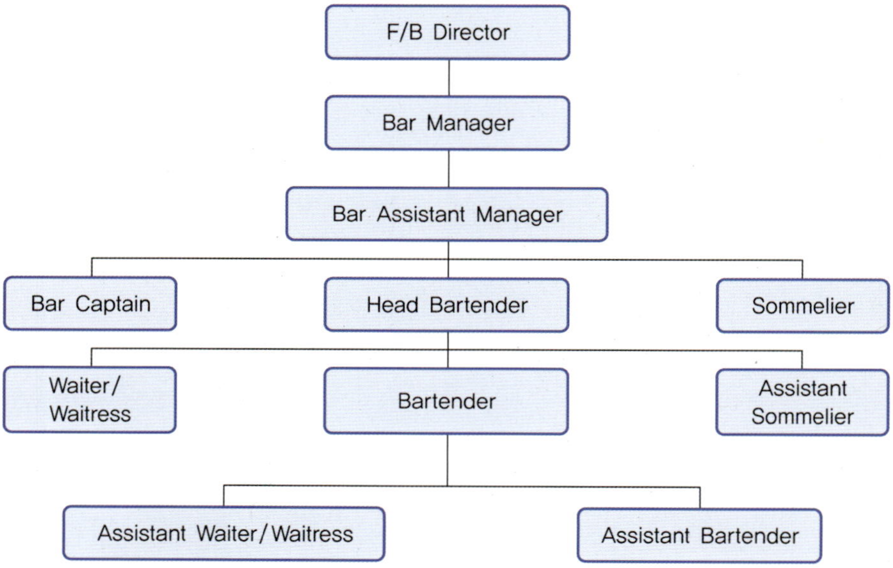

[그림 8-15] 바의 조직도 사례

(1) 음료지배인

① 바 종사원들의 근무편성과 바 영업을 책임진다.

② 각종 음료 및 칵테일에 대한 풍부한 지식을 가지고 종사원들의 교육훈련을 담당한다.

③ 일정수준의 외국어 능력을 배양하여 고객영접과 안내를 담당한다.

④ 고객서비스를 철저히 지휘·감독하여 고객관리에 만전을 기한다.

▲ 쉐라톤 워커힐 바

▲ 우바

⑤ 음료의 양 목표관리와 재고관리를 감독한다.
⑥ 호텔서비스의 매뉴얼과 규정을 준수하고 이를 감독한다.
⑦ 영업종료 후 영업보고 및 재료 사용보고서를 작성·제출한다.
⑧ 위생 점검을 매일 실시하고 모든 기기와 기물을 점검하여 각 바가 청결하고 정상적인 상태로 되어 있도록 책임지고 감독한다.
⑨ 표준 칵테일 레시피(Recipe)를 각 바에 비치하고 이에 대한 교육을 담당한다.
⑩ 가격조정과 원가계산도 할 수 있어야 하며 월말 재고조사(Monthly Inventory)를 실시한다.

(2) 소믈리에

① 와인의 진열과 음료재고를 점검·관리하며 필요시 음료창고로부터 보급·수령한다.
② 고객으로부터 와인주문 및 추천을 돕고 서브를 담당한다.
③ 주문받은 와인을 규칙대로 정중하게 서브한다.
④ 아이리시 커피(Irish Coffee)와 리큐어 플람베(Liqueur Flambee)를 준비한다.
⑤ 업장 서비스 매뉴얼과 호텔규정을 숙지하고 있어야 한다.
⑥ 항상 최선의 서비스를 제공할 수 있도록 음료판매 및 관리자에 만전을 기한다.
⑦ 와인의 프로모션(promotion)을 계획하고 진행할 수 있도록 한다.
⑧ 하우스 와인(house wine)을 지정하여 이에 따른 판매전략과 교육을 실시한다.

▲ 메이필드호텔(레스토랑) 바 〈M bar〉

(3) 헤드바텐더

① 영업시간 전에 담당구역의 서비스 준비사항과 직원들을 점검한다.
② 담당구역의 정돈상태와 준비상황을 점검한다.
③ 바 서비스에 책임자로서 정확한 주문과 서브를 담당한다.
④ 필요시 지배인의 업무를 보좌하며 대행하기도 한다.
⑤ 판매되는 음료상품의 지식, 시간, 순서들을 정확히 숙지해야 한다.
⑥ 업장에서의 서비스와 연계된 모든 행사일정에 관해 파악해야 한다.
⑦ 식음료가 제공된 후 고객의 분위기를 주의 깊게 관찰한다.
⑧ 고객이 떠난 후 테이블을 재정비하도록 지시한다.
⑨ 업장의 서비스에 대한 매뉴얼, 긴급조치사항 등을 숙지한다.
⑩ 신입사원 및 실습생의 교육을 담당하며 업장 내 행정업무를 담당한다.

▲ 임페리얼 바 〈Zoe bar〉

(4) 바 캡틴

① 접객서비스의 책임자로서 정확한 주문과 서비스를 담당한다.
② 필요시 지배인의 업무를 보좌하며 담당구역 및 준비사항 등을 점검한다.

③ 고객으로부터 직접 주문을 받고 계산서를 발행한다.
④ 판매되는 품목의 상품지식, 시간, 순서 등을 정확히 숙지해야 한다.
⑤ 신입사원 및 실습생의 교육을 담당하며 업장 내 행정업무를 담당한다.
⑥ 종사원의 근무 스케줄을 작성하여 보고한다.
⑦ 각종 음료의 판매촉진을 위한 행사의 목적을 달성할 수 있도록 한다.
⑧ 영업 종료 후 그날의 영업일지를 작성하고 특이사항을 보고한다.
⑨ 고객으로부터 예약사항을 점검하고 이에 따른 준비를 한다.

(5) 바텐더

① 매일 영업에 필요한 각종 음료의 재고량(Bar Stock)과 기물 등을 준비한다.
② 글라스류 및 칵테일 용기 등을 세척, 정리한다.
③ 냉장고, 제빙기 등의 기기를 점검한다.
④ 와인, 맥주, 청량음료 등의 적정온도가 유지될 수 있도록 점검하고 관리한다.
⑤ 칵테일의 양목표(Recipe)에 준하여 지정된 계량기 및 글라스에 제공한다.
⑥ 바텐더는 여러 종류의 와인 지식을 갖추고 있어야 한다.
⑦ 영업종료 후 재고조사(Inventory)를 하여 매니저에게 보고한다.
⑧ 영업종료 후 바 주위의 청소와 기물정리를 담당한다.

(6) 바 웨이터/웨이트리스

① 담당 테이블과 그 주위를 항상 정리정돈하고 청결을 유지한다.
② 정중하게 고객으로부터 주문을 받아 계산서를 작성한다.
③ 서비스는 정확하게 하며 반드시 트레이를 사용하여 서브한다.
④ 항상 고객을 주시하고 주문이나 필요시 도와줄 수 있도록 한다.
⑤ 고객이 돌아간 후 테이블을 재사용할 수 있도록 한다.
⑥ 기물취급법, 상품지식 등을 숙지하여야 한다.
⑦ 판매되는 음료의 상품을 숙지하여 고객에게 추천할 수 있도록 한다.

(7) 어시스트 바텐더

① 바 운영에 필요한 각종 주류를 포함하여 기물, 리넨, 비품 등을 창고로부터 수령한다.
② 칵테일 장식에 필요한 과일류를 슬라이스(Slice)하여 즉시 사용할 수 있도록 준비하여 놓는다.

③ 바에 있는 비품들을 위생적으로 유지하고 바 카운터 주위를 항상 청결하게 유지한다.
④ 싱크대에서 글라스류, 은기류, 접시류 등을 닦아 재사용할 수 있도록 준비한다.
⑤ 파티가 있을 때에는 바텐더의 헬퍼(Helper)를 한다.
⑥ 맥주는 쿨러(Cooler)에 넣어 적당한 온도로 제공할 수 있도록 준비한다.
⑦ 쓰레기통을 준비하여 쓰레기가 넘치기 전에 치워서 Bar 내부의 청결을 유지한다.
⑧ 간단한 믹스 드링크(Mixed Drink)와 병으로 제공되는 것은 바텐더의 감독하에 제공하도록 한다.

▲ 임페리얼 바 〈멤버스 바〉

▲ 임페리얼 바 〈더 바〉

9. 커피(coffee)

1) 커피의 유래

커피의 유래는 몇 가지가 꾸준하게 근거 있는 설(說)로서 기록으로 전해져 내려오고 있다.

커피의 유래에 대해 가장 널리 알려진 설은 약 2700년 전 에티오피아의 옛 이름 아비시니아(Abyssinia)고원의 '목동 칼디(Kaldi)와 춤추는 염소'의 설(說)이다.

- 목동 칼디가 키우던 염소들이 초원에서 자라고 있던 키 작은 관목의 나무에 달려 있던 빨간 열매를 먹고 기운이 넘치고 흥분하여 날뛰면서 늦게까지 잠을 자지 않는 것을 목격하고, 칼디 자신도 그 열매를 먹어 보았더니 곧 정신이 맑아지고 힘이 솟는 듯한 기분을 느껴 염소들과 같이 춤추며 뛰어놀았다고 한다. 아침에는 다시 멀쩡해지곤 하는 것을 확인한 후, 근처 수도원 원장에게 나무열매의 체험을 알렸더니 "그것은 필시 악마의 장난이다!"라며 나무와 열매를 태우게 했다. 그것을 태우자 나무와 열매로부터 향긋한 냄새

가 퍼져 그 냄새에 반한 수도원장이 불태우는 것을 중지하고, 불에 탄 열매들을 모아 두었다가 남몰래 수도원장이 직접 먹어 본 후 스스로도 엄청난 커피의 위력을 발견하게 되었다고 한다.

- 또 하나의 전래는 마호메트의 설(說)로서, 이슬람교도들에게서 흘러나온 것으로 추정되는바, 예언자 마호메트가 병에 걸려 시름시름 앓고 있을 때 꿈에 천사 가브리엘이 나타나 커피의 나무와 열매를 보여주며, 질병치료 효과와 추종자들을 정신적으로 고무시킬 수 있는 힘이 있음을 암시했다. 이에 마호메트가 그 열매를 먹자 병이 나았을 뿐 아니라, 힘이 넘쳐 40명의 여자를 거느리게 되었다는 설이다. 이슬람교와 커피가 아라비아 반도로 건너온 것이 에티오피아가 아라비아 반도의 끝을 지배했던 시기와 일치하므로 커피와 마호메트의 전설은 상관관계가 있음을 추정해 볼 수 있다.
- 가장 신뢰할 수 있는 전래되는 기록으로 게말레딘 설(說)이 있다. 약 1454년에 아랍사람으로 아덴의 회교 율법사였던 다란 출신의 게말레딘(Gemaleddin)은 에티오피아 지역을 여행하다가 배가 몹시 고프고 피로하여 바짝 마른 쭈그러진 열매가 잔뜩 달린 나뭇가지를 꺾어 밥을 지었는데, 익은 열매들에서 좋은 향기가 나는 것을 알았다. 불에 탄 열매들을 추려 비벼 깨뜨리니 열매에서 더 많은 향기가 퍼져 나왔다. 실수로 마실 물에 그 부서진 가루를 쏟게 되었는데, 별로 깨끗하지 않던 물이 잠시 후 깨끗이 정화된 것을 목격할 수 있었고 의아하게 여겨 그 물을 마셨더니 물이 향기롭고 신선하여 기분이 좋아졌을 뿐 아니라 잠시 후 피로했던 몸이 이상하게 말끔히 회복되었다. 힘든 여행여정으로부터 아덴으로 돌아온 후 갑자기 건강이 심하게 나빠져 게말레딘은 에티오피아에서 경험했던 커피를 기억해 혹시나 하는 바람으로 커피를 구해 오도록 하였다. 커피를 마신 그는 병에서 회복되었을 뿐 아니라, 그가 체험한 사실을 전하고, 열매를 볶고 물에 우려먹는 방법을 보급하여 회교율법을 공부하는 수제자들에게 커피를 음용토록 해 졸지 않고 기도하고 율법공부에 정진하도록 하는 데 효과적으로 사용하였다. 그 후 커피는 율법사, 학생, 작가, 예술가, 그리고 낮의 뜨거움을 피하여 밤에 공부하거나 일하는 많은 사람들이 즐겨 마시는 음료가 되었고, 후에 그 음료는 오래된 아편, 흡연, 일하는 많은 사람들이 즐겨 마시는 음료가 되었고, 이후에는 오래된 아편, 흡연 중독자를 치료하여 건강을 회복시키기도 했다. 그래서 그 효능에 감사하는 마음으로 그들은 그것을 '카후하(Cahuha)'라고 불렀는데, 카후하는 아랍어로 'force' 즉 힘, 에너지 등을 의미하며, 커피의 어원이 되었다. 당시 의사로 좋은 평판을 가졌던 아라비아 펠릭스(Arabia Felix)의 하드라마우트(Hadramaut) 출신인 무하메드 알하드라미(Muhammed Alhadrami)는 게말레딘을 도

와 커피가 음용되도록 널리 보급하는 데 일조하였다.

2) 커피의 어원

- 아랍사람들이 커피에 대한 신뢰감과 영험함으로 'force(힘, 에너지)'를 의미하는 단어로 '카후하(Cahuha ; 커피 어원의 하나)'라고 일컬었다. 커피 빈을 볶고 물에 우려먹는 방법으로 오래된 아편 흡연 중독자를 치료하여 건강을 회복시키는 효과가 있었다고 해서 그 효능에 감사하는 마음으로 그것을 '카후하(Cahuha)'라고 불렀다.
- 아랍어 '콰와(Qahwah)'나 터키어 '카베(Kaveh/Kahveh)'에서 왔다.
- 처음 커피가 발견되었을 때 낙타가 커피열매를 먹고 힘이 넘쳐서 모래언덕을 밤새 지치지 않고 뛰어넘어가, 아랍인들에게 커피는 마법의 열매로 불리기도 했다.
- 커피는 에티오피아(Ethiopia)에서 처음 발견되었다. 커피(coffee)라는 단어는 에티오피아 '카파(Kaffa)' 지방의 이름에서 유래했다고 전해지고 있다. 특히, 에티오피아 동부에서 나는 하라(Harra)는 신맛이 강하고 바디(body ; 입안에 머금었을 때의 농도, 밀도)가 풍부한 편이며, 때때로 블루베리 플레이버(flavor)의 와인과 같은 상큼함이 느껴진다. 남부 시다모(Sidamo) 지방의 예르가체프(Yergacheffe)는 풍부한 바디에 비해 신맛이 적고 부드럽다. 또한 살짝 풍기는 살구와 박하 향이 뒷맛을 개운하게 한다.
- 커피라는 말의 어원인 '카파(Kaffa)'가 터키로 건너오면서 '카붸(Kahve)'로 변하였다.

3) 커피의 발전(보급)

- 원산지인 에티오피아의 아비시니아 고원을 시작으로 처음에는 음료로 사용하기보다는 곡류나 두류와 함께 혼합해서 식량으로 사용하면서부터 재배에 활기를 띠게 되었다.
- 확대 재배된 시기는 11세기 초 아라비아의 의학자인 라제스(A.B. Lazes)와 아비세나(Avicenna)에 의해 종전의 커피에 대한 편협한 인식에서 벗어나 주변 각국으로 전파되기 시작했다.
- 커피의 원산지는 아프리카이지만 실제로 음료형태의 커피를 발전시킨 것은 이슬람교도들이다. 그들은 모스크에 예배를 드리러 오는 신도들에게 의식의 일부분으로 커피를 권하고 커피를 종교적 의식에 활용하면서 점차 중동문화의 일부분이 된다. 커피는 이슬람 전체로 퍼지고 종교지도자들은 더 이상 커피의 음용을 제한할 수 없었다. 이슬람에 커피란, 종교적 이유로 술을 마실 수 없던 까닭에 '이슬람의 와인'이라 불리며 확실하게 술 대신 자리매김하였다.

- 커피는 15세기경 메카까지 도달하였으며 메카에서 커피는 이슬람군대를 따라 스페인, 인도, 동유럽까지 전파되었다.
- 터키는 1517년 이집트를 방문한 세림 1세에 의해 도입되었으며, 1554년에는 콘스탄티노플(Constantinople)에 '카네스 커피숍(Kanes Coffee shop)'이 출현됨에 따라 이곳을 찾는 관광객들에 의해 전역으로 소개되었다.
- 유럽에는 커피가 늦게 전해졌는데 이때까지만 해도 커피는 약으로 인식되었다. 커피는 차와 비슷한 시기에 소개되었다. 커피는 이슬람권처럼 유럽에서도 빠르게 퍼져 나갔다. 프랑스에선 커피의 등장에 위협을 느낀 와인업자들이 커피에 대한 유언비어를 퍼뜨리며 불매운동을 펼쳤으며, 귀부인들은 커피 한 잔에 혹해 군사기밀을 빼돌렸다고 한다.
- 영국 런던에서는 1637년에 프랑스로부터 대량의 커피가 수입되어 일반 시민들에게도 널리 애음되었으며, 이를 계기로 전 유럽에 커피문화권이 형성되었다.
- 1820년 프랑스에서는 보다 빨리 커피를 서브하기 위해 에스프레소머신이 고안되었다. 초기 머신은 증기압(독일의 Kessel ; 1878년 발명)을 사용하여 추출하였으나, 증기압을 사용할 경우 물의 온도가 100도 이상으로(1바 상태에서 약 120도) 올라 조절이 어려워 이상적인 온도(90~95도)에서 커피를 추출할 수 없어 쓰고 거친 맛이 날 수밖에 없었다. 이를 보완하기 위해 현재 사용되는 머신은 보일러 안을 펌프(줄 모터펌프)를 통해 높은 압력으로 물을 통과시키는 방법을 사용하고 있다.
- 동양에서는 1886년경 일본에 들어온 것이 처음이고, 한국에는 고종 32년(1895) 을미사변 때 러시아 공사 베베르(Weber)에 의하여 전래되어, 고종은 커피 때문에 변을 당할 뻔하였으나(커피에 아편을 탔으나 커피냄새가 이상하다는 이유로 고종은 안 마셨고, 황태자 등 커피를 마신 다른 자들은 모두 쓰러졌다고 한다), 그 후로도 커피를 계속 마실 만큼 커피 애호가였다고 한다. 처음에는 일부 상류층에만 보급되었다가, 해방 이후 커피는 매우 가격이 비싸 커피숍엔 주로 부자들만 드나들었다고 한다. 6·25전쟁 발발 후 미군이 주둔하면서부터 1회용 인스턴트커피가 도입된 이래 널리 보급되기 시작한 것은 광복 이후로 '70년대 동서식품이 인스턴트커피를 생산, 한국인의 표준커피(커피 한 스푼, 설탕 3스푼, 크림 2스푼의 커피믹스)를 계발, 커피가 대중화되었다. 이전까지만 해도 커피는 비싸서 귀한 손님에게나 주는 지금의 몇 년 묵은 비싼 술 정도의 취급을 받았다. 올림픽 이후 '90년대에 들어오면서 경제가 나아지고 살 만해지면서 원두커피가 인기를 끌었는데, 드립식 커피(원두를 갈아 가루를 필터에 넣고 온수로 걸러낸 커피)가 큰 인기를 끌었다. 1990년대에는 종이컵에 에스프레소를 담아 주는 테이크아웃 커피전문점이 미국

을 열풍으로 몰았고, 우리나라에까지 퍼졌다. 1990년대 후반 이후 커피 소비량이 다소 줄고 있지만, 아직도 미국은 세계 최대의 커피시장이다. 최근에는 스타벅스가 미국의 커피문화를 대표하고 있다. 지금은 주류를 형성하여 커피문화가 없는 사회는 상상조차 할 수 없게 되었다.

- 2000년대 들어 스타벅스 같은 에스프레소 전문점이 지구상의 모든 도시에서 큰 인기를 끌면서 에스프레소가 커피문화의 대세를 형성하고 있다.

4) 커피의 용어

국가별 커피를 일컫는 단어는 역사적 배경이나 문화적 배경, 지형적, 인명적인 의미 등으로 너무나 다양하고 독특하다.

국명	커피용어
영어	Coffee
프랑스어	Caf
포르투갈어	
스페인어	
이탈리아어	Caff
독일어	Kaffee
덴마크어	Kaffe
스웨덴어	
러시아어	Kophe
희랍어	Kafeo
아랍어	Qahwah
터키어	Kahveh
페르시아어	Quhv

5) 커피의 종류

최근 유행하고 있는 커피원두의 콘셉트는 최상의 커피 향과 맛을 위해 아라비카(아프리카 & 아라비아) 원두를 선별하여서, 커피의 원두, 로스트(배전), 그라인더, 추출의 단계를 즉석에서 최상의 온도와 압력으로 만들어 유행시킴과 동시에 고급스러운 웰빙 이미지를 부각시키고 있다.

현재 유럽 국가들이나 미국에서 만드는 커피는 커피원두를 볶아서 만드는 것으로 아라비아와 터키에서 발명된 방법으로 터키의 커피하우스로부터 비롯된 것이다. 알제리와 이집트에서도 터키와 아라비아 관습에 따라 커피를 만들어 마셨다.

(1) 드립커피 베리에이션(Drip Coffee Variation)

드립식 커피기계로 전기 열을 가하여 커피를 끓이면 커피 방울을 똑똑 떨어뜨려 만드는 방법이다.

① 카페오레(Café au Lait)

드립추출 커피에 뜨거운 우유를 섞은 것이다.

② 카페로얄(Café Royal)

커피잔 위에 각설탕을 얹은 로얄 스푼을 걸쳐놓고 브랜디를 부은 후 불을 붙이고 설탕을 녹인 후 1/3쯤 남았을 때 커피와 섞어 마신다. 나폴레옹이 즐겼다는 커피로 유명하며, 푸른 불꽃을 연출하는 어두운 분위기에서 로맨틱한 상황을 연출하는 드립커피 베리에이션으로 명성이 있다.

③ 아이리시 커피(Irish Coffee)

스카치 위스키를 섞은 커피잔에 휘핑크림을 얹은 후 잔 테두리에 설탕을 리밍한 것이다. 초창기 유럽, 미국노선은 아일랜드의 더블린공항에 중간 기착하여 연료를 급유해야 했다. 이때 기착한 승객들이 쉬면서 약간 음습한 아일랜드의 기후에 따뜻한 커피가 제격이라 커피를 마시는 경우가 많았는데, 위스키를 더함으로써 몸을 따뜻하게 해준 것에서 유래되었다.

④ 핫 모카 자바(Hot Mocha Java)

커피에 초콜릿시럽을 섞고 이에 휘핑크림을 얹은 것이다. 에스프레소 커피를 사용하면 카페모카가 된다. 참고로 그냥 모카 자바는 예맨코카(혹은 에티오피아 모카)에 자바아라비카를 섞은 블렌딩 커피를 말하며 전혀 다른 것이다.

⑤ 커피젤리

커피에 젤라틴을 섞어서 만든 젤리, 일본에서 많이 애음되었다.

⑥ 아이스커피(Iced coffee)

커피에 얼음을 넣어서 차게 만든 커피이다. 여름철에 시원하게 해서 마신다. 일명 냉커피라고 부르기도 하는 것으로, 최초의 아이스커피는 알제리 사람들의 발명품인 마자그랑(Mazagran)이라 부르기 시작한 데서 유래된 것이다.

⑦ 비엔나커피

커피 위에 휘핑크림을 얹은 것이다. "이탈리아 비엔나에는 비엔나커피가 없다" – 비엔나커피의 정체는 '아인스패너(Einspanner) 커피'로 정의할 수 있다. '아인스패너커피'는 카페로 들어오기 어려운 마부들이 한 손에 말고삐를 잡고, 다른 한 손으로 설탕과 생크림을 듬뿍 넣은 커피를 마차 위에서 마시게 된 것이 시초였다. 우리나라에 비엔나커피로 알려진 '아인스패너'가 처음 소개된 것은 일본으로부터 건너왔다기보다는 1980년 '더 커피 비너리(The coffee beanery)'를 설립한 미국인 조안샤우가 내한하면서 커피에 생크림과 계핏가루를 얹은 아이스크림 형태의 커피를 선보인 것이 효시이다.

(2) 에스프레소 베리에이션(Espresso Variation)

에스프레소(Espresso=Express)는 단어 그대로 빠르게 만드는 커피를 말한다. 커피 베리에이션(변화)의 핵심으로 순간적으로 뜨거워진 수증기가 커피가루를 통과하면서 커피를 추출하게 되는데, 증기압을 이용해 커피가루를 압축하여 진한 커피를 추출한 뒤 뜨거운 물과 거품으로 희석시켜 완성하는 방법이다. 커피기계에 높은 압력으로 빠르게 추출하는 향이 살아 있는 방법으로, 잘못 뽑으면 쓴맛이 강하게 추출된다.

① 에스프레소(Espresso)

커피 베리에이션의 핵심이다. 이탈리아어로 '빠르다'는 뜻으로, 추출하는 데 걸리는 시간이 22~30초에 불과하다. 이름 그대로 높은 압력으로 빠르게 추출한다. 잘못 뽑으면 쓴맛이 강하게 추출된다(제대로 만든 에스프레소는 쓴맛이 거의 없다).

기름기 많은 식사(차돌박이, 삼겹살 등) 후 마시면 입안이 개운하다.

② 솔로(Solo)

말 그대로 한 잔의 에스프레소 커피를 의미한다.

③ 도피오(Doppio)

'2배(Double)'라는 의미로써, 에스프레소를 두 배로 마시고 싶거나, 카푸치노 등을 진하게 마시고 싶을 때 '도피오'를 주문하면 된다.

④ 룽고(Lungo)

에스프레소를 길(Long)게 뽑는 것을 말한다. 과다 추출된 맛이다.

⑤ 리스트레또(Ristretto)

▲ 리스트레또

에스프레소를 보다 진하게 뽑는 것을 말한다. 에스프레소의 농도는 뽑기 시작하면서 점점 진해지다가 피크를 지난 후 점점 엷어지며 엷어진 부분에서 추출을 하는데, 리스트레또는 가장 진한 시점으로 제한(Restrict)해서 뽑는다. 그러므로 양이 적으며 보통 도피오 양을 리스트레또로 뽑는다. 에스프레소를 보다 진하게 해달라고 하면 보통 도피오로 주는 경우가 많다(도피오는 양만 많아질 뿐 농도는 그대로이다). 진하게 해달라고 하면 리스트레또로 뽑아 줘야 한다.

⑥ 카페라테(Caffe Latte)

라테는 '우유'를 의미한다. 갓 볶은 신선한 원두를 에스프레소에 추출하여 부드러운 우유를 첨가한다. 에스프레소와 우유의 비율을 1 : 4로 섞어 부드럽다. 이것은 우유와 에스프레소를 섞어 가장 흔히 마시는 커피와 맛이 유사하다고 보면 된다. 아침식사로 빵과 곁들이거나, 이것만 마셔도 든든하다.

⑦ 카푸치노(Cappuccino)

에스프레소에 뭉글하게 살짝 데운 우유거품을 많이 얹은 것이다. 카페 라테보다 우유가 덜 들어가 커피 맛이 더 진하다.

아침식사 또는 샌드위치 등의 담백한 식사에 좋다. 기호에 따라 시나몬(계피)가루를 뿌리기도 해 한층 더 맛이 고급스럽다. 아랍의 카푸친(흰색 두건이라는 뜻)수도회 사람들이 쓰는 흰 터번 또는 모자(cap)를 쓴 모습과 비슷한 데서 유래했다고 한다.

⑧ 콘 파나(Con panna)

데미타스잔의 에스프레소에 휘핑크림을 얹었다. 마키아토와 비슷하지만 더 달다. 뜨거운 에스프레소 위에 휘핑크림을 얹기가 쉽지 않아, 커피를 만드는 종업원(바리스타)들이 껄끄러워하는 주문 중 하나이다.

⑨ 마키아토(Macchiato)

마키아토(Macchiato)는 '점을 찍다'라는 의미로, 데미타스잔의 에스프레소에 우유거품을 얹어 '점을 찍는다(marking)'는 의미이다. 카푸치노보다 강하고 에스프레소보다 부드럽다.

▲ 마키아토

⑩ 카페 모카(Caffe Mocha)

에스프레소 커피에 초콜릿과 생크림을 듬뿍 첨가하여 달콤하고, 부드럽게 만든 고급커피이다. 카페라테에 초콜릿 시럽을 더한 것으로 이해하면 된다. 모카향의 커피는 초콜릿 향이 난다는 말 때문에 초콜릿을 첨가하고 '카페모카'라는 이름이 붙었다고 한다. 이것은 에스프레소+초콜릿시럽+생크림이 들어간 것이다.

⑪ 모카치노(Mochaccino)

카푸치노에 초콜릿 시럽을 얹은 것으로 카페모카에서 휘핑크림을 없앤 것이라 생각하면 된다.

⑫ 카페비엔나

우리나라에서 만들어진 메뉴로 판단되며, 에스프레소 커피 위에 휘핑크림을 얹은 것이다.

⑬ 에스프레소 레귤러(Regular)

에스프레소에 뜨거운 물을 부어 일반 커피 정도로 만든 것을 말한다.

⑭ 카페 아메리카노(Cafe Americano)

에스프레소에 뜨거운 물을 부어 마시는 커피이다. 레귤러보다 더 연하다. 미국에서 많이 마시는 커피와 비슷하다고 해서 붙은 이름이다.

⑮ 노폼(no foam)

무거품(no foam) 커피, 우유거품 때문에 하얀 콧수염이 생길까 신경 쓰이는 분들을 위해서 카푸치노 또는 카페라테 등에 우유만 더하면 된다.

⑯ 엑스트라 폼(extra foam)

우유거품은 커피를 따뜻하게 유지해 준다. 커피를 나중에 마셔야 할 때, '엑스트라 폼'으로 주문하면 우유거품을 듬뿍 얹어준다.

▲ 엑스트라 폼

6) 커피 관련 용어 정리

(1) 원두(Coffee Bean)

커피나무에 열리는 열매의 씨를 원두(Coffee Bean)라 부르며, 원두는 다시 생두(Green Bean)와 볶은 원두(Roasted Bean)로 구분한다. 다시 말해, 이 두 가지를 통틀어 커피원두라 부른다.

(2) 크레마(Crema)

신선한 원두로 에스프레소를 제대로 추출했을 경우 표면에 거품이 생긴다. 황금색 거품이 생길 경우 가장 제대로 추출된 것이다.

거품의 주성분은 커피기름, 휘발성 성분(향), 탄산가스이다. 분쇄한 지 얼마 안되고 배전한 지 얼마 안된 신선한 커피라야 황금 크레마(Crema)가 생긴다. 크레마가 없으면 향은 금방 없어져 버린다.

(3) Tamping과 Tapping

말 그대로 다지기와 두드리기이다. Porta-Filter에 커피를 올려놓고 다지기와 두드리기를 제대로 해줘야 제대로 된 에스프레소를 추출할 수 있다. 만약 이 작업을 제대로 하지 않으면 압력에 약한 부분이 생겨 그곳으로 물이 통과해 버리는 수로현상이 일어난다.

(4) Channel or Water tunnel(수로)현상

커피에 압력이 약한 부분이 있으면 약한 부분 쪽으로만 물이 통과해 버리게 된다. 이럴 경우 커피가 콸콸 나오고 맛이 싱거우면서 물이 통과하는 부분에서 커피가 과다 추출되어 쓰고 텁텁한 맛이 된다. 커피전문점에서 에스프레소가 쓴맛을 내는 이유가 대부분 이런 현상 때문이다. 물론, 신선하지 못한 원두사용도 원인 중의 하나이다.

(5) Porta-Filter

에스프레소머신에 커피를 다져 넣고 솔레노이드 밸브와 연결시키는 손잡이로서, 이것을 항상 연결해 놓아야 식지 않는다. 이걸 떼어놓고 있을 경우 나중에 식은 상태에서 추출을 하면 물의 열을 빼앗기게 되어 맛이 없어진다.

(6) 바리스타(Barista)

에스프레소머신을 다루는 직원으로 커피 고객의 입맛에 맞게 에스프레소를 뽑아 주는 사람을 일컫는다.

(7) Frothed(Steamed) Milk

거품(데운) 우유

(8) Rosetta Art or Designed Coffee

라테를 만들 경우 우유를 사용해서 나무 잎이나 하트모양을 만드는 것을 말한다. 에스프레소의 맛을 생각하면 70도 정도의 온도가 이상적이나 60도 정도에서 서브되기 때문에 맛을 생각하면 그다지 좋은 것은 아니다.

(9) Press

많은 손님에게 빠르게 커피를 제공할 때, 배전두(커피 볶는 기계)에 힘을 가해 물의 노근성분을 빨리 추출하는 것

(10) Express(=Espresso)

'빠르다'라는 뜻으로, 커피를 즉석에서 빨리 추출하는 기계를 의미한다. 에스프레소 커피는 높은 압력으로 빠르게 추출하는 커피를 말한다.

(11) Something prepared especially for you

고객을 위하여 가장 맛있게 '미리 준비된 특별한 커피'

(12) 모카포트(Mocha/Mocca Pot)

가정에서 에스프레소를 즐길 때, 사용하는 간단한 직화식 에스프레소 추출기이다. 가정용 전기 에스프레소머신은 대체로 비싼 편이다.

▲ 파크하얏트호텔 코너스톤 & 그랜드힐튼호텔 바발루

▲ 메이필드호텔 로얄마일

10. 차(tea)

1) 한국 차(茶)

(1) 한국 차(茶)의 역사

우리나라의 차 문화는 2천 년의 역사를 가지고 있다. 고조선(古朝鮮)시대에 시작해서 현재에 이르기까지 오랜 역사 속에서 우리의 차 문화는 생활 속에 깊숙이 뿌리를 내려 각계 각층의 사람들로부터 사랑을 받았으며, 다만 시대적 상황에 따라 흥망성쇠를 거듭해 왔다.

우리 선조들은 차(茶)를 신성하고 성스런 것으로 여겨 하늘에 제사를 지내거나, 산천이나, 조상님들 제전에는 꼭 올리는 제수로 삼았다. 그 의식이 성스러울수록 차는 더욱 빼놓을 수 없는 것이 된다. 그래서 우리는 명절에 꼭 차례(茶禮)를 올리는 것이다.

이처럼 우리의 차 문화는 하늘에 제사를 지내는 제천의식(祭天儀式)으로부터 비롯되어, 산천을 거쳐 집안으로 들어와 차례상에까지 올라온 것이다.

그러나 고조선시대에는 백두산에서 나는 백산차(白山茶)를 사용하였다.

이 백산차는 백두산 주변과 고산지대에서만 자생하는 나무로 철쭉과에 속한다. 봄철이면 연록색의 엷은 잎이 피는데, 이때 잎을 따서 차를 만들어 마신다. 이 백산차를 마신 역사는 매우 오래되었다. 이 지역 주변들은 지금도 이 차를 마시고 있는데, 이 차는 동이족(東夷族)의 고야차이다. 그러나 삼국시대 중기 이후에는 당나라에서 가져온 차나무로 만든 차(茶)를 마시게 되었다. 그 후 우리나라에서 백산차는 밀려나고 그 자리를 중국 녹차가 차지하게 된 것이다. 이후로 독자적인 차 생활을 창조해 가며 차 문화가 계승되었다.

(2) 한국 차(茶)의 종류

① **인삼차** – 인삼을 재료로 하여 만든 차. 인삼차는 인삼을 물에 넣고 달이는 인삼탕의 방법과, 인삼가루를 끓인 물에 타서 마시는 방법 등이 있다. 흔히 3년생 이상의 인삼을 사용하는데, 생삼(生蔘)이나 건삼(乾蔘) 어느 것이나 괜찮다.

인삼가루로 된 인삼차는 판매되고 있어 쉽게 구할 수 있다. 인삼을 끓일 경우, 500cc의 물에 10g 정도의 인삼을 넣고 천천히 달인다. 인삼은 예로부터 신비스러운 선약(仙藥)으로 믿어왔고, 특히 강장과 보혈의 효과가 있는 것으로 알려져 왔다.

『신농본초경(神農本草經)』에는 인삼의 약효에 대하여, "오장(五臟)을 보하고, 정신을 평정하며, 사기(邪氣)를 없앤다. 눈을 밝게 하고, 오래 복용하면 몸이 가벼워지고 장수한다"고 하였다.

② **유자차** – 유자를 재료로 만든 차. 신맛이 많은 유자는 예로부터 관절염·신경통 등에 유효하며, 주독을 풀거나 소화에 좋은 것으로 알려졌다. 유자차는 엷게 저민 유자 두세 쪽을 끓은 물 한 잔에 넣어 우려 마시는 경우와 껍질을 달여 마시는 경우가 있지만, 유자청(柚子淸)을 이용한 차가 가장 널리 쓰인다. 얇게 저민 유자를 꿀이나 설탕에 재어 항아리에 담아 습기가 없는 서늘한 장소에 보관하여 2, 3주일이 지나면 맑은 유자즙이 괴는데, 이것을 유자청이라고 한다. 유자청을 만들 때에는 저미지 않고 유

자에 구멍을 내어 꿀이나 설탕에 재어두는 방법도 있다. 찻잔에 유자청과 유자편을 약간 담고 잘 끓인 물을 부으면 유자차가 된다. 그 위에 실백 등을 띄워 마시기도 한다.

③ **대추차** – 오래 복용하면 안색이 좋아지고 몸이 가벼워져 장수한다고 한다(단, 몸이 마른 사람은 많이 먹어도 해가 없으나 비대한 사람은 조금씩 먹어야 한다). 간 기능 회복에 좋아 강장제로 쓰고 신체 허약, 지사제(止瀉劑) 등으로 사용한다.
성숙한 대추를 달여서 먹으면 해열, 진통에 효과가 있다.

④ **홍차** – 홍차(紅茶)는 백차, 녹차, 우롱차보다 더 많이 발효된 차(Camellia Sinensis)의 일종이다. 따라서 향이 더 강하며, 카페인도 더 많이 함유하고 있다. 동양에서는 찻물의 빛이 붉기 때문에 홍차(紅茶, red tea)라고 부르지만, 서양에서는 찻잎의 검은 색깔 때문에 'black tea(흑차)'라고 부른다. 서양에서 'red tea'는 보통 남아프리카의 루이보스차를 의미한다.

⑤ **녹차** – 녹차란 발효시키지 않은 푸른빛이 그대로 나도록 말린 찻잎(茶葉), 또는 찻잎을 우린 물을 말한다.

▲ 인삼차 & 유자차

▲ 대추차 & 녹차

2) 중국 차(茶)

(1) 중국 차(茶)의 역사

동한(東漢)시대의 『신농본초(神農本草)』에 의하면, 중국의 전설시대에 신농(神農)씨가 하루에 72가지의 풀과 나뭇잎을 씹어 보고 맛보다가 중독되었으나 차로써 이것을 풀었다고 한다. 그 뒤로 신농은 사람들에게 차를 마시도록 권하였다고 한다.

이후 차는 오랜 역사를 거치면서 왕실이나 귀족들의 울타리를 벗어나 일반 백성들에게까지 널리 사랑을 받게 되었다. 그래서 차는 시대에 따라서 이름이 달라 다(艸 밑에 余), 가(木변에 賈), 설(艸 밑에 設), 명(茗) 등 여러 가지의 이름을 가지고 있었으나 당나라 때 육우(陸羽)의 영향으로 오늘과 같이 차(茶)로 부르는 것이 일반화되었다.

(2) 중국 차(茶)의 종류

① 롱징차(龍井茶)

중국 차 중에서도 가장 으뜸으로 치는 차로 청나라 건륭제 때에는 황실에서만 먹을 수 있었던 고급품이다. 항저우(杭州)에 있는 롱징이라는 차밭이 그 특산지이다.

② 우롱차(烏龍茶)

우리나라에서도 많은 사람들이 즐기는 차로 반 발효된 것이다. 푸첸성의 우의산에서 나는 것이 가장 고급품이다. 우이산수(武夷山水)라는 상표가 붙어 있는 것이 가장 고급품이다.

③ 인쩐바이하오(銀針白毫)

고원이나 고산지대에서만 자라는 진귀한 차 종류로 옛날부터 황제만 마실 수 있었던 것이다. 불로장생의 약초로도 유명하다.

④ 윈우차(雲霧茶)

장시성(江西)의 뤼산(廬山)에서 생산되는 것으로 유명한 녹차이다.

⑤ 푸얼차(普孼茶)

윈난성(雲南)의 특산차로 발효시킨 것이 특징이다. 찻잎을 그대로 말려 파는 것과 찻잎을 쪄서 벽돌모양으로 압축시켜 만든 주안차(塼茶) 형태의 두 가지가 있다.

⑥ 모리화차(茉利花茶)

우리나라에서 자스민차로 유명하다. 4분의 1 정도 발효시킨 차에다 모리화꽃을 혼합하여 만든 차다.

⑦ 주안차(塼茶)

찻잎을 찌거나 발효시켜 압축하여 벽돌모양을 만든 차를 총칭하는 것으로 주로 몽골인들이 즐겨 먹는 방식이다. 차로는 리우바오차(광동성이나 광시좡족자치구 특산), 푸주안차(후난성 특산), 푸얼차 등이 대표적이다.

⑧ 쥔산인쩐차(君山銀針茶)

동정호 가운데 떠 있는 작은 섬인 쥔산에서 생산되는 것으로 이 차 역시 옛날에는 황제만이 먹을 수 있었던 명차이다.

⑨ 티에관인차(鐵觀音茶)

우롱차의 일종으로 푸첸성이 특산지이다. 주로 차오저우요리를 먹을 때 반드시 나오는 차로 특히 소화에 좋다.

3) 일본 차(茶)

(1) 일본 차(茶)의 역사

차를 마시는 습관은 기원전부터 이미 중국에서 행하여지고 있었다.

그러나 중국에서 일본에 전하여진 녹차는 단지 마시는 것에서 예의범절을 가진 다도(茶道)로 '일본 차'로서의 발전을 거둔 것이다. 중국의 운남성(雲南省)이 원산지로 알려져 있는 녹차는 처음에는 의약품으로 사용되었다. 기호품(嗜好品)으로 마시기 시작한 것은 중국의 당나라 시대(7~9세기)부터이다. 당시 육우(陸羽)라는 사람이 쓴 『다경(茶經)』이라는 책은 녹차의 제법(製法)부터 마시는 방법, 약효에 이르기까지 녹차의 지식집약서(知識集略書)라고 할 수 있다. 일본에 녹차가 전해진 것은 나라(奈良)시대로, 유학승(留學僧)이 중국에서 씨를 가지고 돌아와 사원(寺院)의 경내(境內)에서 재배(栽培)하게 된 것이다.

이때에는 주로 의약품으로 사용되었다. 헤이안(平安)시대 말경이 되어 영서(榮西)라는 승(僧)이 『다경(茶經)』을 중국에서 가지고 들어와 「喫茶養生記」로써 일본에 소개함과 동시에 녹차의 습관을 전한 것이다. 가마쿠라(鎌倉)시대에 들어와서는 무사(武士)와 선승(禪僧)들의 사이에서도 차를 마시는 풍습이 퍼졌다. 그 즈음에는 아직 분말로 된 것에 뜨거운 물을 부어 마시는 말차(抹茶)였지만, 에도(江戸)시대 중기가 되어 센차(煎茶)가 보급되면서 차를 마시는 습관이 일반에도 급속히 퍼지게 되어 국민적 음료로 된 것이다.

(2) 일본 차(茶)의 종류

① 녹차, 전차(료쿠차綠茶, 센차煎茶)

적당히 단맛과 떫은맛이 조화되어 상큼한 향기가 특징이다. 차 잎의 색을 그대로 지키기 위해 새싹을 따서 바로 증기로 쪄, 산화효소의 활동을 멈추게 한 후 열풍으로 가열하면서 비벼 가늘고 길게 정리한 차이다.

② 번차(반차, 番茶)

찻잎을 딴 곳을 고르게 하기 위해 깎아 낸 딱딱한 잎이나 초봄과 늦가을에 커져서 딱딱해진 찻잎을 따서 녹차와 같은 방법으로 만든 차이다.

또한 녹차를 만드는 과정에서 나온 큰 잎과 줄기부분도 번차의 원료가 된다.

카페인 등 자극성 성분과 떫은맛이 적고 깔끔한 맛이 특징이다.

③ 옥로(교쿠로, 玉露)

일번차(一番茶 : 4월 하순에서 5월에 수확)의 새싹이 두세 장 펴졌을 때 차 밭 전체를 갈대나 짚으로 20일 정도 덮어씌워 햇볕을 차단하여 키운 차이다.

빛을 제한하여 새싹을 키웠기 때문에 아미노산에서 카테킨으로의 생성이 억제되어 떫은맛이 적다.

④ 말차(맛차, 抹茶)

교쿠로와 같은 방법으로 키운 찻잎을 정성들여 손으로 따서 찐 후 그대로 말려 줄기와 잎맥을 제거한 것을 맷돌 같은 것을 이용하여 가루로 만든 차이다.

⑤ 분차(코나차, 粉茶)

교쿠로와 센차의 제조과정에서 발생하는 가루를 선별하여 만든 차이다. 녹차 특유의 색과 맛이 진한 차이다.

⑥ 카부세차(かぶせ茶)

차의 새싹을 따기 1, 2주 전에 위를 덮어 빛을 차단하여 키운 녹차이다. 교쿠로의 재배방법을 간략화한 차로 센차와 교쿠로의 중간급이라 할 수 있다. 떫은맛이 적고 은은한 맛을 즐길 수 있다.

⑦ 경차(쿠키차, 莖茶)

교쿠로와 녹차의 제조과정에서 나오는 줄기만을 선별하여 만든 차이다. 그중에서도 교쿠로와 고급센차의 줄기는 카리가네라고 불리어 귀중히 여긴다. 독특하고 상큼한 향과 은은한 달콤함을 즐길 수 있다. 참고로 적갈색의 굵은 줄기는 봉차(棒茶)로서 판매하는 지역도 있다.

⑧ 아차(메차, 芽茶)

교쿠로와 녹차의 제조공정에서 새싹의 앞부분(가는 부분)과 둥근 새싹부분을 선별한 차이다. 진한 맛을 즐길 수 있다.

⑨ 옥녹차(타마료쿠차, 玉綠茶)

제조법은 녹차와 비슷하나 마지막 공정에서 가늘고 길게 정리하지 않고 동그란 모양 그대로 완성시키는 차다. 떫은맛이 적고 순한 맛이 특징이다.

⑩ 오룡차(우롱차, 烏龍茶)

차 잎을 가열처리하지 않고 방치해 두면 완전 발효되어 홍차가 된다. 그러나 도중에 발효를 멈추게 하면 오룡차가 되는 것이다. 녹차와 홍차의 중간 성질(性質)을 가진 차라 할 수 있다. 독특한 맛과 향이 특징이다. 주산지는 중국과 대만이다.

⑪ 호지차(ほうじ茶)

번차와 녹차(제조과정에서 나오는 줄기와 큰 잎도 포함)를 강한 불로 볶은 차로 고소한 맛과 향이 특징인 차다. 볶는 과정에서 떫은맛이 적어지므로 아이들에게도 권할 수 있는 차다.

⑫ 자스민차(じゃすみん茶)

녹차의 제조과정에서 신선한 자스민 꽃잎을 넣은 차이다. 일본에서는 꽃차라고도 한다.

⑬ 후카무시차(深蒸し茶)

찻잎 찌는 시간을 보통의 약 두 배 정도 길게 한 차이다. 찻잎의 속까지 증기가 전해지기 때문에 모양은 가루처럼 되지만 차의 색과 맛이 진해진다. 차 특유의 풀 냄새와 떫은맛이 적다. 장시간 찌므로 가늘고 미세해진 찻잎은 물에 잘 녹아 다른 차에 비해 유효성분도 많이 섭취할 수 있다.

⑭ 현미차(겐마이차玄米茶, 맛차이리겐마이차 : 현미차에 맛차를 넣은 차)

찐 현미를 볶아 번차나 녹차에 약 50 대 50의 비율로 만든 차이다. 볶은 현미의 고소함과 녹차의 산뜻한 맛이 잘 조화된 차이다. 남녀노소 누구나 쉽게 마실 수 있는 차이다. 일본에서는 맛차를 넣은 것이 주류를 이루고 있다.

▲ 옥로 & 자스민 & 호지차

▲ 현미차 & 녹차

제4절 주방(kitchen)

1. 주방의 개념

주방(Kitchen)이란 조리상품을 만들기 위한 각종 조리기구와 식재료의 저장시설을 갖추어 놓고 조리사의 기능적 및 위생적인 작업수행으로 고객에게 판매할 음식을 생산하는 작업공간을 말한다. 따라서 주방은 호텔의 식음료 상품을 판매할 수 있도록 음식을 만들어

내는 생산공장이라 할 수 있다. 이처럼 호텔주방은 고객에게 식용가능한 식재료를 이용하여 물리적 또는 화학적인 방법을 가해 상품을 제조함과 동시에 판매하는 장소라 말할 수 있다. 따라서 호텔주방이란 "조리부서의 장을 중심으로 법적 자격을 갖춘 조리사가 레시피(Recipe)에 의해 식용가능한 식품을 조리기구와 장비로 화학적·물리적 및 기능적 방법을 가해 고객에게 판매할 식음료상품을 만들 수 있도록 차려진 장소"라고 할 수 있다. 이와 같이 호텔의 주방은 음식물을 생산하는 작업공간으로서 조리기능과 판매기능, 서비스기능의 복합적 시스템 속에서 각 구성원(조리사)의 역할분담을 형성하여 이루어지는 중요한 부서이다.

2. 주방의 기능별 분류

주방은 규모나 기능, 그리고 영업의 형태에 따라 분류할 수 있다.

그러나 호텔의 경우 주방의 분류는 등급과 업장의 종류 및 규모에 따라 조직의 범위와 직능이 다르기 때문에 정확한 기준을 가지고 분류하기가 어렵다. 주방의 역할은 구체적으로 일정한 공간에서 음식을 만들어 판매할 수 있도록 생산적인 기능과 서비스적인 기능을 유지하고 있다. 생산적인 기능의 내용은 각 업장별로 주방동선과 시설이 알맞아야 한다. 또한 서비스적 기능은 생산된 메뉴에 따라 업장의 유형이 다르기 때문에 준비주방과 영업주방으로 나누어 분류하는 것이 적합하다.

1) 메인주방(Main production kitchen)

(1) 더운 요리 주방(Hot food kitchen)

주방의 기능 중 가장 핵심적인 공간부분으로서, 각 주방에서 필요로 하는 기본적인 소스와 더운 요리를 생산하여 공급하고 있다. 많은 양의 소스를 한꺼번에 생산하여 각 주방으로 분배하는 이유는 각 주방에서 개별적인 생산보다는 시간과 공간, 재료의 낭비를 줄일 수 있고 일정한 맛을 유지할 수 있으므로 일정한 규모를 갖춘 레스토랑이면 대부분 이러한 시스템을 이용하고 있다.

(2) 찬 요리 주방

더운 요리 주방에서 만들어지는 요리는 맛과 향 그리고 음식의 양을 중요시하지만, 찬 요리는 그릇에 담아내는 모양과 색상이 전체적으로 조화를 이루는 것을 중요시한다. 그리고 찬 요리와 더운 요리 주방을 구분하는 가장 근본적인 원인은 요리의 품질을 유지하기 위한 것이다. 기본적으로 더운 요리는 뜨겁게, 찬 요리는 차갑게 제공하여야 하는데, 더운 요리 주방의 경우에는 많은 열기구의 사용으로 같은 공간에 찬 요리 주방이 있을 때는 적정온도를 유지하는 데 어려움이 있다. 찬 요리 주방에서는 주로 냉 전채요리, 냉소스, 냉수프, 각종 샐러드, 테린, 파테, 갈라틴 등을 만들어 각 업장별로 공급한다.

(3) 어육가공 주방(Butcher kitchen)

어육가공 주방은 각 영업장별 주방에서 필요한 육류 및 생선 그리고 가금류 등을 크기별로 준비하여 주문에 따라 부위별 모양과 크기, 형태별 크기와 양을 조절하여 제공하는 주방이다. 또 여러 종류의 어패류나 육류를 이용하여 햄, 소시지와 같은 가공식품을 만들어 업장별 주방에 제공하기도 한다.

(4) 제과 · 제빵 주방(Bakery & Pastry kitchen)

제과 · 제빵 주방은 독립된 시설과 규모 및 기능을 가지고 있으면서 각 업장별로 필요로 하는 각종 빵과 케이크, 쿠키, 초콜릿, 파이, 뿌티뿌아 등과 디저트를 준비하여 제공하기도 하고, 일반 고객을 위해 판매하기도 하는 주방이다.

(5) 얼음조각실(Ice art room)

주방의 규모가 큰 경우에는 얼음조각실이 따로 분리되어 운영되고 있지만, 대부분의 호텔이나 일반주방에서는 지원주방 즉 메인주방에서 함께 이루어지고 있다. 얼음조각실은 연회행사나 기타 필요한 내용에 따라 얼음조각을 하여 제공하는 장소이다.

(6) 기물세척 주방(Steward)

스튜어드는 식당에서 사용하는 기물들을 세척하고 관리하는 부서로서 접시류, 유리컵류, 은기물류, 그리고 주방시설과 주방기기들을 세척하는 업무를 한다. 또 스튜어드는 기물세척뿐만 아니라 필요한 기물들을 미리 계획하고 준비하여 각 영업주방을 지원해 주는 업무를 한다.

2) 영업주방(Business kitchen)

(1) 커피숍 주방(Coffee shop kitchen)

커피숍 주방은 대개 커피나 차 또는 주스 등을 음식과 함께 제공하는 주방이다. 경우에 따라서 아침식사 및 간단한 스낵류 등의 음식도 함께 판매하는 주방이다.

(2) 연회주방

연회주방은 연회행사를 중점적으로 담당하는 주방이다. 따라서 많은 고객을 짧은 시간 내에 소화해 내야 하는 주방의 특성을 가지고 있기 때문에 조리방법이나 서비스과정상 여러 가지 제약을 받는 경우가 있다. 이러한 제약을 극복하기 위해서 보온기(Warmer)나 증기찜기(Steamer), 로스팅 오븐(Roasting oven) 등 기계류를 다량으로 보유하고 있어야 한다. 또 서비스를 하기 위한 공간을 충분히 확보하지 않으면 연회주방으로서의 기능을 잃어버릴 수 있다.

(3) 룸서비스 주방(Room service kitchen)

룸서비스는 객실에 투숙한 고객들에게 제공하는 일련의 식음료서비스를 말한다. 룸서비스 주방은 객실고객들이 주문한 식음료를 시간과 내용에 따라 준비하여 제공하는 주방이다. 대부분의 룸서비스 주방은 독립된 주방으로서의 역할을 하지만 경우에 따라 메인주방이나 커피숍 주방과 같은 장소에서 이루어진다.

(4) 각 업장별 주방(Section kitchen)

업장별 주방은 한국식당 주방을 비롯하여 일식주방, 중식주방, 프랑스식 주방, 이탈리아식 주방, 뷔페주방, 라운지 칵테일 바 등의 주방이 있다. 이들 각 업장별 영업은 특정 국가의 문화와 향토색이 짙은 음식을 만들어 내국인은 물론 외국인 고객들에게 제공하도록 준비하는 주방이기 때문에 지원주방의 지원을 덜 받는 편이다.

3. 주방조직 및 직무내용

모든 조직은 규모와 기능에 따라 주어지는 업무와 형태의 내용이 다를 수 있다. 특히 주방은 조직에 따라 직무내용이 전문적인 기술과 기능을 갖추고 있는 조리사들로 구성되어 있기 때문에 각 직무의 역할이 중요하다. 일반적인 주방의 조직은 대형주방 조직, 중형주방 조직, 소형주방 조직으로 구분하여 기본 틀을 유지하고 있다. 그러나 규모가 큰 주방의 조직은 각 직급 간에 업무범위가 명확하게 설정되어 있어서 책임의 한계를 규정지을 수 있지만, 규모가 작은 주방의 조직은 업무분담이 명확하지 않아 업무의 효율성을 떨어뜨리는 경우가 발생한다. 기본적으로 주방의 조직은 총주방장, 부총주방장, 단위주방장, 조리장, 부조리장, 1급 조리사, 2급 조리사, 3급 조리사, 조리 보조사의 직책으로 되어 있다.

1) 총주방장(Executive chef)

주방의 총괄적 책임자로서 경영 전반에 걸쳐 정책결정에 적극 참여하여 기획, 집행, 결재를 담당한다. 요리는 생산을 위한 재료의 구매에 관한 견적서 작성, 인사관리에 따른 노동비 산출, 종사원의 안전, 메뉴의 객관화, 새로운 메뉴 창출 등의 책임과 의무가 있다. 회사 이익극대화의 의무를 가지며, 새로운 요리시술 개발과 시장성 창출에 필요한 경영입안을 제시한다.

2) 부총주방장(Executive sous chef)

총주방장을 보좌하며 부재시에 그 직무를 대행하는 실질적인 집행의 수반이다. 각 주방의 메뉴계획을 수립하고 조리인원의 적재적소 배열과 실무적인 교육·훈련을 지휘·감독한다. 경쟁사 및 시장조사 실시로 총주방장이 제시한 기획 및 입안을 실질적으로 실행하는데 기본적인 책임과 의무가 있다.

3) 단위주방장(Sous chef)

총주방장과 부총주방장을 보좌하며 단위주방 부서의 장으로서 조리와 인사에 관련된 제반 책임을 지는 경영진과 현장 직원 간에 중간역할을 한다. 조리부문 단위부서의 교육과 훈련을 실질적으로 집행하며 요리와 관련된 재료구매서 작성, 월별 또는 연별 계획서를 제출하여 집행 현황을 분기 또는 단기별로 보고하여야 한다. 고객의 기호나 시장변화에 적극적으로 대처하고 여기에 알맞은 메뉴를 개발하여야 한다.

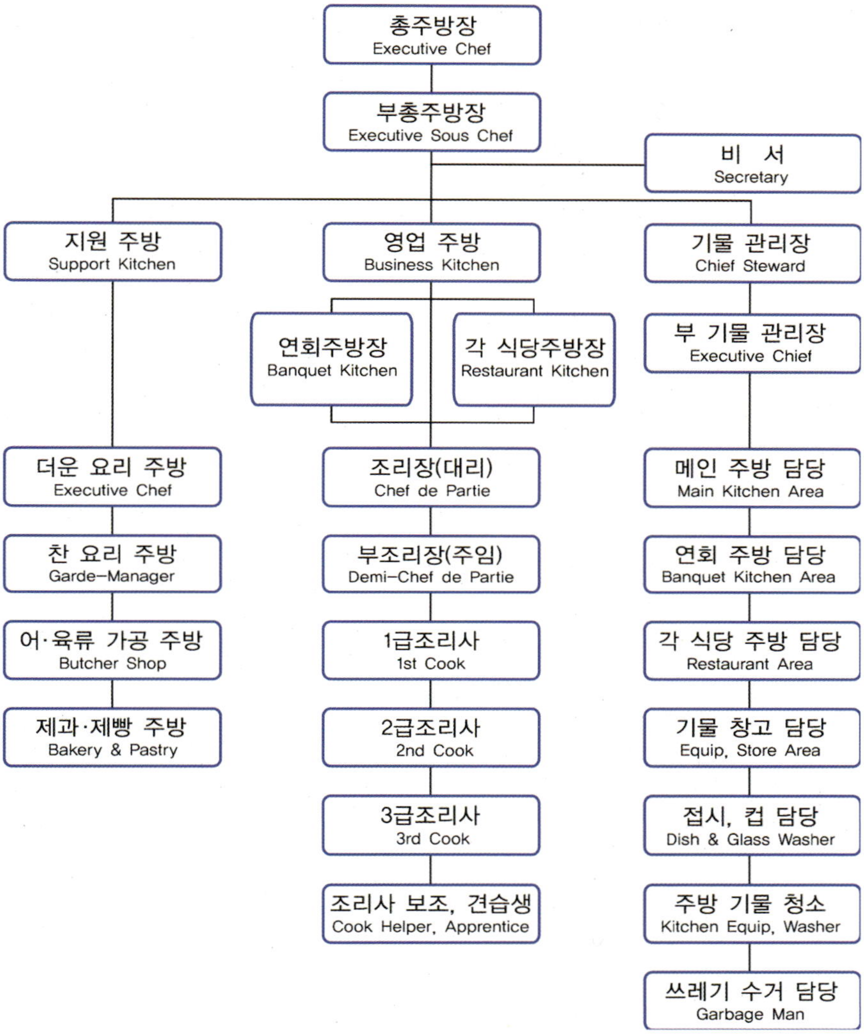

자료 : 나영선, 『호텔 서양조리 실무개론』, 백산출판사, 1996, p. 26.

[그림 8-16] 대규모 호텔의 주방조직도 사례

4) 조리장(Chef de partie)

단위주방장으로부터 지시를 받아 당일의 행사, 메뉴를 점검하여 고객에게 제공될 때까지 생산에서 서브까지 세분화된 계획을 세운다. 일간 또는 주간에 필요한 재료 지급서를 작성하여 수령을 지시하고 전표와 직원들의 업무계획서를 일정 기간별로 작성하여 능률과 생산성을 최대화한다.

5) 부조리장(Demi chef)

부조리장은 영어로 해석할 때 절반(Demi) 조리장(Chef)을 의미한다. 따라서 기술은 조리사로서 충분히 갖추고 있으며, 장(Chef)으로의 수련 중임을 나타내기 때문에 조리사와 조리장의 중간단계이다. 따라서 생산업무를 직접 담당하면서 틈틈이 리더로서의 역할을 배워야 한다.

6) 1급조리사(1st cook)

기술적인 측면에서 최고기술을 낼 수 있는 단계이며, 요리가공에 있어서 실제적으로 가장 많은 활동을 한다. 기구의 사용, 화력조절, 요리의 중추적인 생산라인을 담당하는 숙련된 기술자라고 할 수 있다. 요리의 처음단계에서 마지막 마무리까지 상세한 노하우가 있어야 한다.

7) 2급조리사(2nd cook)

1급조리사와 함께 생산업무에 가담하여 전반적인 생산라인에서 요리품질 맛을 낼 수 있는 기술을 발휘한다. 직급면에서 1급조리사와 같은 업무를 담당하지만, 실무적으로 1급조리사로부터 지시를 받아 상황대처의 능력을 키워 나간다.

8) 3급조리사(3rd cook)

요리를 담당할 수 있는 초년생으로, 역할범위가 제한되어 있어 매우 단순한 조리작업을 수행할 수 있지만, 점차적으로 실질적인 조리기술을 습득하기 위한 훈련을 반복해야 한다. 요리생산을 위한 식재료의 2차적 가공이나 기술보조를 함으로써 미래에 자신이 해야 할 업무를 간접적으로 체험하는 시기이다.

9) 조리보조사(Cook helper)

조리에 대한 기술보다는 시작단계에서 단순작업을 수행하고 식재료의 운반, 조리기구 사용법 습득, 단순한 1차적 손질 등을 한다. 상급자로부터 기본적인 조리기술을 계속적으로 지도받으며 광범위한 요리체계를 일반적인 선에서 학습하는 단계이다.

4. 주방과 식당의 관계

호텔기업은 크게 영업부서와 관리부서로 구분하여 경영을 하고 있지만, 영업부서에 포함되는 주방과 식당과의 관계는 매우 밀접해야 한다. 주방과 식당의 관계는 원라인 시스템(One line system)이어야 한다. 주방에서 생산되는 음식상품을 식당에서는 인적 서비스를 가해 상품적 가치를 부여하여 고객의 욕구에 충족하도록 최상의 서비스를 제공하는 유기적인 관계여야 한다. 주방과 식당의 관계적 중요성은 다음과 같이 설명할 수 있다.

1) 총체적인 서비스 제공(Total Service)

고객의 욕구를 충족시키기 위해서 주방과 식당은 서로의 부서와 관계 없이 총체적인 서비스를 제공할 수 있어야 한다. 주방과 식당은 각기 업무에 최선을 다하여 고객을 접대해야 하며, 결과적으로 같은 내용과 의미의 서비스가 전달되도록 해야 한다.

2) 명확한 의사전달(Communication)

주방과 식당은 정기적인 회의(Meeting)를 통하여 서비스상의 문제점과 업무흐름의 원활함을 확인하고, 고객의 반응을 통해 새로운 메뉴개발을 위해 협조해야 한다. 따라서 주방과 식당에서 이루어지는 의사소통은 고객에 대해 만족스러운 서비스를 제공하게 한다.

3) 공동체의식(Oneness)

주방과 식당에서 이루어지는 궁극적인 업무의 내용은 다르지만, 고객의 편의와 욕구를 충족시켜 주어야 한다는 공통된 목적을 위하여 업무를 수행한다는 점에서 본다면 주방과 식당의 모든 종사자들은 서로 공동체적 의식이 절실히 필요하다.

HOTEL MANAGEMENT

인사관리 "People Business" 5원칙

1. 사람을 존중하라(Respect People)
2. 사람의 이야기를 경청하라(Listen to People)
3. 사람과 대화를 나누어라(Talk to People)
4. 사람을 인정하고 키워라(Let People Grow)
5. 사람에게 모범을 보여라(Initiate spirit)

제 9 장

호텔 인사 · 안전관리

고객님이 넘칠 때는 모릅니다.
고객님이 줄어갈 때, 비로소 고객서비스 없이는
한 걸음도 나아갈 수 없다는 것을 절실히 알게 됩니다.
고객님의 욕구를 채워 드리고 아름답고 행복하게 느끼시도록
해 드리자는 뜻입니다. 어느 서비스업소도 고객서비스를
도외시하고 살아남을 수 없습니다.

호텔경영론

고객은 항상 새로운 것을 원하고 자신을 남과 비교함으로써
상대적 만족을 얻으려 하고 있다.
- 앤드류 카네기 -

제9장

호텔 인사 · 안전관리

제1절 호텔 인사관리

1. 호텔 인사관리의 기능

호텔 인사관리부서의 기능은 호텔산업의 전반에 걸쳐 여러 가지 방법으로 다루어지며, 때로는 호텔의 규모에 따라 다르다. 예를 들면, 운영규모가 큰 호텔에서는 모집 · 채용 · 훈련 · 경력개발 등을 조정하는 인사관리부서가 있을 수 있다. 그 외에 규모가 작은 호텔에서는 인사관리부서의 직원수가 적거나 때로는 인사담당자가 한 사람인 경우도 있으며, 업무에 있어서는 더욱 한정되어 있다. 아주 규모가 작은 소형 호텔의 경우 총지배인 또는 그의 권한위임을 받은 자가 전형적으로 인사부서의 기능을 전부 혹은 일부를 책임지게 된다.

호텔산업의 경영에 있어서 인사관리의 성공적인 열쇠는 바로 인력자원의 질에 달려 있으며, 그 주요 기능은 다음과 같다.

1) 호텔 직무관리

호텔에서 정사원이 수행해야 할 직무의 내용과 성격을 제시하고 분석하여 직무수행시 요구되는 능력이나 책임 · 규칙 등과 같은 직무조건들을 설정해야 하기 때문에 직무연구가 필요한 것이다. 호텔에서는 크게 영업부서와 관리부서로 나누어지기 때문에 호텔마다 특성에 맞게 다양한 업무에 따른 직무가 존재하고 있다. 최근 들어서는 1인 1역이 아닌 1인 2역에서 3역 · 4역까지도 요구되는 직무로 통합화되는 경향이 뚜렷하게 나타나고 있다.

(1) 직무분석

직무분석이란 직무를 구성하고 있는 과업의 내용과 그 직무를 수행하기 위해 어떤 행동이 요구되는지를 찾아내는 과정이다. 좀 더 구체적으로 일의 종류, 그 직무를 수행할 때 요구되는 특징과 업무수행의 방법·동기 및 이유, 작업환경과 작업할 때의 동일한 방법 등을 결정하기 위해 직무에 관한 정보를 체계적으로 수집하는 과정이다. 직무분석의 사용은 종업원 선별·채용에 필요한 여러 인사기능을 운용하는 데 기초자료로 사용된다. 성공적으로 직무를 분석한 결과로 직무기술서와 직무명세서를 얻을 수 있다.

직무기술서는 직무표시·직무개요·직무내용·직무요건 등에 대한 정보를 포함한다.

① 직무명, ② 직무분류 번호, ③ 해당직무의 개괄적인 기술, ④ 해당직무를 수행하는 데 소요되는 도구 및 기계 등에 대한 개요, ⑤ 직무담당자의 자세, ⑥ 해당직무에 사용되는 원재료, ⑦ 가장 밀접하게 연계되어 있는 다른 직무와의 상호관계, ⑧ 해당직무에서 요구되는 직무경험과 승진과의 연계성, ⑨ 해당직무 수행상 요구되는 교육·훈련분야, ⑩ 임금·급여 및 종류, ⑪ 통상적인 근무시간, ⑫ 온도·습기·조도·환기 등의 작업환경 및 조건 등이 기재된다.

직무명세서는 직무기술을 기초로 하여 채용·배열·승진·평가 등 인사관리의 목적에 따라 필요한 정보로 편성하여 작성된 것이다. 일반적으로 직무명세서는 크게 직무확인사항과 직무개요 및 인적 요건 등의 세 부분으로 구성되며, 특히 인적 요건사항을 강조하고 있다. 직무상 요구되는 인적 요건에 대한 직무명세서의 기재사항들에는 ① 성별 및 연령, ② 종사원의 체격조건, ③ 동작의 민첩성, ④ 종사자의 정서 및 성격, ⑤ 종사자의 정신적 성숙도, ⑥ 종사자의 교양 정도, ⑦ 종사자의 경험 및 지식수준, ⑧ 특수한 기증 등이 존재한다.

2) 직무평가

직무평가란 어떤 조직 내에 존재하는 모든 다른 직무들을 일정한 기준에 의해 서로 비교하여 직무들 간의 상대적인 가치를 결정하는 체계적인 과정을 말한다. 직무분석결과를 통해 작성된 직무기술서와 직무체계서가 그 기초로 이용된다. 이러한 직무평가의 결과는 직무등급체계(job matrix)로 정리되는데, 직무급체계란 직무를 몇 단계로 나누고 각 단계별로 차이를 어느 정도로 하며, 그 기준은 무엇으로 할 것인가 등의 구체적인 내용을 포함한 기업내부의 가치기준체계이다.

따라서 직무평가는 첫째, 동일한 노동시장에서 유사기업과 비교하여 사내 임금체계를 합리화하고 둘째, 임금조건의 불공평성·불규칙성을 제거함으로써 종업원들의 불평을 최소화하며 셋째, 임금관리를 단순화하고 넷째, 각 직무에 적합한 종사원을 배열하며 다섯째, 조직 내의 인사이동과 승진 등을 결정하는 기준으로 사용된다.

3) 직무설계

직무분석과 직무평가에 대한 결과를 토대로 하여 사람과 직무가 잘 맞도록 서로 연결시키는 작업을 말한다. 초기에는 대다수의 기업들이 생산성 향상만을 목적으로 하는 기계적 직무설계가 주를 이루었으나, 현재는 직무설계가 인간중심으로 이루어지고 있다. 즉 적재적소의 원칙을 통하여 사람이 가장 하고 싶어 하는 일과 가장 잘할 수 있는 일을 할 때 직무만족과 성과가 높게 나타나기 때문에 적재적소의 원칙에 입각한 직무설계는 매우 유용하다고 할 수 있겠다.

4) 인사고과제도

기업은 종사원의 생산성을 제고하기 위해 종사원의 능력발휘와 사기의 앙양을 중요시하고 있다. 따라서 종사원의 사기를 앙양하고 관리자와 감독자의 자의적 · 주관적인 판단을 배제하여 인사의 불공정과 속단주의를 막고 경영성과를 올리기 위해서는 인사고과제도를 합리적으로 운용 · 실시하는 것이 무엇보다도 중요하다.

인사고과의 특성은 첫째, 인사고과는 조직 내의 인간을 대상으로 한다. 물론 채용고과를 하는 경우에는 외부의 인간이라 할 수 있지만, 이것 역시 미래의 조직구성원으로 볼 수 있다. 둘째, 인사고과는 사람과 직무와의 비교를 원칙으로 한다. 즉 직무를 수행함으로써 나타나는 업적중심으로 파악한다. 셋째, 인사고과는 상대적인 평가이다. 그러므로 인사고과의 결과를 절대적인 인사관리의 길잡이로 삼고 인력관리를 해서는 안된다. 인사고과는 인사관리 시스템의 한 부분으로서 그 위치와 한계를 지니고 있다는 점을 이해해야 한다. 넷째, 인사고과는 객관성을 높이기 위하여 특정 목적에 적합하도록 조종되는 경향이 있다. 예컨대, 직접보상을 위해서는 실적을 중심으로 하고 기회보상을 위해서는 능력을 중심으로 해야 한다.

평가자 지위에 따른 인사고과의 평가방법은 다음과 같다.

(1) 직속상사에 의한 고과

직속상사에 의한 고과(superiors rating)는 가장 일반적인 방법으로서 거의 모든 인사고과에서 활용되고 있으며, 다른 평가방법으로 특정의 목적을 위해 또는 보충적인 방법으로 활용된다. 직계의 상급자가 부하의 직무차원을 가장 잘 알고, 직무관련기준에 비추어 고과를 할 때 하급자 행위에 대해 가장 많은 지식을 가지고 있을 것이라고 생각되어 왔다. 그러나 직속상사는 부하인 피고과자의 직무태도에 진실된 정보를 획득하기는 어렵다. 왜냐하면 대부분의 부하는 상사 앞에서 회사에 대한 충성심·열성 등을 실제보다 높이기를 원하기 때문이다.

(2) 자기고과

자기고과(self rating)는 자기 자신의 역량이나 업무수행실적을 자기 스스로 평정하는 것을 의미한다. 자기고과는 일반적으로 상사평가 성적과 비슷하며, 약간 관대한 경향을 보이는 경향이 있다. 관대화를 방지하려면 자기평가 근거를 문서로 제출하면 효과가 있다. 자기고과는 상사평가의 신뢰성을 보완하는 방법으로 유용성이 있으나, 급여인상이나 승진 등을 결정하는 성적으로 활용할 때에는 현저하게 떨어진다고 본다. 피평가자에 대한 상담자료를 확보하고 지도·육성하는 자료를 얻기 위한 방편으로 활용하는 것이 바람직하다. 자기고과는 동기수준이 높거나 전문적이고 독립적인 기술과 역량을 지닌 종업원을 평가할 때 유용성이 높다. 자기고과의 장점은 첫째, 부하직원의 자존심과 자부심을 향상시킨다. 둘째, 평가자가 단순히 평가자 역할만 하는 것이 아니라 상담자 역할을 하도록 한다. 셋째, 육성목표에 필요한 정보뿐만 아니라 육성계획에 관한 정보를 확보할 수 있다. 자기고과는 상사고과와 함께 사용하는 것이 바람직하다.

(3) 동료에 의한 고과

피고과자의 직무태도에 대해서는 비교적 충분한 정보의 관찰을 통해 갖게 된다. 대개 상사 앞에서 보여 주는 피고과자의 태도보다 동료 앞에서 보여 주는 태도는 보다 진실된 것일 가능성이 높다. 그러나 동료는 피고과자의 현재능력 및 성과에 대해서는 거의 판단하기가 어렵다. 왜냐하면 그가 피고과자에게 직접 업무지시를 하지 않기 때문이다. 동료에 의한 고과(peers rating)방법은 전 사원을 지도·육성하는 용도로 활용하면 좋고, 승진대상자를 선정할 때는 동료평점성적과 함께 추천방법이나 서열화방법을 이용하는 것이 바람직하다.

(4) 부하에 의한 고과

부하에 의한 고과(upward feedback)는 부하가 상사를 평가함으로써 상위관리자들의 자기계발과 경영능력을 제고시키기 위해 고안된 방법이다.

장점으로는 첫째, 공식적으로 운영할 경우, 조직구성원의 참여를 증대시킬 수 있는 방법이 될 수 있다. 둘째, 피평가자에게 평가결과를 바탕으로 하여 자기계발을 하도록 의욕을 고취시킬 수 있다. 셋째, 상사에게 부하의 마음을 파악할 수 있는 공식적인 기회를 제공해 줄 수 있다. 넷째, 조직 상 · 하 간의 의사소통이 이루어지도록 하는 유용한 정보수집기회를 제공할 수 있다. 다섯째, 부하에게 상사의 리더십 행동을 평가할 수 있는 기회를 제공함으로써 자기계발을 위한 노력의 계기를 마련해 준다는 것 등이다.

단점으로는 부하의 평가능력 부족, 상사의 보복에 대한 두려움, 부하로부터 인기를 얻기가 어렵고, 힘든 일을 배정하지 않음으로써 기업의 성과가 저하되는 점, 관리자의 권한 약화, 부하가 관리자의 성과를 전체적으로 파악할 수 없기 때문에 정확한 평가를 할 수 없다는 점 등이다.

(5) 외부전문가에 의한 고과

외부전문가에 의한 고과(Personnel field reviewer rating)는 객관성과 전문성을 지닌 외부의 인사분야 전문가가 실시하는 고과이다. 그러나 피고과자의 직무태도 · 작업행동 · 성과에 대해서는 관찰기회가 없기 때문에 제대로 파악하기 어렵고, 비용이 많이 소요되기 때문에 예외적으로 중요한 직무와 특히 편견에 대한 비난을 불식시켜야 할 경우에만 사용된다. 피고과자와 관련된 서류나 몇 가지 테스트 및 인터뷰를 통해 현재의 능력과 잠재능력 그리고 적성에 대해서는 많은 정보를 획득할 수 있다.

(6) 고객의 고과

피고과자를 평가하는 경우 획득할 수 있는 정보는 극히 제한적이다. 피고과자의 고객에 대한 태도 및 작업행동(서비스, 친절성)에 대한 정보를 어느 정도 획득할 뿐이다.

(7) 직속상사의 상사인 2차의 고과

상사에 의한 평가로만 이루어질 경우 상사의 견해가 지나치게 반영되는 것을 견제하기 위해 많이 사용된다. 그러나 상사의 상사에 의한 평가는 상사에 의한 평가보다도 평가하는 데 필요한 정보를 얻을 수 있는 기회가 적다. 상사의 상사가 피평가자에 대해 정보를 가질 수 있는 접촉의 빈도가 매우 낮으며, 행동과 관련되어서는 관찰할 수 있는 기회가 피평가자의 직속상사보다 적다고 할 수 있다. 또한 일방적으로 상사의 상사가 평가해야 할 부하의 수가 매우 많아지기 때문에 평가의 정확성을 기하기가 매우 어렵다. 이에 따라 평가결과에 대한 부하들의 신뢰성은 더욱 낮아진다.

2. 종사원의 교육관리

1) 교육관리의 의의

종사원의 자질을 개발하고 직무에 대한 적응성을 높임으로써 보다 나은 직무와 자격을 갖출 수 있도록 체계적으로 유도하는 것이 교육이다. 호텔기업은 타 기업과 달리 고객에 대한 인적 서비스가 주를 이루고 있기 때문에 전문적인 기술과 지식을 습득한 종사원의 확보는 더욱 중요하다고 할 수 있다. 이러한 중요성에 입각하여 호텔 인력관리의 효율적인 운영관리를 함으로써 고객의 편의를 도모하기 위한 여러 가지 제도를 보완하여야 할 것이다.

따라서 교육훈련은 호텔종사원으로부터 감독자・관리자 그리고 경영자에 이르기까지 호텔 내의 모든 사람에게 필요하며, 일정한 시기마다 계속적으로 실시되어야 한다. 그러므로 교육은 신입사원부터 경영자까지 모든 계층이 대상이 되며, 경영자의 입장에서는 교육을 통하여 호텔종사원을 조직화하고, 종사원 측면에는 개인이 가지고 있는 자아에 대한 인식과 생활을 통해 호텔에 적응하게 하는 데 의의가 있다.

여기서 교육과 훈련을 구분하면 교육은 일반적・이론적・개념적인 주제를 주로 하여 지식을 습득하는 과정이라 할 수 있으며, 훈련은 특정한 직무 또는 한정된 주제에 대하여 기술을 향상시키는 과정이라고 볼 수 있다.

2) 교육훈련의 과정

교육훈련은 왜(why), 무엇을(what), 누가(who), 어떻게(how) 가르치느냐에 초점을 두어 교육훈련의 구조적 차원과 기능적 차원을 잘 조화시켜야 한다.

(1) 왜(why)

왜 가르치느냐는 교육훈련의 목적에 관련된 것으로 기업의 목표인 전문능력개발과 종업원의 목표인 근로의욕의 개발을 의미한다. 그러므로 교육훈련의 필요성은 반드시 분석하여야 한다.

(2) 무엇을(What)

무엇을 가르치느냐는 교육훈련의 어떤 내용을 개발시키느냐 하는 것이다. 이는 교육훈련 대상자에 따라 전문적 능력과 근로의욕을 증진시키기 위하여 어떠한 내용을 가르칠 것인가 하는 문제이다. 따라서 이는 수직적으로는 계층별(최고경영층, 중간관리층, 하위감독층, 일반종업원, 신입종업원) 교육훈련과 수평적으로는 직능별(생산부문, 마케팅부문, 인사부문, 재무부문) 교육훈련 등으로 체계적으로 전개시켜야 한다.

(3) 누가(Who)

누가 가르치느냐는 라인(line)중심의 교육훈련과 스태프(staff)중심의 교육훈련 등으로 나누어 볼 수 있는데, 이는 교육훈련과 관련된 것이다. 이에 따라서 직장 내 교육훈련과 직장 외 교육훈련을 잘 조화시켜야 한다.

(4) 어떻게(How)

어떻게 가르치느냐는 교육훈련 기법을 어떻게 하느냐 하는 것으로서, 토의식 방법, 실습식 방법, 강의식 방법, 사례연구법 등 여러 가지 방법을 교육대상과 내용에 따라 실행에 옮겨야 한다.

(5) 평 가

교육훈련을 실시했으며 그 성과에 대한 평가가 있어야 한다. 따라서 교육훈련의 '개발 · 계획 → 실시 · 방법 → 통제 · 평가'를 그 기업의 사정에 맞도록 설계하는 개발영역과 이를 효율적으로 실행시키는 실행영역이 확립되고, 또한 상호 유기적으로 작용되도록 하여야 한다.

표 9-1 교육훈련의 단계

교육훈련의 단계	세부단계
교육훈련목표(필요성)	• why(왜) – 개인목표 : 근로의욕개발(개인적 발전욕구) – 조직목표 : 전문적 능력개발(성과향상)
교육훈련내용(개발)	• Plan(구조적 차원 : 무엇을) – 수직적 계층별 교육훈련 – 수평적 직능별 교육훈련
교육훈련방법(실시)	• Do(기능적 차원) – 담당자(누가) • 라인중심 교육훈련 • 스태프중심 교육훈련 • 본인중심 교육훈련 – 기법(어떻게) : 토의식, 실연, 실습, 시청각, 비즈니스 게임 사례연구, 역할 연기, 회의식, 감수성 훈련 등
교육훈련평가(통제)	• See(평가) – 실적평가 – 책임평가

제2절 호텔 안전관리

1. 호텔 안전관리의 목적

호텔을 경영하는 데 있어서 호텔은 많은 책임을 갖고 있지만, 그중 호텔 고객과 직원 그리고 호텔 건물 및 시설 등의 안전에 대하여 많은 관심을 기울이고 있다. 이 안전은 1년 365일, 하루 24시간 쉼 없이 이루어져야 되므로 호텔은 이에 소홀함이 없도록 항상 노력해야 한다.

따라서 호텔은 고객에게 환대(hospitality)정신에 입각한 안전한 호텔분위기를 제공해야 하는데, 이 같은 분위기를 만들기 위해서는 호텔 각 부서원들의 조직적이고 근면한 근무자세가 필요하며 무엇보다도 안전을 위한 프로그램(security program)이 있어야 한다. 이 안전 프로그램은 경영방침에 따라 세워지게 된다. 결국 호텔 안전에 관한 목적은 첫째, 호텔의 건물, 시설 등 재산의 보호를 위해 둘째, 호텔고객의 신변보호 및 소지품의 도난 및 분실 방지를 위해 셋째, 호텔직원의 근무 분위기에 대한 보호를 위해 존재한다.

호텔의 안전부서는 고객에게 안락한 호텔 분위기를 제공하기 위해 고객 소지품의 도난, 분실, 화재, 그리고 그 밖의 비상사태 등에 대비해 항상 이를 처리하기 위해 만반의 준비태세를 갖추고 있어야 한다. 특히 화재시에 대비하여 장비의 준비 및 비치 등의 모든 제반사항을 완비하고 있어야 한다.

호텔은 고객과 직원 모두를 위해 안전에 대한 관심을 갖고 있어야 한다. 호텔의 안전프로그램과 조직화된 부서는 고객에게 안전한 환경을 제공할 수 있어야 한다. 호텔의 안전관리부서는 고객에 대한 환대를 이끌어 내는 데 중요한 역할을 하며 다음과 같은 업무에 책임을 다하여야 한다.

① 고객과 직원 안전
② 객실 키 안전관리
③ 화재안전시스템
④ 폭탄위협 대안
⑤ 비상사태 대책
⑥ 고객 훈련계획
⑦ 비상연락망 대책

2. 호텔 안전부서(Security Department)의 역할

호텔의 안전부서는 고객에게 안락한 호텔 분위기를 제공하는 데 있어서 중요한 역할을 수행하는 부서이다. 이 부서의 직무역할로는 객실 키(key)의 관리, 소방 대피업무, 비상시 대피업무, 호텔직원 교육업무, 고객재산의 보호, 분실물 처리업무 등이 있다. 이 같은 업무들은 비교적 겉으로 나타나지 않는 일들로서 예를 들어 호텔에서 범죄가 발생한다든지 그 밖의 예기치 않은 상황이 나타날 경우에만 처리된다. 다시 말해서 이 부서는 고객이 명백히 필요로 하는 긴급상황이 발생되거나 호텔의 손익에 관련되는 사건이 나타나지 않는 한 그 업무활동이 다른 부서들처럼 외부에 쉽사리 드러나지 않는다는 말이다. 그러나 이 부서는 고객 소지품의 도난, 분실, 화재 그리고 그 밖의 비상사태 등에 대비해 항상 이를 처리하기 위한 만반의 준비태세를 갖추고 있어야 한다.

특히 호텔의 프런트 오피스 직원들은 이 같은 상황이 발생되면 대부분 이에 관여하게 되는데 이는 이 부서의 업무특성상 직원들이 늘 고객과 접촉하고 또 여러 고객들이 지급하는 요금들의 최종 정산이 이루어지는 중심부서이기 때문이다.

호텔의 안전부서 직원들은 항상 신속하고 효율적으로 발생하는 상황에 대비하고 있어야 한다. 간혹 이 부서를 어떤 일이 발생되어야만 활동하는 부서라는 의미로 능동적이 아닌 수동적인 부서라 간주하기도 한다. 그러나 이 부서는 실제로는 능동적으로 활동하는 부서로서 많은 중요한 일을 담당하고 있다.

안전부서의 부서장은 노련하고 경험 많은 직원으로 기용되어야 하는데, 왜냐하면 이 부서의 역할이 다만 고객뿐만이 아닌 호텔직원들, 호텔재산 등의 모든 부문과 연결되어 있기 때문이다.

이 부서의 목표는 철저한 계획과 대비를 통해 발생될 수 있는 위급한 상황을 미리 예방하는 것이며, 불가피하게 이 같은 상황이 발생되는 경우에는 미리 신속히 대처하여 원만한 해결을 꾀하는 것이다. 오늘날과 같이 사건 · 사고가 빈번히 발생하고 또한 이에 관련되는 법률적인 소송이 자주 일어나는 사회에서는 잘 조직된 안전부서를 갖고 있는 것이 매우 중요하다.

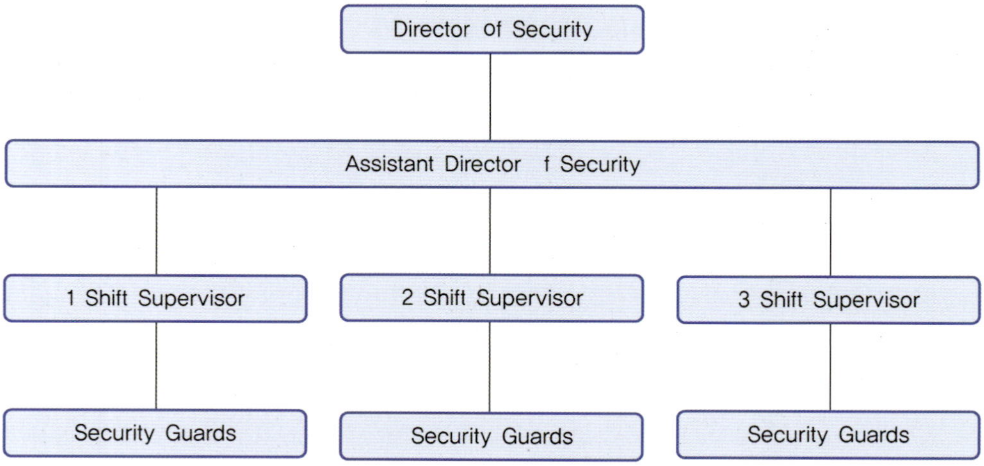

[그림 9-1] 안전부서의 조직도 사례

3. 호텔 안전부서의 조직과 업무

호텔 안전부서의 조직구성은 호텔 내 다른 부서들의 조직과 비슷하게 이루어져 있다.

이 부서의 부서장(the director of security)은 호텔고객과 직원을 위한 안전한 분위기 조성에 책임을 지며 그에 관련하는 모든 직무를 총관장하는 역할을 담당하고 있다. 이를 위해서는 필요한 인력, 기술, 24시간의 원활한 부서운영을 위한 예산 등이 이 부서에서 확보되어야 한다. 규모가 큰 호텔의 경우에는 부서장 밑에 부부서장(the assistant director of security)을 두어 부서장의 유고시에 대비하거나 역할을 분담하고 있기도 하다.

안전부서의 부서장은 업무활동상황을 총지배인에게 반드시 보고하며, 또한 다른 부서의 부서장들과도 항상 상호협조체제를 구축하고 있다.

이 부서의 직원들은 1일 3교대 근부시간 시준으로(예를 들어 오전 6시에서 오전 3시까지, 혹은 3시부터 오후 11시까지, 혹은 오후 11시부터 다음날 오전 6시까지) 근무를 하는데 근무 중에는 호텔의 시설, 고객안전, 직원안전 등을 위해 수시로 순찰을 하기도 한다.

안전부서의 업무내용은 호텔 내 각 부서들의 부서장들, 직원들 그리고 고객들과 긴밀히 연결되어 있다. 따라서 어떠한 상황이 발생했을 때 이를 해결하기 위한 신속하고 효과적인 대응조치를 계획하고 실천하는 것이 성공적인 업무수행의 근본이 되는 것이다.

4. 호텔 안전부서의 업무분석

1) 객실의 안전업무

객실은 가장 빈번하게 범죄활동의 표적이 되는 곳으로서 호텔의 안전부서가 가장 신경을 기울이는 곳이다. 객실 내에 있는 비품 및 소모품들의 도난사건이 발생하기 쉽고 또한 투숙객의 소지품이 없어지는 경우가 생기게 된다. 그리고 무엇보다 중요한 것은 투숙객을 노리는 범죄의 우려가 높은 지역이 바로 객실인 것이다.

그러므로 객실의 안전을 지키기 위해 안전대책의 수립이 반드시 필요하다. 이를 위해 호텔 지배인들이나 안전부서 직원들은 호텔객실 안전장치로써 객실문에 바깥을 볼 수 있는 작은 구멍(peephole)을 설치하고, 보다 튼튼한 2중 잠금장치를 가설하는 등 객실의 안전을 위해 많은 노력을 기울이고 있다.

또한 객실 내의 유리창에 데칼코매니아(유리에 무늬를 넣음) 방법을 쓰거나 포스터를 부착하는 등 외부로부터의 시선 차단에 노력하며 2중 유리나 컬러유리를 사용하여 안전유지에 만전을 기하고 있다. 모든 호텔 직원들에게는 또한 객실의 안전을 위해 일정한 규칙을 정해 놓아 이를 기준으로 하여 고객과 접근하도록 교육시키고 있다. 우선 예를 들어 프런트 직원들에게는 허가되지 않은 제3자에게 호텔 투숙객의 고객등록 내용을 공개하지 않도록 교육시킨다. 가령 신분을 밝히지 않는 낯선 사람이 전화를 걸어 특정 고객의 객실번호를 물어 보면, 직원(교환원)은 객실번호를 알려 주지 않고 먼저 객실에 연락하여 고객에게 확인 후 연결시켜 준다. 또한 어떤 사람이 프런트데스크에 접근하여 객실 키를 달라고 할 때, 프런트 클럭은 키를 내주기 전에 반드시 그 사람의 신분확인을 하여야 한다. 만일 그렇지 않고 무턱대고 키를 주게 될 경우 예기치 않은 도난사건 등이 발생할 수 있기 때문이다. 메시지 전달의 경우에도 마찬가지이다. 모든 직원들은 호텔의 로비나 객실이 위치해 있는 복도 근처에서 이른바 목적 없이 서성거리는 사람들에 대해서는 반드시 의심을 하고 예의 주시해야 한다. 또한 하우스키핑 직원들은 객실 청소시 그들이 사용하는 카트 위에 낯선 사람의 손에 닿을 수 있게끔 객실 마스터 키 등을 함부로 놓아 두어서는 안된다.

2) 호텔 출입자들의 통제 및 관리업무

호텔은 객실 등의 호텔시설을 사용하는 고객뿐만 아니라, 일반 대중에게도 공공시설을 개방하고 있다. 예를 들어 호텔 로비, 호텔 주차장 등이 그 예이다. 따라서 항상 많은 사람들이 출입하는 로비지역을 중심으로 하여 늘 안전문제가 대두되는 실정이다. 호텔경비를 담당하는 안전부서 직원들은 이에 따른 제반 감시대책을 세워 놓아야 불의의 사고를 미연에 예방할 수 있다. 간혹 어떤 호텔의 경우에는 외부인의 자유로운 호텔의 출입을 제한하여 안전을 확보하기도 한다. 그러나 이 경우 지나치게 경직되고 제한된 호텔 분위기가 연출되므로 바람직하지 않다. 한편, 객실과 복도는 투숙객이 아닌 일반인에게 공개되는 장소가 아니므로 투숙객, 호텔직원 그리고 방문객 등을 제외하고는 출입을 제한시킬 필요가 있다. 이 같은 외부인의 무단 침입의 경우에는 호텔측이 퇴장시킬 수 있는 법적인 권한을 가지며, 이에 불응시에는 관할 파출소에 신고하여 강제퇴장조치를 시킬 수 있다. 그러나 공공장소인 호텔로비 등의 경우에는 이 같은 조치를 적용시키기 힘들기에 항상 출입자들의 동태를 파악할 필요가 있는 것이다.

3) 호텔재산의 보호업무

바람직한 호텔경영을 위해 호텔의 안전부서는 항상 호텔의 재산(즉 호텔시설 및 금전 등)의 안전을 위한 보호업무에 충실해야 한다.

모든 호텔에서는 항상 금전의 거래가 이루어진다. 즉 고객으로부터 사용된 객실, 식당 등의 사용료가 징수되고 그 밖에 물품의 구매, 판매 등의 모든 거래에 현금 및 각종 통화가 거래수단으로 사용되고 있다. 따라서 호텔 내의 금전거래를 안전하게 지키기 위한 보호절차 및 지침이 세워져 있게 마련이다.

특히 호텔에서 현금을 비롯한 각종 통화가 빈번히 거래되는 부서 및 업장에서는 항상 신경써야 할 절차로서의 안전업무가 있다. 예를 들어 프런트 클럭이나 회계원들은 항상 현금을 다루고 있기 때문에 이들은 금전의 거래 때마다 항상 금전통(cash drawer)을 닫아두고, 또한 금전통 속에는 사용될 최소한의 잔돈만을 보관하게끔 교육시켜야 한다. 이를 위한 도난감시기능으로써의 TV모니터 감시시스템이나 경보(alarm)시스템을 빈번한 금전거래가 이루어지는 업장을 중심으로 설치하기도 한다.

또한 전 직원들은 그들이 호텔로비나 프런트데스크 부근에서 불필요하게 장시간 서성거리는 의심이 가는 사람을 발견하면 안전부서로 즉시 연락을 하고 경우에 따라 필요한 조치(경찰에 신고)를 취해야 한다. 특히 프런트데스크 직원의 경우 야간 근무시에 특히 이 같은 상황의 발생에 항상 대비하고 있어야 한다.

4) 고객재산의 보호업무

호텔은 투숙객을 비롯한 모든 호텔고객의 재산을 보호해야 할 책임을 갖고 있다. 고객이 갖고 있는 귀중품, 소지품을 비롯해 타고 온 차량 등은 소중한 고객의 재산으로써 고객이 호텔에 머무는 동안에 고객의 소유물이 도난당하거나 훼손되면 큰 문제가 될 것이다.

여기서는 맡겨진 고객의 귀중품을 관리하는 귀중품 보관업무에 관해서 살펴보기로 한다.

귀중품 보관용 금고(safety deposit box)는 호텔의 프런트 오피스나 그 부근의 장소에 설치되어, 귀중품을 소지한 고객의 요청이 있을 때 사용을 허락하는 안전한 보호장치이다.

이 귀중품 보관금고는 일반고객의 접근이 용이하지 않은 장소에 설치해 놓고, 사용자는 호텔에 투숙하는 고객으로 제한하고 있다. 이 금고는 사용고객이 원하는 시간에 언제든지 이용할 수 있도록 하며 이의 관리는 프런트데스크(front desk) 직원 중 담당자가 맡아서 수행하게 되어 있다. 일반적으로 귀중품 보관금고를 열 때에는 두 개의 키를 사용하는데, 한 개의 키는 고객이 보관하고, 또 다른 한 개 즉 control key는 금고관리자가 보관하여, 금고를 열 때에는 이 두 개의 키를 반드시 동시에 사용해야 한다. 만약 고객이 키를 분실하게 되면 정해진 금액을 호텔측에 배상해야 하고, 그 고객의 금고는 증인의 입회하에 기구(drill)를 사용하여 강제로 열 수밖에 없다.

따라서 프런트 클럭은 고객에게 금고 키를 건네주기 전에 반드시 금고 키 분실배상에 관한 호텔규칙을 설명해 주어야 한다. 금고를 열 때마다 고객은 반드시 서명을 해야 하고 그 때마다 담당직원은 금고를 처음 사용할 때 고객이 사용했던 서명과 동일한가를 반드시 확인해야 한다. 금고를 마지막으로 사용한 후, 고객은 키를 반드시 반납하고 금고 사용 종료 서류에 서명을 한 후 담당자의 확인을 거쳐야 한다.

5. 소방안전(Fire Safety)

1) 화재 안전관리

화재 안전계획은 호텔이 위치한 도시의 화재 안전규칙들로부터 시작된다. 이 같은 규칙들은 구성물질, 인테리어 디자인 직물, 입구와 비상구의 구조물, 공간제한, 발연경보 설치와 유지, 자동소화장치 설치와 유지, 화재훈련 테스트 그리고 화재경보기 작동과 유지 등을 규정할 것이다. 이 같은 광범위한 규칙들은 고객안전을 보장하기 위해서 개발되었다. 이를 시행함에 재정적인 투자가 요구되겠지만 반드시 필요하다 하겠다.

프런트 오피스 지배인과 안전부서의 부서장은 효과적인 소방안전과 대피를 위한 프로그램을 개발하여 이를 전 직원들에게 교육시켜 만일의 사태에 대비하여야 한다.

소방안전계획은 호텔이 위치하고 있는 지역당국과의 소방안전규칙을 제정하고, 이에 따른 장비의 준비 및 소방시설 비치 등의 모든 제반사항을 완비하여야 한다. 즉 호텔 건물건축시에 투입되는 건축자재, 호텔 내부의 실내구조 및 재료, 호텔 출입구의 형태 및 숫자, 비상시에 대피할 수 있는 대피통로의 유무, 화재경보기의 설치 및 유지, 물 뿌리기 시스템(sprinkler)의 설치 및 유지, 소방훈련의 실시 등이다. 이 같은 모든 규칙들은 고객의 안전을 보장하기 위해 개발된 것이다.

호텔고객들은 의식적이건 무의식적이건 간에 투숙하는 동안에 안전한 환경 속에서 지내기를 원한다. 어떤 고객은 투숙할 객실에 화재경보기가 있는지 확인을 한 후에만 투숙하기도 한다. 그러나 대부분의 고객들은 소방안전보다는 다른 것에 관심을 갖고 있어 화재시의 대피절차 등에 대해서는 아예 무관심하기까지 하다.

호텔객실의 안쪽 문에는 화재 등의 비상시에 대피할 수 있는 대피요령 및 이 객실의 위치 그림이 그려져 있어 가장 가까운 비상탈출구가 어느 쪽에 있는지에 관해 쉽게 알 수 있다. 비교적 세심한 고객은 자기 객실이 비상구에서 얼마나 떨어져 위치하고 있는가를 체크하기도 한다. 프런트 오피스 지배인은 호텔의 안전을 위해 그리고 고객과 직원의 안전을 위해 간단한 화재안전계획 프로그램을 개발해야 하며, 이를 정기적으로 직원들에게 훈련시켜 비상사태에 대비하여야 한다. 이에 따른 유의사항은 다음과 같다.

① 모든 객실과 공공장소에 연기 감지기(smoke detector)를 설치한다.
② 정기적으로 연기 감지기의 작동상태를 테스트해 보고, 그 결과를 기록해 둔다.
③ 지역의 소방안전규칙에 의해 요구되는 각종 소화장비, 작동상태, 화재경보기 작동상태를 시간대별로 기록해 둔다.
④ 정기적으로 연기 감지기와 화재경보기의 상태를 검사, 확인한다.
⑤ 객실이 위치한 지역, 공공지역, 작업지역 등지의 가까운 화재대피 출구를 지정하여 호텔 내의 각 지역에 게시해 놓는다.

2) 화재안전계획

화재안전계획은 고객의 생명을 다루는 문제로서 호텔의 전사적인 계획 개발이 필요하다. 따라서 안전관리부서는 호텔직원들과 고객들에게 객실의 화재안전관련 게시판이나 교육을 통하여 위험한 상황에 대처하도록 해야 한다.

다음은 화재 안전관리에 대한 개괄적인 내용이다.

① 고객객실과 공공장소에 중앙과 연결된 경보장치 설치

② 정기적으로 경보장치 유지 및 최근 테스트 기록유지
③ 소방법에 의한 화재경보의 설치 · 유지 테스트
④ 지속적인 화재경보시스템 모니터
⑤ 공공장소, 근무지역, 객실, 복도 등의 공간에 화재시 비상계획과 비상구의 위치 개시
⑥ 고객과 종업원을 위해 화재시 철수절차와 화재안전지침 및 소화기의 위치 교육

3) 화재안전 직원교육

화재 비상구, 소화기의 위치, 화재경보기와 빌딩 철수의 방법에 대에 직원들에게 제공되는 훈련프로그램은 호텔고객 서비스 차원에서 이루어져야 한다. 호텔직원들이 호텔 전 지역의 비상구, 소화기, 화재경보기의 위치에 대한 지속적인 교육과 비상교육을 통하여 효과를 점검하여야 한다. 예를 들어 1101호 객실을 청소하고 있다면 가장 가까운 비상구는 어디인가? 당신이 레스토랑에 있다면 가장 가까운 소화기는 어디에 있는가? 등 반복되는 간단한 질문들은 직원들에게 화재 안전의 중요성을 일깨워 준다. 이 같은 비공식적인 훈련과정에는 조직적인 과정과 화재시 이용하는 적합한 도구 이용정보 등을 포함한다.

4) 사고관리 대처

호텔에서 사고발생시의 대응은 매우 신속하게 이루어져야 한다. 사고에 대한 대처능력이 떨어질 경우 고객의 생명까지도 잃게 할 수 있는 경우가 발생되므로 호텔 이미지는 물론 대고객서비스에 있어서도 많은 문제점이 발생된다.

화재에 대한 사전관리는 다음과 같다.

① 소화전, 표시등, 호스의 정돈상태, 관리 비상등 및 유도등의 작동상태
② 비상구(방화문)관리 : 비상계단 및 출입문에 불필요한 물품방치 여부
③ 객실 내 비상물품관리(방독면, 비상로프)
④ 운반기구 손상여부 체크 및 관리, 전기기구의 전선 피복점검, 콘센트 관리

6. 호텔직원의 안전

호텔은 다른 사업분야와 비교해 볼 때 인적 구성비율이 훨씬 높다. 즉 호텔에 근무하는 직원들의 숫자가 많다는 뜻이다. 따라서 이들 직원들로 인해 각종 사고, 안전사고 등이 발

생하기 쉽다.

특히 좁은 공간 즉 프런트데스크, 식당 주방 및 주방 옆의 공간 등에서는 많은 직원들이 작업을 하기 위해 분주히 움직이고 있다. 또한 호텔시설의 수리 및 정비를 담당하는 영선부서 직원들, 차량 주차를 담당하는 주차대행 서비스 직원들 또한 담당업무의 특성상 항상 분주하기 마련이다. 따라서 이들 직원들에게는 항상 사고의 발생위험이 존재하고 있다.

근무 중 항상 고객과 접촉을 하는 일선 종업원들(front line employees)은 그들의 업무를 통해서 일어날지도 모를 위험을 미리 예측할 수 있다. 즉 그들은 고장난 장비를 취급할 수도 있고, 복잡한 연회장을 헤치고 지나가야 하고, 혼잡한 부엌으로부터 주문된 음식을 갖고 나와야 하며, 바쁜 호텔로비와 복도를 카트를 사용하여 지나가야 하며, 고객 체크아웃시에 고객으로부터 많은 불평을 들어야 한다. 따라서 이들 호텔직원들은 이 같은 상황으로부터 보호를 받아야 한다.

따라서 호텔측에서는 일선 직원들, 지배인급들로 구성된 소위 직원안전대책위원회를 구성하기도 한다. 이 위원회에서는 장기적인 측면의 직원 안전대책을 마련하여야 한다. 또한 이 위원회의 임원구성은 호텔 내 각 부서의 직원들을 총망라해서 이루어져야 한다. 또한 모든 직원들의 의견을 수렴하고, 정기적인 회의도 개최해야 한다.

각 부서의 부서장들은 산하 부서 직원들에 대한 안전에 깊은 관심을 갖고, 이들을 위한 안전절차를 세워놓아야 한다. 왜냐하면 안전한 작업환경에서 일하는 직원들이 최대의 작업성과를 올릴 수 있기 때문이다.

또한 안전훈련프로그램이 각 부서별로 개발 및 실시되어야 한다. 특히 경비, 각종 기계작동, 위생, 화학약품 사용, 자재운반, 장비 이동 등의 작업들을 담당하는 직원들을 위해서는 이 같은 안전훈련프로그램의 실시가 반드시 필요하다. 이 프로그램의 수단으로 오리엔테이션, 영상자료, 유인물, 책자 등이 사용되며, 이들은 직원들의 작업수행을 보다 안전하게 이끌기 위한 지침자료로 활용될 수 있다. 또한 안전훈련은 정기적으로 실시되어야 하는데 실시시기는 직원들의 업무에 지장을 받지 않은 시간대에 부서별로, 작업특성별로 나누어 실시되어야 훌륭한 성과를 거둘 수 있다. 물론 호텔측은 이 같은 안전에 관한 프로그램 실시를 위한 예산을 충분히 편성하고 확보하여야 한다.

7. 비상시의 대처요령

1) 일반적인 비상 대처

호텔은 비상사태 즉 화재, 강도, 자연재해인 홍수, 지진, 폭풍, 정전 등이 발생될 경우에 대비하여 소중한 재산과 인명을 보호하기 위한 비상대처 방안을 세워 반드시 문서화시켜야 한다.

이 같은 대비절차는 정기적으로 전 직원들에게 교육을 통하여 환기시켜져야 한다. 이 같은 교육의 중요성은 새삼 강조해도 지나치지 않다. 교육을 통해서 직원들은 어떠한 비상상황이 발생하더라도 당황하지 않고 능동적으로 대처할 수 있게 된다.

호텔직원의 근무 도중 안전이 필요한 상황이 발생되면, 안전담당 부서에 즉시 연락이 취해져야 하는 등의 비상연락체계가 확립되어 있어야 한다. 비상연락체계를 만들 때는 첫째, 호텔 내의 전 부서 모든 직원들의 연락처 및 전화번호를 파악하고 있어야 하며, 둘째, 연락을 취하는 경우 빠른 시간 내에 전 직원들에게 빠짐없이 알려져야 하고 셋째, 이 같은 비상연락체계의 효과적인 설계 및 활용에 영향을 미치는 여러 요인들 즉 호텔조직체계, 근무시간 편성, 조직원들의 애사심 등이 조화롭게 이루어져야 한다.

2) 비상대처 요령 및 절차

호텔에 투숙한 고객이나 직원들에게 위급한 상황이 발생되는 경우에는 적절한 절차에 의해 해결을 꾀하여야 한다. 다음은 이 같은 대처절차를 나타낸 것이다.

① 위급한 상황이 접수되면 접수를 받은 직원은 이성을 갖고 냉정하게 대처한다.
② 발생한 위험의 상황 및 내용을 근무 중인 비상연락 책임자에게 알린다.
③ 또한 프런트데스크 클럭에게 알려, 현대의 투숙객의 명단 및 인원 그리고 투숙한 객실번호들을 확보한다.
④ 비상연락체계 속의 각 부서 책임자들에게 즉시 연락을 취한다.
⑤ 비상사태 책임자의 지휘하에 부서장 긴급회의를 갖는다.
⑥ 상황에 따라 고객들을 우선적으로 대피시킨다.
⑦ 필요한 전화번호(관할 경찰서, 소방서, 전기회사, 가스회사, 수도회사, 구조대, 적십자사, 호텔소유자, 총지배인 등)들을 확보하고 있어야 한다.

3) 화재경보시스템(Fire Alert System)

몇몇 호텔의 프런트 오피스는 화재시 경보시스템의 작동 및 관리에 대해 책임을 갖는다. 이 경우 프런트의 직원들은 경보시스템의 용도를 정확히 알고 있어야 하며, 또한 이 장치가 작동하지 않을 경우의 대처방법도 알아야 한다. 경보장치가 작동하지 않는 가운데 위급한 상황(예 ; 화재)이 계속될 때에는 귀중한 재산 및 인명의 피해가 발생하기 쉽다.

오늘날 대부분의 국가에서는 호텔의 화재에 대비하여 모든 호텔의 객실 안에 화재시 연기를 감지할 수 있는 연기 감지기(smoking detector)를 설치할 것을 의무화하고 있다. 만일 객실에 있는 연기 감지기가 작동을 하지 않는다면, 호텔직원은 어떻게 대처해야 될 것인가? 따라서 모든 호텔직원들은 화재시에 그들이 수행해야 할 각자의 책임이 무엇인가를 정확히 인식하고 있어야 하고, 호텔은 이들 직원들에게 정기적인 교육 등을 통해 책임 및 역할을 주지시켜야 한다.

과거에 당신을 성공으로 이끌었던 바로 그 비결이
새로운 세계에서는 먹히지 않을 것이다.
− 류 플랫(휴렛 팩커드 회장) −

참고문헌

- 국내문헌

김권식, 박민규, 조준수(2007), 호텔객실실무, 한올출판사

김경미, 원융희(2007), 호텔경영전략의 이해, 백산출판사

김귀현(2006), 경영학원론, 형설출판사

김성일, 박영일(2007), 외식마케팅관리, 백산출판사

김영규(2006), 경영학원론, 박영사

김영준(2003), 연회서비스 실무론, 대왕사

김정근(2004), 호텔경영론, 대왕사

김진강, 최우성, 최승용, 유재흥(2006), 호텔 레스토랑 식음료경영론

나영선(2006), 외식사업 창업과 경영, 백산출판사

박기동, 박주승(2006), 경영학원론, 박문사

박영배(2005), 호텔식음료서비스 관리론, 백산출판사

박호래, 이정배(2006), 현대 호텔사업 경영의 이해, 백산출판사

방진호, 박경호, 고석면, 조창연, 오문환(2004), 식음료 서비스 실무, 백산출판사

송래헌, 유경민, 김만희(2007), 연회서비스 실무론, 대왕사

신재영, 박기용, 정청송(2003), 호텔 레스토랑 식음료 서비스 관리론, 대왕사

신형섭(2005), 호텔객실서비스실무론, 기문사

신형섭(2005), 호텔식음료서비스실무론, 기문사

안상형, 이명호, 김기석(2005), 현대경영과학개론, 박문사

오정환(1998), 호텔마케팅 전략, 기문사

우성근(1999), 호텔실무경영론, 형설출판사

원융희, 고재윤(2005), 식음료실무론, 백산출판사

윤도근(2004), 건축계획, 문운당

이무성, 주종대(2007), 호텔현관객실실무론, 백산출판사

이연택(1993), 관광기업환경론, 법무사

이필상, 이만우, 정순진(2005), 경영학원론, 법문사

이희천, 김형구(2004), 호텔객실실무, 학문사

임현철(2007), 외식창업 실무 지침서, 한올출판사

정경훈, 박호래(2004), 호텔경영론, 형설출판사
정규엽(2007), 호텔외식관광마케팅, 연경출판사
진양호(2001), 호텔메뉴관리, 지구문화사
차배근(2004), 커뮤니케이션학 개론(상), 세영사
최영중, 서진우, 김영규(2004), 최신 식음료 경영론, 대왕사
최인섭, 김성대, 이원봉, 박현수(2006), 호텔경영학, 대왕사
최정길(2005), 호텔경영학, 21세기사
최학수, 강인호, 이병헌 외 3인(2007), 실전 외식사업 경영론, 한올출판사
추　헌(1995), 경영조직론, 박문사
하동현(2006), 신 호텔경영론, 한올출판사
하동현, 이상태, 김영식, 김민성, 조규태(2007), 현대호텔 식음료 경영론, 한올출판사

롯데호텔 식음료 매뉴얼(2005)
신라호텔 식음료 매뉴얼(2007)
유지윤(2004), 1~3급 관광호텔서비스 매뉴얼, 한국문화관광정책연구원

- 국내논문

김영호(2006), 호텔조직문화가 경영조직과 경영성과에 미치는 영향에 관한 연구, 박사논문
김재환(2007), 호텔종사원의 조직지원이 직업정체성에 미치는 영향, 석사논문
김해동(1996), 기업문화의 제요인이 조직효율성에 미치는 영향, 박사논문
김형숙(2005), 서울 특1급호텔 로비 공간화예 디자인에 관한 연구, 석사학위논문
손재근(2006), 호텔인적자원관리와 조직성과 연구, 박사논문
송현정(2007), 한·중·일 접객문화를 적용한 호텔로비공간에 관한 연구, 석사논문
이정화(2007), 도시호텔로비의 공간디자인에 관한 연구, 석사논문
임승옥(2007), 기업조직의 인적자원 전략인식과 조직몰입 및 경영몰입의 관계분석, 박사논문
정규엽, 김원동, 서용진(2006), 호텔직원의 팔로워십 특성과 리더십 유형이 직무만족에 미치는 영향, 호텔경영학연구
주미라(2006), 호텔로비공간의 이미지 형성요소에 관한 연구, 석사논문
홍진영(2000), 호텔로비 공간에서의 전통성 표현에 관한 연구, 석사논문
황용석(2001), 정보사회의 조직특성과 조직문화에 관한 실증분석, 박사논문

- 국외문헌

コンサルタントグループ(1983), ホテル・りョウカン經營便覽

Barry, Copen(1997), The WOW effect, Cornell Hotel and Restaurant Administration Quarterly 38(2), April : 74-81

Ben Enis, Marketing Principle, Goodyear Publishing Company Inc.

Dahmer, Sondra J., & Kurt W. Kahl(1996), The Waiter and Waitress Training Manual, VNR

Enz. Cathy A., & Judy A. Siguaw(2000), Beat practices in human resources, Cornell Hotel and Restaurant Administration Quarterly 41(1) : 48-61

Gregerm Kenneth R., & John S. Peterson(2000), Leadership profiles for the new millennium, Cornell Hotel and Restaurant Administration Quarterly 41(1) : 16-29

Jefferies, J.P.(1983), Understanding Hotel/Motel Law, AH & MA

Jones, Ursula, & Shirley Newton(1997), Hospirality and Catering, CASSELL

Keiser, J.R.(1989), Principle and Practice of Management in the Hospitality Industry, 2nd ed., VNR

L. Urwick(1995), "Axioms of Organization," Public Administration Magazine, October

Lane, Harold E., & Denise Dupre(1999), Hospitality World An Introduction, VNR

Michel E. Poter(조동성・정몽준 역)(1980), Competitive Strategy Techniques for Analyzing Industries and Competitors, NY : Free Press

Olsen, M.D., E.C.Y. Tse., & J.J. West(1989), Strategic Management in the Hospitality Industry, VNR

R.A. Gordon, Business Leadership in Large Corporation, Washington

Weissinger, S.S.(1989), HOTEL/MOTEL Operation, South-Western Publishing Co.

Bernard Davis(1998), Food and Beverage Management, BH

Walker, John R., & Donald E. Lundberg(2001), The Restaurant from Concept to Operation, John Wiley & Sons

– 인터넷 사이트

blog.empas.com/servicekorea
hotel.inter–burgo.com
wseoul.com
www.busanlottehotel.co.kr
www.commodorehotel.co.kr
www.concorde.co.kr
www.crowneplaza.co.kr
www.echosunhotel.com
www.grand.co.kr
www.grandhayattseoul.co.kr/
www.grandhiltonseoul.com
www.grandhotel.co.kr
www.gyeongjuhilton.co.kr
www.hilton.co.kr
www.hotelmaremons.com
www.hyattjeju.com
www.hyattregencyincheon.com
www.hyundaihotel.com
www.hyundaihotel.com/gyeongju/
www.hyundaihotel.com/ulsan/
www.imperialpalace.co,kr
www.jeju.paradisehotel.co.kr
www.jejupacific.co.kr
www.jw–marriott.co.kr
www.kalhotel.co.kr
www.kangwonland.com
www.knto.or.kr
www.kolonhotel.co.kr/
www.lottehotel.co.kr
www.lottehotelulsan.com/
www.mayfield.co.kr
www.mujuresort.com/
www.novotelbusan.com
www.oriental.co.kr
www.paradisehotel.co.kr
www.paradiseincheon.co.kr
www.parkhyattseoul.co.kr
www.ramadajeju.co.kr
www.ramadakorea.co.kr
www.renaissance–seoul.com/
www.ritzcarltonseoul.com
www.seaes.co.kr
www.seoul.intercontinental.com
www.seoulplaza.co.kr
www.servicekorea.net
www.sghotel.co.kr
www.sheratonwalkerhill.co.kr/
www.shilla.net
www.shilla.net/jeju/kr/index.jsp
www.suites.co.kr

■ 권 봉 헌

• 학력 및 교육경력
제주대학교 관광경영학과 졸업(경영학사)
세종대학교 일반대학원 호텔경영학과 졸업(경영학석사)
세종대학교 대학원 호텔관광경영학과 졸업(경영학박사)
세종대학교 겸임교수, 경희대학교 강사, 상지대학교 강사 역임
현재, 백석대학교 관광학부 교수

• 주요경력 및 연구실적
세종관광정보(호텔프로젝트팀장)
제주그랜드호텔(마케팅부서)
제주 컨트리 관광호텔(현관 객실부서)
일본인 관광객의 호텔이용 행태에 따른 시장세분화 및 선택행동에 관한 연구
호텔조직문화가 직원의 역할 스트레스와 직무만족에 미치는 영향 연구
브랜드컨셉 일치성 및 지각된 품질이 브랜드 확장 평가에 미치는 영향
국내호텔 식음료 사업장 브랜드 결정요인에 관한 연구
서울지역 중저가호텔 여성종사원들의 직무 만족도에 관한 연구
제주지역 카지노의 내국인 출입허용에 관한 주민의식조사 등 다수
천안12경 선정에 관한 연구

• 기타
호텔관리사(한국관광공사/1996)
UNLV(University of Nevada Las Vegas) 카지노경영수료(1998. 7)
한국외식경영학회 이사, 편집위원
한국와인소믈리에학회 이사

호텔경영론

2008년 3월 5일 초 판 1쇄 발행
2019년 2월 25일 개정2판 1쇄 발행

지은이 권봉헌
펴낸이 진욱상
펴낸곳 백산출판사
교 정 편집부
본문디자인 오행복
표지디자인 오정은

저자와의 합의하에 인지첩부 생략

등 록 1974년 1월 9일 제406-1974-000001호
주 소 경기도 파주시 회동길 370(백산빌딩 3층)
전 화 02-914-1621(代)
팩 스 031-955-9911
이메일 edit@ibaeksan.kr
홈페이지 www.ibaeksan.kr

ISBN 979-11-5763-902-1 93980
값 27,000원